Rainer Weber

Zeitgemäße Materialwirtschaft
mit Lagerhaltung

Zeitgemäße Materialwirtschaft mit Lagerhaltung

Flexibilität, Lieferbereitschaft, Bestandsreduzierung, Kostensenkung – Das deutsche Kanban

Refa-Ing. Rainer Weber

8., neu bearbeitete und erweiterte Auflage

Kontakt & Studium
Band 266

Herausgeber:
Prof. Dr.-Ing. Dr.h.c. Wilfried J. Bartz
Dipl.-Ing. Elmar Wippler

Bibliografische Information Der Deutschen Bibliothek

Die Deutsche Bibliothek verzeichnet diese Publikation
in der Deutschen Nationalbibliografie;
detaillierte bibliografische Daten sind im Internet über
http://dnb.ddb.de abrufbar.

Bibliographic Information published by Die Deutsche Bibliothek

Die Deutsche Bibliothek lists this Publication
in the Deutsche Nationalbibliografie;
detailed bibliographic data is available in the Internet at
http://dnb.ddb.de .

ISBN-10: 3-8169-2670-3
ISBN 13: 978-3-8169-2670-2

8., neu bearbeitete und erweiterte Auflage 2006
7., neu bearbeitete Auflage 2003
6. Auflage 2001
5., neu bearbeitete Auflage 2000
4., überarbeitete Auflage 1997
3., verbesserte Auflage 1994
2., verbesserte Auflage 1992
1. Auflage 1989

Bei der Erstellung des Buches wurde mit großer Sorgfalt vorgegangen; trotzdem können Fehler nicht vollständig ausgeschlossen werden. Verlag und Autoren können für fehlerhafte Angaben und deren Folgen weder eine juristische Verantwortung noch irgendeine Haftung übernehmen.
Für Verbesserungsvorschläge und Hinweise auf Fehler sind Verlag und Autoren dankbar.

© 1989 by expert verlag, Wankelstr. 13, D-71272 Renningen
Tel.: +49 (0) 71 59-92 65-0, Fax: +49 (0) 71 59-92 65-20
E-Mail: expert@expertverlag.de, Internet: www.expertverlag.de
Alle Rechte vorbehalten
Printed in Germany

Das Werk einschließlich aller seiner Teile ist urheberrechtlich geschützt. Jede Verwertung außerhalb der engen Grenzen des Urheberrechtsgesetzes ist ohne Zustimmung des Verlags unzulässig und strafbar. Dies gilt insbesondere für Vervielfältigungen, Übersetzungen, Mikroverfilmungen und die Einspeicherung und Verarbeitung in elektronischen Systemen.

Herausgeber-Vorwort

Bei der Bewältigung der Zukunftsaufgaben kommt der beruflichen Weiterbildung eine Schlüsselstellung zu. Im Zuge des technischen Fortschritts und angesichts der zunehmenden Konkurrenz müssen wir nicht nur ständig neue Erkenntnisse aufnehmen, sondern auch Anregungen schneller als die Wettbewerber zu marktfähigen Produkten entwickeln.

Erstausbildung oder Studium genügen nicht mehr – lebenslanges Lernen ist gefordert! Berufliche und persönliche Weiterbildung ist eine Investition in die Zukunft:
- Sie dient dazu, Fachkenntnisse zu erweitern
  und auf den neuesten Stand zu bringen
- sie entwickelt die Fähigkeit, wissenschaftliche Ergebnisse
  in praktische Problemlösungen umzusetzen
- sie fördert die Persönlichkeitsentwicklung und die Teamfähigkeit.

Diese Ziele lassen sich am besten durch die Teilnahme an Lehrgängen und durch das Studium geeigneter Fachbücher erreichen.

Die Fachbuchreihe *Kontakt & Studium* wird in Zusammenarbeit zwischen dem expert verlag und der Technischen Akademie Esslingen herausgegeben.

Mit ca. 600 Themenbänden, verfasst von über 2.400 Experten, erfüllt sie nicht nur eine lehrgangsbegleitende Funktion. Ihre eigenständige Bedeutung als eines der kompetentesten und umfangreichsten deutschsprachigen technischen Nachschlagewerke für Studium und Praxis wird von der Fachpresse und der großen Leserschaft gleichermaßen bestätigt. Herausgeber und Verlag freuen sich über weitere kritisch-konstruktive Anregungen aus dem Leserkreis.

Möge dieser Themenband vielen Interessenten helfen und nützen.

Prof. Dr.-Ing. Dr.h.c. Wilfried J. Bartz   Dipl.-Ing. Elmar Wippler

Autoren-Vorwort

Zeitgemäße Materialwirtschaft mit Lagerhaltung

Der Zwang des Marktes stellt an Produktionsbetriebe immer größere Herausforderungen bezüglich:

- Höhere Lieferbereitschaft und Flexibilität
- Kürzere Lieferzeiten, höhere Termintreue
- Kleinere Lose, Bestandsminimierung
- Geringere Kosten, marktkonforme Preise

bei permanent steigender Variantenvielfalt, Anzahl Artikel.

Dies führt zu steigenden Anforderungen an die logistische Leistungsfähigkeit eines Unternehmens. Bisher erfolgreiche Regelwerke / Organisationswerkzeuge / IT-Lösungen funktionieren nicht mehr zufrieden stellend und müssen in Frage gestellt werden.

Einzelbetrachtungen, z.B. in wirtschaftlichen Losgrößen fertigen, kann in unserer Sofortgesellschaft oft mehr schaden, als dass sie nutzen. Denn der Füllgrad der Fertigung steigt, Flexibilität und Termintreue gehen verloren, es werden künstlich Engpässe erzeugt und der unsägliche Trend: Mehr Umsatz = Mehr Lagerbestand, wird nicht gebrochen.

Neue Wege in der Materialwirtschaft sind wesentliche Ansätze zur Senkung der Logistikkosten und Bestände, bei gleichzeitiger Verbesserung der Lieferfähigkeit und *„Liquidität ist auch Leistung"*.

Effiziente und moderne Logistikleistungen bedeuten somit heute

- Bestands- und Dispositionsoptimierung
- Risiko- und Working-Capital - Minimierung
- Informations- und Prozessoptimierung
- Durchlaufzeitreduzierung / Leistungsverbesserung

gemessen an

ERFOLG AM MARKT - KURZEN LIEFERZEITEN - HOHER EIGENKAPITALQUOTE UND LIQUIDITÄT

Gefragt sind also Organisations- / IT- / E-Businesslösungen, die diesen Anforderungen gerecht werden.

Das stark praxisorientierte Buch enthält Lösungswege und Ratschläge, wie mittels Organisation, manuellen Mitteln und des EDV-Einsatzes, sowohl die Materialwirtschaft und Lagerhaltung, als auch die Termine in den Griff zu bekommen sind und somit das Unternehmen profitabler gemacht werden kann.

Außerdem lässt es sich als wirkungsvolles Arbeitsinstrument zur Rationalisierung des gesamten Materialwirtschafts- und Lagerbereiches, wie auch für die Einführung eines absolut kundenorientiert ausgerichteten Logistiknetzwerkes, über die gesamte Logistik- und Wertschöpfungskette, von Lieferant über Teilefertigung → Montage etc., bis zum Kunden, heranziehen und Sie erfahren, wie Sie durch eine konsequente Neuausrichtung in Denken und Handeln, jede Art von Verschwendung (auch versteckte Verschwendung) abstellen können, mit folgenden Ergebnissen:

- Das Bestands- und Umlaufvermögen kann bis zu 50 %, die Durchlaufzeit bis zu 70 % reduziert werden, Verschwendung an Zeit und Kapazität wird vermieden
- Mehrausbringung, bei verbesserter Qualität und Termintreue, von über 20 % sind realistisch
- Dass Sie, wie im Sport, Ihre Jahresziele in der Logistik, SCHNELLER - HÖHER - WEITER, auch tatsächlich erreichen.

Durch seine verständliche Darstellung modernster Verfahren, eignet es sich hervorragend zum Selbststudium und als Nachschlagewerk zum Herausfinden, welche Aktivitäten dem Unternehmen, bezüglich der gesetzten Ziele, am meisten nutzen.

Rainer Weber

Inhaltsverzeichnis

Einführung		1
1.	**Zielkonflikte in der Materialwirtschaft**	**4**
1.1	Auswirkungen der Zielkonflikte auf die Materialwirtschaft	6
2.	**Instrumente einer geordneten Materialwirtschaft**	**8**
2.1	Aufbauorganisation des Gesamtbereiches Materialwirtschaft	12
2.1.1	Optimierung von Geschäftsprozessen innerhalb der Systeme Lieferant → Kunde, bzw. Kunde → Lieferant	20
2.1.2	Auftrags- / Logistikzentren	23
2.2	Disposition / Bestandsführung / Nachschubautomatik	34
2.2.1	Der Disponent wird Beschaffer / Pate für seine Teile / Produkte	35
2.2.2	Dispositionsregeln für eine bestandsminimierte Material- und Lagerwirtschaft mit hohem Liefer- und Servicegrad	39
2.2.3	Die Stücklisten- / Rezepturauflösung - Basis der Material- / Teile- und Baugruppendisposition	41
2.2.4	Auf welcher Stufe soll gelagert werden? Oder - Reduzieren der Dispositionsebenen, ein Schritt zur Senkung der Bestände	48
2.2.5	Nach welchem Arbeitsgang soll gelagert werden?	50
2.2.6	Nummernsystem	52
2.2.6.1	Die innerbetriebliche Produktnormung und Werkstücksystematisierung	52
2.2.7	Die ABC-Analyse als Bestandswertstatistik und als Dispositionsgrundlage	57
2.2.8	Abrufaufträge für A-Teile und „atmen"	60
2.2.8.1	Kann der Lieferant für uns disponieren?	64
2.2.9	Richtlinien zur Behandlung von B-Teilen / -Materialien	65
2.2.9.1	Disponieren nach Reichweiten	66
2.2.10	Richtlinien zur Behandlung von C-Teilen / -Materialien	69
2.2.11	Das Supermarktprinzip für Industrie und Handel	69
2.2.11.1	Musterberechnung / Darstellung der Vorteile für das Unternehmen bei Belieferung nach dem Bauhaus- / Regalserviceverfahren	74
2.2.12	Zusätzliche Dispo-Kennzeichen als Dispositionshilfe	77
2.2.13	Bedarfsgerechte Disposition nach terminlichem Zeitraster	78
2.2.14	Körperlicher und verfügbarer Bestand	79
2.2.15	Stammdaten / Info-Felder in der Materialwirtschaft	81
2.2.16	Bestellpunktverfahren	82
2.2.16.1	Ermittlung des Sicherheitsbestandes	84
2.2.17	Ersatzteilmanagement / Disposition von Ersatzteilen	88
2.2.18	Festlegung und Pflege der Wiederbeschaffungszeiten	89
2.2.19	Restmengenmeldungen verbessern die Bestandsqualität und senken die Bestände	91
2.2.20	Einbeziehung der zukünftigen Trendentwicklung in die Bestellmengenrechnung	95
2.2.21	Ermittlung der optimalen Bestellmenge nach Losgrößenformeln, ist dies immer richtig?	98

2.2.21.1	Einführung einer so genannten Verkettungsnummer zur Bildung von Teile- / Rüstfamilien reduzieren Rüstzeiten wesentlich	104
2.2.21.2	Losgrößenberechnung unter Teil- / Grenzkostenbetrachtung	106
2.2.22	Andere Losgrößenformeln / Festlegungen	109

3. Darstellung unterschiedlicher Organisationsformen Push- bzw. Pull-Prinzip in der Nachschubautomatik — 113

3.1	Bedarfsgesteuerte Disposition / Nachschubautomatik (Push-System)	114
3.2	Verbrauchsgesteuerte Disposition / Nachschubautomatik (Pull-System)	115

4. KANBAN - System — 116

4.1	Vorteile von KANBAN-Systemen / Schwachstellen von PPS- / ERP-Systemen	116
4.2	Reduzierung der Bestände / Erhöhung der Lieferbereitschaft durch Einführung von KANBAN	122
4.2.1	Was ist KANBAN?	122
4.2.2	Funktionsbeschreibung KANBAN-System	125
4.2.3	Prozesskettenvergleich Fertigung konventionell / KANBAN, bzw. Fremdbeschaffung konventionell / KANBAN	131
4.2.4	Die Merkmale einer KANBAN - Steuerung	132
4.2.5	Organisationshilfsmittel für KANBAN	132
4.2.6	KANBAN - Spielregeln	133
4.2.7	Neuausrichtung der Fertigungsorganisation / der Produktions- und Montageabläufe nach Produktgruppen und nach dem Pull - Prinzip / KANBAN - Regeln	136
4.2.8	Stücklistenaufbau bei einer KANBAN - Organisation	139
4.2.9	Buchungsvorgänge bei KANBAN	140
4.2.10	Bestimmung von KANBAN - Mengen und Festlegen der Anzahl Behälter	141
4.2.11	Vertragliche Regelungen Lieferanten - Kanban	143
4.2.12	Darstellung von KANBAN - Karten	147
4.2.13	Pflege der KANBAN - Einstellungen	149
4.2.14	Führen von Steuerungs- / Auslastungsübersichten bei KANBAN - Organisation als Basis für eine effektive Feinsteuerung nach dem HOL - Prinzip	150
4.2.15	Entwicklung der Bestände und der Termintreue / des Servicegrades seit Einführung von KANBAN	156

5. Voraussetzung für eine geordnete und bedarfsgerechte Bestandsführung und sachgerechte Disposition mit niederen Beständen — 157

5.1	Festlegen der wichtigsten Dispo-Stammdaten je Teileart	158

6. Materialwirtschaft mit EDV / IT - Technik — 162

6.1	Marktspiegel PPS- / ERP- / LVS - Warenwirtschaftssysteme auf dem Prüfstand	164

7. Beschaffen — 166

7.1	Aufgaben des Einkaufs (konventionelle Betrachtungsweise)	166

7.2	Die Bedeutung des Einkaufs in einer flexiblen, termintreuen Just in time - Fertigung / Lieferantenauswahl und Bewertung	168
7.2.1	Operative Einkaufstätigkeit	169
7.2.2	Strategische Einkaufstätigkeit	169
7.2.3	Ziele der Beschaffung	170
7.2.4	Lieferantenauswahl / -freigabe	171
7.2.5	Permanente Lieferantenbewertung	172
7.2.6	Lieferanten - Anforderungsprofil	176
7.3	Einkaufsberichtswesen / Einkaufsziele	177
7.3.1	Nutzen des E-Business	180
7.4	Fragenkatalog zur „make or buy" Entscheidungsfindung	181
8.	**Bestandsmanagement**	**182**
8.1	Wareneingangskontrolle und Verbuchen der Zugänge / Abgänge von Fremd- bzw. Eigenfertigungsteilen	182
8.1.1	Abbau von Geschäftsvorgängen, Verkürzung der Durchlaufzeit im Wareneingang	184
8.1.2	Statistische Qualitätskontrolle im Wareneingang	185
8.1.3	Auditierte Lieferanten mit Freipässen gestalten den Wareneingang effizienter	191
8.2.	Lagerzugänge bei Eigenfertigung	192
8.3	Lagerabgänge	192
8.3.1	Entnahmebelege	192
8.3.2	Buchungsarten für Entnahmen	194
8.4	Die Inventur	197
8.4.1	Permanente Inventur	199
8.4.2	Stichtagsinventur	200
8.4.3	Durchführung der Inventur als Folgeinventuren	200
8.4.4	Die Stichprobeninventur	201
9.	**Einfluss einer gut funktionierenden Arbeitsvorbereitung / Logistikzentrums auf die Materialwirtschaft**	**202**
9.1	Die Planungsebenen für einen schnellen Auftragsdurchlauf in einer durchlaufzeitoptimierten Just in time - Fertigung	205
9.1.1	Langfristplanung / Grobplanung	209
9.1.1.1	Schätzzeitkataloge als Basis für eine geordnete Projektausplanung	215
9.1.2	Aufbau der mittelfristigen Planung / Kapazitätswirtschaft	221
9.1.2.1	Ermittlung von Richtwerten für eine stimmende Fertigungssteuerung / Arbeitsplanorganisation	227
9.1.2.2	Terminplanung / Kapazitätsplanung / Durchlaufzeiten	233
9.1.3	Feinplanung / Erstellen von Produktionsplänen	239
9.1.4	Bereitstellprüfung	242
9.1.5	Kurzfristige Steuerung / Feinplanung	243
9.2	Organisationsformen der Werkstattsteuerung	246
9.2.1	Die dezentrale Werkstattsteuerung als Bindeglied zwischen Fertigungssteuerung und Arbeitsplatz	247
9.2.1.1	Manuelle Organisation mittels Prioritätenregelung	249
9.2.1.2	Zusätzliche Kennung für kurzfristige Umsteuerung / Erhöhung der Flexibilität durch Einsatz von Multimedia-Tafeln in der Fertigung	251
9.2.1.3	Arbeitsfortschrittsüberwachung	253
9.2.1.4	Rückstandslisten / Fehlteilelisten	254

9.2.2	Zentrale Werkstattsteuerung oder mittels Leitständen und BDE - Systemen Termine durchsetzen	255
9.2.2.1	BDE und Leitstände	256
9.3	Radikale Verkürzung der Durchlaufzeiten und Verbesserung der Reaktionsfähigkeit durch Fertigungssegmentierung	260
9.3.1	Fertigungssegmentierung	263
9.3.2	Vereinfachen der Arbeitspläne, Abbau von prozessorientierten Arbeitsschritten in den Arbeitsplänen, Reduzieren der PPS - ermittelten Durchlaufzeiten durch auf Null setzen der fixen Liegezeiten im EDV-System	271
9.3.3	Fertigungssegmente als Eigenbetriebe organisieren	273
9.3.4	Selbststeuerung der Fertigungssegmente / Fertigungsrohre	275
10.	**Reduzierung von Rüstzeiten**	276
11.	**Instrumente und Maßnahmen zur weiteren Bestandssenkung / Durchlaufzeitverkürzung**	282
11.1	Reduzierung der Variantenvielfalt / Teilevielfalt	282
11.2	Einsatz der Wertanalyse in der Materialwirtschaft bezüglich "make or buy"	285
11.3	Verbesserte Ersatzteilstrategie	286
11.4	Einführung ausgereifter Produkte	286
11.5	Verkürzung der Dispositionszyklen	287
11.6	Reduzierung der Werkstattpuffer und Abbau von ungeplanten Lagern in der Fertigung	287
12.	**Organisation des Lagers**	290
12.1	Lagerorganisation / -steuerung - Bereitstellung - Beschicken - Entsorgen - Kommissionieren	291
12.2	Die Aufgaben und Funktionen des Lagerverwalters in der Materialwirtschaft / Logistik	292
12.3	Organisation des Informations- und Warenflusses im Lager und Transport	295
12.4	Der innerbetriebliche Materialfluss	295
13.	**Optisch / elektronische Warenerfassungssysteme**	297
13.1	Strichcode im Lager	297
13.2	RFID - die berührungslose Datenerfassung in der Logistik	301
14.	**Verpackungsabsprache / -gestaltung**	305
14.1	Verpackungsgestaltung	305
14.2	Größere Mengen - Verwendung von Ladeeinheiten	306
15.	**Lagerplanung**	308
15.1	Leitfragen zur Lagergestaltung	309
15.2	Vor- und Nachteile einer festen bzw. flexiblen Lagerplatzverwaltung bei EDV-gestützten Systemen	311
15.3	Festlegung einer zweckmäßigen Lagerordnung mittels EDV-Organisation	314
15.4	Lagerart - Lagerfläche - Flächennutzung - Lagernutzung	314
15.5	Kennzahlen der Lagernutzung	315
15.6	Kennzahlen für Lageraufbau / Lagernutzung für Regallager	319

16.	**Was kostet ein Lager?**	**320**
16.1	Jährliche Kosten der Lagerung in Prozent von Lagerwert	320
16.2	Investitions- und Wirtschaftlichkeitsrechnungen	321
16.2.1	Wirtschaftlichkeitsrechnung für z.B. ein Paternosterlager	324
17.	**Prozesskostenrechnung in der Logistik / Logistik-Kennzahlen**	**327**
17.1	Prozesskostenanalyse in der Beschaffung	329
17.2	Ziel des Logistik-Controlling / der Prozesskostenrechnung	332
17.2.1	Logistik - Kennzahlen	332
18.	**Methoden zur Reduzierung des Arbeitsaufwandes / der Belastung im Lager**	**341**
18.1	Allgemeine Hinweise für eine rationelle, innerbetriebliche Transport- / Bereitstellorganisation	341
18.2	Methoden zur Rationalisierung des Lagerwesens	342
18.3	Revision im Lager	344
19.	**Bestandsverantwortung und Führen nach Zielvorgaben**	**348**
20.	**Prämienentlohnung im Lager- / Logistikbereich zur Steigerung der Produktivität / Bonussysteme**	**352**
20.1	Festlegung der personellen Besetzung bzw. Überprüfung des derzeitigen Auslastungsgrades (und ggf. Leistungsgrades) vor Übernahme der Lagermitarbeiter in ein Prämienlohnsystem	354
20.2	Festlegung von Prämienausgangs- und -endwerten mit Hilfe der mathematischen Statistik	355
20.3	Beschreibung eines auf statistischen Werten aufgebauten Bonussystems für Versand / Lagerbereiche	358
20.4	Voraussetzungen für die Einführung eines zeitgemäßen, auf Dauer funktionierenden / einfach abrechenbaren, ziel- und ertragsorientiert ausgerichteten Leistungslohnsystems	364
20.5	Von der individuellen Leistungsmessung zur ganzheitlichen Leistungsmessung	365
20.5.1	Das Konzept einer ganzheitlichen Leistungsabrechnung für Fertigungs- und Lagerbereiche, aus Basis Rechnungsausgang	371
21.	**Schlusswort**	**373**
	Zum Autor	**376**
	Literaturverzeichnis	**377**
	Stichwortverzeichnis	

Einführung

Sinkende Zahlungsmoral, stark schwankende Kapazitätsauslastung, steigende Gemeinkosten und wachsende Lagerbestände sind Gegebenheiten, mit denen heute viele Unternehmen leben müssen. Bei der oftmals geringen Eigenkapitalquote kann dies zu einer Existenzbedrohenden Finanzkrise führen, die nur durch richtige, kurzfristige und wirksame Entscheidungen vermeidbar wird.

Erschwerend wirken in den Unternehmen, außer den rapiden Veränderungen der gesamtwirtschaftlichen Situation, verbunden mit dem zunehmenden Konkurrenzdruck:

Die immer kurzfristiger werdenden
- *Lebenszyklen der Erzeugnisse*
- *Liefertermine*

sowie
- *die sinkende Risikobereitschaft der Kunden / Abnehmer, eine eigene Vorratshaltung zu führen*

Hinzu kommt der Wunsch des Vertriebes

Umsatz auf breitester Artikel- und Variantenebene zu tätigen,

was in Bezug auf die Lagerkosten katastrophale Folgen hat, da immer mehr Varianten hergestellt und verkauft werden müssen, dieselben aber so gut wie nicht am Umsatz insgesamt beteiligt sind.

Sie erzeugen aber erhebliche Bestände in Bezug auf die notwendige Fertigungsauflage, Halbzeug bzw. Einzelteilbeschaffung (Mindestmengen) von außen und Ersatzteilhaltung.

Darstellung dieser Problematik an einem Zahlenbeispiel, das die steigende Anzahl Geschäftsvorgänge in Disposition / Einkauf / Lager etc. und das Warteschlangenproblem in der Fertigung, vor den Arbeitsplätzen, und die Entwicklung des Lagerbestandes aufzeigt:

Jahr	Anzahl Artikel	Anzahl Mitarbeiter / Arbeitsplätze	Warteschlangenfaktor je Artikel	Wie häufig kann der Artikel gefertigt werden	Höhe des Lagerbestandes in € bei Preis / Stück = 2,-- € und gleich bleibende Bestandsmenge 100 Stück je Artikelnummer
1	2	3	4 = 2 : 3	5 (Ø)	6 = 2,-- € x 100 Stück x Pos. 2
1985	200	100	1 : 2	alle 2 Tage	= 40.000,00 €
1995	2.000	200	1 : 10	alle 10 Tage	= 400.000,00 €
heute	5.000	250	1 : 20	alle 20 Tage	= 1.000.000,00 €
Jahr xx	12.000	300	1 : 40	alle 40 Tage	= 2.400.000,00 €

Bei gleich bleibender Bestandshöhe je Artikelnummer, aber steigender Artikelvielfalt, könnte es sein, dass der gesamte Gewinn eines Unternehmens in Form von Material und Teilen an Lager gelegt wird und davon Steuern bezahlt werden müssen. Die Liquidität geht verloren.

Diese Zahlen zeigen auch, dass bei steigender Teile- und Produktvielfalt nicht nur die Anzahl Geschäftsvorgänge rapide ansteigt, sondern es immer länger dauert, bis ein Teil / Produkt wieder aufgelegt bzw. gefertigt werden kann, was meist durch höhere Bestände aufgefangen wird, da ja grundsätzlich Lieferbereitschaft / kurze Lieferzeit gegeben sein muss. Oder das Unternehmen wird permanent träger / lieferuntreuer.

Bild E 1: *Varianten- und Losgrößenentwicklung im Trend*

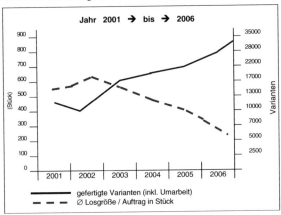

Diese Problematik stellt, in Verbindung mit der Forderung

Reduzierung der eigenen Lagerbestände,

die Unternehmen vor eine große Herausforderung an Anpassungsfähigkeit und Wirtschaftlichkeit.

Da die Kosten für Material, fremdbezogene Teile, sowie die Kosten für Bestände an Roh-, Hilfs- und Betriebsstoffen, sowie des in Halb- und Fertigfabrikate gebundenen Kapitals zu den wichtigsten Ansatzpunkten zur Verbesserung des Unternehmensergebnisses und der Liquidität gehören, sollen Handlungsanleitungen und bewährte Methoden, sowie eine systematische Vorgehensweise aufgezeigt werden, um nachfolgende Ziele zu erreichen:

→ **Kürzere Lieferzeiten und höhere Flexibilität**
→ **Hohe Lieferbereitschaft und Termintreue**
→ **Niedere Bestände, höhere Liquidität**

trotz steigender Variantenvielfalt, mit einer zeitgemäßen Materialwirtschaft und Lagerhaltung, unter Vermeidung von unnötigen Geschäftsvorgängen und teueren Arbeitsabläufen.

Denn ein Unternehmen bleibt nur so lange konkurrenzfähig, wie es in der Lage ist, seine Produkte so kostengünstig und termintreu zu produzieren, dass sie langfristig mit Gewinn zu marktgerechten Preisen abgesetzt werden können. Das heißt, dass alles daran gesetzt werden muss, dass die drei Hauptkostenfaktoren Mensch, Maschine, und hier insbesondere das Material, durch entsprechende Zielsysteme in einer wirtschaftlich vertretbaren Kostengröße gehalten werden können.

Wichtigste Voraussetzung ist jedoch, dass bei Senkung der Bestände die gesamte Logistikkette des Unternehmens entsprechend verbessert wird, denn hohe Bestände überdecken Organisationsmängel.

Daraus ergibt sich:

Ähnlich wie Produkte, Betriebsmittel, sowie Mitarbeiterqualifikation dem Wandel im Wettbewerb angepasst werden müssen, gilt es auch, die interne Organisation den Veränderungen / Zwängen des Marktes anzupassen. Es muss die Anfragen- und Auftragsabwicklung, insbesondere der Vorlauf im technisch-kaufmännischen Bereich, sowie die Einbindung der Lieferanten in das Gesamtsystem, neu gestaltet werden. Absolute Kundenorientierung steht im Vordergrund.

Die in der Vergangenheit angewandten Strategien, getrennte Optimierung der einzelnen Fachbereiche, wie Vertrieb, Arbeitsvorbereitung, Produktion, Materialwirtschaft, Fertigungssteuerung, verursachen eine Vielzahl von Schnittstellen mit geringem Auftrags- und Kundenbezug und zu langen Durchlaufzeiten. Außerdem konnte sich die Fertigung häufig mit den Ergebnissen der Tätigkeiten nicht identifizieren.

Versuche die Probleme ausschließlich mit PPS- / ERP-Systemen zu lösen, erreichten wegen ihrer horizontalen Betrachtungsweise nur selten die gewünschten Besserungen.

Erfolgsfaktoren einer effizienten, kundenorientierten Auftragsabwicklung und Materialwirtschaft sind ganzheitliche Logistikkonzepte mit in sich schlüssigen, vertikal gegliederten Verantwortungsbereichen. Gefordert sind also durchgängige Strukturen mit überschaubaren, dezentralen, eigenverantwortlich geführten Einheiten, die in ihrer Aufbau- und Ablauforganisation konsequent auf eine schnelle Abwicklung des Kundenauftrags ausgerichtet sind.

Darstellung: *Am Markt erzielbarer Preis bzw. Anzahl erhaltene Aufträge in Abhängigkeit der Lieferzeit*

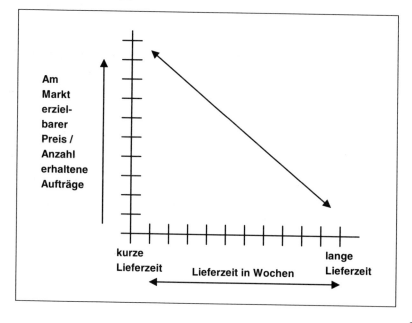

1. Zielkonflikte in der Materialwirtschaft

> ➢ **Niedere Bestände**
> ➢ **Hohe Flexibilität**
> ➢ **Schnelle Lieferbereitschaft**
> ➢ **Kurze Lebenszyklen der Erzeugnisse**

stellen besonders kleinere und mittlere Unternehmen vor eine große Herausforderung, da sie häufig als letztes Glied einer Zulieferkette ihre Bestandsprobleme nicht auf Vorlieferanten abwälzen können.

Totes, verlorenes, Kapital durch zu hohe Lagerkosten / Bestände, schlechter Materialumschlag und Lagerhüter beeinträchtigen die Liquidität und beeinflussen damit die Reaktionsfähigkeit im Wettbewerb in unserer heutigen „Sofortgesellschaft", denn

> ➢ wenn ein Artikel auf Vorrat produziert wird, wird etwas produziert, was man im Moment nicht braucht; in dieser Zeit kann etwas nicht produziert werden, was aber gebraucht wird

und, was häufig nicht bedacht wird,

> ➢ Wegen hoher Lagerbestände, zu niederer Eigenkapitalquote / geringer Liquidität, also Rating bezüglich Basel II, haben deshalb viele Unternehmen Schwierigkeiten mit den Banken.

Andererseits kann jede in der Materialwirtschaft zu viel eingesparte Mark vielleicht ein Vielfaches an entgangenem Gewinn bedeuten, die durch Fertigungsstillstand wegen fehlenden Materials oder durch zusätzliches Rüsten bzw. durch entgangene Aufträge (Umsätze / Deckungsbeiträge) entstehen. Sie können oft wesentlich höher ausfallen. Nachfrageschwankungen, Sonderwünsche, die Länge der Durchlaufzeiten etc., beeinflussen diese Faktoren natürlich wesentlich.

Diese Zusammenhänge sollen an nachfolgenden Schaubildern veranschaulicht werden.

Jeder in der Materialwirtschaft eingesparte Betrag (Materialkostenreduzierung / Bestandssenkung / Reduzierung des Umlaufkapitals etc.) von z.B. 0,5 % oder 2 % bei einem Materialkostenanteil am Umsatz von z.B. 42 % entspricht dem gleichen GEWINN-BEITRAG einer vergleichbaren Umsatzsteigerung von 4,5 % bzw. 16,5 %, aus: *Erfolgsorientierte Materialwirtschaft durch Kennzahlen von Prof. Dr. Dr. h.c.mult. Erwin Grochla, Dr. Robert Fieten, Dipl.-Kfm. Manfred Puhlmann, Dipl.-Kfm. Manfred Vahle, FBO-Verlag, Baden-Baden*

Bild 1.1: Vergleichbarer Gewinnbeitrag Materialkostenreduzierung in Prozent zu Umsatzsteigerung in Prozent (Gegenüberstellung von Materialkostenreduzierung zu Umsatzsteigerung)

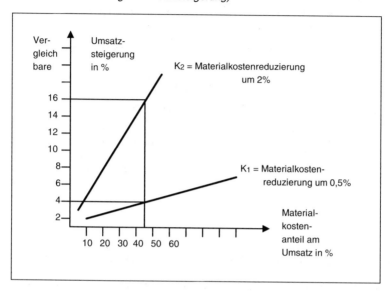

Nachfolgendes Bild zeigt, dass die Minimierung der Materialwirtschaftskosten entweder:

a) Bei konventioneller Betrachtungsweise, nur auf einem Kompromiss aufgebaut werden kann:

- kurze Durchlaufzeiten, geringerer Kapitaleinsatz, niedrige Lagerhaltung;

    ergibt: höhere Wiederbeschaffungskosten und schlechteren Servicegrad

- hoher Servicegrad mit langen Durchlaufzeiten und niederen Wiederbeschaffungskosten

    ergibt: hohen Kapitaleinsatz mit hohen Lagerhaltungskosten

oder

b) die gesamte Organisation eines Unternehmens, sowie die Einbindung der Lieferanten wird so angepasst, dass trotz niederer Bestände, fertigen von kleinen Losen mit kurzen Durchlaufzeiten und zeitgerechter Anlieferung des Vormaterials, sowohl

   niedere Beschaffungs- / Fertigungskosten
   als auch ein hoher Servicegrad

erreicht wird. „Just in time-, bzw. KANBAN - Lösungen" / Linienfertigung

Bild 1.2: *Zielkonflikte in der Materialwirtschaft*

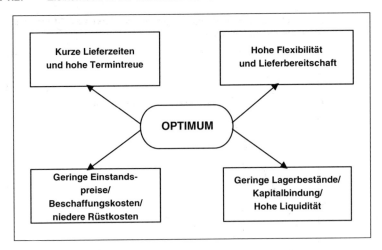

1.1 Auswirkungen der Zielkonflikte auf die Materialwirtschaft

Niedrige Bestände und hohe Flexibilität können nur erreicht werden, wenn es gelingt, dass

a) die Grundregeln einer geordneten Auftragsabwicklung / AV und Materialwirtschaft im Unternehmen eingeführt und deren Einhaltung mittels Zielvorgaben / Kennzahlen kontrolliert werden,

b) die konkurrierenden Ziele aufgezeigt und in einen Entscheidungsbaum zur Lösung eingebracht werden,

c) die in der Vergangenheit fälschlicherweise vernachlässigte, heute aber zusätzlich, notwendige Betrachtungen und Zusammenhänge und auf das gesamte Unternehmensziel übergreifende Lösungen zur Findung eines **Gesamtoptimums** mit einbezogen werden,

d) alle Bereiche eines Unternehmens mit der Aufgabe **Bestandssenkung** von der Entwicklung über Beschaffung, Fertigung und Vertrieb mit einbezogen werden,

e) der Abbau von überholten Organisationsformen, Abteilungsdenken, sowie Wirtschaftlichkeitsbetrachtungen/-rechnungen aus der Vollkostenrechnung durchgesetzt wird

f) Bauhaus- / Regalservice- / KANBAN- / E-Business-Systeme eingerichtet werden, also Einbindung der Lieferanten in die gesamte Logistik und Produktionskette

Darstellung - Zielkonflikte nach Einzelkriterien siehe Bild 1.3

Bild 1.3: Darstellung: Zielkonflikte nach Einzelkriterien

ENTWICKLUNGSZIEL	BESCHAFFUNGSZIEL	VERTRIEBSZIEL	FERTIGUNGSZIEL	BETRIEBSWIRTSCHAFTLICHE ERGEBNISSE	
Ausgereifte Produkte nach neuestem Stand der Technik	Geringe Beschaffungskosten, Preisvorteile bei hoher Versorgungssicherheit	Erfüllung der Kundenwünsche bei hoher Terminsicherheit	Hohe und gleichmäßige Auslastung der Fertigung	Alternatives Vollkostengedankengut	Alternatives Teilkostengedankengut
Betriebswirtschaftliches Ziel	Betriebswirtschaftliches Ziel	Betriebswirtschaftliches Ziel	Betriebswirtschaftliches Ziel	Ergebnis: Große Lose = geringe Flexibilität in der Fertigung	Ergebnis: Viele kleine Lose = hohe Flexibilität in der Fertigung
Wenig Änderungen	Kleine Bestands- und Anliefermengen	Variantenbeschränkung	Abbau von Überkapazitäten	Geringe Auflagenhäufigkeit	Hohe Auflagenhäufigkeit
Standardisierung	Kurze Wiederbeschaffungszeiten/ wenig Lieferanten	Geringe Bestände	Kundenspezifische Fertigung, kurze Durchlaufzeiten	Geringe Einrichtkosten	Höhere Einrichtkosten
Ziel der Fachabteilung	Ziel der Fachabteilung	Ziel der Fachabteilung	Ziel der Fachabteilung	Große Lagerbestände	Geringe Lagerbestände
Mehrmalige Änderungsmöglichkeit	Große Bestellmengen	Variantenvielfalt	Kapazitätenvorhalt	Große Lagerhaltungskosten	Geringe Lagerhaltungskosten
Teilevielfalt	Terminsicherheit durch viele Lieferanten	Hohe Lieferbereitschaft	Große Lose, möglichst lange Lieferzeiten		

Ziel: Niedrige Bestände bei gleichzeitig hoher Flexibilität durch Abkehr von überholtem betriebswirtschaftlichen und fachabteilungsbezogenem Denken

2. Instrumente einer geordneten Materialwirtschaft

Sicher ist, dass der Einsatz der EDV alleine keine wesentlichen Ergebnisse im Hinblick auf eine geordnete Materialwirtschaft mit sich bringt. Ganz im Gegenteil; in manchen Firmen ist man durch den Einsatz von zu starren Programmen und Abläufen unbeweglich geworden, was sich längerfristig aber sicher bessert, da die neuen Systeme durch

- anwenderfreundlichen und informativen Dialogverkehr
- Real-time - Verarbeitung / hochwertige Lagerverwaltungssysteme
- jeder Disponent / Lagerverwalter hat einen Bildschirm
- qualitative Verbesserung und Durchgängigkeit der Programme / ERP-Systeme, man kann sich gegenseitig in die Läger sehen
- Anbindung optisch / elektronischer Warenerfassungssysteme

bei gleichzeitiger verbesserter Anpassung auf die spezifischen Belange der Unternehmen und der Mitarbeiter, hier eine echte qualitative Verbesserung der

- Mengenplanung
- Terminplanung
- Auftragssteuerung
- Datenverwaltung

sowie eine

- Erhöhung der Plansicherheit
- Auskunftsbereitschaft
- bedarfsgerechtere Steuerung der Lagerbestände
- Aufrechterhaltung der Lieferbereitschaft

mit sich bringen wird.

Das Wesentliche muss aber sein, dass sowohl betriebswirtschaftlich als auch organisatorisch, den damit verbundenen Notwendigkeiten und Zwängen Rechnung getragen wird.

Alle unsere Mitarbeiter und die Lieferanten sich an die aufgestellten Regeln einer geordneten Materialwirtschaft (Regelkreise der Materialwirtschaft) halten.

Siehe Ergebnisse einer entsprechenden Untersuchung.

Ergebnisdarstellung einer geordneten Materialwirtschaft, Disposition und Lagerhaltung, sowie Fertigungssteuerung durch den Einsatz geeigneter EDV / Softwaresysteme

Bild 2.1: *Zielerreichungsgrad durch EDV- / IT-Einsatz in der AV-Materialwirtschaft*

Gesamtzielerreichungen
(gewichtet mit der Häufigkeit
der Nennungen) bezüglich:

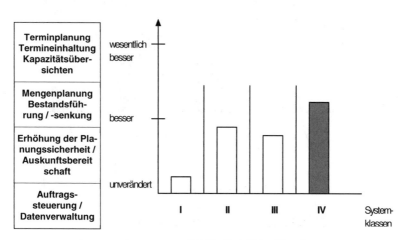

Systemklassen:

I	=	Terminjäger
II	=	Karteiorientierte AV / Materialwirtschaft
III	=	Veraltetes / ungeeignetes EDV- / Softwaresystem
IV	=	Direkter Zugriff, dialogorientiertes System mit Barcode- und Real-time - Verarbeitung, Bestände der Lieferanten im Direktzugriff ERP-System, E-Business-Lösungen etc.

In Anlehnung an: Prof. Ellinger / Dr. Wildemann, aus Arbeitsbericht 11, UNI Köln, Universitätsstraße, Köln

Merke: Je niederer die Bestandsmengen, umso höher muss die Genauigkeit der Bestandszahlen und der Organisationsgrad des Unternehmens sein!

Bild 2.2: Darstellung von Bestandshöhe und Organisationsmängel

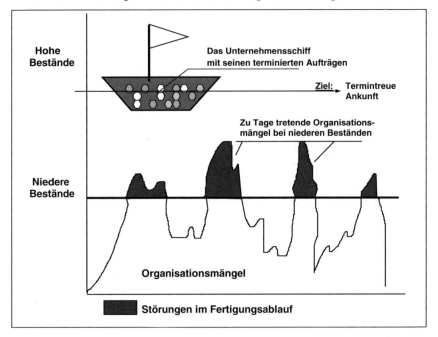

Aus den Darstellungen ergibt sich somit:

→ Wichtig ist der Einsatz der richtigen Werkzeuge mittels EDV und Software

→ Noch wichtiger ist die stimmige Organisation / der Prozessabläufe im Unternehmen / zum Lieferanten und Kunden selbst

→ Bestände senken, ohne schnelle Verfügbarkeit auf Material und Teile zu haben, hat irgendwo ein Ende, oder

→ alle Materialien / Teile sind in genügender Menge vorrätig, gehören uns aber nicht (**Konsi- / KANBAN - Läger**), bzw.

→ die Lieferanten halten für uns Vorräte, z.B. über so genannte Logistiklösungen, wir erhalten alle Bedarfe innerhalb von maximal 5 Arbeitstagen

Merkmale, Gründe einer schlechten Materialwirtschaft

1. Wiederholt auftretende, schwerwiegende Auftragsrückstände (man ist nicht in der Lage, zugesagte Liefertermine einzuhalten).
2. Ständig zunehmende Lagerbestände bei gleichzeitig unverändertem oder sogar wachsendem Auftragsrückstand / steigende Anzahl Fehlteile.
3. Starker Wechsel der Kunden oder große Zahl von Auftragsannullierungen.
4. Steigende Anzahl Eilaufträge in der Fertigung, weil immer etwas fehlt.
5. Das Lager erhält Ware was es nicht braucht, also das Falsche, und das was es braucht, zu spät und zu wenig.
6. Übermäßige Maschinenstillstände wegen Materialmangels und / oder wegen zu großer Rüstzeitanteile, wegen häufigem Umrüsten.
7. Immer wieder auftretender Mangel an ausreichendem Lagerraum.
8. Regelmäßig wiederkehrende erhebliche Abschreibungen auf Lagerbestände infolge von Preisrückgängen und Notverkäufen, um veraltete oder wenig gängige Vorräte abzustoßen; oder aus ähnlichen Gründen.
9. In weiten Grenzen schwankende Umschlagszahlen der Lagerbestände oder stark unterschiedliche Umschlagszahlen der hauptsächlichen Lagerwaren.
10. Ständige Verschlechterung des Kapitalumschlages bei gleichem oder stetig steigendem Artikelsortiment.
11. Gleichbleibende oder nur geringfügig steigende Umschlagszahlen bei steigendem Umsatz.
12. Stets wiederkehrende erhebliche Abschreibungen (Verschrottung) anlässlich der Bestandsaufnahmen.
13. Permanentes „Wegstehlen" von Teilen / Materialien, die eigentlich für andere Aufträge reserviert waren.

Resultierend aus:

1. Unübersichtliche, unorganisierte Lager
2. Fehlerhafte Stücklisten
3. Selbstbedienung (keine geschlossenen Lager bzw. organisiertes KANBAN)
4. Personalknappheit in Disposition und Lager
5. Keine aktuellen Lagerbestände, es wird zu spät gebucht
6. Kein geordnetes, oder ungeeignetes Dispositionsverfahren
7. Keine Kenntnisse über verfügbare Bestellbestände, sowie aktuelle Wiederbeschaffungszeiten, Stammdaten werden nicht gepflegt
8. Schlecht ausgebildetes Disponenten- / Lagerpersonal
9. Keine Kenntnisse des zukünftigen Absatzes / der Bestandsreichweiten
10. Keine geordnete Bereitstellung
11. Unpünktlich und mangelhaft liefernde Lieferanten
12. Zu lange Durchlaufzeiten von Wareneingang bis Lager / in der Fertigung
13. Regalserviceverfahren / KANBAN, das Supermarktprinzip für Materialwirtschaft und Produktion ist unbekannt

Siehe auch Bild 2.2 „Darstellung von Bestandshöhe und Organisationsmängel"

2.1 Aufbauorganisation des Gesamtbereiches Materialwirtschaft

Der Begriff Materialwirtschaft umfasst alle diejenigen Funktionen, die einen Einfluss auf den gesamten Materialbereich des Unternehmens ausüben.

Der Einfluss auf die Materialwirtschaft setzt bereits während der Entwicklung und Konstruktion eines Produktes ein, sofern die Gefahr besteht, dass bereits hier über Materialien und Bauteile Festlegungen getroffen werden, die später im Hinblick auf die Fertigung keine Möglichkeit der Veränderung zulassen.

Wesentlichen Einfluss auf die Führung der Materialwirtschaft hat auch der Vertrieb. Hierbei steht die richtige Planung der Erzeugnismengen im Mittelpunkt der Tag für Tag neu zu lösenden Aufgabe: Verkaufte Menge, Varianten, Kundenwünsche und tatsächliche Erzeugung über die vorhandene Kapazität optimal aufeinander abzustimmen.

Die Einflussnahme selbst endet in der Regel erst mit dem Verkauf des Produktes, sofern keine Reklamationen oder Rücksendungen erfolgen.

Bei der Materialintensität vieler industrieller Produkte hängt der Unternehmenserfolg sehr stark davon ab, inwieweit es gelingt, den Materialeinsatz in zeitlicher, kostenmäßiger und qualitätsmäßiger Hinsicht zu optimieren. Dazu bedarf es einer Aufgliederung der Materialwirtschaft in die vier Hauptfunktionskreise - Disposition - Beschaffen - strategischer Einkauf - Lager - die wiederum in einzelne Unterfunktionen aufgeteilt sind.

Zusammenfassend kann gesagt werden, dass die Materialwirtschaft verantwortlich ist für die wirtschaftlich Integration der Materialplanung mit dem Beschaffen, abgestimmt auf die heute notwendige flexible Kapazität, gemäß eingehender Aufträge, sowie der Verteilung (Fertigungssteuerung), den Materialfluss und der Lagerung aller Materialien im Betrieb.

Nur wenn innerhalb dieser Funktionskreise die Ergebnisse laufend ausgetauscht und die Kapazität den Bedarfen angepasst werden, kann das System optimal arbeiten.

Die Funktionstüchtigkeit dieses Regelkreises kann man meist an der Menge der sich nicht mehr, oder nur noch sehr selten bewegenden Lagerbestände erkennen (Lagerhüter), bzw. an der Kennzahl **MATERIALUMSCHLAGSHÄUFIGKEIT**, berechnet nach

Verbrauch der letzten 12 Monate : aktueller Bestand = _____ Drehzahl

mit Ziel → Permanente Erhöhung der Umschlagshäufigkeit bei gleichzeitiger Verbesserung der

$$\text{Termintreue:} \quad \frac{\text{Anzahl termintreu gel. Aufträge / Mo.}}{\text{Anzahl ges. gelieferte Aufträge / Mo.}} \times 100 = _____ \%$$

und des

$$\text{Servicegrades:} \quad \frac{\text{Anzahl zu Kundenwunschtermin gelieferte Aufträge / Mo.}}{\text{Anzahl ges. gelieferte Aufträge / Mo.}} \times 100 = _____ \%$$

Funktionsmatrix - Anforderungsprofil Materialwirtschaft

Eine wesentliche Voraussetzung für eine funktionsfähige Materialwirtschaft, die im Sinne von Bestände minimieren arbeitet, bei gleichzeitiger Aufrechterhaltung der Lieferfähigkeit, ist eine saubere und klare Zuordnung der Aufgabenbereiche - nachfolgend dargestellt als Funktions- / Anforderungsprofil mit Tätigkeitsmerkmalen an die einzelnen Bereiche / Abteilungen - im Regelkreis der Materialwirtschaft, die sich zusammensetzt aus

A) Konventionelle Betrachtungsweise:

    Einkauf - Beschaffungswesen
    Disposition - Kapazitätswirtschaft
    Fertigungs- und Werkstattsteuerung
    Lager - Materialverteilung (Logistik)

Ob die Zusammenfassung der Funktionsbereiche zu dem Oberbegriff lt. Darstellung Bild 2.4

„**Materialwirtschaft - Logistik**"

oder zu dem Oberbegriff

„**Arbeitsvorbereitung**"

mit Herauslösung des Einkaufs, dafür Einfügung des Bereiches Arbeitsplanung, lt. Darstellung Bild 2.3 erfolgt, soll letztlich nicht das Wesentliche sein, (die Wahl hängt sicher von der Gesamtorganisation des Unternehmens ab), oder besser

B) Prozessorientierte Betrachtungsweise / Teamarbeit

Siehe Abschnitt 2.1.1, Optimierung von Geschäftsprozessen / Auftragsabwicklungs-/ Logistikzentren und / oder Produktions- / Führungsteams als Basisorganisation für einen schnellen Auftragsdurchlauf in einer durchlaufzeitoptimierten Just in time - Fertigung.

Entscheidend ist nur, dass in jedem Falle aus Gründen der Abstimmung

    ➢ Materialverfügbarkeit
    und
    ➢ Kapazitätsverfügbarkeit

die Bereiche

    ➢ Auftragserfassung / Kundenbetreuung [1]
    ➢ Disposition - Beschaffen
    ➢ Kapazitätswirtschaft
    ➢ Auftrags- und Terminplanung
    ➢ Fertigungssteuerung
    ➢ Lagerwirtschaft

jeweils „komplett" dem gewählten Überbegriff zugeordnet werden.

---

[1] Lässt sich bei weltweitem Vertrieb, bzw. alle Kunden bekommen alle Produkte, nicht realisieren, bleibt dann im Vertriebsbereich

Bild 2.3: Einbettung der Disposition in die Fertigungssteuerung / AV (konventionelle Organisation)

```
                              EDV-
                           Organisation
                                |
    ┌──────────────┬────────────┼────────────┬──────────────┐
  Einkauf                Arbeitsvorbereitung              Vertriebsleitung
                                                          (mit Teilbereich)
                                                     manuelle
                                                   Organisation
```

Beschaffungs-wesen	Arbeits-planung	Disposition Mengenplanung	Terminplanung Kapazitäts-wirtschaft	Auftrags-steuerung/Ter-minkontrolle	Wareneingang Lager/Material-verteilung	Fertigwaren-lager
Mitarbeiter	Mitarbeiter	Mitarbeiter	Mitarbeiter wird von Dis-position mit abgearbeitet	Mitarbeiter (Leitstand)	Mitarbeiter	Mitarbeiter

In den obigen Bereichen sind jeweils folgende HAUPTFUNKTIONEN enthalten und zu erfüllen:

Beschaffungswesen:
- Einkaufsplanung
- Anfragen Bearbeitung
- Bestellschreibung
- Reklamations-wesen
- Terminüber-wachung
- Liefertermin-übersichten (Pflege der WBZ)
- Neuteile-Beschaffung
- Preis- und Konditionsüber-wachung
- Artikel-Dokumentation
- Lieferanten-Dokumentation
- Einkaufsmarkt-forschung
- usw.

Arbeitsplanung:
- Stücklisten Arbeitsplan Erstellung
- Änderungsdienst
- Stammdaten-betreuung
- Arbeitszeiten-planung (Planzeitkatalog)
- Leistungs-entlohnung
- Arbeitskosten-kalkulation
- permanente Rationalisierung
- Schwachstellen-forschung
- Arbeitsplatz-gestaltung
- Vorrichtungsbau
- usw.

Disposition Mengenplanung:
- EDV-Bildschirm-eingabe
- Auftragsbear-beitung
- Entnahmestück-liste/scheine
- Zu- und Abgänge
- EDV-Beleg-bearbeitung
- Bestellvorschläge
- Arbeitspapiere
- Rückstandslisten
- sonstige Listen
- EDV-System automatisch
- Bedarfsermittlung
- Bedarfsrechnung
- Bestandsrechnung
- Bestellrechnung
- Sonstige Mitarbeiter-Funktionen
- Fehlerkorrektur
- Plausibilitäts-prüfung
- Führen Termin-kontrolle
- Inventurarbeiten
- Beantwortung von Terminanfrage
- usw.

Terminplanung Kapazitätswirtschaft:
- Angebots-Terminierung
- Auftrags-Terminierung
- Kapazitäts-abgleich
- EDV-System automatisch
- Auftragstermi-nierung von inner-betrieblichen Auf-trägen
- Erstellen Arbeitspapiere
- Kapazitäts-rechnung
- Ausdruck von Rückstandslisten
- usw.

Auftragssteuerung/Terminkontrolle:
- Erstellen Fein-planung (1x/Woche)
- Erstellen Produktionsplan
- Verteilung Arbeitsunterlagen für Betrieb
- Arbeitsfort-schrittskontrolle
- Rückstandskon-trolle, Terminüber-wachung laufender Aufträge
- Liefern der Ist-Daten für Leistungslohn-system
- Verantwortlich für BDE-Daten
- Führen von Plan-tafeln/Leitständen etc.
- usw.

Wareneingang Lager/Materialverteilung:
- Warenannahme
- Mengenkontrolle
- Qualitätskontrolle
- Lagerortfestlegung
- Einlagerung
- Bearbeitung der Eingangs-/Ent-nahmebelege
- Restmengenmeldung
- Innerbetrieblicher Transport
- Warenbereitstellung
- Fehlermeldungen an Dispo-Stelle
- Eingangsmeldungen an Dispo
- permanente Inventur
- Bestandsverant-wortung
- usw.

Fertigwarenlager:
- EDV-Bildschirmeingabe
- Aufnahme
- Entnahmescheine
- Zu- und Abgänge
- EDV-Belegbearbeitung
- Bestellvorschläge
- Betriebsaufträge
- Rückstandslisten
- sonstige Listen
- EDV-System automatisch
- Bedarfsermittlung
- Bedarfsrechnung
- Bestandsrechnung
- Bestellrechnung
- Sonstige Mitarbeiter-funktionen
- Fehlerkorrektur
- Terminkontrolle
- Inventurarbeiten
- Kundenfragen

Bild 2.4: *Regelkreis Materialwirtschaft*

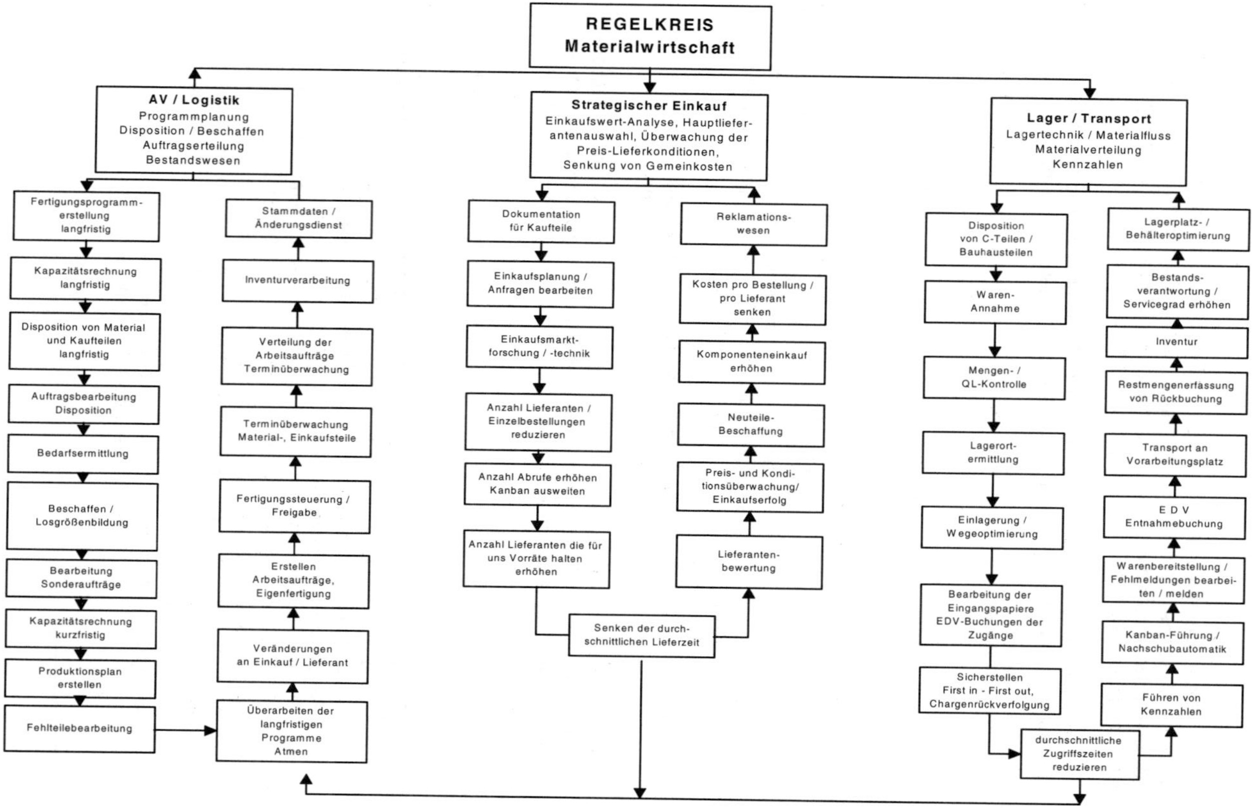

Steigender Aufwand in der Warenwirtschaft, trotz EDV-Einsatz

ERP → **E**nterprise **R**essource **P**laning - Software hilft, die dispositiven Ressourcen - Mensch - Maschine - Werkzeug - Material - sowie Transportkapazitäten eines Unternehmens, optimal aufeinander abzustimmen. Dies ist das Vertriebsschlagwort vieler Anbieter von Handware- und Softwaresystemen geworden.

Der potenzielle Anwender will allein mit Technik, durch Investitionen in Hard- und Software, seine Problemlösung kaufen, bzw. glaubt, sie kaufen zu können.

Diese Vorstellung wird gefördert durch entsprechende Werbung einiger Softwareanbieter:

- Alle Informationen in einer Hand, in einem vom Lieferant bis Kunde durchgängigen Planungs- und Steuerungssystem

Demnach soll ein zentrales Produktionsplanungs- und Steuerungs- / ERP- / PPS-System in der Lage sein, Auftragseingänge, Variantenkonstruktion, Produktionsprozesse und -kapazitäten, Lager- und Umlaufbestände, sowie Wareneingang / Warenverbrauch und Versand - Logistik so zu koordinieren und aufeinander abzustimmen, dass mit minimalen Beständen die richtigen Fertigprodukte zur richten Zeit, in der gewünschten Menge und Qualität, mit kürzesten Lieferzeiten zum Kunde gelangen.

Das Problem ist nur, man hat den Verbraucher, den Endabnehmer vergessen!

Plötzliche und immer häufiger kurzfristige Änderungen am Markt / im Verbraucherverhalten, Lieferverzug oder Qualitätsprobleme, bringen die im System geplanten Annahmen und Prozesse völlig durcheinander und machen schnelle, teilweise manuelle, Eingriffe notwendig.

In der Folge entsteht eine mehr oder weniger große Diskrepanz zwischen der Ist-Situation in der Produktion, was tatsächlich gefertigt werden muss, und dem vom PPS-System vorgegebenen Produktionsplan. Permanente Umplanungen sind notwendig, Termine können nicht, oder nur unter erheblichen Mehrkosten eingehalten werden. Die Bestände und Rückstände steigen. Die Erfahrung, was morgens neu geplant / eingeteilt wurde, ist nachmittags bereits hinfällig / überholt, sowie der enorme Aufwand für Stammdatenpflege und laufende Anpassungen, machen den Anwendern das Leben schwer. Die Konsequenz kann sein: Am so mühsam aufgebauten und teuer bezahlten ERP- / PPS-System wird vorbeigeplant. Das System selbst hinkt hinterher, da es den Mitarbeitern oft nicht mehr möglich ist, mit vertretbarem Zeitaufwand EDV-technisch unmittelbar, schnell und flexibelst auf die kurzfristigen Kundenwünsche bzw. permanent steigende Anzahl Änderungen in Menge und Termin, im System einzugehen.

Es muss aber das produziert werden, was der Kunde will, nicht was das System will.

Problem der permanenten Terminverschiebungen / Mengenänderungen von Seiten der Kunden, bei gleichzeitig steigender Auftragszahl und kürzeren Lieferzeiten

Bild 2.5: Entwicklung Anzahl Aufträge und Änderungen in Menge und Termin

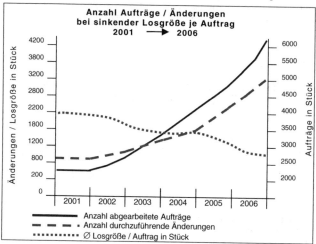

Bild 2.5.1: Entwicklung kundenseitig gewünschte Liefertermine

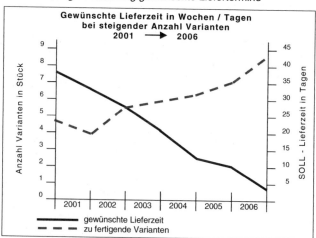

Steigender Aufwand in Disposition, Beschaffung und Fertigungssteuerung

Bei einer herkömmlichen PPS- / ERP-Organisation stellt dies insbesondere bei freigegebenen Aufträgen den Betrieb und den Einkauf / Beschaffung Vormaterial vor fast unlösbare Aufgaben und erzeugt zusätzlich einen riesigen Änderungsaufwand in AV und Fertigung, wovon ein Großteil reine Blindleistungen sind, da ein bis zwei Wochen später wieder geändert werden muss.

Dies bedeutet:

- Ähnlich wie Produkte, Betriebsmaterial, sowie Mitarbeiterqualifikation dem Wandel im Wettbewerb angepasst werden müssen, gilt es auch, die grundsätzliche Unternehmensausrichtung, sowie die interne Organisation den Veränderungen / Zwängen des Marktes anzupassen und

Wodurch sich ergibt:

Schaffen eines ausgeklügelten Konzeptes und Aktivitätenplan zur Verbesserung der Organisation, der Logistik und Fertigung mit folgenden Merkmalen:

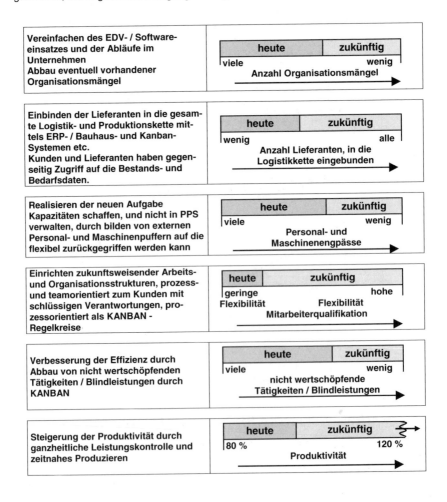

	heute	zukünftig
Vereinfachen des EDV- / Softwareeinsatzes und der Abläufe im Unternehmen. Abbau eventuell vorhandener Organisationsmängel	viele	wenig
	Anzahl Organisationsmängel	
Einbinden der Lieferanten in die gesamte Logistik- und Produktionskette mittels ERP- / Bauhaus- und Kanban-Systemen etc. Kunden und Lieferanten haben gegenseitig Zugriff auf die Bestands- und Bedarfsdaten.	wenig	alle
	Anzahl Lieferanten, in die Logistikkette eingebunden	
Realisieren der neuen Aufgabe Kapazitäten schaffen, und nicht in PPS verwalten, durch bilden von externen Personal- und Maschinenpuffern auf die flexibel zurückgegriffen werden kann	viele	wenig
	Personal- und Maschinenengpässe	
Einrichten zukunftsweisender Arbeits- und Organisationsstrukturen, prozess- und teamorientiert zum Kunden mit schlüssigen Verantwortungen, prozessorientiert als KANBAN - Regelkreise	geringe Flexibilität	hohe Flexibilität
	Mitarbeiterqualifikation	
Verbesserung der Effizienz durch Abbau von nicht wertschöpfenden Tätigkeiten / Blindleistungen durch KANBAN	viele	wenig
	nicht wertschöpfende Tätigkeiten / Blindleistungen	
Steigerung der Produktivität durch ganzheitliche Leistungskontrolle und zeitnahes Produzieren	80 %	120 %
	Produktivität	

Was zu folgender Grundsatzphilosophie führt:

- Der Kunde bestimmt was produziert wird
- Der Kunde bezahlt nur den wertschöpfenden Anteil am Produkt
- Ein Kunde kauf kein Produkt, sondern nur
  - ▶ Kapazität u n d
  - ▶ Know-how
    - ⇨ Know-how ist das Produkt
    - ⇨ Kapazität ist die Anzahl Maschinen / Mitarbeiter über die gesamte Herstellprozesskette
- Hohe Liquidität ist auch Leistung

Daran hat sich alles auszurichten

Mit folgender Zielsetzung / Fertigungsphilosophie:

- Abbau überholter Wirtschaftlichkeitsbetrachtungen. Es zählt nur das Gesamtoptima, nicht das Einzeloptimum

- Ein abgespeckter ERP- / PPS-Einsatz erzeugt Freiräume und vermindert Blindleistungen und nicht wertschöpfende Tätigkeiten in der Fertigung und in den angegliederten Dienstleistungsbereichen

- Optimieren des Material- und Informationsflusses - Vom Kunde bis zum Lieferant - prozessorientiert durch Abkehr vom Push- zum Pull-System

- Reduzieren von Schnittstellen und Transportwegen. Die Produktion muss fließen, also Segmentieren der Fertigung prozessorientiert als Linienfertigung / Röhrensystem

- Kapazitäten schaffen und nicht verwalten / Hohe Mitarbeiterflexibilität

- Nur fertigen was gebraucht wird / Reduzierung der Werkstatt- und Lagerbestände durch KANBAN

- Nicht so viele Aufträge in der Fertigung wie möglich, sondern so wenig, dass die Ware fließt, aber keine Abrisse entstehen

- Einfache Steuerungsinstrumente „Engpassplanung im Fertigungsrohr- / Segment" durch KANBAN

- Feinsteuerung vor Ort, durch mitarbeitende Produktmanager = KANBAN - Pate je KANBAN - Regelkreis

- Verbesserung der Transparenz durch den Einsatz von TOP - Kennzahlen, die die tatsächliche betriebliche Leistung widerspiegeln und an denen abgeleitet werden kann „Wie atmet die Fertigung?"

2.1.1 Optimierung von Geschäftsprozessen innerhalb der Systeme Lieferant → Kunde, bzw. Kunde → Lieferant

Als Geschäftsprozess wird eine Folge von Unternehmensaktivitäten verstanden, die in einer ablauforientierten Beziehung stehen. Die Aktivitäten[1] orientieren sich dabei an Produkt, Auftrag und Möglichkeiten, welche im Unternehmen bekannt und auch definierbar sein müssen. Innerhalb eines Geschäftsprozesses herrscht intern als auch extern ein Kunden - Lieferantenverhältnis. Der Geschäftsprozess erstreckt sich über Organisations- und Systemgrenzen hinweg und hat ein definiertes Gesamtergebnis. Für einen bestimmten Geschäftsprozess, z.B. den Entwicklungsprozess, werden diese Aktivitäten immer in gleicher Reihenfolge durchlaufen, unabhängig von den im Geschäftsprozess benötigten Ressourcen und der Ausprägung des Endproduktes. Das zu bearbeitende Objekt bzw. der notwendige Arbeitsgang steht im Vordergrund. Daraus ergibt sich:

> **Unter Geschäftsprozessen wird eine Folge von Aktivitäten[1] verstanden, die auf ein vorgegebenes Ergebnis ausgerichtet und in wiederholter Folge zu durchlaufen sind.**
>
> **Die Aktivitäten sind dabei in einer Ablauforganisation eingebettet und sind durch notwendige Eingaben / Tätigkeiten mit messbarer Werterhöhung und messbaren Ergebnissen gekennzeichnet.**

Dies bedeutet, ein schlüssiger Geschäftsprozess in einer gut konzipierten Organisationseinheit zeichnet sich durch die Fähigkeit aus, fertige und qualitativ hochwertige Produkte oder vollständige Dienstleistungen in den nächsten Prozess zu übergeben. Die funktionsübergreifende Integration von prozessorientierten Tätigkeiten steht somit im Vordergrund. Sie senkt Kosten, durch Vermeiden von Schnittstellenproblemen und durch Vermeiden von nicht wertschöpfenden Tätigkeiten, wie z.B. Informationsübermittlung, Einlesen, Doppelarbeit o.ä., sowie durch vermeiden von Nacharbeit und Rückfragen, da nur so genannte i.O.- (in Ordnung)Vorgänge / Teile weitergegeben werden können. Sie senkt den Dienstleistungs- / Verwaltungsaufwand durch Wegfall von unnötigen Teilprozessen, z.B. Ablage gleicher Vorgänge an mehreren Stellen und steigert somit die Wertschöpfung.

Außerdem verbessert es die Kunden - Lieferantenbeziehung, was primäres Ziel jeder Unternehmensführung sein sollte. Der Kunde profitiert durch die transparente Gestaltung der Geschäftsprozesse im Unternehmen, da die direkten Ansprechpartner bekannt sind und diese auch kontinuierlich über die Entwicklungsfortschritte des Kundenauftrages informiert sind. Der Kunde ist ferner in der Lage, über den Prozessverantwortlichen die Durchführung seines Auftrages besser zu verfolgen.

Außerdem kann durch diese Organisationsform mittels Kostenmanagement das Kosten - Nutzen - Verhältnis je Kunde / Produktgruppe exakter ermittelt werden.

---

[1] Tätigkeiten

WERTESTROMDESSIN / WERTEZUWACHSPROFIL

Darstellung: Tätigkeiten / Arbeitsprozesse eines Auftragsablaufes für Standardartikel, also ohne neue Stückliste, neue Arbeitspläne erstellen etc.

Phase 1 – Vertriebstätigkeiten

	Abteilung	Vertrieb/Innendienst			Zeit Std:Min	
	Person / Name	HS	WS	MB	min	max
Pos	Arbeitsgänge					
1	Eingang der Bestellung				00:01	00:01
2	Bestellung notieren / lesen				00:01	00:03
3	Id. Nr. herausfinden				00:01	00:03
4	Id. Nr. anbringen				00:01	00:01
5	Kd.-Nr. anbringen					
6	Lieferbarkeit prüfen					
7	Preis prüfen					
8	bei Kampfpreisen					
9	Korrigieren, wenn nötig				00:02	00:15
10	Kurz lesen					
11	Fragen an Sachbearbeiter					
12	Prüfen der Frage					
13	Antwort					
14	In AS/400 eingeben:				00:05	00:10
15	Kd.-Nr. eintragen					
16	Lieferadresse prüfen					
17	Kd.-Bestellnr. eintragen					
18	Auftragsnr. anbringen					
19	Id. Nr. Menge eintragen					
20	Auftrag ablegen					
21	Bestätigung drucken				00:03	00:03
22	Bestätigung kuvertieren					
23	Bestätigung frankieren					
	Durchlaufzeit im Ø (Tage):		**01 - 02**		**00:14**	**00:36**

Phase 2 – Dispo und Fertigungssteuerung

	Abteilung	VTI		AV/PPS	Zeit Std:Min	
	Person / Name	HS	WS	MB	NM	min	max
Pos	Arbeitsgänge						
24	Fehlerliste „Teile nicht da"					automatisch	
25	Artikel prüfen					00:00	00:10
26	Termin ändern					00:01	00:03
27	Artikel freigeben					00:01	00:02
28	System macht weiter					automatisch	
	Durchlaufzeit im Ø (Tage):		**01 - 02**			**00:04**	**00:15**

Phase 3 – Fertigung / Montage

	Abteilung	VTI			PS	FERT.		Lager			Zeit Std:Min	
	Person / Name	HS	WS	MB	BB	MW	XY	PS	HW		min	max
Pos	Arbeitsgänge											
29	Aufträge verteilen										00:01	00:05
30	Werkzeug einstellen										00:03	00:06
31	Auftrag lesen										00:01	00:02
32	Einzelne Gänge bearbeiten										00:05	01:30
33	Auftrag abmelden										00:03	00:03
34	Ware in das Lager										00:02	00:05
35	Ware zubuchen										00:01	00:03
	Durchlaufzeit im Ø (Tage):			**10 – 15**							**00:16**	**01:54**

Phase 4 – Lager / Kommissionieren / Versand

	Abteilung	VTI			Lager / Versand			Zeit Std:Min	
	Person / Name	HS	WS	MB	HK	SS		min	max
Pos	Arbeitsgänge								
	Abrufen National							00:01	00:05
	Auftrag sichtbar							00:01	00:02
	Auftrag anwählen							00:01	00:02
	Kommissionieren							00:10	01:00
	Im System rückmelden							00:01	00:05
	Verpacken							00:05	00:30
	Lieferschein dazu packen							00:01	00:02
	Packliste dazu packen							00:01	00:02
	In das Gitter verladen							00:01	00:03
	Ladeliste abrufen (TOF)							00:15	00:30
	Kontrollieren							00:05	00:20
	In den LKW verladen							00:05	00:10
	Durchlaufzeit im Ø (Tage):		**01 - 02**					**00:47**	**02:51**

Zusammenstellung der Phasen 1 - 4

Durchlaufzeit Gesamt (mit Fertigung) im Ø:	13 – 21 Tage
Durchlaufzeit Gesamt (ohne Fertigung) im Ø:	3 – 6 Tage (Lagerware)
Gesamtzeitaufwand in Stunden (mit Fertigung):	0,81 – 4,56 gesamt
Gesamtzeitaufwand in Stunden (ohne Fertigung):	0,65 – 3,02

A) **Gesamt - Zeitbedarfsrechnung je Auftragsposition**

1. Anzahl Aufträge / Woche von Kunden an Vertrieb   1.057 Stück
2. Anzahl Positionen je Auftrag   4 Stück
3. Ø Bearbeitungszeit je Position innerhalb Vertrieb   0,14 - 0,36 Std.
4. Ø Bearbeitungszeit je Position AV   0,04 - 0,15 Std.

B) **Prozesskostenbetrachtung:**

Was kostet die Abwicklung eines Lagerauftrages, von Bestellungseingang bei Vertrieb - bis Versand der Ware, ohne Fertigungskosten, ohne Buchhaltungsarbeit, ohne erstellen Arbeitspapiere, ohne Frachtkosten etc., also reine Arbeitszeit im Büro und im Versand

Tätigkeiten	Abtlg.	Zeitbedarf in Min.		Bezugs-größen	Angen. Std.-Satz	Kosten pro Auftrag in €	
		Std.	Std.			Minimum	Maximum
1	2	3	4	5	6	7 =(3x5x6)	8 =(4x5x6)
Auftragserfassung Vertrieb (Zeit / Position)	VTI	0,18	0,51	4 Positionen	40,00	28,80	81,60
Versandarbeit (pro Auftrag)	LAG	0,47	2,51	1 Auftrag	35,00	16,45	87,85
GESASMT						45,25	169,45

Um einen schnellen Auftragsdurchlauf zu erreichen, und um Kosten zu sparen, die durch das viele Lesen und neu in die Hände nehmen entstehen, ist es also erforderlich, mittels

    ⇨   Ablaufuntersuchungen mittels Tätigkeitsanalysen / Wertstromoptimierung
         (wer macht wann, wie, was, zu welchem Zweck)

und

    ⇨   Prozesskostenrechnung
         (wie teuer ist z.B. der papiermäßige Auftragsdurchlauf)

zu ermitteln, ob die Abläufe, die Tätigkeiten bezüglich der gesetzten Ziele, wie im Sport *„HÖHER - SCHNELLER - WEITER"*, noch passen, oder ob durch **„nicht schneller, sondern anders, und hier insbesondere *'INTELLIGENTER'* arbeiten"**

    ⇨   viel Zeit im Durchlauf

und

    ⇨   viele unnötige Kosten

gespart werden können, die durch Doppelarbeit und so genannte Blindkosten entstehen.

2.1.2 Auftrags- / Logistikzentren

Produktgruppenorientierte Auftragszentren / Produktions- und Fertigungsteams als Basisorganisation für einen schnellen Auftragsdurchlauf in einer bestandsminimierten Fertigung

Unglücklich, in Bezug auf einen schnellen und bestandsminimierten Auftragsdurchlauf ist, die in der Vergangenheit bevorzugte, abteilungsbezogene HORIZONTALE GLIEDERUNG mit ihren vielen Schnittstellen. Bildhaft als Ablagesystem „**Eingangskörbchen** → **Bearbeiten** → **Ablage in Ausgangskörbchen**" dargestellt, mit den damit verbundenen langen Liegezeiten und Einarbeitungszeiten. (Einlesen in einen Vorgang, ist wie Rüsten in der Fertigung zu sehen.)

Bild 2.6: Herkömmliche, horizontale Organisationsform

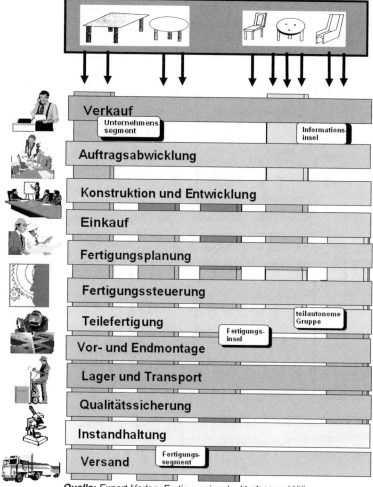

Quelle: Expert-Verlag, Fortigungsinseln, Verfasser: Müller

Neue, vertikale Organisationsformen für einen schnellen und effektiven Auftragsdurchlauf, sind gefordert, also

Bild 2.7: Abkehr von der horizontalen Organisationsform hin zu vertikalen, in die Tiefe gegliederten Organisationsformen, die als überschaubare, flexible Einheiten, für bestimmte Produktgruppen, bzw. Kunden eigenverantwortlich tätig sind

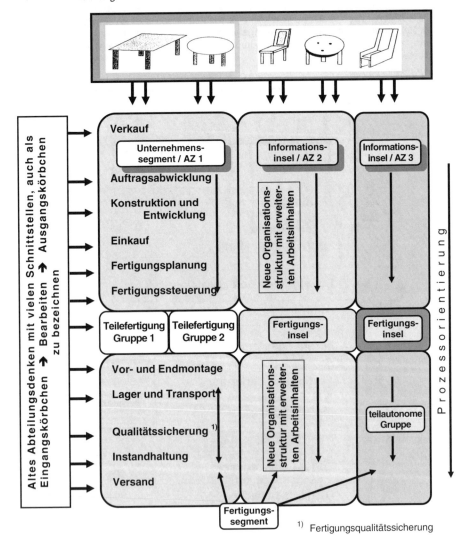

Besser bewährt, haben sich so genannte *VERTIKALE GLIEDERUNGEN* in Form so genannter Auftragsabwicklungszentren, bzw. Produktions- / Führungsteams, also in die Tiefe gegliederte, in sich schlüssige Verantwortungsbereiche, nach Sparten oder Produktgruppen, oder bei Zulieferfirmen nach Kundengruppen, geordnet.

A) Die Auftragsabwicklung / das Beschaffen wird z.B. in die Arbeitsvorbereitung integriert, oder die AV und das Beschaffen, sowie die Anpassungskonstruktion mit QS wird in die Fertigung integriert. Die Auftragsabwicklung bleibt im Vertrieb.

B) Die Vorfertigung wird in so genannte flexible Fertigungszellen / -teams mit erweitertem Dispositionsspielraum und flexibler Arbeitszeit gegliedert, die in völliger Selbstverantwortung und Termintreue Teile von Rohwaren / Halbzeuglager bis Lagereingang an Teilelager herstellt. Teil verlässt Zelle erst, wenn MONTAGEFÄHIG und „fehlerlos" fertig!

C) Die Vor- und Endmontage incl. Kontrolle / Abnahme, gegebenenfalls Versand, wird in so genannte nach Produktgruppen ausgerichtete Fertigungs- / Montagelinien / -gruppen ausgerichtet (Linienfertigung mit Arbeitspuffern), die ebenfalls in Selbstverantwortung 100 % Qualität erzeugen und termintreu ausliefern.

Die Produktions- und darüber liegenden Führungsteams sollen möglichst nach Produktgruppen und prozessorientiert ausgerichteten *RÖHRENSYSTEME* eingerichtet werden, die sich nach dem Kunden → Lieferantenprinzip selbst steuern.

Um dies zu erreichen, müssen im Unternehmen Teams und Organisationsformen mit umfassend ausgebildeten Mitarbeitern mit hohem Verantwortungsbewusstsein eingesetzt / geschaffen werden um in vertikalen Organisationsformen und mittels durchgängiger Informationssysteme eine absolute Kundenorientierung zu erreichen, sowie lange Entscheidungsprozesse / -wege und überflüssige Gemeinkosten zu vermeiden.

Insbesondere in Bezug auf:

- Definition neuer Abläufe
- Dezentralisierung, bessere Kundenorientierung
- Kompetenz und Arbeitsinhalte neu festlegen
- Unterstützung durch Informationsaustausch
- schnellere Reaktion durch Kanban-Systeme

mit Bewertung im Hinblick auf

- lange Liegezeiten
- überflüssige Prozesse
- wertschöpfende, nicht wertschöpfende Tätigkeiten
- Fehlerquellen

Also Schaffung so genannter

Auftrags- / Logistikzentren = Informationsinseln in der Fertigung
Produktions- / Führungsteams = Fertigungsinseln / -segmente in der Fertigung

also in die Tiefe gegliederte, vertikal nach Produktgruppen prozessorientiert ausgerichtete schlüssige Verantwortungsbereiche. Siehe nachfolgendes Schemabild, 2.8.

Automatisch wird durch das Schafen von einfachen, logischen, prozessorientierten Abläufen die Flexibilität und Kundenorientierung erhöht, die Durchlaufzeit bis zu 70 % verkürzt und was besonders wichtig ist, durch „Nicht mehr - sondern anders arbeiten", die Wertschöpfung optimiert und die Qualität der Arbeit wesentlich verbessert (Kostenreduzierung bis zu 25 %).

Bild 2.8: Arbeitsprozesse eines Auftragsablaufes für Standardartikel, also ohne neue Stückliste, neue Arbeitspläne erstellen etc.

Phase 1 - Vertrieb-Innendienst - AV - Dispo - FS   IST-ZUSTAND

Abteilung		VTI		AV						
Person / Name		HS	WS	MB	LM	MH			Zeit Std:Min	
Pos	Arbeitsgänge								min	max
1	Eingang der Bestellung								00:01	00:01
2	Bestellung notieren / lesen								00:01	00:03
3	Id. Nr. herausfinden								00:01	00:03
4	Id. Nr. anbringen								00:01	00:01
5	Kd.-Nr. anbringen									
6	Lieferbarkeit prüfen									
7	Preis prüfen									
8	bei Kampfpreisen Rückfr.									
9	Korrigieren, wenn nötig								00:02	00:15
10	Kurz lesen									
11	Fragen an Sachbearbeiter									
12	Prüfen der Frage									
13	Antwort									
14	In AS/400 eingeben:									
15	Kd.-Nr. eintragen									
16	Lieferadresse prüfen									
17	Kd.-Bestellnr. eintragen									
18	Auftragsnr. anbringen								00:05	00:10
19	Id. Nr., Menge eintragen									
20	Auftrag ablegen									
21	Bestätigung drucken									
22	Bestätigung kuvertieren								00:03	00:03
23	Bestätigung frankieren									
Durchlaufzeit im Ø (Tage):		1 – 2			Zeitaufwand in Std.				00:14	00:36

SOLL - ZUSTAND

LOGISTIKZENTRUM				
HS	WS	MB	Zeit Std:Min	
Arbeitsgänge			min	max

Neue IT - Technik
E-Mail etc.

Phase 2 – Dispo und Fertigungssteuerung

Pos	Arbeitsgänge								min	max
24	Artikel prüfen								automatisch	
25	Fehlerliste „Teile nicht da"								00:02	00:10
26	Termin ändern								00:01	00:03
27	Artikel freigeben								00:01	00:02
28	System macht weiter								automatisch	
29	Kapazität prüfen								00:01	00:02
30	Termin evtl. ändern								00:01	00:03
31	Arbeitspapiere erstellen								00:02	00:05
32	Produktionsplan erstellen								00:50	01:00
Durchlaufzeit im Ø (Tage)		0,5 - 1,0			Zeitaufwand in Std.				00:58	01:25
DLZ Gesamt Phase 1 + 2		1,5 - 3,0			Ges. Std. Aufwand				00:72	01:61

DLZ ges. Tage 0,5	00:20	00:45

Ablaufuntersuchungen / Tätigkeitsanalysen mittels Wertestromdessin machen Liegezeiten, Doppelarbeit und Blindleistungen, sowie unnötige Kosten auf einfachste Weise sichtbar.

Wie kann ein Team / ein Auftrags- / Logistikzentrum, eingebettet in eine nach Produktgruppen orientierte Fertigungsorganisation, aussehen

Wie zuvor bereits schematisch dargestellt, bedeutet dies, dass ähnlich wie Produkte, Technologien im Wandel der Zeit dem Wettbewerb angepasst werden müssen, auch die interne Organisation produkt- und kundenorientierter ausgerichtet werden muss.

Im Detail bedeutet dies, dass die heutigen Abteilungen / Organisationsbereich

- Auftragsabwicklung
- Anpassungs- / Variantenkonstruktion (CAD)
- Stammdaten festlegen
- Fertigungsplanung / Kalkulation
- Arbeitsvorbereitung / Disposition
- Einkauf / Beschaffen
- Fertigungssteuerung

in ihrer alten Form aufgelöst werden und die verschiedenen Mitarbeiter dieser Abteilungen, nach Produktgruppen geordnet, in ein jeweils separates Büro mit dem Titel *„Auftrags- / Logistikzentrum für Produktgruppe XY"*, mit einem schlüssigen Verantwortungsbereich, von Auftragseingang bis Versand, zusammengefasst werden.

So dass alle Funktionen für ein selbstständiges Arbeiten von Angebotsabgabe / Kalkulation, Auftragseingang, Arbeitspapiere, Variantenanpassung, Auftragsabwicklung, Disposition, Beschaffen und Fertigungssteuerung / Durchsetzen der Aufträge im Betrieb, für eine bestimmte Produktgruppe komplett von einem Personenkreis, bestehend aus zwei bis vier Mitarbeitern, durchgeführt werden können.

Diese vertikale Gliederung kann in verschiedenen Ausprägungen, siehe nachfolgende Darstellung, eingerichtet werden und erfordert ein völlig neues Denken, insbesondere das Teamdenken, das am besten dadurch gefördert wird, dass die Mitarbeiter als Team örtlich, in einem Raum, zu einem Auftrags- / Logistikzentrum zusammengefasst werden.

Darstellung eines Auftrags- / Logistikzentrums, nach Produktgruppen gegliedert

Abkehr von der horizontalen Organisationsform hin zu vertikalen, in die Tiefe gegliederten Organisationsformen, die als überschaubare, flexible Einheiten unterschiedliche Funktionsumfänge besitzen

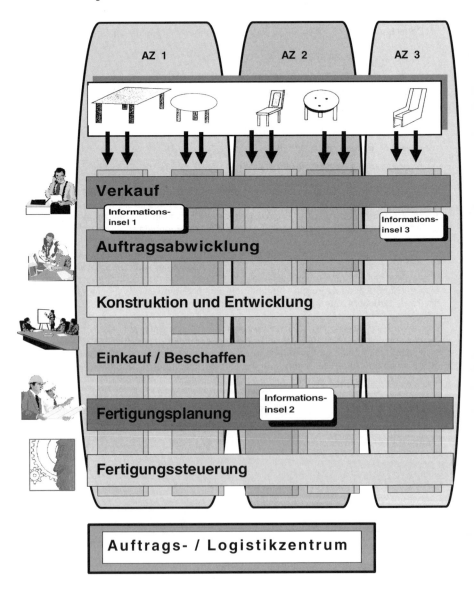

Bild 2.9: Beispiel - Einordnen von Auftrags- / Logistikzentren in die Unternehmensorganisation
(Voraussetzung: Gesamtorganisation kann nach Produktgruppen gegliedert werden)

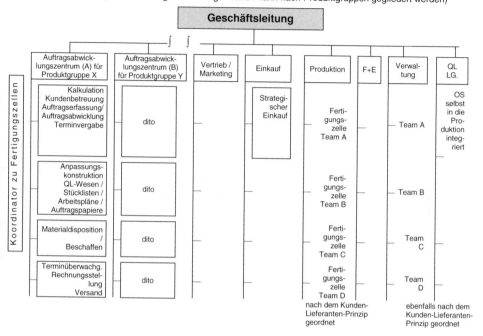

Bild 2.10: Oder als Alternative, wenn aus Vertriebsgründen so nicht möglich

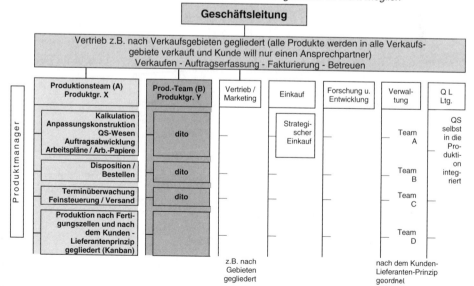

Wobei im Bild 2.9 Vertrieb - Innendienst, also die eigentliche Auftragserfassung und Kundenbetreuung, in das AZ[1] integriert, der örtliche Sitz der einzelnen Gruppen / Zimmer im Büro / Verwaltungstrakt bleibt.

Bei Bild 2.10 Vertrieb - Innendienst kann aus Gründen

- Sprachen (weltweiter Verkauf)
- ein Kunde kauft die verschiedensten Produkte aus dem Angebot des Unternehmens mittels eines Auftrages (ein Kunde will nur einen Ansprechpartner haben)

nicht in das AZ integriert werden, dann beginnt das nach Produktgruppen ausgerichtete AZ erst eine Ebene darunter, wobei das AZ dann örtlich direkt in die Fertigung verlagert werden kann, so dass der jeweilige Meister / verantwortliche Gruppenleiter für das entsprechende Fertigungsrohr in das AZ mit eingebunden wird. Siehe beispielhafte Darstellung nachfolgend.

Teambildung in der Auftragsabwicklung (Wer macht was?) und Qualifizierung

Bild 2.11: Schemadarstellung eines Logistik- / Auftragszentrums (nach Kunden oder Warengruppen gegliedert)

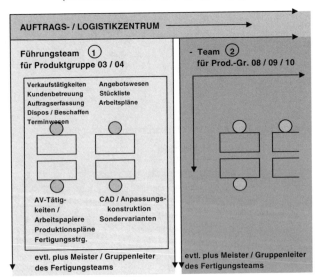

Hinweis / Ziel:

Durch eine so genannte Pärchenbildung und Jobrotation (im Rahmen des Möglichen) werden alle Teammitglieder schrittweise so ausgebildet, dass sie weitestgehend alle notwendigen Tätigkeiten für eine komplette Auftragsabwicklung beherrschen. Jeder kann jede Arbeit[2] machen, jeder kann jeden vertreten.

Ziel: Ein Kunde hat einen Ansprechpartner, bleibt erhalten.

[1] AZ = Auftrags- / Logistikzentrum
[2] für bestimmte Arbeiten wird es immer einen Spezialisten geben

Beispiel: In das Auftrags- / Logistikzentrum integrierte Funktionen

Hauptfunktionen / Integriert	Ja	Nein
Vertrieb		
Marktforschung		X
Marketingstrategien		X
Absatzplanung		X
Programmplanung	X	(X)
Absatzüberwachung	X	(X)
Auftragsannahme / Auftragsklärung	X	
Fakturierung	X	
Versandauslösung	X	
Bestandsüberwachung Fertigwarenlager	X	
Kundenbetreuung	X	(X)
Außendienstbetreuung		X
Entwicklung		
Anpassungskonstruktion	X	
Variantenbildung	X	
Neuentwicklung / Innovation		X
Einkauf		
Lieferantenauswahl		X
Lieferantenbewertung		X
Rahmenverträge		X
Lieferkonditionen		X
Beschaffen		
Disposition	X	
Materialbeschaffung	X	
Bestell- / Terminüberwachung	X	
Abrufe aus Rahmenverträgen verwalten	X	
Lagerbestandsüberwachung	X	
Verfügbarkeitsprüfung/Auftragsterminierung	X	
Kanban Bestände	X	
Produktion		
Arbeitspläne	X	
Produktionsplanung	X	(X)
Kapazitätswirtschaft	X	
Feinsteuerung	X	(X)
Terminüberwachung	X	(X)
K V P	X	

Sonstiges

Die Teammitglieder werden zusätzlich in allen anfallenden Tätigkeiten des AZ ausgebildet. Sie regeln den gesamten Urlaubs- / Krankenstand etc. in Eigenverantwortung. Sie setzen sich Ziele wie z.B.:

→ wöchentlicher Umsatz mit Kunden
→ wöchentlicher Umsatz zu Fertigungsteams
→ Angebote müssen innerhalb 3 Tage bei Kunde sein
→ Aufträge müssen innerhalb 2 Tage in Fertigung sein
→ Standardprodukte innerhalb 24 Std. beim Kunden
  etc.

Wobei es natürlich ideal wäre, wenn auch gleichzeitig die Fertigung in entsprechende Fertigungszellen / Fertigungslinien ausgerichtet werden könnte. Also zur Minimierung des Steuerungsaufwandes so genannte Fertigungsrohre von der Teilefertigung bis zur Montage eingerichtet werden könnten.

Fertigungsrohr bedeutet:
An das entsprechende Auftrags- / Logistikzentrum AZ für Produktgruppe 03 / 04 sind ein oder mehrere KANBAN - Fertigungszellen bzw. KANBAN - Montagelinien angegliedert, die als selbstständige Einheit die Produkte 03 / 09 in Abstimmung mit dem Kunden herstellen. Als Ergebnis ergibt dies ein völlig selbstständig operierendes Profitcenter, oder Firma in der Firma.

Wobei diese prozessorientierte Ausrichtung auch Änderungen in den Fertigungsabläufen mit sich bringt

Selbst steuernden Fertigungsinseln mit Logistik - Verantwortung

Abkehr von der horizontalen Organisationsform hin zu vertikalen, in die Tiefe gegliederten Organisationsformen, die als überschaubare, flexible Einheiten unterschiedliche Funktionsumfänge besitzen

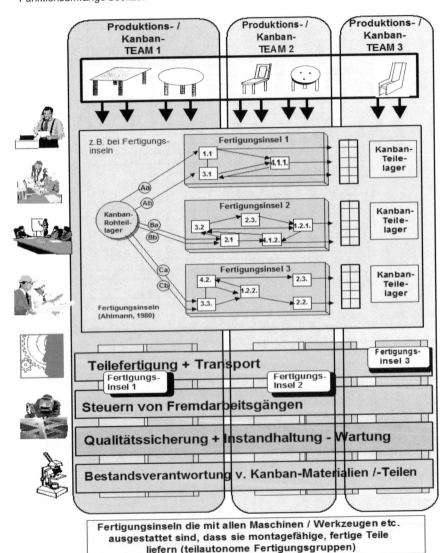

Selbst steuernden Montage - Produktionslinien mit Lager- und Logistikverantwortung

Abkehr von der horizontalen Organisationsform hin zu vertikalen, in die Tiefe gegliederten Organisationsformen, die als überschaubare, flexible Einheiten unterschiedliche Funktionsumfänge besitzen

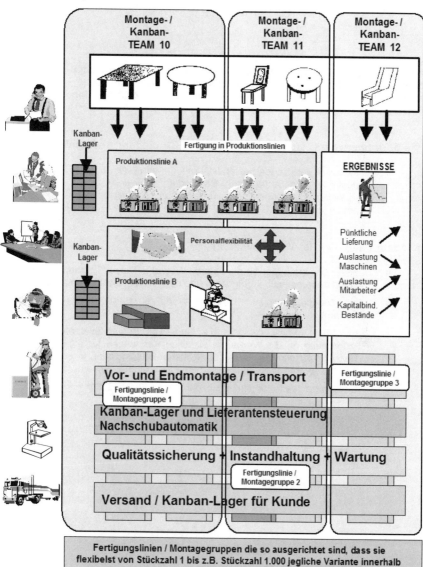

Fertigungslinien / Montagegruppen die so ausgerichtet sind, dass sie flexibelst von Stückzahl 1 bis z.B. Stückzahl 1.000 jegliche Variante innerhalb z.B. eines Tages fertigen können (teilautonome Fertigungsgruppe)

2.2 Disposition / Bestandsführung / Nachschubautomatik

Der Systematisierung der Abläufe mit eindeutiger Verantwortungszuweisung ist im Bereich Materialwirtschaft besondere Bedeutung beizumessen.

Nachfolgende Detailregelungen, „wer macht was", haben sich in der Praxis, aufbauend auf der Aufbauorganisation „Der Disponent wird Beschaffer", bewährt.

Verbesserung der Dispositionsverfahren und der Dispositionsqualität durch Reduzierung der Entscheidungsebenen und Zuordnung von eindeutigen Verantwortlichkeiten aller an Ausführung und Disposition Beteiligten

Wie bereits erwähnt, sind Voraussetzungen für niedere Bestände:

- systematisierte Lagerbestandsführungen entweder mit körperlichen und verfügbaren Beständen, EDV-gestützt mit schnellen Buchungskreisen, mittels Barcode-System oder per Datenfunk

in jedem Falle aber ist Voraussetzung:

- geschlossene Läger für die teueren A- und B-Teile mit stimmender Bestandsführung nach verfügbaren und körperlichen Beständen, sowie
- ein Wiederbestellpunkt- / Bauhausverfahren für billige C-Teile, wie Schrauben, Splinte etc.,
- bzw. bei Arbeitsplatzlagern die eindeutige Bestandsverantwortung / -zuordnung an die Werke mit visuellen Kennungen für eine einfache Nachschubautomatik, wie z.B. 2-Kisten-System oder farbige Kennzeichnung, wenn Mindestbestand erreicht / Kanban-System
- Einführung des Patendenkens in den Lagerbereichen

2.2.1 Der Disponent wird Beschaffer / Pate für seine Teile / Produkte

Ein weiterer wesentlicher Punkt zur termintreuen Lieferung mit minimierten Beständen liegt aber auch im Bereich der Reduzierung der Entscheidungsebenen in Verbindung der Zuordnung von genau definierten Verantwortlichkeiten für Disposition und Beschaffung nach Produkt- / Artikelgruppen im Auftragsabwicklungszentrum. Sie wird durch eine zweckentsprechende Matrixorganisation nach Produktgruppen erreicht und durch zuordnen des Beschaffungsvorganges an den Disponenten, für die Teile, die nicht in den KANBAN-Ablauf passen. Also Aufteilung des Einkaufes in einen strategischen Teil (z.B. Preise und Lieferanten bestimmen bleibt bei Einkauf) und in einen operativen Teil (das Beschaffen wird in die Disposition integriert).

Bild 2.12: Verantwortungsmatrix für Disposition und Beschaffen

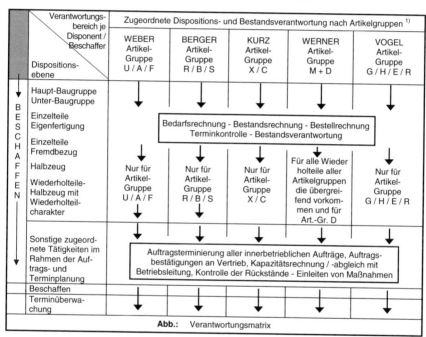

Diese Zuordnung nach Dispositions-, Beschaffungs- und Verantwortungsbereichen nach Produktgruppen hat den Vorteil, dass jeder Disponent / Beschaffer im Detail bis hin zum Halbzeug über seine Bestände / Fehlteile / Liefertterminsituation etc. genauestens Bescheid weiß, er sofort zum Kunden auskunftsbereit ist und durch die Zuordnung der Verantwortungsbereiche nach Artikelgruppen auch ein abgestimmtes Disponieren nach Bedarf und Bestandshöhe der Teile untereinander ermöglicht (Disponieren nach Reichweiten und das Beschaffen in Wellen eingerichtet werden kann).

[1] Alternative - Kundengruppen

Auch die auf den Bildschirmen darzustellenden Bestandsreichweitendaten, unter Berücksichtigung der gewünschten Bestellmenge

derzeitiger körperlicher Bestand	=	1.000 Teile
gewünschte Bestellmenge	=	10.000 Teile
geteilt durch Ø Verbrauch / Woche	=	1.480 Teile
= Reichweite	=	**7,4 Wochen**

sowie eine Berechnung und Darstellung des **Bestellwertes in €**, fördern das Verantwortungsbewusstsein der Disponenten wesentlich. Siehe auch Abschnitt „Disponieren nach Reichweiten".

Organisatorisch wird dies so geregelt, dass in den Stammdaten aller Artikel- / Baugruppen-Teile-Halbzeuge etc. eine Disponenten-Kennnummer mitgeführt wird. Diese ordnet alle Aufträge, Bestellanstöße, Fehlmengenanzeigen etc. automatisch dem verantwortlichen Disponenten zu.

Diese Zuordnung hat den weiteren Vorteil, dass die Arbeitsqualität jedes einzelnen Disponenten eindeutig kontrolliert werden kann, z.b.

- Bestandslistenveränderung in € je Disponent
- Fehlteile je Disponent
- Reklamationen je Disponent
- Termineinhaltung je Disponent
- Bestandssicherheit, bezogen auf die Verfügbarkeit des körperlichen Bestandes je Disponent
- Bestellen von Bedarfen in gleichen Wellen und Mengen pro Produkt bzw. Produktgruppe
- Umschlagshäufigkeit der Teile je Disponent

und im Falle von erforderlichen Bestandssenkungsmaßnahmen eindeutige Vorgaben, sowie deren Kontrolle auf Einhaltung getroffen werden können.

Um diese Organisationsform verwirklichen zu können, ist es aber erforderlich, dass diese Detailorganisation innerhalb eines Verantwortungsbereiches in eine zweckentsprechende und insgesamt funktionsfähige Gesamtorganisation eingebettet ist, und dass mittels eines so genannten Verantwortungsquadrates, auch „Führen nach Kennzahlen" genannt, die Funktionsfähigkeit im Rahmen eines Controllingsystems auch dargestellt werden kann. Siehe auch Abschnitt Pkt. 19 „Bestandsverantwortung / Führen nach Kennzahlen" und Tabelle 2.1.

Bild 2.13: Darstellung - Eindeutige Aufgabenvergabe mit entsprechender Aufgabenumschreibung gemäß Lean - Gedanke je Disponent / Beschaffer/ Produktverantwortlichem

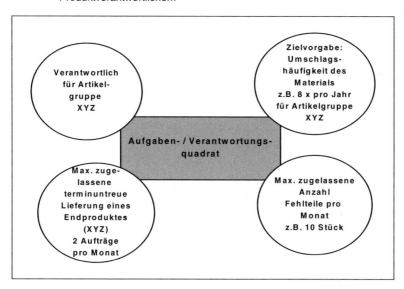

Wichtige Voraussetzung für eine zeitgerechte Material- / Teileanlieferung ist jedoch ein stimmendes Bestandswesen, d.h. dass sowohl die körperlichen als auch reservierten Bestände in der EDV mit den tatsächlichen Beständen übereinstimmen, wobei KANBAN durch seine automatische Nachschubregelung Bestandsfehler überschreibt, also in der Praxis vor Ort, erst gar nicht auftreten lässt.

Merke: **Je niedriger die Bestandsmengen, umso höher muss die Genauigkeit der Bestandszahlen werden!**

Bewährt hat sich in der Praxis die in nachfolgender Tabelle (2.1) beispielhaft dargestellte Funktions- / Tätigkeitsmatrix, in der die Verantwortlichkeiten innerhalb der gesamten Produktionslogistik, ähnlich einer Stellenbeschreibung, zugeordnet sind.

Tabelle 2.1: Beispiel einer Funktions- / Tätigkeitsmatrix innerhalb der Produktionslogistik

Grobablauf und Funktion / Tätigkeiten nach Hauptfunktionen	Konstruktion Techn. Büro	Arbeitsplanung	Disponent 1)	Einkauf	Fertigungssteuerung	Lagerist bzw. Wareneingang	Qualitätskontrolle
Vergabe von Artikelnummern	X						
Pflege aller Konstruktionsbasisdaten, Erstellen Konstruktionsstückliste	X						
Erstellen Fertigungsstückliste und Pflege der Stücklisten		X					
Pflege der Material- / Teile-Stammdaten, wie z.b. Materialbemessung, Bruttogewichte		X					
Pflege der Dispo-Stammdaten, wie z.b. Bestellpunkte, Wiederbeschaffungszeiten, Ø-Verbräuche, Mindestbestände			X				
Bedarfsrechnung und Verbuchen der Reservierungen / Bestandsrechnung			X				
Bestellrechnung incl. Festlegung der Bestellmengen und Termine			X				
Verbuchen der Bestellungen nach Menge, Termin, Auftrags-Nr.			X				
Terminüberwachung, Bearbeiten / Führen von Rückstandslisten			X				
Bestandshöhenverantwortung / Fehlerkorrektur			X				
Lagerbestandsführung incl. Buchen von Zu- und Abgängen						X	
Lagerortzuordnung incl. Lagerordnung insgesamt						X	
Mengenkontrolle / Bestandskontrolle						X	
Verfügbarkeitskontrolle vor Auftragsfreigabe					X		
Fehlermeldung bei Auftragsbereitstellung bzw. Restmengenmeldung						X	
Terminverantwortung Fremdteile			(X)	X			
Terminverantwortung Eigenteile			X		X		
Bestandsstatistiken			X				
Qualitätskontrolle / Reklamationsbearbeitung							X
Inventurbearbeitung			X			X	
Plausibilitätskontrollen		X	X	X	X		
Beschaffen / Verarb. Auftragsbestätig.			(X)	X			
Verantwortung für Wiederbeschaffungszeiten Fremdteile				X			
dito Eigenteile					X		
Verantwortung für Lieferanten incl. Preise, Rabatte etc., Einkaufsstammdaten				X			
Neuteile - Beschaffung				X			
Lieferantenbewertung				X			
Erstellen Vorcash, bzw. Festlegen von Langfristplanzahlen für A-Teile bzw. Teile mit langen Lieferzeiten			X Vertriebsleitung in Zusammenarbeit mit Disposition				

1) Für Fertigerzeugnisse: Disponent und Lagerist Fertigwarenbereich
Für Halbzeug / Einzelteile / Baugruppen: Disponent und Lagerist AV-Bereich
( ) Wenn Disponent und Beschaffer 1 Person, geht diese Tätigkeit in die Verantwortung des Disponenten / Beschaffers

2.2.2 Dispositionsregeln für eine bestandsminimierte Material- und Lagerwirtschaft mit hohem Liefer- und Servicegrad

Jeder geordnete Materialdurchlauf setzt voraus, dass geeignete Unterlagen hierfür vorliegen. Dies sind im Allgemeinen die Stücklisten und in begrenztem Umfang die Arbeitspläne.

Von Praktikern wird immer wieder betont, welch wichtigen Einfluss diese Basisdaten haben. Denn ohne richtig aufgebaute Stücklisten können die Teile für die Fertigung und Montage nicht korrekt bereitgestellt werden. Mangelt es aber an der terminlichen richtigen Bereitstellung, fehlen Teile, so liegen andere Teile / Materialien in den Lägern, binden Kapital und führen zu Produktionsstockungen.

Da nicht alle Materialien / Teile etc. zu 100 % über KANBAN gesteuert werden können, weil z.b. der Lieferant nicht mitmacht, oder das Teil ein reines Sonderteil ist, etc., Details siehe Pkt. *„Allgemeine Hinweise für eine erfolgreiche KANBAN - Organisation"*, muss u.a. größter Wert auf den richtigen Aufbau der Materialwirtschaft insgesamt gelegt werden, denn in einer atmenden Fabrik muss Material rechtzeitig, in richtiger Menge vorhanden sein. **Wenn die Logistik funktioniert, funktioniert alles.**

Voraussetzungen für eine geordnete Materialwirtschaft sind:

a) Systematisierte Lagerbestandsführung, EDV-dialogorientiert für A- und B-Teile / die Bestände müssen stimmen, buchen mittels Barcode / Datenfunk

b) Verbesserung der Zusammenarbeit mit unseren Lieferanten, durch z.B. Erstellen von Leitbildern als Lieferantenanforderungen, systematische Auswahl von Hauptlieferanten

c) Einrichten von Abrufaufträgen für die teueren A- und B-Teile mit Verlagerung der Bestände zu Lieferanten, bzw. in Zwischenlagern bei z.B. Spediteuren, wenn die Entfernungen zu groß sind,

d) ein Wiederbestellpunktverfahren für billige C-Teile, wie Schrauben, Splinte, etc.

e) Einführung von Bauhaus- / Regalservice-Verfahren, bzw. E-Business- und Kanban-Lösungen (Verlagerung der Bestände zum Lieferanten und der Bestandsverantwortung in den Betrieb)

f) Wir haben bei unserem Lieferant, bzw. unser Lieferant hat bei uns Zugriff auf die Bestands-, Bedarfs- und Auftragsfortschrittsdaten

g) Einrichten eines Restmengenmeldesystems zur frühzeitigen Aufdeckung von Bestandsfehlern, in Verbindung mit einer permanenten Inventur

h) Integration der Lieferanten und Kunden in die neuen Strukturen, mittels IT - Informationssystem / E-Business

und

i) Kleine Lose sind gefordert. Dem stehen häufig hohe Rüstzeiten gegenüber. Hohe Rüstzeiten erhöhen die Fertigungslose und erhöhen somit die Durchlaufzeiten. Daher müssen Maßnahmen getroffen werden, um z.B. Rüstzeiten zu verringern, bzw. wird der Rüstzeit, bzw. der Ermittlung der Rüstzeiten zu viel Bedeutung beigemessen?

Und was für einen Industriebetrieb besonders wichtig ist:

Große Lose und viele Aufträge gleichzeitig in der Fertigung, verstopfen die Fertigung, erzeugen lange Lieferzeiten, beeinträchtigen die Flexibilität, treiben die Bestände in die Höhe.

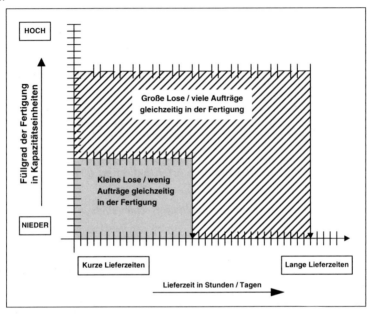

Kleinere Mengen fertigen ergibt geringe Lagerbestände. Weniger Aufträge gleichzeitig in der Fertigung ist ebenfalls von Vorteil. Vor jedem Arbeitsplatz maximal 2 - 3 Stück bzw. für einen Arbeitstag, erzeugt → **niederes Working-Capital** → **hohe Flexibilität** → **kurze Durchlaufzeiten.**

$$\text{Kennzahl} = \frac{\text{Durchlaufzeit in Tagen eines Betriebsauftrages}}{\text{Summe der Fertigungszeit dieses Betriebsauftrages}}$$

Die Kennzahl sagt aus, wie flexibel / unflexibel reagiert werden kann.

$\frac{5}{1}$ = **Sehr unflexibel** - Auf 1 Arbeitstag Fertigungszeit kommen noch zusätzlich 4 Arbeitstage Liegezeit

$\frac{2}{1}$ = **Sehr flexibel** - Auf 1 Arbeitstag Fertigungszeit kommt maximal 1 Arbeitstag Liegezeit

Und denken Sie daran:

Leistung ist nur, was produziert und umgehend verkauft werden kann - NICHT was an Lager geht.	UND	Kurze Lieferzeiten, hohe Termintreue sind heute genauso wichtig wie der Preis

2.2.3 Die Stücklisten- / Rezepturauflösung - Basis der Material- / Teile- und Baugruppendisposition

Für die Materialdisposition müssen die Stücklisten / Rezepturen aufgelöst, das heißt der Teile- / Rohstoffbedarf ermittelt werden. Dadurch erfahren wir, wie viel Material / Rohstoff beschafft und welche bzw. wie viel Teile / Baugruppen neu angefertigt werden müssen, bzw. was lagerfähig vorrätig ist.

Für die Teilebedarfsermittlung werden in der Regel mehrere Arbeitsdurchläufe benötigt. Im ersten Durchlauf werden alle in dieser Ebene E = Eigenfertigungs- und F = Fremdteile disponiert. Es verbleiben somit nur noch die G = Gruppenteile als Rest. Diese Gruppen werden anschließend mit dem gleichen Durchlaufprinzip so oft verarbeitet, bis am Schluss nur noch E- und F-Teile übrig bleiben. Das Ergebnis der Teilebedarfsermittlung gibt nun genauen Aufschluss über die einzukaufenden oder produzierten Teile.

Als letzte Stufe bleibt die Halbzeug- / Rohstoffsbedarfsermittlung, die ebenfalls nach diesem Verfahren genauen Aufschluss über die abzubuchende oder evtl. einzukaufende Materialmenge ergibt.

Der schematische Ablauf dieser Dispositionsvorgänge soll nachfolgend dargestellt werden:

Legende:

GT	=	Grundtyp mit Varianten oder Enderzeugnis
BG	=	Baugruppe oder Untergruppe
E	=	Selbst hergestelltes Einzelteil (Eigenfertigung)
F	=	Fremdbezogenes Teil / Baugruppe (Einkauf)
H	=	Halbzeug / Rohling
R	=	Rohstoff

Bild 2.14: Schemadarstellung Dispositionsstückliste

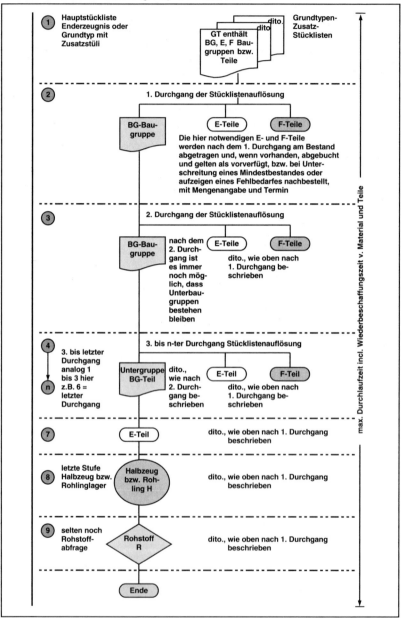

Aus Buch: Die Liquidität ist knapp - was tun? (Praxisratgeber)
Verlag: Moderne Industrie, Landsberg / Lech
Autoren: Weber - Weber - Clemens - Kaiser

Aus dieser Darstellung wird ersichtlich, je mehr Dispositionsstufen vorhanden sind:

- desto länger ist die Reaktionszeit,
- umso höher sind die Sicherheiten in Menge und Termin,
- es addieren sich die Bestände auf das X-fache des Notwendigen,
- umso mehr Dispositionsprozesse entstehen, die nach jeweils eigenen Dispositionsregeln ablaufen,
- umso schwieriger wird es, die Einzeloptima aufeinander abzustimmen,
- umso weniger sind die einzelnen Entscheidungsprozesse aufeinander abgestimmt
- Die durch die einzelnen Dispositions- und Entscheidungsebenen gebildeten Zeit- und Mengenreserven addieren sich zu einer deutlichen Verlängerung der Durchlaufzeit und führen zusammen mit den Sicherheitsbeständen zu hohen bzw. vermeidbaren Beständen.

Die erforderlichen Maßnahmen für eine zeitgemäße Materialwirtschaft mit niederen Beständen sind:

- Abbau der Dispositionsstufen / Disponent wird Beschaffer
- Aufträge mehrmals täglich zur Stücklistenauflösung
- Bestandsinformationen permanent
- Abbau von Sicherheitsbeständen / Disponieren nach Reichweiten

In einer weiteren Stufe stellt sich dann die Frage nach der Lagerstufe, nach welchem Arbeitsgang soll gelagert werden. Neben organisatorischen Maßnahmen kann der Abbau von Fertigerzeugnissen im Vertrieb, bzw. von Baugruppen im Betrieb durch eine flexible Material- / Teileeindeckung erreicht werden. Per Saldo ergibt dies eine deutliche Bestandsreduzierung.

Wenn Dispositionsstufen und Arbeitsstationen im Produktionsprozess nicht abgebaut werden können, ist zumindest eine Synchronisation im Durchlauf (Grüne Welle) anzustreben, damit Warteschlangen vermieden werden können / Disponieren nach Wellen (gleiche Mengen).

Basis für eine bedarfsdispositions- und fertigungsgerechte Stücklistenauflösung sind so genannte **Fertigungs- / Dispositionsstücklisten**.

Die Konstruktions- / Fertigungs- oder Dispositionsstücklisten unterscheiden sich untereinander dadurch, dass

a) die Fertigungsstücklisten nicht nach konstruktiven Gesichtspunkten, sondern nach Dispositions- und Lagerstufen aufgebaut sind und die Baugruppen in Ihrer Zusammensetzung stücklistenmäßig so zusammengestellt sind, dass

b) die Zusammenführung der Teile nach Baugruppen und übergeordnete Baugruppen effektiv so dargestellt sind, wie sie in der Fertigung zusammengeführt werden bzw. tatsächlich am Lager liegen,

reine Strukturstufen (fiktive Baugruppen) also außer Acht bleiben, siehe nachfolgende Schemadarstellung

Bild 2.15:
Beispiel Konstruktions- /
Dispositionsstücklisten konventionell

Bild 2.15.1:
Fertigungs- / Dispositionsstückliste "NEU"

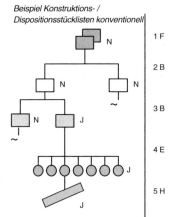

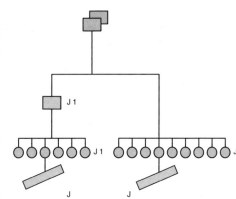

Viele lagerfähige Baugruppen =
hohe Bestände, viel Dispo- / und
Lagerarbeit

Flache Stückliste, wenig lagerfähige Baugruppen,
niedere Bestände, wenig Arbeit in Dispo und Lager

Legende:

1 F = Fertigprodukt   Ebene 1

2 B = Baugruppe   Ebene 2

3 B = Unterbaugruppe   Ebene 3

4 E = Einzelteile   Ebene 4

5 H = Halbzeug   Ebene 5

N = Nicht lagerfähig, also keine Dispo-Stufe, nur Strukturstufe für Konstruktion

J = Lagerfähig, wird dispositiv behandelt. Lagerfach vorhanden und gleichzeitig Strukturstufe für Konstruktion, oder

J 1 = wird über Kanban-System durch die Fertigungsmitarbeiter selbst gesteuert

Weitere Stücklistenarten als Schemadarstellungen:

- Beispiel einer Strukturstückliste, woraus sich die Mengen- und Baukastenstücklisten entwickeln
- Varianten-Stückliste, die nach Einflussgrößen von ERP-System, je nach Variante, selbst zusammengesetzt wird
- Außerdem wird unterschieden zwischen Stücklisten für Einmalaufträge (kundenbezogen), sowie Wiederholaufträgen, eventuell mit Variantencharakter

Bild 2.18 zeigt das Zusammenspiel Kunden- / Betriebsaufträge zu Stücklistenauflösungen - Brutto- / Netto-Bedarfsrechnung - Disposition - Beschaffen - Lagern - Versenden, aus der die Wichtigkeit der Stücklistenorganisation hervorgeht

Bild 2.16: Beispiel einer Strukturstückliste

```
Strukturstückliste                              Datum:      22.04.xx

Stüli-Nr.    00814
Alte Art.-Nr.                Bezeichnung  MEMBRANPUMPE 220/50 IP00 N06
Gruppe/Typ   MEPU / N06
Zeich.Nr.    8.0707          Abmessung    00064.00 / 00102.00 / 00106.00
Matchcode    MEPU-00814
```

Baustufen							Sachnummer	Bezeichnung	Zeichnungsnummer	Menge
0	1	2	3	4	5	6				
X							00814	MEMBRANPUMPE 220/50 IP00 N 06	8.0707	1.00
	X						06054	KOPF KN BGRN06	8.03290	1.00
		X					06089	RIPPENDECKEL (HOSTALEN)N06	8.03290-010	1.00
		X					06090	ZWISCHENPLATTE (HOSTALEN)N06	8.03290-020	1.00
		X					06088	DRUCKSCHEIBE (AL)N06	8.03290-030	1.00
		X					06087	KOPFDRUCKPLATTE (AL)N06	8.03290-040	1.00
		X					06086	MEMBRANE (NEOPREN)N06	8.03290-050	1.00
		X					06083	VENTILPLATTE (NEOPREN)N06	8.03290-060	1.00
		X					05402	LINSENSCHRAUBE DIN 7985STGALZN	8.03290-070	4.00
		X					04331	FEDERRING DIN7980 STGALZN	8.03290-080	4.00
		X					05470	SENKSCHRAUBE DIN 963(KEL-F)1	8.03290-090	1.00
		X					02433	O-RING PERBUNAN	8.03290-100	2.00
	X						06048	KOMPRESSORGEHÄUSE BGRN06	8.03291	1.00
		X					06092	KOMPRESSORGEHÄUSE N06 GDALSI12	8.03291-010	1.00
		X					04499	EXZENTER (SPP-MOTOR)BGR N75	8.03218	1.00
			X				01010	EXZENTER NK7.04.01A 9SMNPB28K	8.03218-010	1.00
				X			01154	GEWINDESTIFT DIN913 STGALZN	8.03218-020	1.00
		X					01009	GEGENGEWICHT NV79 9S20K D10x10	8.03291-030	1.00
		X					06091	PLEUEL N06 GDALSI12	8.03291-040	1.00
		X					01092	ZYLINDERSCHRAUBE DIN84 STGALZN	8.03291-050	1.00
		X					07761	KUGELLAGER 6001-2Z	8.03291-060	1.00
		X					01190	ZYLINDERSCHRAUBE DIN912STGALZN	8.03291-080	2.00
	X						06603	SPALTMOTOR 220/50 BGRN05	8.03415	1.00
		X					03576	SPALTMOTOR N05	8.03415-010	1.00
		X					02958	FUSSPLATTE N05 ALCUMG1	8.03415-020	1.00
		X					03571	SENKSCHRAUBE DUN965 4.8 GALZN MIT KREUZSCHLITZ	8.03415-030	2.00
		X					01169	ERDUNGSZEICHEN SELBSTKLEBEND	8.03415-040	1.00
		X					01096	ZYLINDERSCHRAUBE DIN84	8.03415-050	1.00

Schneller Auftragsdurchlauf bedeutet bei Variantenfertiger den Einsatz von

VARIANTEN STÜCKLISTEN

Die Übernahme der Varianten, also die Eintragung in die auftragsbezogene Stückliste muss weitestgehend automatisch (maschinell), entweder nach Einflussgrößen (Formeln und Tabellen) oder anhand der Ausprägung der Auftragsdaten erfolgen.

Bild 2.17: *Schemadarstellung - Funktionsweise einer Variantenstückliste,*

Zusammenspiel **Variantenstückliste - Auftragsdaten - Auftragsstückliste**

Variantenstückliste für Grundtyp AA

Stufe	Teilefam.	Variantenleiste Farbe, Qualität		Struktur- menge	TNR
. 1	Schrank				1000
.. 2	Tür			1	1001
... 3	Türrahmen			1	1002
... 3	Scharnier			2	1003
.. 2	Korpus			1	2000
.. 2	Boden			2	3000
... 3	Seite	rot	eiche	2	4711
... 3		gelb	eiche	2	4712
		grün	fichte–	← 2 →	4713
		blau	fichte	2	4714
... 3	Rückwand	..	..	1	5000
....	......			.	...

Bestelldaten für Grundtyp AA

Artikel Nr. AA   Farbe grün <u>fichte 02</u>

Menge vv   Termin: Woche 12/xx

Auftragsbezogene (temporäre) Stückliste

Stufe	Teilefam.	Variantenleiste Farbe, Qualität	Struktur- menge
. 1	Schrank		
.. 2	Tür		1
... 3	Türrahmen		1
... 3	Scharnier		2
.. 2	Korpus		1
... 3	Boden		2
... 3	Seite	XY 02 ←	2
... 3	Rückwand		1

Bild 2.18: Schemaablauf: Kundenaufträge - Stücklistenauflösung - Brutto- / Netto-Bedarfsrechnung - Disposition - Beschaffen - Lagern -Versenden

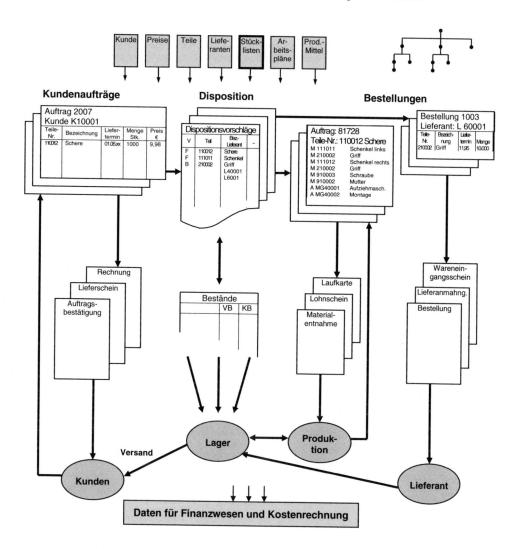

Quelle: Fa. ISB - Calw, INFRA-Software

2.2.4 Auf welcher Stufe soll gelagert werden? Oder - Reduzieren der Dispositionsebenen, ein Schritt zur Senkung der Bestände

Die Regeln der Materialwirtschaft lehren, dass in den einzelnen Dispositionsebenen die jeweiligen Lagermengen einzeln optimiert werden. Dadurch kann das Gesamtoptimum aus den Augen verloren werden, und es wird zuviel Kapital in Lagerbeständen und -ausstattung investiert, weil Lagern in den Mittelpunkt aller Überlegungen gestellt wurde.

Das Ergebnis ist:

Unnötige Lagerstufen, sowohl auf den Ebenen

- Fertigerzeugnisse
- Baugruppen
- Einzelteile,

als auch in der Fertigung in Form von abgearbeiteten Aufträgen.

Wo und wie viel gelagert werden soll, hängt insbesondere vom Verhältnis Lieferzeit zu Durchlaufzeit und von Wirtschaftlichkeitsbetrachtungen ab.

Anhand eines Wertezuwachs- und Lagerbestandsprofiles soll beispielhaft aufgezeigt werden, wie bei Entfall von zwei Lagerstufen sich eine Bestandssenkung von ca. 40 %, bei gleichzeitiger Durchlaufzeitreduzierung von ca. 18 % ergibt.

Siehe Bild „Schema Wertezuwachs- und Lagerbestandsprofil".

Damit der damit verbundene schnellere Auftragsdurchlauf funktioniert, muss die Fertigung flexibler und die Werkstattsteuerung verbessert werden.

Beides sind also Forderungen, die im Rahmen des Themas Bestandssenkung / Teamarbeit / Fertigungsgruppen sowieso erreicht werden müssen.

Also Abbau von Baugruppen / Einführung von:

- Dispositionsstufen nach Fertigungsgesichtspunkten / flache Stücklisten mit wenig Baugruppen
- Struktursstufen für Konstruktion und Zeichnungswesen,

wobei die komplette Materialwirtschaft und Bestandsführung nur nach den gekennzeichneten Dispo-Stufen geführt wird.

Bild 2.19: Schema Wertezuwachs- und Lagerbestandsprofil

Dispositions-Stückliste mit L = Lagerebene	Lagerwert bei 6 Lagerebenen	Durchlaufzeit bei 6 Lagerebenen		Lagerwert bei 4 Lagerebenen	Durchlaufzeit bei 4 Lagerebenen	
Fertigerzeugnis	-----	0,1	Monate Endmontage	-----	0,6	Monate Endmontage
Baugruppe 1. Ordnung	€ 200.000,--	0,5	Monate Fertigungsdurchlaufzeit			
		1,0	Monate Liegezeit Lager			
Baugruppe 2. Ordnung	€ 100.000,--	0,5	Monate Fertigungsdurchlaufzeit	€ 150.000,--	0,5	Monate Fertigungsdurchlaufzeit
		1,0	Monate Liegezeit Lager		1,2	Monate Liegezeit Lager
Baugruppe 3. Ordnung	€ 150.000,--	0,5	Monate Fertigungsdurchlaufzeit	-----	1,4	Monate Fertigungsdurchlaufzeit
		1,5	Monate Liegezeit Lager			
Baugruppe 4. Ordnung	€ 120.000,--	0,9	Monate Fertigungsdurchlaufzeit	€ 150.000,--	2,0	Monate Liegezeit Lager
		2,0	Monate Liegezeit Lager			
Einzelteile F = Fremdbezug E = Eigenfertigung	€ 100.000,--	1,0	Monate Fertigungsdurchlaufzeit	€ 80.000,--	1,0	Monate Fertigungsdurchlaufzeit
		2,0	Monate Liegezeit Lager		2,0	Monate Liegezeit Lager
Halbzeug	€ 50.000,--	2,0	Monate Liegezeit Lager	€ 50.000,--	2,0	Monate Liegezeit Lager
Summen: 6 Lagerebenen	**€ 720.000,--**	**13**	**Monate Gesamt-Durchlaufzeit**	**€ 430.000,--** **€ 290.000,--** **- 40 %**	**10,7**	**Monate Gesamt-Durchlaufzeit** **- 2,3 Monate** **- 18 %**

2.2.5 Nach welchem Arbeitsgang soll gelagert werden?

Ein weiterer wichtiger Punkt zur Verkürzung der Durchlaufzeit und Erhöhung der Flexibilität ist die Überlegung

Nach welchem Arbeitsgang wird an Lager gelegt?

Im Regelfall wird davon ausgegangen, dass z.b. Einzelteile montagefähig, also direkt einbaufähig, gelagert werden, was aber insbesondere bei Variantenfertigern zu folgenden Nachteilen führen kann:
- Trotz hoher Bestände im Teilelager, fehlt immer gerade das Teil / die Variante die gerade gebraucht wird.
- Was insbesondere bei Teilen mit langen Durchlaufzeiten zu großen Problemen in der Termintreue führen kann,

und

- dies gegen wesentliche Gesichtspunkte der Kapitalbindung spricht, aber nie auffällt

da an dieses Kriterium einfach nicht gedacht wird.

Bild 2.20: *Grundsätzliche Überlegungen, nach welcher Wertigkeit soll gelagert werden? Erst kurz vor Auslieferung sollte die größte Wert- und Kostensteigerung eintreten*

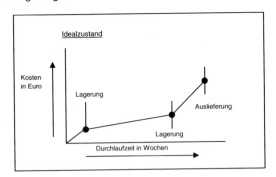

Bild 2.21: *In der Praxis häufig angetroffene Wertigkeit der Lagerung*

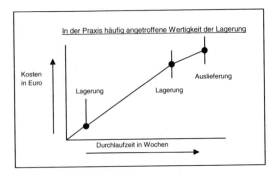

Am einfachsten kann dies an einem realen Beispiel im Detail verdeutlicht werden:

Bild 2.22: Herkömmliche Betrachtung, Teil liegt einbaufertig / montagefähig an Lager

Diesen Antriebs-Flansch (Anschlussteil für Motor an Getriebe) gibt es in 20 verschiedenen Bohrungsvarianten, die alle am Lager liegen.

Bestand pro Teil: 100 Stück im Ø
Ø - Preis pro Teil: 40,-- €

Woraus sich ergibt:

Lagerbestand in € ca. 80.000,--
(20 x 100 x 40 €)

Anzahl belegte Lagerfächer 20

Ø verfügbare Teile in Stück: 0 - 180
(je nach Lagerbestand)

Bild 2.23: Vorschlag zur Einlagerung, Teil liegt als Rohling, also nicht mehr einbaufertig an Lager, Bohrungen für Motoranschlüsse sind noch nicht gesetzt

Teile liegen nicht mehr einbaufähig am Lager, sondern ungebohrt als KANBAN - Teil in der Fertigung. KANBAN - Gruppe erhält CNC - Bohrmaschine und produziert gewünschte Variante vor Einbau.

Es liegen 800 Teile am Lager, also das 8-fache
Ø - Preis pro Teil: 32,-- €

Woraus sich ergibt:

Lagerbestand in € 25.600,--
(1 x 800 x 32 €)

Anzahl belegte Lagerfächer 1

Ø verfügbare Teile in Stück: 100 - 800

Aussage:			
Einsparung in €	=	54.400,--	(80.000,-- - 25.600,--)
Einsparung Lagerfächer	=	19	
Einsparung Artikelnummern	=	19	(Stammdatenverwaltung)

- Teileverfügbarkeit = ist um 800 % höher
- die Wahrscheinlichkeit, dass eine bestimmte Variante nicht gefertigt werden kann, das Teil also fehlt, geht jetzt gegen Null
- Die CNC-Maschine die gekauft wird, finanziert sich selbst, durch Abbau Lagerbestand und entfallene Eilaufträge in Teilefertigung und Montage, ungeplantes Rüsten in der Teilefertigung, mehrmals anfangen, weglegen in der Montage und vermiedene Teillieferungen / -Versandkosten, die leider in der Kalkulation nicht sichtbar sind
- Gemeinkosten werden in Einzelkosten umgewandelt
- Rohlingteilenachschub kann mittels Kanban - Organisation einfachst gehandhabt werden – Montage → Lager → Vorfertigung

2.2.6 Nummernsystem

Die Untersuchungen der Bestände in vielen Unternehmen haben u.a. gezeigt, dass es einen direkten Zusammenhang zwischen

Anzahl Teile und Höhe der Bestände

gibt.

Als Hauptverantwortlicher kann hier in großem Maße die Konstruktion / Entwicklung genannt werden. Auch der Vertrieb mit all seinen Sonderwünschen, siehe Varianten- und Produktvielfalt, hat hier seinen Anteil.

Dies bedeutet, dass eine unter vielen anderen Forderungen an die Konstruktion lauten muss:

bestandsgerechtes Konstruieren.

Zur Erfüllung dieser Forderung stehen folgende Instrumente zur Verfügung:

2.2.6.1 Die innerbetriebliche Produktnormung und Werkstücksystematisierung

Bild 2.24: Schritte zur Reduzierung der Teilevielfalt / innerbetrieblicher Normung und Werkstücksystematisierung nach Ähnlichkeitsprinzip

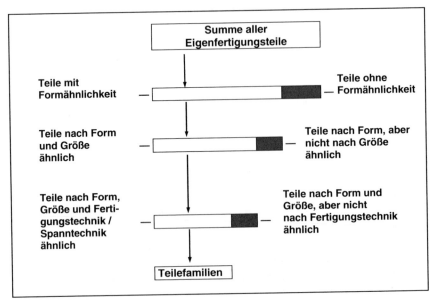

Bild 2.25: Prinzipieller Aufbau von Nummernsystemen

```
                           Nummernsystem
                    ┌───────────┴───────────┐
               Systematisch              Systemfrei
          ┌─────────┴─────────┐
    Vollsprechend        Teilsprechend
```

Vollsprechend

Klassifizierungssystem

XXX - XXXX - XXX/XXX/XX

- Sehr feine Klassifizierung nötig, um Teile eindeutig zu identifizieren
- Hohe Anzahl von Stellen
- Beeinträchtigung der Merkfähigkeit
- Hohe Fehleranfälligkeit bei EDV-Eingabe
- Geringe oder fest umrissene Anzahl von Objekten
- Gefahr des „Platzens"

Teilsprechend

Verbundnummernsystem

XXXX - XXXXXX
 │   └── Klassifizierung
 └────────── Ident-Nr.

- Starre Verbindung Ident - Nr. / Klassifizierung
- Leichte Merkfähigkeit
- Änderung der Klassifizierung bedeutet Änderung der kompletten Teile-Nr.
- Ggf. redundante Ident - Nummern
- Zur eindeutigen Identifizierung Eingabe der kompletten Nummer erforderlich
- Erweiterbarkeit
- EDV - gerecht

Systemfrei

Parallelnummernsystem

XXXXXX X || XXXX
   │   │   └── Ident-Nr.
   │   └─────── Prüfziffer
   └──────────── Klassifizierung

- Trennung von Ident-Nr. und Klassifizierung
- Ein-eindeutige Identifizierung durch fortlaufende Zählnummern
- Prüfziffer möglich
- EDV - gerecht
- Kurzfristige Änderung der Klassifizierungsmerkmale möglich
- Erweiterbarkeit beider Nummernteile
- Mehrere Klassifizierungen möglich

Teile- / baugruppentypischer Nummernschlüssel

Die Einführung eines nach Teilen und Baugruppen typisierten Nummernschlüssels (Teilsprechend), Basis für Normung, Zeichnungs- und Arbeitsplanablage / Arbeitsplanerstellung nach Teilefamilien ist die rationelle Voraussetzung für eine systematische Teile- und Stücklistenorganisation.

Sie vereinfachen das Erstellen von auftragsneutralen Stücklisten, die sowohl nach Konstruktions- und Dispositions-, sowie fertigungsgerechten Gesichtspunkten ausgerichtet sind, und erreichen automatisch eine Typisierung (soweit technisch möglich) aller Teile / Baugruppen auf Wiederverwendbarkeit nach Teilefamilien und Anwendungsbereichen. Zusätzlich erleichtern sie der Fertigungssteuerung das Einsteuern der Aufträge nach Teilefamilien mit dem Ziel der Rüstzeitminimierung in der Fertigung.

Eine konsequente Anwendung der innerbetrieblichen Normung führt zu einer wesentlichen Verminderung der Teilevielfalt.

Oder, wenn dies aus betriebsinternen Gründen nicht möglich ist, sollte zumindest eine so genannte Verkettungsnummer für Teile- / Rüstfamilien eingeführt werden.

Was bedeutet, die Konstruktion muss zumindest versuchen Rüstfamilien nach gleichartigen Spannflächen, Werkzeugeinsatz etc. zu erzeugen.

Verkettungsnummern für Dispositions- und Rüstfamilien aufbauen

Da in Industriebetrieben meist auftragsbezogen die Werkzeuge vorgerüstet bereitgestellt werden und somit mit Artikelnummern versehen sind, ist der Aufbau einer EDV - gestützten Verkettungsnummer ohne großen Aufwand möglich.

Beispiel:

Die Zusammenstellung (EDV-gestützt) kann erfolgen nach,

> ➢ Maschine
>
> ➢ der Maschine zugeordnete Werkzeuge / Werkzeugträger etc., gemäß Werkzeugbereitstellstücklisten
>
> ➢ mittels Filter und Prio-Vorgabe, jetzt Programm starten, welche Artikel haben z.B.
>> ↳ gleiche Werkzeugträger
>>> ↳ gleiche Werkzeuge
>>>> ↳ gleiche Spannelemente
>>>>> ↳ etc.

Bild 2.26: *Muster eines typisierten Nummernschlüssels*

Nummernschlüssel

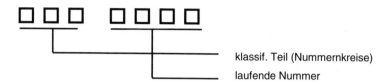

klassif. Teil (Nummernkreise)
laufende Nummer

Endprodukte 000 bis 099

000	Fassdoppeldeckel-Schleusen
001	Doppeldeckel-Schleusen
002	Handschuh-Boxen
003	Manipulatoren
004	Abschirmungen
005	Flansch-Verbindungen
006	Kreuz-Deckel
007	Behälter
008	usw.

Einzelteile und Kaufteile 200 bis 799

200	Abschlussdeckel
201	Boxen
202	Wellen
203	Zahnräder
204	Getriebe
205	Zylinderaufnahme
206	Gehäuse
207	Ver- / Entriegelungsteile
208	Schwenkantriebteile
209	Bügel-Teile
210	Stößel
211	usw.

Baugruppen 100 bis 199

100	Deckel komplett
101	Unterteil komplett
102	Säulen komplett
103	Abdeckung komplett
104	Grundgestell komplett
105	Doppeldeckel-Schleusen komplett
106	Membrane komplett
107	usw.

Rohmaterial / Rohlinge 800 bis 899

800	Brennteile
801	Gussteile
802	Halbfabrikate aus Alu + Rotguss etc
803	Rundstahl
804	Stahlblech
805	Sonderprofile aus Stahl
806	Gewindestangen aus Stahl
807	Stahlrohre
808	Messingrohre
809	Alu-Rohre
810	usw.

Die daraus sich ergebende Werkstücksystematisierung, kann in eine so genannte Produktnorm umgesetzt werden

Bild 2.27: Schemadarstellung Produktnorm / Vorteile der Produktnorm

> Produktnorm ist die für einen Hersteller verbindliche Festlegung der Gestalt eines Produktes. Oder: Produktnorm ist die auf das Produkt bezogene Werknorm / Werkstücksystematisierung.
>
> **Arten der Produktnorm:**
>
> Teilefamilien / Ähnlichkeitskonstruktion
> Baureihen / Baukastensysteme
> Rüstfamilien / gleiche Werkzeuge verwenden
>
> **Produktnorm legt fest:**
>
> Ausführungsarten
> Werkstoffe
> Abmessungen, Toleranzen
> Bearbeitungsarten / Anzahl unterschiedliche Werkzeuge
> Leistungsdaten
> Spannarten / Standardspannflächen
>
> **Vorteile der Produktnorm:**
>
> 1. Weniger Projektierungs- und Angebotsarbeit, da Sonderlösungen von Standardlösungen verdrängt werden.
> 2. Kürzere Rüstzeiten / Bilden von Rüstfamilien in der Fertigung.
> 3. Weniger Konstruktionsarbeit, da Konstruktion zu einem großen Teil vorliegt.
> 4. Weniger AV-Arbeit, da Arbeitsunterlagen vorliegen.
> 5. Geringere Einkaufs- und Lagerkosten, da Bestellvorgang vorliegt / Teilefamilien bestellt werden können, es müssen weniger Teile bestellt werden, das kleinere Lager kann leichter überwacht werden, es bleiben weniger Ladenhüter.
> 6. Geringere Fertigungskosten (größere Lose / Rüstfamilien, Fertigungs- und Montageerfahrung liegt vor, bessere Fertigungssteuerung bei bekannten Teilen, Sondermaschinen, Vorrichtungen).
> 7. Geringere Lieferzeit, da in allen Abteilungen kürzere Durchlaufzeiten erreicht werden können und weniger Verwechslungen und Fehler vorkommen.
> 8. Geringere Reklamationsquote, da Verhalten der Maschine bekannt, realistisch projektiert wird, weniger Konstruktions- und Fertigungsfehler vorkommen, bessere Betriebs- und Wartungskenntnisse (und Richtlinien) vorliegen.
> 9. Geringere Ersatzteilkosten und Ersatzteillieferzeit
> 10. Geringere Herstellkosten
> 11. Niedere Bestände

2.2.7 Die ABC-Analyse als Bestandswertstatistik und als Dispositionsgrundlage

Bei der Suche, wie bekomme ich die Materialwirtschaft noch besser in den Griff, bietet sich die ABC-Analyse an. Durch die ABC-Analyse wird ein Maßstab für die Wertigkeit der Lagerhaltung eines jeden Einzelteiles geschaffen. Verbrauch und Wertigkeit gehen in die Rechnung ein.

In früheren Jahren war die Klassifizierung ausschließlich durch Multiplikation der beiden Faktoren

1. Verbrauchsmenge in den letzten 12 Monaten x Preis

und danach

2. Ordnung aller Posten in steigender Reihenfolge als Hilfsliste der Gesamtkosten

3. Ermittlung der Prozentanteile jeder Position nach Stückzahl und Kosten

üblich,

Bild 2.28: *ABC-Analyse nach Wert x Häufigkeit des Verbrauches (ALTE BETRACHTUNGSWEISE)*

| Datum: 13.06.xx | Artikelgruppe: 1 | Verbrauch/xxx | berechnet für Zeitraum von 23.xx bis 53.xx | | | | Blatt 1 |

Pos.	Mat.-Nr.	Bezeichnung	Verbrauch pro Zeitraum in		Kummul. Verbrauchssummen in		Verbrauch Monat	Re-Wei Monat	Besch.-Zeit Wochen
			€	%	€	%			
1	030-0833.0	TRANSFORMATOR UI 30/16,5 2 x 110/2 X 15 V 10 VA	18220,49	12,83	18220,49	12,83			
2	030-0236.0	TRANSFORMATOR EI 30/18,5 IHRE TIELE-NR. 8397003000	12669,99	8,92	30890,48	21.75			
3	030-0431.0	TRANSFORMATOR EI 30/18 N. BO.-NR. 2 289 992 305	9250,33	6,51	40140,81	28,27			
4	030-0754.0	TRANSFORMATOR EI 30/18 MATERIAL-NR. 04 769 00 23	6103,92	4,30	46244,73	32,57			
5	030-0303.0	NETZTRANSFORMATOR KPL. 4511 31 18	5550,41	3,91	51795,14	36,48			
6	030-0570.0	TRANSFORMATOR EI 30/15,5 2202 X 12 V, 1,8 VA	4983,26	3,51	56778,40	39,98			
7	030-0497.0	TRANSFORMATOR EI 30/15,5 2209 V 1,8 VA	3928,48	2,77	60706,88	42,75			

und danach

4. Einteilung in drei Gruppen, gemäß gebildeter Hitliste

A-Positionen	=	20 - 25 %	aller Teile entsprechen ca. 70 - 75 % des Gesamtwertes
B-Positionen	=	25 - 30 %	aller Teile entsprechen ca. 20 - 25 % des Gesamtwertes
C-Positionen	=	40 - 50 %	aller Teile entsprechen ca. 5 - 10 % des Gesamtwertes

Bild 2.29: Ergebnis der ABC-Analyse, in eine Summe eingetragen

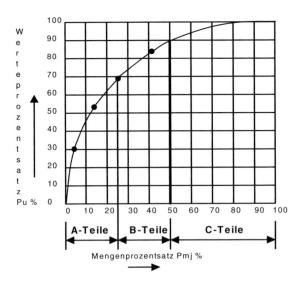

Neuere Betrachtungsweise

Da in diese Berechnung nur Mengen und Werte eingehen, was in Bezug auf Verwirklichung des Just in time - Gedankens nicht die richtigen Entscheidungskriterien sind, werden heute als Merkmale:

- der Preis pro Teil absolut, sowie
- die Dauer der Wiederbeschaffungszeit in Wochen

zur Bestimmung der A- / B- / C-Einteilung verwendet. Wobei die Vorgehensweise zur Bildung einer Hitliste auf Basis Preis absolut, dieselbe ist, wie zuvor beschrieben. Die Wiederbeschaffungszeit ist als Ersatz für den Mengenbezug zu sehen.

Das bedeutet, dass z.B. geringwertigere B- oder C-Teile mit langen Lieferzeiten, z.B. 18 Wochen, dadurch zu A-Teilen werden, die über Abrufaufträge mittels Liefereinteilungen nach Wochen, sowie Anpassungen (wöchentliche Erhöhung / Verminderung der Liefereinteilungen, auch ATMEN genannt) abgerufen werden.

Bild 2.30: A / B / C-Bestimmung nach Wertigkeit / Kosten und Wiederbeschaffungszeit / Lieferzeit
(NEUE BETRACHTUNGSWEISE - Beispiel)

Wert		Teileart nach Wert	Wiederbeschaffungszeiten	Teileart nach WBZ und Wert	Platzbedarf? [1]
Größer	10,-- €	A	5 Wochen	A-Teil	Teile mit großem Ausmaß / Volumen können wegen hohem Platzbedarf auch zu A-Teilen werden
			17 Wochen	A-Teil	
Größer	1,-- €	B	4 Wochen	B-Teil	
			20 Wochen	A-Teil	
Kleiner	1,-- €	C	3 Wochen	C-Teil	
			18 Wochen	A-Teil	

C-Teile also nur Teile sein können, die preiswert sind und kurze Wiederbeschaffungszeiten haben und B-Teile von der Zielsetzung her, quasi aussterben, da sie entweder zu A-Teilen oder zu C-Teilen werden.

Diese Einteilung entspricht mehr den heutigen Notwendigkeiten nach Erfüllung aller kurzfristigen Kundenwünsche mit den damit verbundenen Dispositions- und Beschaffungsregeln, als die frühere Praxis.

---

[1] Immer häufiger werden auch Teile / Artikel mit großen Ausmaßen / Volumen als A-Teile gekennzeichnet, da sie im Lager großen Platzbedarf / hohe Lagerkosten erzeugen. Also über die Lagerkosten zu A-Teilen werden.

2.2.8 Abrufaufträge für A-Teile und „atmen"

Einbeziehung des Vertriebes in die Disposition und Bestandsverantwortung von A-Teilen / -Materialien

Bestände können reduziert werden durch die Einbeziehung des Vertriebes in die Dispositionsverantwortung von teuren A-Teilen, Materialien oder Vorprodukte mit langer Lieferzeit.

Die Wandlung vom Verkäufer- zum Käufermarkt verlangt von uns allen mehr Marktorientierung, mehr Marketing, das heißt eine aktive und systematische Käufermarktorientierung. Sichere Prognosen über das Käuferverhalten sollten eine Grundlage für Fertigungsprogramm und -plan sein.

Untersuchungen zeigen jedoch, dass der Bestand eines Betriebes zu 10 % bis 30 % durch mangelnde Prognosequalität verursacht sein kann. Oft ist die Prognosequalität unzureichend, wegen der fehlenden Mitverantwortung des Vertriebes, der die Prognosen aufstellt für die Bestände.

Erfahrungen mit falschen Vertriebsprognosen bewirken einen Vertrauensschwund beim Betrieb und stellen damit die Prognosenverwendung in Frage.

Möglichkeiten, die Prognosequalität zu verbessern, bietet eine Lieferplanabstimmung in Erwartung eines zukünftigen Auftragseingangs als rollierendes Planungssystem.

Geeignet haben sich hierfür Planungsprogramme mit möglichen Kapazitäten in Stück je Artikel oder Artikelgruppe. Den so festgelegten Mengen werden die tatsächlichen Auftragseingänge nach Terminraster dagegen gefahren.

Die Funktionsweise soll am einfachsten anhand einer Schemaabbildung aufgezeigt werden, die auch für eine manuelle Organisation geeignet ist.

Aus Sicht des Autors ist es aber nicht in jedem Falle sinnvoll, eine Vorplanung (Vorcash) für komplette Produkte (Endprodukte) über z.B. einen rollierenden Planungszyklus von 6 Monaten x X zu erstellen.

Es kann dies durchaus auch auf der Ebene von

> Baugruppen oder
> Einzelteilen und / oder } und nur
> Halbzeug / Rohmaterialien } mit Kennung **A**

erfolgen, wenn dies dem Vertrieb die Entscheidung erleichtert.

Auch der Verzicht auf absolute Zahlen für die Vorplanung der nächsten Zeiträume, erleichtert dem Vertrieb seine Entscheidungen, wenn sie durch eine Trendangabe ersetzt wird:

Trenddarstellung  X

Letztlich muss der Disponent für seine Lagerbestandszahlen doch gerade stehen, also kann er unter Angabe der Trends und seiner Erfahrung sicher sachgerecht seine Mengenfestlegungen und Abrufentscheidungen in Absprache mit Fertigung / Einkauf / Lieferant selbst treffen.

In jedem Falle müssen aber anhand von Vergangenheitswerten und Wiederholteil-Listen, Trends von seitens des Vertriebes

          A-Teile / Materialien, sowie alle KANBAN - Teile / -Materialien

und

          C-Teile mit langen Lieferzeiten (sind ebenfalls A-Teile),

vorgeplant werden.

Bild 2.31: *Schemadarstellung der rollierenden Planung:*

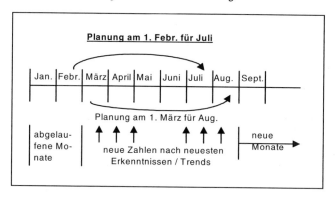

In regelmäßiger Abstimmung werden auf dieser Basis alle A-Teile / Materialien bzw. Vorprodukte mit längerer Lieferzeit als die eigene Lieferzusagemöglichkeit disponiert und Rahmenvereinbarungen mit den Lieferanten getroffen (siehe Beispiel Kanban - Rahmenvereinbarung).

Die Dispositionen selbst errechnen aus den Bedarfen, lt. Vorhersage des Vertriebes, den Bedarf je A-Teil. Es werden dann die geplanten Mengen mit einem Zeitraster in Wochen oder Monaten an den Lieferanten gemeldet.

Diesen Liefereinteilungen wird wiederum der echte Bedarf, laut tatsächlichem Auftragseingang und Liefertermin, dagegen gefahren und die Abrufe entsprechend gesteuert (erhöht, vermindert, terminlich vorgezogen oder zurückgestellt = Atmen), oder bei Kanban-Systemen mittels Kanban-Karte die entsprechenden Bedarfe abgerufen.

Durch die Einsichtnahme in die Bestandskonten, bzw. statistische Werte aus der Vergangenheit, und der Möglichkeit nicht ganze Produkte disponieren zu müssen, sondern nur überschaubare Teilmengen / Materialien angesprochen werden, wird die Disposition sicherer und durch das sich verantwortlich fühlen auch die Treffsicherheit zwangsläufig höher.

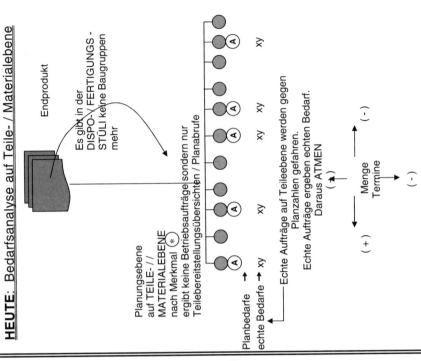
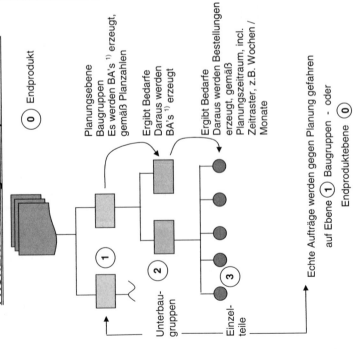

Die jeweilige Bestellmenge geht dann sofort in die verfügbare Menge ein, sofern, vom verfügbaren Bestand abgesehen, jeder neue Bedarfsfall für die Zeit nach dem vorgesehenen Eingangsdatum der Bestellung terminiert wird.

Das Ergebnis dieser:

- Bedarfsrechnung
- Bestandsrechnung
- Bestellrechnung

ergibt eine Bestell-Bedarfs-Analyse, die bei Eigenteilen einen internen Auftrag, bei Bezugsteilen über den Einkauf einen entsprechenden externen Auftrag auslöst.

Eine bessere Einhaltung von Lieferversprechungen und eine Verminderung des Bestandsrisikos ist eine Zwangsfolge. Die Führung dieser Daten kann entweder über EDV oder mittels Kanban-System vorgenommen werden.

Die Planzahlen des Vertriebes werden also nur zum Abtasten gegenüber den laut Abrufaufträgen getätigten Liefereinteilungen verwendet.

Die Planzahlen werden **nicht** in die Verfügbarkeitsrechnung des reservierten Bestandes übernommen. Dies erfolgt nach wie vor über echte Aufträge.

Begründung:

Die Planzahlen können sich permanent ändern, und es dürfen sich dadurch nur die Liefereinteilungen der Abrufe parallel dazu verändern.

Die **rollierende Planung** ist allerdings, konventionell eingesetzt, ein Dispositionsprinzip, das großen Pflege- und Dispositionsaufwand bedeutet. Bei mangelhafter Betreuung der Zahlenwerte mittels „atmen" (Mengen erhöhen / vermindern, Termine vorziehen / nach hinten verschieben), weil die Kunden doch anders bestellen als geplant / gedacht wurde, kann dieses Verfahren zu hohen Beständen (Lagerhüter) oder zu vielen Fehlteilen führen, was sich letztlich auch in einer Bestandserhöhung niederschlägt, da die anderen, dazugehörigen Stücklistenteile vorhanden sind - eine Lieferung aber nicht erfolgen kann. Daher die Frage: Ist es nicht besser, der Lieferant disponiert für uns?

2.2.8.1 Kann der Lieferant für uns disponieren?

Prognosen müssen sein, aber der Kunde bestellt doch anders

Der echte Bedarf wird gegen die Liefereinteilungen gefahren und der Lieferant disponiert für uns!

Die sich so ergebenden tatsächlichen Bedarfe / Abrufe (erhöhen, vermindern, terminlich Mengen vorziehen, oder zurückstellen, auch ATMEN genannt), machen die Disposition sicherer und durch Einbeziehen des Lieferanten in den Informationskreis wird die Treffsicherheit zwangsläufig besser. Lieferant erhält unsere Bedarfsübersichten z.b. 1 x / Woche, disponiert und produziert danach, oder Nutzen der neuen IT - Techniken / ERP-Systeme, Lieferant hat Einblick in unseren Lagerbestand / Teilebedarf.

Eine bessere Einhaltung von Lieferzusagen und eine Verminderung des Bestandsrisikos ist für Lieferant und Kunde eine Zwangsfolge.

Bild 2.32: *Bestell- / Bedarfsanalyse*

Datum: 13.06.xx	Artikelgruppe	von: 3005000 bis: 3006000	Bestell / Bedarf berechnet für Zeitraum ab 23 xx KW-Abstand 1					Blatt: 1
Pos. Mat.-Nr.	Bezeichnung	Lagermenge	verfügbare Menge	reservierte Menge	bestellte Menge	Bestellpunkt	Bestellmenge	Besch-Zeit Wochen
[A] 14030-05690	Transformator El 30/15.5 220/2 x 9 V 1,8 VA	838.00	-12162.00	13000.00	10000.00	1000.00	0.00	10 Wochen

*** Kennzeichen : ***

Woche →	23xx-23xx	24xx-24xx	25xx-25xx	26xx-26xx	27xx-27xx	28xx-28xx	29xx-29xx	30xx-30xx	31xx-31xx	32xx-32xx	33xx-33xx	34xx-34xx
eingeteilte Abrufe →	10000	0	0	0	6000	0	0	0	0	0	8000	0
echter Bedarf: →	2000	3000	0	0	0	4000	0	0	4000	0	0	0

| [B] 40030-05070 | Transformator El 30/12.5 220/24 V 1,2 VA | 355.00 | -38645.00 | 39000.00 | 8000.00 | 1000.00 | 0.00 | 10 Wochen |

*** Kennzeichen : ***

Woche →	23xx-23xx	24xx-24xx	25xx-25xx	26xx-26xx	27xx-27xx	28xx-28xx	29xx-29xx	30xx-30xx	31xx-31xx	32xx-32xx	33xx-33xx	34xx-34xx
eingeteilte Abrufe →	0	5000	0	0	0	3000	0	0	0	0	0	3000
echter Bedarf: →	0	0	3000	3000	0	2800	0	0	0	0	4899	0

Bei [A] Abrufe raus schieben und vermindern (ausatmen) [1]

Bei [B] Abrufe vorziehen und teilweise erhöhen (einatmen) [1]

[1] Geht bei Kanban zu Lieferant automatisch über die Frequenz der Abrufe mittels Kanban-Karte, die Vorschau dient dazu, dass sich der Lieferant auf die obigen Veränderungen einstellen kann

2.2.9 Richtlinien zur Behandlung von B-Teilen / -Materialien

Für B-Materialien lassen sich nur schwer Richtlinien aufstellen. Einige B-Materialien liegen näher bei der A-Kategorie, einige näher bei der C-Kategorie. Die Behandlungsweise muss deshalb von Fall zu Fall festgelegt werden. Wobei der Trend Entscheidung zu A-Teil überwiegt, B-Teile also immer weniger werden.

Die Dispositionsrichtlinien für B-Teile also lautet: Bedarfsabhängig im Zeitraster nach Reichweiten disponieren. Auslöser der Bedarfsanforderung ist der Wiederbestellpunkt.

Vorteil der Reichweitenbetrachtung: Entweder hat man alle Teile / Materialien für eine bestimmte Auftragsmenge als Reichweite in Wochen vorrätig oder Nullbestand. Produziert / geliefert werden kann ja nur gemäß der niedersten Bestandszahl eines Teiles.

$$\text{Reichweite} = \frac{\text{Bestellmenge + Bestand}}{\text{Ø-Verbrauch / Monat}^{1)}}$$

[1)] oder anstatt Ø - Verbrauch / Monat, werden die bereits reservierten Bedarfe der Aufträge die gemäß terminlichem Zeitraster noch zu liefern sind, als Reichweitenbetrachtung verwendet

Eine Reichweitenvorgabe sichert gleichzeitig eine gewünschte / vorgegebene Lagerumschlagshäufigkeit.

Bemerkung: Ziel muss längerfristig lauten:

Es gibt nur noch A- und C-Teile, bzw. Bauhaus- und KANBAN - Teile

<u>Grund:</u> Aufwendige Pflege der Stammdaten, wie z.B.

Wiederbestellpunkt
Wiederbeschaffungszeit
Sicherheitsbestand
etc.

entfällt bei A-und KANBAN - Teilen weitestgehend, da nach Bedarf abgerufen wird.

Bei C-Teilen kann die Pflege großzügiger gehandhabt werden.

Bei Bauhausteilen wird durch den Lieferant die Nachschubautomatik geregelt.

2.2.9.1 Disponieren nach Reichweiten

Sofern B-Teile mittels wirtschaftlicher Losgrößenformel disponiert werden,

- erzeugt dies je Teil immer ein Einzeloptima (d.h. von jedem Teil ist eine andere Menge vorrätig, aber es kann immer nur nach der kleinsten Menge z.B. montiert werden = Verschwendung, denn wenn ein Teil fehlt ist dies, wie wenn alle Teile fehlen),
- ergeben solche Berechnungen im Regelfalle nicht vertretbare, viel zu große Bestellmengen und die Fertigung wird verstopft,

und die Bestellmengenrechnung nach der Andlerschen Losgrößenformel, u.a. auch ein gewolltes Ziel = **Gesamtoptima, z.B. Lagerumschlag 6 x / Jahr, unmöglich macht.**

Nach dem gewinnwirtschaftlichen Prinzip „*Geld ist wie ein Produkt zu betrachten*", und dem Zwang „*Verbesserung der Liquidität*", setzt sich für die Teile die nicht nach KANBAN laufen, das Disponieren nach Reichweiten immer mehr durch.

Beim disponieren nach Reichweiten, wird an die Disponenten die Bedingung gestellt:

Die Reichweite der Bestellmenge, plus vorhandener Bestand
darf z.B. zwei Monate nicht überschreiten.

A) Vergangenheitsbezogene Reichweitenberechnung

$$\frac{\text{Bestellmengen + Bestand}}{\text{Ø - Verbrauch / Woche}} = \text{Reichweite in Wochen}$$

B) Zukunftsbezogene Reichweitenberechnung

$$\frac{\text{Bestellmengen + Bestand}}{\text{zukunftsbezogener Bedarf im Zeitraster}} = \text{Reichweite}$$

Auch die Festlegung eines so genannten Reichweitenkorridors hat sich für eine bestandsminimierte Disposition bewährt, siehe nachfolgend.

Bild 2.33: Reichweitenkorridor

Die Visualisierung der Bestandshöhe als Reichweite in Tagen setzt obere und untere Interventionspunkte als Aktivitätenplan für den Disponenten		
Bestandshöhe als Reichweite in Tagen [1] **z.B.**	**Farbskala**	**Aktivitätenplan**
größer 40 Tage	rot	überhöhter Bestand weitere Abrufe hinausschieben
34 - 40 Tage	gelb	überhöhter Bestand, Bewegungen sorgfältig beobachten
20 - 33 Tage	grün	Reichweite entspricht dem festgelegten Drehzahl-Ziel / der Wiederbeschaffungszeit
13 - 19 Tage	gelb	Bestand zu nieder Abrufe / Bestellungen vorziehen
kleiner 13 Tage	rot	Bestand zu nieder, es entsteht Produktionsstillstand, Notfallplan mit Lieferant aktivieren

Die Disposition nach Reichweiten erzeugt u.a. auch keine Einzeloptima je Teil, sondern fördert das Denken in Wellen. Entweder ist alles in gleichen Mengen vorhanden, oder alles fehlt (ohne C-Teil-Betrachtung). Es kann immer nur die Menge geliefert werden, die das Teil mit der niedrigsten Bestandszahl zulässt.

[1] Einteilung ist abhängig von der Wiederbeschaffungszeit

Bild 2.34: Muster einer Bedarfsübersicht nach Reichweite, Bedarf wochengenau eingeplant

BEDARFSUEBERSICHT NACH TEILENUMMERN							DATUM: 07.08.xx		
NACH KALENDERWOCHEN							BIS KW: 53/xx		
WBZ = 6 Wo.	Si = 10	körperl. Best. 19		Reichweite bis KW 27			SEITE: 1		
Buchungs-datum	Lief.-Nummer	Bestell-nummer	Auftrags-nummer	Menge/ Bedarf	Soll-Termin in Tagen	Re-serv. je KW	Be-stell je KW	Lagerbestand *	
11304	HOLZGESTELL SESSEL				WBZ:6		Wo. Si: 10	19.00 *	
18.04.xx	7051	9324	50.00	50.00	200		18		
24.06.xx	7295	250	50.00	50.00	290		28		
05.07.xx	7051	2289	80.00	80.00	390		40		
KW. 35.xx			64	1.00	358	1.00			R
KW. 3.xx			102	1.00	38				E
KW. 3.xx			237	2.00	38	3.00			I
KW. 9.xx			583	1.00	98	1.00			C
KW. 12.xx			1216	2.00	128	2.00			H
KW. 14.xx			1230	2.00	148	2.00			W
KW. 21.xx			2263	1.00	218	1.00	Si - Bestand wird unterschritten		E / I
KW. 24.xx			1865	1.00	248	1.00			T
KW. 26.xx			2430	2.00	268				E
KW. 26.xx			2291	2.00	268	4.00			
KW. 27.xx			2369	1.00	278				
KW. 27.xx			2513	1.00	278				
KW. 27.xx			2425	1.00	278	3.00	Unterdeckung		
KW. 28.xx			2512	3.00	288				
KW. 28.xx			2590	1.00	288				
KW. 28.xx			2446	2.00	288				
KW. 28.xx			2596	1.00	288				
KW. 28.xx			2568	2.00	288				
KW. 28.xx			2289	1.00	288				
KW. 28.xx			2586	1.00	288				
KW. 28.xx			2523	2.00	288	13.00			
KW. 29.xx			2631	2.00	298				
KW. 29.xx			2619	1.00	298				
KW. 29.xx			2735	1.00	298				
KW. 29.xx			2685	2.00	298				
KW. 29.xx			2733	1.00	298				
KW. 29.xx			2700	1.00	298				
KW. 29.xx			2737	1.00	298				
KW. 29.xx			2757	2.00	298				
KW. 29.xx			2640	1.00	298				
KW. 29.xx			2646	1.00	298				
KW. 29.xx			2644	1.00	298	14.00			

2.2.10 Richtlinien zur Behandlung von C-Teilen / -Materialien

Bei C-Materialien kann das Dispositionsverfahren gelockert werden. Es kann entweder

a) **Nach dem Zwei-Kisten-System gearbeitet werden /
Min. - Max.- Bestand**
Bestandsverantwortung liegt in den Händen des Lageristen

oder

b) **es werden nur komplette Abgänge nach**
- Menge pro Kiste oder
- Lagereinheit oder
- fixer Entnahmemenge

im körperlichen Bestand abgebucht. Nachdispositionen erfolgen über einen festgelegten Wiederbestellpunkt, der großzügig ausgelegt ist. Die Festlegung der Bestellmenge erfolgt nach wirtschaftlichen Losgrößen, mit Begrenzung auf z.B. max. Reichweite 6 Monate.

c) Oder es wird ein so genanntes Bauhaus- / Regalserviceverfahren eingerichtet, das ähnlich dem Auffüllen eines Zigarettenautomaten funktioniert

2.2.11 Das Supermarktprinzip für Industrie und Handel

Abbau von Geschäftsvorgängen und Erhöhung der Lieferbereitschaft durch neues Denken und Handeln in der gesamten Materialwirtschaft und Logistikkette von Lieferant bis Abnehmer

Alle EDV-gestützten Bestandsführungsverfahren erfordern einen hohen Aufwand in Führung und Pflege der Systeme. Bei niederen Beständen kommt noch das Risiko von Fehlmengen / Fehlbeständen hinzu, durch:

- EDV-Kontenstand entspricht nicht dem Lagerbestand vor Ort

was für die geforderte Flexibilität und Liefertreue ein verhängnisvoller Zielkonflikt ist.

Gelöst werden kann dieser Zielkonflikt durch die Einführung von so genannten Bauhaus-/ Regalserviceverfahren und / oder Kanban-Systemen, wie sie im Handel bereits üblich sind, die Kosten senken (Abbau von Geschäftsvorgängen, wie z.B. Buchungs- und Bestellvorgänge, bei gleichzeitiger Erhöhung des Verfügbarkeit).

Einrichten so genannter Bauhaus- / Regalserviceverfahren, die ähnlich dem Auffüllen von z.B. Zigarettenautomaten funktionieren

Wie funktionieren Bauhaus- / Regalserviceverfahren:

1. Das Unternehmen stellt den Lieferanten entsprechende Lagerräumlichkeiten zur Verfügung (quasi einen Verkaufsraum)

2. Die Lieferanten richten in diesen Räumlichkeiten Lager ein, die gemäß den Wünschen des Unternehmens in Artikel und Mengen entsprechend ausgerüstet sind (z.B. Bedarf für drei Monate, wobei die Mengen pro Entnahmeeinheit nicht größer als ein Wochenbedarf sein sollten).

3. Für diese Räumlichkeiten gibt es im Unternehmen einen zuständigen Lagerverwalter.

4. Das Unternehmen muss die dort liegenden Bestände nicht bezahlen, dies sind reine Kommissionswaren.

5. Jede Woche kommt ein Mitarbeiter der entsprechenden Lieferfirma / des Lieferanten, prüft die Abgänge und füllt automatisch bis zu einem Maximalmenge auf, die vom Unternehmen, oder z.B. durch die Regal- / Fachgröße, vorgegeben ist, oder der Lagerverwalter bestellt gemäß Mindestbestand mittels vorbereitetem Kanban - Fax.

6. Das Unternehmen erhält eine Rechnung über die entnommenen Mengen, die jetzt wieder zur Maximalmenge aufgefüllt worden sind.

7. Über die Stücklistenorganisation werden die einzelnen Entnahmen den Projekten zugeordnet.

Somit ist eine 100%-Verfügbarkeit für das Unternehmen gegeben, ohne dass sich das in Form von Lager- und Zinskosten niederschlägt.

Diese so genannten Bauhaus- / Regalserviceverfahren setzen sich immer mehr durch. Ein Blick in die Zukunft sagt, dass in den nächsten Jahren bis zu 50 % aller Beschaffungsvorgänge nach diesen Prinzipien ablaufen. E-Business unterstützt die schnelle Einführung dieser einfachen / bestandssicheren Nachschubautomatik. Auch die Vorteile für den Lieferant sind enorm: Weniger Lagerplatz, feste Kundenbindung, dadurch mehr Umsatz, außer liefern und Rechnung schreiben, keine weiteren Geschäftsvorgänge.

Bild 2.35: *Schemadarstellung Funktionsweise Bauhaus- / Regalserviceverfahren*

Das Bauhaus- / Regalserviceverfahren

Das Unternehmen stellt entsprechende Lagerräumlichkeiten zur Verfügung. Die Lieferanten richten in diesen Räumlichkeiten Läger ein, die gemäß den Wünschen des Unternehmens in Artikel und Mengen entsprechend ausgerüstet sind.

**Für diese Räumlichkeiten gibt es im Unternehmen einen zuständigen Lagerverwalter.
Das Unternehmen muss die dort liegenden Bestände nicht bezahlen, dies sind reine Kommissionswaren.**

Jede Woche kommt ein Mitarbeiter der entsprechenden Lieferfirma, prüft die Abgänge und füllt automatisch bis zu einer Maximalmenge auf, die vom Unternehmen oder z.B. durch die Regalgröße vorgegeben ist oder Lagerist ruft mittels Kanban-Karte beim Lieferant ab.

Das Unternehmen erhält eine Rechnung über die entnommenen Mengen, die jetzt wieder bis zur Maximalmenge aufgefüllt worden sind.

Über die Stücklistenorganisation (retrogrades buchen) werden die Kosten der Kalkulation / dem Produkt zugeordnet.

Bild 2.36: Darstellung der verschiedenen Ausprägungen von Regalserviceverfahren - auch Bauhaussysteme und KANBAN genannt

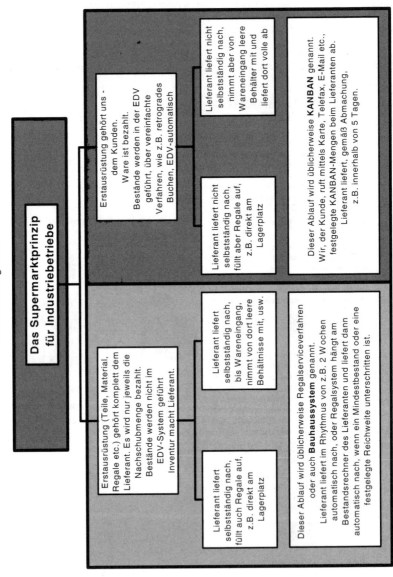

Auswirkungen von Regalservice- / Bauhaus- / KANBAN-Systemen auf die Logistik / Logistikleistung des Unternehmens

Bestandsreduzierung   **Durchlaufreduzierung**

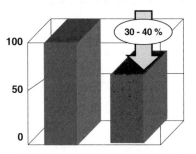
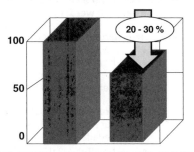

- Konzentration mit Systemlieferanten
- Fertigungsnahe Disposition
- Erhöhung der Termin- und Liefertreue

- Just in time - Lieferung
- Reorganisation der internen Logistik
- Vom Einzelteil zur Baugruppe

- **Senkung des operativen Beschaffungsaufwandes**
  Keine Dispositionsauslösung und Erfassung
  Keine Wareneingangskontrolle
  Kein Verbuchen der Wareneingänge

- **Senkung der Wiederbeschaffungszeiten**
  Keine Störung des Produktionsablaufs
  Erhöhung der Lieferbereitschaft und Termintreue

- **Erhöhung der Lieferbereitschaft und Termintreue**
  Wir lagern Ihre KANBAN - Artikel und liefern Just in time
  Auf Wunsch übernehmen wir auch Artikel außerhalb des Elektrobereichs
  Es ist immer das Richtige in der richtigen Menge da

- **Reduzierung der Logistikkosten**
  Konzentration auf wenige Lieferanten
  Kostenreduzierung durch optimieren der Waren-Durchlaufzeiten

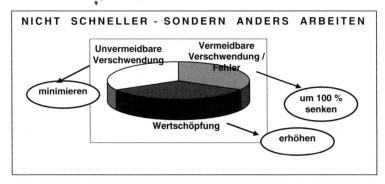

2.2.11.1 Musterberechnung / Darstellung der Vorteile für das Unternehmen bei Belieferung nach dem Bauhaus- / Regalserviceverfahren

1. Außer dem Vorteile einer hohen Verfügbarkeit, können folgende weitere Vorteile genannt werden:

    > **Reduzierung der Lagerkosten**
    - Lagerfläche
    - Kapitalbindung
    - Lieferanten - Kommissionslager
    - Verbesserung der Liquidität

    > **Reduzierung der (Logistik)Kosten**
    - nur noch ein Lieferant
    - bedarfsorientierte Lagerhaltung
    - Reduzierung der Artikelvielfalt
    - Überarbeitung der Klassifizierung

2. **Berechnung der Einsparung von Geschäftsvorgängen auf der Basis von Prozesskosten (berechnet nach Zeitaufwand x 0,60 € / Minute auf Basis Vollkosten)**

2.1 Rechnungsprüfung und Buchung

	10,00 € / RE	Rechnung prüfen (Einkauf)
+	4,00 € / RE	Rechnungsduplikat ablegen (Einkauf)
+	12,00 € / RE	Rechnung kontieren und buchen (Buchhaltung)
+	11,00 € / RE	Zahlungsbeleg erstellen und prüfen (Buchhaltung)
+	4,00 € / RE	Rechnung ablegen (Buchhaltung)
	41,00 € / RE	gesamt Rechnung

Ergibt Einsparungen:

<u>ohne</u> KANBAN	280 Rechnungen / Jahr x 41,00 / RE	= €	11.480,00
<u>mit</u> KANBAN	12 Rechnungen / Jahr x 41,00 / RE	= €	492,00
Ergibt Summe Einsparung Rechnungsprüfung / Buchung/J.		= €	10.988,00

2.2 Lieferantenpflege

600,00 € Pflege eines Lieferanten pro Jahr im Einkauf
300,00 € angesetzt werden 50 % des Betrages bei KANBAN- / Regalserviceverfahren

Ergibt Einsparungen:

<u>ohne</u> KANBAN	28 Lieferanten x €	600,00	= €	16.800,00
<u>mit</u> KANBAN	2 Lieferanten x €	300,00	= €	600,00
Ergibt Summe Einsparung Lieferantenpflege / Jahr.			= €	16.200,00

2.3 Beschaffen

60,-- € / BE	Disponieren und Beschaffen, incl. Bestellung auslösen
30,-- € / BE	Terminverfolgung
90,-- € / BE	für einen Dispo- und Beschaffungsvorgang

Ergibt Einsparungen:

ohne KANBAN	250 Bestellungen x € 90,--	= €	22.500,--
mit KANBAN	0 Bestellungen x € 90,--	= €	0,--
Ergibt Summe Einsparung für Dispo und Beschaffen		= €	22.500,--

2.4 Buchen / Wareneingang und QS - Sicherung

0,20 € / Buchung	Abgangsbuchung entfällt, das solche Teile retrograd über Stückliste abgebucht werden
18,00 € / WE	Annahme und Wareneingangsprüfung (Menge, Identität, Qualität)
3,80 € / WE	Zugangsbuchung, incl. Ware zur Einlagerung bereitstellen und Lagerortbestimmung
22,00 € / WE	gesamt Wareneingang und Lager

Ergibt Einsparungen:

ohne KANBAN	950 Positionen / Jahr x 22,00	= €	20.900,00
mit KANBAN	1.800 Positionen / Jahr x 0,-- [1)]	= €	0,--
Ergibt Summe Einsparung für Wareneingang, incl. Einlagern und Zugangsbuchung		= €	20.900,00

[1)] Lieferant ist AUDITIERT und liefern direkt an Arbeitsplätze

2.5 Inventur

4,00 € / Artikelnummer Inventurarbeit incl. EDV-Eingabe und ggf. Bestandskorrektur

128 Artikelnummern x € 4,00	= €	512,00

Ergibt auch gleichzeitig die Ersparnis, da Inventur nicht mehr notwendig

3. **Berechnung Zinsersparnis**

    Angenommener Zinssatz 6 % p.a.
    Ø - Bestand dieser 128 Artikel p.a. insgesamt   €   448.000,--
    <u>Ergibt Einsparungen:</u>
         6 % von € 448.000,-- p.a.   = €   <u>26.880,--</u>

4. **Summe Einsparungen p.a., Pkt. 2.1 - 2.5 + 3.**   €   97.980,00

5. **Weitere relevante Prozesskosten, die eingespart werden**

    35,00 € / Reklamation x Anzahl Vorgänge
    15,00 € / Falschlieferung erfassen bzw. Fehlmengen bearbeiten
    31,00 € / Umpackvorgänge, damit ordentlich eingelagert werden kann
  260,00 €   Preise verhandeln / Angebote bearbeiten

Die bei der weiteren Betrachtung aber außer Acht gelassen werden, da sehr schwankende Vorgangszahlen.

6. **Mehrkosten für das eigene Unternehmen**

Im Regelfalle Null, bzw. manche Lieferanten bezahlen Miete für die von ihren Teilen in Anspruch genommene Fläche.

<u>Grund:</u>   Lieferant selbst, benötigt weniger Lagerplatz im eigenen Hause.

Und häufig fallen sogar die Teilpreise, da jetzt größere Mengen von einem Lieferant abgenommen werden.

Also weitere Einsparungen - keine Mehrkosten!

Die gesamte Einsparung insgesamt betragen somit ca. € 90.000,-- bis € 110.000,-- p.a., in diesem realen Modellbeispiel.

2.2.12 Zusätzliche Dispo-Kennzeichen als Dispositionshilfen

Ein weiteres, wichtiges Hilfsmittel zur Verbesserung der Dispositionsqualität ist folgende Zusatzinformation an den Disponenten, bzw. das Hinterlegen eines zusätzlichen Dispo-Kennzeichens in den EDV-Stammdaten nach:

1 = Wiederholteil mit Mindestbestand

2 = Sonderteil mit Wiederholcharakter für nur 1 Kunden, wobei Mindestbestand = 0 ist.
Die Fertigung erfolgt nach Losgrößenberechnungen bzw. Reichweitenberechnungen laut Absprache Dispo - Vertrieb - Kunde.

3 = Reines Sonderteil, mit reiner auftragsbezogener Fertigung, ohne Bevorratung, ohne Losgrößenberechnung.

4 = Ersatzteil: Interne Lösung je Firma

Für den Disponent ergeben sich dadurch folgende eindeutige Dispo-Vorgaben:

Bild 2.37: *Dispo-Kennzeichen nach Teile- / Materialklassifizierung*

Dispo-Vorgabe		Zusatz - Dispo - Kennzeichen			
		Wiederholteil	Sonderteil mit Wiederholcharakter für 1 Kunde	Reines Sonderteil	Ersatzteil
		1	2	3	4
A - B - C - Klassifikation	A	Vorratshaltung: Ja Mindestbestand: Lt. Vertriebsplanvorgabe Bestellmenge: Lt. Vertriebsplanvorgabe Art der Bestellung: Abrufaufträge	Vorratshaltung: Ja Mindestbestand: 0 Bestellmenge: In Abstimmung mit Kunde über Vertrieb Losgrößenberechnung möglich, Reichweitenberechnung lt. Vertrieb	Vorratshaltung: Nein Mindestbestand: 0 Bestellmenge: Reine, auftragsbezogene Fertigung, ohne Losgrößenberechnung	Nach Vorgabe bzw. festgelegtem Servicegrad
	B	Vorratshaltung: Ja Mindestbestand: Ja Bestellmenge: Lt. Losgrößenberechnung und Reichweitenberechnung			
	C	Vorratshaltung: Ja Mindestbestand: Ja Bestellmenge: Lt. Losgrößenberechnung Bestandsführung nicht, bzw. nur bedingt erforderlich, wenn C-Teile-Lager eingerichtet oder nur führen des körperlichen Bestandes			

2.2.13 Bedarfsgerechte Disposition nach terminlichem Zeitraster

Disponieren heißt: Anweisung geben, dass beschafft wird. Eigentlich handelt es sich um die Mengenplanung, wie die Übersicht zeigt:

Funktion	Auftrag	Material	Kapazität
planen	x x x x	disponieren	belegen
steuern		Mengen vorziehen / erhöhen – Mengen verschieben / reduzieren	
durchführen		bearbeiten	
überwachen	Termin	Reichweiten	Rückstände

Bei der Materialdisposition beantwortet man die Fragen:

Wann soll disponiert werden?	Vorschaufrist
Was soll disponiert werden?	Art
Wie viel soll disponiert werden?	Menge
Wann soll die Ware da sein?	Termin

Diese vier Merkmale kennzeichnen jeden Auftrag, ob es sich um Material, Kapazität, Bestände, Bewegungen oder sonstige Aktivitäten handelt.

Bild 2.38:
Materialdisposition nach Wertigkeit A / B / C bzw. Teileart 1 / 2 / 3 und Auftragsarten

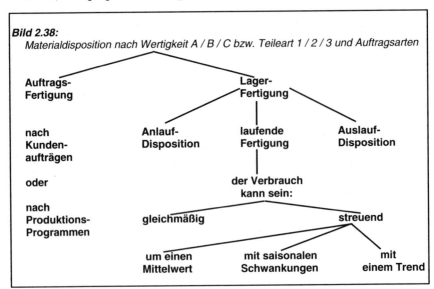

2.2.14 Körperlicher und verfügbarer Bestand

Anhand vorliegender Unterlagen, wie Kunden- bzw. Betriebsaufträge, Zeichnungen und Stücklisten, ermittelt der Disponent bzw. die EDV den Bedarf an Rohmaterialien, DIN-Teilen und Teilen eigener oder fremder Herstellung. Diese Mengenermittlungen sind Grundlage für die sofortige oder spätere körperliche Entnahme. Sie sind auch Elemente der Terminfindung eines Gesamtauftrages, unter Berücksichtigung von Verschnitt- und Ausschussfaktoren.

In den meisten Fällen ist es weder aus Raumgründen möglich, noch aus Gründen des später liegenden Termins notwendig, die ermittelten Materialmengen sofort zu entnehmen. Man wird deshalb diese Materialmengen für Kunden- oder Betriebsaufträge bis zum Zeitpunkt der körperlichen Entnahme im Lagerregal belassen. Die auftragsbezogenen Bedarfsmengen sind dann zu „verfügen / reservieren".

Damit wird dieser auftragsbezogene Bedarf in die Bedarfsrechnung nach dem terminlichen Zeitraster übernommen. Denn weder Chef, Sachbearbeiter noch Lagerverwalter vermögen aus dem Kopf zu überschauen, wie viel Material noch frei verfügbar ist. Es ist leicht einzusehen, dass bei der reinen Bestandsrechnung ohne Bedarfsgegenüberstellung, die Gefahr von Materialunterdeckung, bzw. zu früher Materialanlieferung groß ist.

Damit der Trend der Verbrauchsentwicklung (ein wichtiges Kennzeichen für die Disposition) erkennbar wird, führt man fortlaufend eine Verbrauchsstatistik und davon abgeleitet den durchschnittlichen Monatsverbrauch. Damit ist die für die Materialdisposition wichtigste Aussage nicht allein der körperliche Bestand sondern die Saldenrechnung:

Körperlicher Bestand
− **Bedarf + Bestellung**
= **Verfügbare Menge**

Wobei der ermittelte Ø - Verbrauch je Periode in die Ermittlung der Bestellmenge entsprechend einfließt.

Problem Minusbestände im verfügbaren Bestand:

In manchen Materialwirtschaftssystemen ist es zulässig, dass Bedarfe auch dann reserviert werden, wenn dadurch im terminlich nachfolgenden, bereits zugesagten Auftrag **UNTERDECKUNG** entsteht. Dies bedeutet, es werden Teile für einen bereits bestätigten Auftrag weggestohlen. Dies ist **NICHT** zulässig und führt zu großen Problemen (Flexibilität bedeutet nicht Chaos). Es sei denn, die eigentliche Nachschubautomatik wird über KANBAN gesteuert.

Bild 2.39: Artikelkonto

Mat.-Nr. 030.0507.0	von Termin Wo.20 xx	bis Termin Wo.30 xx	
Bezeichnung:	TRANSFORMATOR EI 30/12.5 220/24 V 1,2 VA		Datum: 13.06.xx
Lagerbest. + 355.00	Verf. Bestand -38645.00	Wiederbestellpunkt 1500.00	

Termin	Bedarf	Bestellt	Verfügbar
20 xx	0.00	4000.00	+4355.00
21 xx	3000.00	0.00	+1355.00
22 xx	0.00	0.00	+1355.00
23 xx	0.00	0.00	+1355.00
23 xx	0.00	5000.00	+6355.00
25 xx	3000.00	0.00	+3355.00
↓ ↓	↓	↓	↓
42 yy	4000.00	0.00	-23645.00
43 yy	0.00	0.00	-23645.00
44 yy	0.00	0.00	-23645.00
45 yy	3000.00	0.00	-26645.00
46 yy	0.00	0.00	-26645.00
47 yy	0.00	0.00	-26645.00
48 yy	0.00	0.00	-26645.00
49 yy	0.00	0.00	-26645.00

Besonders darauf zu achten ist hierbei jedoch, dass bei einer Vorratswirtschaft die Material- / Teiledisposition zu dem Termin geführt wird, der sich aus der betrieblichen Kapazitätsterminierung ergibt.

Die Reihenfolge muss also lauten:

1. Kapazitätsterminierung
2. Danach Materialdisposition / Stücklistenauflösung

Weitere Bestandsarten

Der Disponent muss zum Zwecke einer geordneten Materialwirtschaft Kenntnis haben über

- den Bestellbestand, getrennt nach Eigenfertigung und Fremdbezug je Artikelnummer.
- Werkstattbestand (Bestand, der aus dem Lager zwar entnommen ist, aber im Rahmen einer z.B. Bestandbereitstellung nach Kanban-Prinzipien, z.B.

   pro Behälter / pro Kiste / Palette

   aber nicht in voller Höhe für die Auflage / Fertigungsmenge benötigt wird)

- Wareneingangsbestand
  Warenzugang, der noch nicht freigegeben ist
- Bestände in Sperrlager laut Qualitätskontrollmerkmalen
- Sicherheits- / eiserner Bestand
  Dies ist der Bestand, der eigentlich nicht unterschritten werden darf, und der eine sofortige Nachschub-Anmahnung auslösen muss
- Bei flexibler (chaotischer) Lagerführung Gesamtbestand, sowie Bestand pro Lagerfach / -ort
- Bei Versandlager bereits entnommen, für Kunde reserviert, aber noch nicht verladen (Bereitstellbestand)

2.2.15 Stammdaten / Info-Felder in der Materialwirtschaft

Auf den Dispositionsunterlagen bzw. in den EDV-Stammdaten sind für ein sachgerechtes Disponieren mit niederen Beständen, außer der Artikelbezeichnung, weitere wichtige Angaben zu führen, wie z.B.

Grunddaten
Artikelnummer
Zeichnungsnummer, Zusatztexte
Benennung Kurztext
Benennung ausführlicher Text
DIN-Hinweise
Materialart
Abmessungen
Maßeinheit
Rohgewicht
Fertiggewicht
Freigabe- / Änderungsdatum / Nr.
Teilecharakter A-/B-/C-/ Kanban - Teil / Bauhausteil
Disponenten-Kennzeichen
Sachmerkmalleiste / Suchbegriffe
Verkettungsnummer (Teilefamilie)

Einkaufsdaten
(für Disposition / Beschaffen wichtig)
Datum letzte Lieferung
Mengeneinheit Einkauf
Umrechnungsfaktor
Name Hauptlieferant
Namen (weiterer Lieferanten)
Preise / Rabattstaffel

Lagerbestandsdaten
Lagerort
Lagerbestand / Menge (körperlicher Bestand und in €)
Bestand je Lagerort
ABC-Klassifizierung
Datum letzter Zugang
Datum letzte Entnahme
Datum letzte Inventur
Verrechnungspreis Vollkosten
Verrechnungspreis Grenzkosten
Durchschnittspreis Vollkosten
Letzter Einstandspreis
Preiseinheit
Summe Reservierungen
Summe Bestellbestand
Inventurbewertungsfaktor

Daten für Bestellrechnung
Dispositionsarthinweis 1/2/3/4
Bestellpunkt
Mindest- / Maximalbestand
Sicherheitsbestand
Losgröße / fixe Bestellmenge
Verpackungseinheit / Größe
Reichweite
Wiederbeschaffungszeit
Trend

Kennzahlen
Dispo-Stufe
Bedarf je Bedarfsperiode (Zeitraster)
Mindestverbrauch / Peiode
Ø - Monatsverbrauch / Periode
Maximalverbrauch / Periode
Prognosefaktor für Servicegrad
Summe Entnahme letzter Monat
Reichweite in Wochen
Drehzahl / Umschlagshäufigkeit
Trend
Verbrauch vergleichbarer Perioden in der Vergangenheit

Ermittlung der wichtigsten Dispo-Stammdaten für Planungs- und Dispositionskennungen

Die nächsten Schritte, die im Hinblick auf die Lagerdisposition getroffen werden müssen, betreffen dann:
→ Bestellpunkt / Sicherheitsbestand
→ Bestellmenge / Reichweite
→ Trendermittlung

Sie beziehen sich auf die grundlegenden Fragen der Lagerdisposition:
→ Wann muss bestellt werden?
→ Wie viel muss bestellt werden?
→ Welcher Servicegrad soll vorhanden sein?
→ Welche Absatzchancen sind zukünftig gegeben?
→ Welche Reichweite soll abgedeckt werden?

Diese Entscheidungen beeinflussen die Summe der Investitionen im Lager, den Grad der Lieferbereitschaft an den Kunden und die Leistungsfähigkeit des Betriebes.

2.2.16 Bestellpunktverfahren

Der Bestellpunkt ist grundsätzlich eine Menge, die, wenn sie mit dem verfügbaren Bestand (Lagerbestand + Bestellbestand) verglichen wird, angibt, ob eine Bestellung zur Ergänzung des Bestandes notwendig wird. Ist der Bestand bis zu diesem Punkt abgesunken und die Bestellung durchgeführt, sollten genügend Teile verbleiben, um den Bedarf abzudecken, bis die Menge der neuen Bestellung verfügbar ist. Im günstigsten Fall wäre es erwünscht, dass ein Teil gerade dann ausgeht, wenn die neue Liefermenge eintrifft.

Um eine Automatik in den gesamten Material- / Teilenachschub hineinzubringen, werden die einzelnen Lagerpositionen mit Mindestbeständen abgesichert (= Wiederbestellpunkt). Unterschreitet die verfügbare Menge den Mindestbestand, so wird automatisch durch die EDV, bzw. den Disponenten, eine Nachbestellung ausgelöst.

Zur Festlegung des Bestellpunktes müssen mehrere Faktoren bekannt sein. Zwei Hauptfaktoren sind
Wiederbeschaffungszeit und Verbrauch.

Die Wiederbeschaffungszeit wird als jene Zeit definiert, die zwischen der Ausschreibung einer Bestellung (Lieferant oder Werkstätte) und dem Zugang des Teiles in den Lagerraum liegt (Lieferzeit + 1 Woche).

Der Verbrauch wird als jene Zahl von Mengeneinheiten eines lagerhaltigen Teiles definiert, die während eines bestimmten Zeitraumes aufgebraucht wird. Im Allgemeinen werden in den Systemen statistische Verfahren zur Mittelwertbildung angewendet, mit der der tatsächliche Verbrauch in den durchschnittlichen Verbrauch oder den mittleren Bedarf umgerechnet wird, die als eine Menge pro Zeitintervall ausgedrückt werden. Siehe auch Punkt „Servicegrad-Festlegung".

Die Wiederbeschaffungszeit setzt sich zusammen aus Lagerbuchungszeit und Zeit für Bestellschreibung, Postweg und Lieferzeit von Kunden, plus Zeit für Prüfungen im Wareneingang.

Der Wiederbestellpunkt **ohne Sicherheitsbestand** errechnet sich somit:

$$Wiederbeschaffungszeit \; x \; \varnothing \; mittl. \; Bedarf \; pro \; WBZ =$$

Nachfolgende Abbildung veranschaulicht den Zusammenhang zwischen Bestellpunkt, Wiederbeschaffungszeit und mittlerem Bedarf. Für dieses Beispiel ist die Zeiteinheit für Wiederbeschaffungszeit und mittleren Bedarf die gleiche. Der mittlere Bedarf für die Teile A und B beträgt 50 Mengeneinheiten; die Wiederbeschaffungszeit für A ist jedoch 1 Monat, während die Wiederbeschaffungszeit für B 2 Monate beträgt. Die Bestellmenge ist für beide Teile gleich.

Bild 2.40: *Ermittlung des Wiederbestellpunktes ohne Sicherheitsbestand*

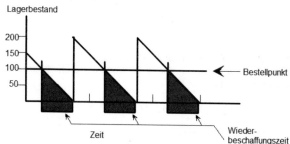

Tabelle: *Errechnung des Bestellpunktes*

Teile-nummer	Mittlerer Bedarf	Wiederbe-schaffungszeit	Bestell-punkt	Bestell-menge
A	50	1 ZE	50	200
B	50	2 ZE	100	200

2.2.16.1 Ermittlung des Sicherheitsbestandes

Bis jetzt wurde der Bestellpunkt behandelt, ohne dass der Sicherheitsbestand erwähnt wurde. Der Bestellpunkt wurde unter Verwendung von Wiederbeschaffungszeit und mittlerem Bedarf berechnet.

Der Sicherheitsbestand ist jene Menge eines Teiles, die zur Absicherung oder als Schutz gegen eine Unterdeckung geführt wird. Sie entsteht durch einen, über dem Mittelwert liegenden oder unvorhergesehenen Bedarf während der Wiederbeschaffungszeit.

Da der Bestellpunkt auf dem mittleren Bedarf beruht, wird er angehoben, um jenen Zeiten während der Wiederbeschaffungszeit Rechnung zu tragen, in denen der Mittelwert des Bedarfes kleiner als der tatsächliche Verbrauch ist. Dadurch entsteht im Lager ein Pufferbestand, der Sicherheitsbestand genannt wird.

Das Hinzufügen des Sicherheitsbestandes erhöht den gesamten Durchschnittsbestand des Lagers, sowie die damit verbundenen Lagerhaltungskosten. Liegt der zusätzliche Lagerbestand in angemessener Höhe, kann er als gute Investition angesehen werden, da Unterdeckungen Verzögerungen in der Fertigung oder verloren gegangene Abschlüsse verursachen können.

Bild 2.41: *Verlauf des Lagerbestandes ohne Sicherheitsbestand*

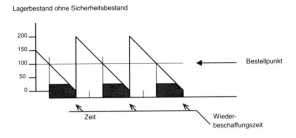

Übersteigt der tatsächliche Verbrauch den mittleren Bedarf, würde im ersten Fall eine Unterdeckung entstehen. Im zweiten Fall wird dagegen der Sicherheitsbestand zur Erfüllung der Aufträge herangezogen.

Bild 2.42: *Verlauf des Lagerbestandes **mit** Sicherheitsbestand*

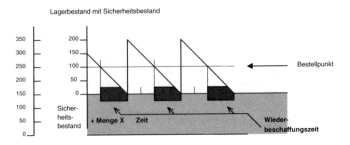

Der Sicherheitsbestand kann auf mehrere Arten berechnet werden. Diese reichen von einer einfachen Festlegung einer Zeitspanne, die mit dem Bedarf multipliziert wird (z.b. Eindeckung für einen halben Monat), bis zu statistischen Methoden, die die mittlere, absolute Abweichung als Sicherheitsfaktoren heranziehen. Siehe Punkt „Servicegrad - Mathematische Bestimmung".

Speziell im Bereich des Sicherheitsbestandes befinden sich hohe Ansätze zur Bestandssenkung.

In der Praxis wird als Sicherheitsbestand häufig die Eindeckung für 1 - 2 Wochen [1] verwendet.

[1] oder 1 - 2 Tage, je nach Liefertreue der Lieferanten und Anlieferzyklus		**Wird verwendet bei**
a)	Sicherheitsbestand = Eindeckung für 1 - 2 Wochen [1]	termintreuen Lieferanten

Hier ist besonders darauf zu achten, dass bei steigendem Bedarf und Verlängerung der eigenen Lieferzeit die Reserven über z.B. Lagerbestand : Ø Verbrauch/Monat die Größe von zwei Monaten nicht übersteigt, bei z.b. einem gewollten Lagerumschlag von 6 x / Jahr, also das Sicherheitspolster beim Lieferanten hinterlegt wird.

Weitere gebräuchliche Grobverfahren sind:

			Wird verwendet bei
b)	Sicherheitsbestand =	50% des Verbrauches während der Wiederbeschaffungszeit	weniger termintreuen Lieferanten
c)	Sicherheitsbestand =	100% des Verbrauches während der Wiederbeschaffungszeit	sehr lieferuntreuen Lieferanten

Wobei, je nach Lieferant, entweder nach a), b), c) verfahren wird, bzw. bei der Durchrechnung eines Zahlenbeispiels ersichtlich wird, dass Fall c) den Wiederbestellpunkt und somit die Verzinsung so in die Höhe treibt, dass es eigentlich unsinnig wird, bei solch einem Lieferanten einzukaufen.

Mathematische Bestimmung des Sicherheitsbestandes oder der Servicegrad als das wesentliche Kriterium zur Bestimmung der Bestandshöhe

Jeder Disponent hat das Bedürfnis, gegenüber dem Verkauf möglichst immer lieferbereit zu sein. Dies bedeutet in der Praxis, dass er häufig mit überhöhten Beständen und hohen Sicherheitsreserven arbeitet.

Insbesondere dann, wenn bei Unterdeckung dem Disponenten Fehlverhalten vorgeworfen wird. Die tatsächlichen Gründe können aber sein

- hohe Mengenschwankungen in den Bedarfen
- hohe Schwankungen in den Wiederbeschaffungszeiten beim Einkauf
- vom Vertrieb zu kurzfristig zugesagte Liefertermine mit der Auswirkung: **„Die Teile wegstehlen"**, von Auftrag A für neuen Auftrag X.

Diese Problematik ist u.a. lösbar, mit dem Instrument „Servicegrad".

Der Servicegrad in Abhängigkeit der Bedarfsschwankungen kann mathematisch ermittelt und somit vorgegeben werden.

Bild 2.43: *Servicegradfaktoren zur Bestimmung des Servicegrades nach Gausscher Normalverteilung*

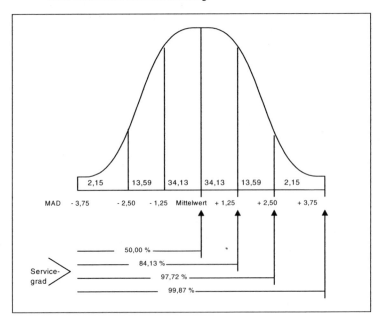

Mit dieser Messzahl des Lagerservices ist es möglich:

1. Den gewünschten Servicegrad in Form der zulässigen Unterdeckung pro Jahr festzusetzen, oder
2. den Prozentsatz der Bestellabläufe, die keine Unterdeckung aufweisen sollen, zu berechnen und diesen Prozentsatz zur Ermittlung des richtigen Sicherheitsfaktors heranzuziehen,

3. die Kosten zu ermitteln, die das Unternehmen für einen ganz bestimmten Servicegrad ausgeben will. Speziell für die Konsumgüterindustrie mit unterschiedlichsten Bestellhöhen pro Periode ist dies besonders wichtig, da mit dieser Methode die Kostenhöhe für so schnell ausgesprochene Worte: „*Es darf nie etwas ausgehen*", ermittelt werden kann, und somit der Disponent von diesem Vorwurf langfristig befreit werden kann.

Bild 2.44: Ermittlung des Sicherheitsbestandes und des Wiederbestellpunktes in Abhängigkeit des gewünschten Servicegrades mit Darstellung der Rechenschemata

STATISTIK				DISPOSITION						
				Berechnungsdatum:						
20xx		20xx	20xx	n	m i	mj-m	Sicherheits-	Servicegrad	Z	S · Z
1		1	100	1	1	100	-138	be-	70,0%	0,524	26
2		2	124	2	2	124	-114	stand	90,0%	1,202	60
3	/	3	328	3	3	328	90	LZ =	95,0%	1,645	82	1)
4	92	4	276	4	4	276	38	1n	99,9%	3,090	153
5	90	5	345	5	5	345	107	m			119
6	250	6	324	6	6	324	86	Melde-	Servicegrad		
7	150	7	251	7	7	251	13	menge-	70,0%		145
8	180	8		8	8	180	-58	LZ =	90,0%		179
9	200	9		9	9	200	-38	1n	95,0%		201
10	250	10		10	10	250	12	(m+S)	99,5%		272
11	150	11		11	11	150	-88	tatsächliche LZ			2 Wo.
12	330	12		12	12	330	92	gewünschter SG			
13		13		13	Σ	2858	2 Wochen	Soll-Meldemenge			
14		14		14				Ist-Meldemenge			
15		15		15	Ø - Lieferzeit						
16		16		16	: n	12		Soll Best. Menge			
17		17		17	m	238		Ist Best. Menge			
18		18		18				Höchstlager			774
19		19		19	Σ ohne Vorz.			TENDENZ			
20		20		20			874				
21		21		21	: n - 1=MAD	79,45		Bearbeiter			Weber
22		22		22	x 1,25=(S)	99,31		geprüft			
23		23		23	s : m = V			Überlager			
				Teile-Nr. 151196			Bezeichnung: x x x x x			
Σ	1692	Σ		Σ	Lieferant: Zukauf / Eigenpr. / Teil A B C						

In qualifizierten Materialwirtschaftsprogrammen ist eine Bestimmung der Servicegradfaktoren möglich, ebenso wie eine Festsetzung des maximalen Bestandes, der maximalen Reichweite.

1) Rechenvorgang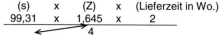

$$\frac{(s) \times (Z) \times (\text{Lieferzeit in Wo.})}{4} = \frac{99{,}31 \times 1{,}645 \times 2}{4}$$

(Divisor, um Monatswerte auf Wocheneinheiten zu bringen, da im Regelfalle die Lieferzeit in Wochen angegeben wird.)

Hinweis: Die Berechnung des Sicherheitsbestandes nach Servicegrad, kann die Bestände nach oben fahren.
Deshalb besser, bzw. Ziel: Lieferanten halten für uns Vorräte, wir rufen nach KANBAN-Regeln ab. Senkt Bestände und steigert Servicegrad auf 100 %.
Vorteil für Lieferant: Wenn wir mehr verkaufen, verkauft er auch mehr!

2.2.17 Ersatzteilmanagement / Disposition von Ersatzteilen

Für die Disposition / Lagerhaltungshöhe von Ersatzteilen lassen sich kaum Regeln aufstellen. Die Handhabung hängt größtenteils von der Unternehmensphilosophie / dem Zwiespalt ab, was will das Unternehmen:

> ➤ Eine hohe Verfügbarkeit, damit eine umgehende, termingerechte Versorgung sichergestellt ist.
> Mit dem Ergebnis: Hohe Lagerhaltungskosten, aber geringe Maschinenstillstandszeiten.

> ➤ Eine geringere Verfügbarkeit, mit dem Risiko, dass höhere Maschinenstillstandszeiten im Schadensfalle in Kauf genommen werden müssen.

Es sei denn, es können mit den Lieferanten / Maschinenherstellern so genannte Bauhaus- / Regalserviceverfahren (Konsignationslager) vereinbart werden.

Die gesamte Problematik kann am einfachsten anhand eines Entscheidungsmodells dargestellt werden:

Kriterium	Ausprägungen [1] (mit beispielhaften Gewichtungsfaktoren)		
	hoch	mittel	niedrig
Wiederbeschaffungszeit	4	2	1
Bedarfsregelmäßigkeit	1	2	3
Lagerhaltungskosten	1	2	3
Umschlag	1	2	3
Haltbarkeit	4	2	1
Lieferzuverlässigkeit	1	2	3
Stillstandskosten	6	3	1

[1] Quelle: Zeitschrift ZWF 12 / 03 Carl Hanser Verlag, Autor Dipl.-Ing. K. Kaiser, Dipl.-Ing. M. Vogel, Dipl.-Ing. A. Werding

Wonach die Lagerhaltungsstrategie, der Servicegrad (Bild 2.44) vom Unternehmen selbst, für einzelne Teile oder Teilegruppen festgelegt werden kann.

Natürlich müssen noch weitere Einflussfaktoren Beachtung finden, wie z.B.:

> ➤ Lagerkapazität
> ➤ Transportkosten / -probleme
> ➤ Lieferant auch Helfer in der Not

sowie

> ➤ Unternehmenspolitik und
> ➤ Liquiditätsfragen grundsätzlicher Art

Kenntnisse über Anzahl eingesetzter Anlagen, deren Laufstunden, bzw. planmäßige Wartungen / Generalüberholungen, also Daten wie sie aus modernen Instandhaltungsprogrammen geliefert werden, erleichtern die Arbeit wesentlich.

2.2.18 Festlegung und Pflege der Wiederbeschaffungszeiten

Da der Pflege der Wiederbeschaffungszeiten eine große Bedeutung beikommt (falsche Wiederbeschaffungszeiten erzeugen entweder Fehlteile oder überhöhte Lagerbestände), müssen diese Daten im System permanent gepflegt werden, bzw. bei manueller Disposition über Formulare gepflegt und den Disponenten mitgeteilt werden.

Das Instrument hierzu ist eine Festlegung von Wiederbeschaffungszeiten in Arbeitstagen oder Wochen, das vom Einkauf permanent gepflegt und alle A- und B-Teile alle drei bis vier Wochen aktualisiert an die Disposition zur Aktualisierung der Stammdaten (Wiederbeschaffungszeiten und Bestellpunkt) gegeben werden muss.

Siehe Fax: „Lieferzeitanfrage zur Festlegung und Pflege von Wiederbeschaffungszeiten".

Bild 2.45: *Festlegung und Pflege von Wiederbeschaffungszeiten*

Adressen - Feld

Lieferzeit-Anfrage

Sehr geehrte Damen und Herren,

um unserer EDV präzise und aktuelle Daten zur Verfügung zu stellen, möchten wir Sie bitten, uns Ihre derzeitige Lieferzeit, bezogen auf die einzelnen Artikel, mitzuteilen.

Für den Fall, dass wir mit Ihrem Hause Rahmenaufträge abschließen, weicht möglicherweise die Lieferzeit für den Rahmenauftrag von der in Anspruch zu nehmenden Lieferzeit für die Abrufe ab. In diesem Falle bitten wir um entsprechende Unterscheidung.

Für umgehende Rücksendung der ausgefüllten Aufstellung wären wir sehr dankbar.

Mit freundlichen Grüßen

Artikel-Nr. (IDENT-NR.)	Zeichnungs-Nr.	ME	Bezeichnung/ Bestell-Nr.	Lieferzeit in Wochen	Rahmenauftrag Abrufzeit in Wo.

Das Ergebnis ist ein optimales Bestandswesen mit einer zeitgerechten Material-/ Teileanlieferung, die

    a)   überhöhte Bestände vermeidet und andererseits

    b)   eine termingerechte Anlieferung ohne Störungen für die Fertigung gewährleistet.

Wichtige Voraussetzung ist jedoch ein stimmendes Bestandswesen. Das heißt, dass sowohl die körperlichen als auch reservierten Bestände im System, mit den tatsächlichen Beständen im Lager übereinstimmen.

Merke:

    Je niederer die Bestandsmenge, umso höher muss die Genauigkeit der Bestandszahlen werden!

Es gibt keine Stelle im Unternehmen, wo Fehler deutlicher und absoluter auffallen, als im Lager!

2.2.19 Restmengenmeldungen verbessern die Bestandsqualität und senken die Bestände

Niedrigere Bestände erfordern genauere Bestandsführung über die aktuelle Situation.

Die Einführung von so genannten Restmengenmeldungen, die automatisch von der EDV auf den Entnahmebelegen ausgedruckt werden, oder vom Lagerverwalter bei Erreichen einer überschaubaren Bestandsmenge sofort eine Bestandsprüfung am Bildschirm vorgenommen wird (ähnlich permanenter Inventur), erhöht die Sicherheit, dass

a) die Bestände stimmen, die Kontenauskünfte also glaubhaft sind,

bzw.

b) Bestandsdifferenzen zwischen Buchungsbestand im EDV-System und körperlichem Bestand am Lager frühzeitig erkannt, rechtzeitig reagiert werden kann und es so nicht zu ärgerlichen Fehlbeständen überhaupt kommt

c) Dem Disponenten, dem Lageristen letztendlich die Aussage gibt, dass seine Bestände stimmen, bzw. dass Abweichungen aus Gründen (welcher Art auch immer) so von ihm bemerkt werden, gegebenenfalls sofort nachbestellt wird, und durch Nachfassen die Gründe / Schwachstellen aufgezeigt werden und somit mittelfristig abgestellt werden können.

Außerdem kann das System Restmengenmeldung so ausgebaut werden, damit es eine ähnliche Funktion, wie das viel genannte **KANBAN-System** erhält. In Verbindung mit einer so genannten „permanenten Inventur" erhöht dies wesentlich die Genauigkeit der Bestandszahlen.

Bild 2.46: *Entnahmeschein mit Restmengenmeldung*

Entnahme-Stückliste / Entnahmebeleg	Restmenge nach Entnahme
Pos. 1	
Pos. 2	
o	o
o	o
o	o

Diese Restmengenmeldung zum Abgleich zwischen dem körperlichen Bestand und Buchungsbestand auf dem Konto ist äußerst wichtig, da es ein 100 % stimmendes Lagerbestandswesen letztlich in der Praxis nicht gibt, Bestandsabweichungen also immer wieder vorkommen.

Es kann hier nur auf die wirklich praktikable Systematik, die mit hohem Erfolg verbunden ist, hingewiesen werden.

Bei Einsatz von Lagerbestandsrechnern (LVS - Systemen) kann dasselbe erreicht werden, wenn alle Zugänge, Abgänge über einen so genannten I-Punkt, mit Scanner-System (Strichcode) laufen.

Durch Integration von Waagen, die automatisch über:

 Abscannen, um was für ein Teil handelt es sich, sowie
 Bruttogewicht - Tara (Verpackung) zum
 Nettogewicht des Inhalts

kommen, wird automatisch der Inhalt in die entsprechende Mengeneinheit umgerechnet und dem Disponenten am Bildschirm zum Vergleich des körperlichen Bestandes angezeigt.

In einzelnen EDV-Programmen wird eine Art Restmengenmeldung so geführt, dass bei Ausdruck der Entnahmestückliste für den Lagerverwalter, die nach Entnahme verbleibende **„Lager-Sollmenge"** mit ausgedruckt wird. Dadurch können ebenfalls Bestandsfehler / Abweichungen frühzeitig erkannt und entsprechend reagiert werden.

Außerdem kann mit diesem System, das letztlich ähnlich funktioniert wie eine permanente Inventur, auf eine so genannte Stichtagsinventur verzichtet werden, sofern die Ist-Meldungen als Inventurdatum entsprechend vermerkt werden und dieses Verfahren mit der Finanzbehörde/dem Wirtschaftsprüfer abgesprochen ist. Für die Bilanzierung reicht dann eine so genannte Stichprobeninventur / -prüfung durch das testierende Wirtschaftsprüfungsinstitut.

Oder es wird jeder Lagerort / jedes Lagerfach mit einer langzeitstabilen Waage versehen, so dass auf Knopfdruck jederzeit der aktuelle Lagerbestand (Inventur auf Knopfdruck) über einzelne oder alle Teile abgerufen werden kann, siehe nachfolgende Beschreibung.

e-nventory®

Ihr Schlüssel zur zukunftsorientierten Lager- und Materialflussbewirtschaftung ohne Inventur, mit 100 % stimmenden Beständen

Stellen Sie sich vor!

- Automatisches, wiegetechnisches Erfassen Ihres Lagers
- Absolutes Vertrauen in die Lagerinformationen
- Minimieren Ihres Lagers und des damit gebundenen Kapitals
- Keine Fehlteile mehr
- Inventur auf Mausklick
- Keine Ein- und Ausbuchungen
- Selbstständige Wiederbeschaffung durch Ihr System

Die Lösung heißt **e-nventory®**

Jeder Lagerort wird mit eigens zu diesem Zweck entwickelten, langzeitstabilen Waagen ausgerüstet, die ihrerseits durch störsichere IT miteinander verbunden sind. Mit Hilfe des Controllers kann jederzeit der aktuelle Lagerbestand auf dem Bildschirm eingesehen werden. Über die integrierte SQL-Schnittstelle erlaubt e-nventory® auch die Kopplung an die Betriebssoftware. Die Inventur kann dadurch auf „Knopfdruck" erfolgen. Der ebenfalls eingebaute Webserver ermöglicht aber auch die Lagerbewirtschaftung durch das Mutterhaus in der geografisch entfernten Niederlassung.

Optionell können die Lagerorte neben den Waagen auch mit einem Identifikationssystem (RFID) ausgerüstet werden, welches dem System ermöglicht, den bewusst oder versehentlich veränderten Lagerort einer Ware dennoch zu finden und die richtige Stückzahl zu erkennen oder einfach den „Work In Progress" zu verfolgen.

Bei e-nventory® handelt es sich um kostengünstige, einfach zu handhabende Komponenten, die zu einem kompletten und beliebig erweiterbaren System zusammengebaut werden können.

Der Lagerbestand, sowie dessen Wert, einschließlich der Zwischenlager in der Produktion oder der temporären Lager auf der Montageinsel sind jederzeit verfügbar. Ein- und Ausbuchungen können wegfallen, „Sicherheits- und Angstlager" abgebaut werden und es kann jederzeit eine wahrheitsgetreue Fehlteileliste erstellt werden. Die Lagerhaltungskosten werden dadurch gesenkt und die Lagerprozesse kostenwirksam vereinfacht.

DIGI SENS AG - Digitale Messtechnik
Freiburgstrasse 65 - CH-3280 Murten

Tel.: +41 26 6729876 Fax: +41 26 6729879
Mail: sales@digisens.ch - www.digisens.ch

2.2.20 Einbeziehung der zukünftigen Trendentwicklung in die Bestellmengenrechnung

Wird von einem bestimmten Teil zu wenig erzeugt, können Aufträge verloren gehen. Wird zuviel produziert, kann Geld vergeudet werden. Das gleiche trifft zu, wenn Nachfrage nach einem nicht hergestellten Teil besteht und umgekehrt.

Zur Beantwortung dieser Frage sollte ein Produktionsplan erstellt werden, der auf dem voraussichtlichen Produktionsbedarf beruht. Außerdem ist eine Vorhersage des Bedarfs unentbehrlich, um den Verbrauch während der Wiederbeschaffungszeit bei Teilen zu bestimmen, die nach dem Bestellpunktverfahren disponiert werden sollen.

Es gibt zwei grundsätzliche Methoden zur Vorherbestimmung des Bedarfes:

Schätzung und Vorhersage.

Die Schätzung ist eine begründete Annahme und umfasst nicht die geordnete Verwendung numerischer Daten. Vorhersage oder Planung enthält dagegen irgendeine Behandlung von numerischen Daten.

Die Funktion der Vorhersage liegt in der Untersuchung des Bedarfsverlaufes der Vergangenheit und in der Vorausbestimmung für einen gewünschten Planungszeitraum (z.B. Wiederbeschaffungszeit eines Teiles, oder Saison, oder ein Jahr).

In hochwertigen EDV-Materialwirtschaftprogrammen sind Vorhersage- / Trendprogramme eingebaut, die meist auf mathematischen Beziehungen zwischen den Mittelwerten aus der Vergangenheit, mit dem Mittelwert der Gegenwart aufbauen und durch entsprechende Gewichtung dieser Werte, so die zukünftige Trendentwicklung errechnet wird.

Bild 2.47: Trendberechnung mittels Glättungskonstanten

Darstellung: Gewicht der Daten für Glättungskonstante 0,1

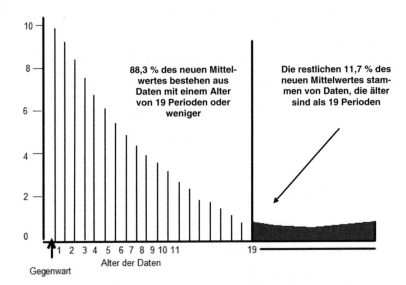

Beispielrechnung: Auswirkung der Einbeziehung von Trends in die Bestellmengenrechnung

(1) Monat	(2) Lagerabgang (kg)	(3) Bewertungsfaktor	(4) Gewichteter Wert (2)x(3)
Januar	400	0,66	264
Februar	350	0,73	256
März	420	0,81	340
April	480	0,90	432
Mai	450	1,00	450
SUMME	2100 : 5 = 420	4,10	$\frac{1742}{4,10}$ = 425

Ermittlung des durchschnittlichen Monatsbedarfs

Nach dem arithmetischen Mittel beträgt der durchschnittliche Monatsverbrauch 2.100 : 5 = 420 kg, als Trend / Aktualitätsbewertung kann von 425 kg ausgegangen werden.

Die Bewertungsfaktoren können beliebig gewählt werden, je nachdem, welches Gewicht man den jüngeren Daten beimessen will; die Summe aller Einzelfaktoren muss jedoch 1 sein.

Eine grafische Darstellung soll die Auswirkungen noch verdeutlichen.

Insbesondere bei fallendem Bedarf sind die Auswirkungen auf die Bestandshöhe gravierend, da in der Praxis die Höhe der Bestände insgesamt zu einem hohen Anteil solcher Teile beeinflusst werden, die sich kaum noch bewegen.

Bild 2.48: Beispiel steigender / fallender Bedarf mit Fehlmengen bzw. überhöhten Beständen

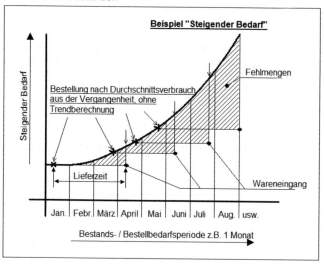

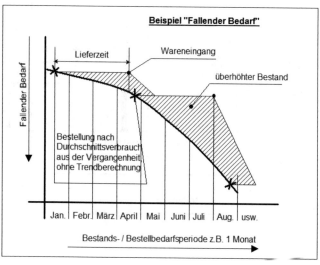

2.2.21 Ermittlung der optimalen Bestellmenge nach Losgrößenformeln, ist dies immer richtig?

Die Entscheidung, wie viel von einem Teilmaterial bestellt werden muss, ist eine der wichtigsten Gesichtspunkte für die Bestandsführung. Die Mengen der gefertigten oder gekauften Teile / Materialien stehen ja in direkter Beziehung a) zum Verbrauch während einem bestimmten Wiederbeschaffungszeitraum und b) zu den allgemeinen Kosten des Einkaufs, der Fertigung und des Einlagerungszeitraumes.

Die Entscheidung über die Größe der Bestellmenge beeinflusst die Kosten somit wesentlich. Ein Unternehmen kann wesentliche Einsparungen erzielen, wenn ein Abbau der Bestände erreicht wird, wobei diese Herabsetzung weder den Arbeitsablauf im Betrieb stören darf, oder durch entsprechende Erhöhung anderer Kosten diese Einsparung unwirksam werden darf.

Nachfolgende Abbildung zeigt den Zusammenhang zwischen Lagerbestand und Bestellmenge. Der gesamte Durchschnittsbestand des gezeigten Teiles kann von 600 auf 300 Einheiten herabgesetzt werden, wenn die Bestellmenge von 900 auf 300 Einheiten sinkt. Das Teil müsste öfter nachbestellt werden, wodurch sich die Zahl der zu verarbeitenden Bestellungen und die Zahl der Rüstvorgänge für ein Fertigungsteil in der Werkstätte erhöht.

Bild 2.49: Abhängigkeit des durchschnittlichen Lagerbestands von Bestellmenge

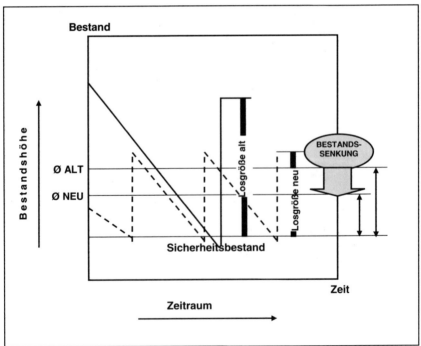

Grundsätzliche Betrachtungsweise nach Andler

Die Kosten, die mit der Bestellung zur Ergänzung des Lagerbestandes verbunden sind, steigen mit abnehmender Losgröße. Sie umfassen die Rüstkosten, Bestell- und Ausfertigungskosten und einen Anteil der Kosten für Transport, Buchführung, Versand usw. Die mit der Höhe des Lagerbestandes zusammenhängenden Kosten sinken, wenn die Losgröße abnimmt. Sie werden im Allgemeinen als Lagerhaltungskosten bezeichnet und umfassen den Wert des gebundenen Kapitals, die Lagerungskosten, die Kosten für Veralterung, Zinsen etc.

Es sollte ein wirtschaftliches Gleichgewicht bestehen, zwischen den Kosten die sich bei Veränderung der Bestellmenge erhöhen, bzw. verringern. Diese Festlegung ist die wichtigste Aufgabe der Berechnung der wirtschaftlichen Bestellmenge.

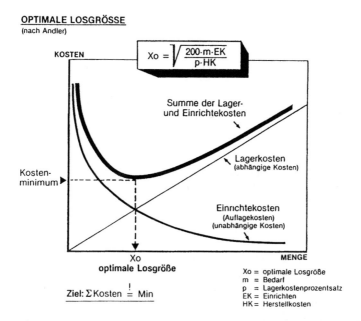

OPTIMALE LOSGRÖSSE
(nach Andler)

$$X_0 = \sqrt{\frac{200 \cdot m \cdot EK}{p \cdot HK}}$$

Ziel: Σ Kosten $\overset{!}{=}$ Min

X_0 = optimale Losgröße
m = Bedarf
p = Lagerkostenprozentsatz
EK = Einrichten
HK = Herstellkosten

Diese Einzelbetrachtung kann dazu führen, dass bis zu 1/3 des Umsatzes in Beständen gebunden ist, große Mengen zu langen Durchlaufzeiten führen und trotz der hohen Vorräte immer wieder Fehlteile entstehen. <u>Grund:</u>

Die Kunden bestellen anders als geplant / gedacht war.

Hat diese Betrachtung **REINES EINZELOPTIMA** heute noch Bestand?, oder fehlen viele weitere Einflussgrößen zu einem **GESAMTOPTIMA**?

Praktiker haben sich diese Erkenntnis in der Form zueigen gemacht, dass sie im Regelfalle zwischen 20 % bis 40 % weniger bestellt / aufgelegt haben, als es die theoretische Formel ergab.

Abweichung von der opt. Losgröße in %	Erhöhung der Lager- und Einrichtekosten / Stück in %
+ 800	+ 208
+ 400	+ 160
+ 300	+ 112
+ 250	+ 89
+ 200	+ 67
+ 150	+ 45
+ 100	+ 25
+ 80	+ 18
+ 60	+ 11
+ 50	+ 8
+ 40	+ 5
+ 30	+ 4
+ 20	+ 2
0	0
- 20	+ 3
- 30	+ 6
- 40	+ 13
- 50	+ 25
- 60	+ 45
- 70	+ 82
- 80	+ 160
- 85	+ 240
- 90	+ 405
- 95	+ 900

Fehlende / zusätzliche Einflussgrößen mit gravierenden Auswirkungen auf die Bestände, Flexibilität und Durchlaufzeiten

- Lagerplatz / Platzbedarf
- Platz in der Fertigung
- Verderb
- Konstruktive- / Kundenänderungswünsche
- Warteschlangenprobleme in der Fertigung
- Verfügbare Transportbehältnisse
- Flexibilität / Durchlaufzeit / Eilaufträge
- Teilung von Losen aus Gründen der Fertigungsbeschleunigung von Vorabmengen (Eilaufträgen)
- Liquidität des Unternehmens
  (ein wichtiges Kriterium für die Banken siehe Basel II)

Sie gehen nicht in die Formel ein, haben aber signifikante Auswirkungen auf den Gesamtkomplex

> Bestandshöhe / Fertigungssteuerung / Termintreue

Bild 2.50: Auswirkungen von hohen Losgrößen nach Prof. Dr. Ing. Brandkamp

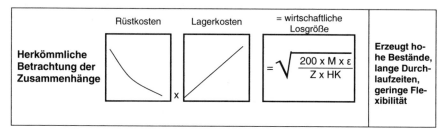

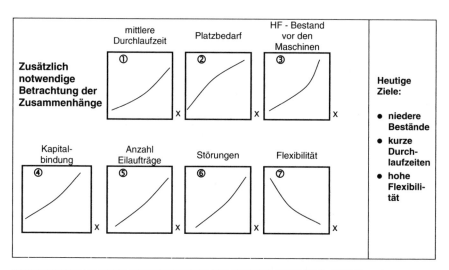

KEINE VERSCHWENDUNG IN ZEIT UND WERTSCHÖPFUNG ZULASSEN

Merksatz:

Wenn etwas produziert wird, was im Moment nicht gebraucht wird (A), dafür aber etwas nicht gefertigt werden kann, was man braucht (B), weil z.B. Maschine mit (A) belegt, ist dies pure Verschwendung. Leistung ist nur das, was auch termintreu verkauft werden kann.

(A) = Vorratsauftrag, oder echter Bedarf um Menge x erhöht
(B) = Kundenauftrag, Fehlteil

UND WAS BESONDERS WICHTIG IST:

Ist Leistung die Herstellung großer Stückzahlen mit geringem Rüstzeitanteil die an Lager gehen, oder ist Leistung, dass das produziert wird, was der Kunde will und sofort Rechnungen geschrieben werden können ? Und wie wirken sich kleine Losgrößen auf die Rüstzeit aus, a) pro Auftrag?, b) pro Jahr? Siehe Abbildung Punkt (C)

Große Lose verstopfen die Fertigung, erzeugen lange Lieferzeiten, beeinträchtigen die Flexibilität.

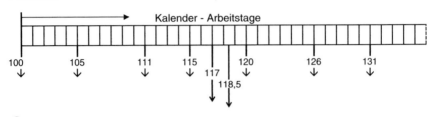

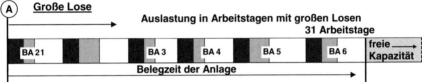

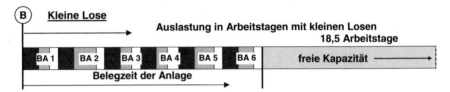

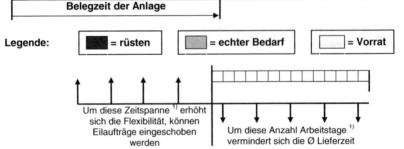

[1] Bezogen auf ein Kalenderjahr kann sich bei B bzw. C die Gesamtsumme aller Rüstvorgänge in Stunden erhöhen. Dem muss der Gewinn an Flexibilität gegenübergestellt werden und weniger Abwertung / Verschrottung am Jahresende (vermiedene Kosten).

Unterschied EINZELOPTIMA - GESAMTOPTIMA

Können Sie sich vorstellen wie viel zusätzliche Umrüstvorgänge pro Jahr im Betrieb getätigt werden können, ohne dass dies die Firma einen Euro mehr kostet, wenn Sie folgende, nicht direkt in die Stückkosten einfließenden Kosten ermitteln und in Rüstvorgänge umsetzen:

Pos.	Bezugsgröße Fertigungsteile	ca. Kosten pro Jahr in €
1	Höhe der jährlichen Verschrottungskosten	
2	Höhe der jährlichen Abwertungen	
3	Höhe der Kosten, die durch Sonderfahrten[1] entstehen, wegen Fertigen von großen Losen an Engpassmaschinen	
4	**Summe Kosten Pos. 1 + 2 + 3**	
5	Durchschnittlicher Stundensatz der Anlagen	
6	Pos. 4 : Pos. 5 ergibt zusätzlich verfügbare Stunden für Umrüsten	
7	Durchschnittliche Rüstdauer in Stunden	
8	Pos. 6 : Pos. 7 ergibt ca. Anzahl "Mögliche zusätzliche Rüstvorgänge"	
9	Anzahl ungeplante Rüstvorgänge[1], die wegen Eilaufträgen getätigt werden müssen, die nicht in die Stückkostenkalkulation einfließen	
10	Pos. 8 + Pos. 9 ergibt gesamt ca. Anzahl möglicher Zusatz-Rüstvorgänge	

Und was kostet ein Umrüstvorgang wirklich „IN € ABSOLUT [2]", wenn diese Maschine kein Engpass ist?

[1] Erheben Sie diese Zahlen mittels Strichliste in Betrieb und Versand
[2] Wie viel € fließen wirklich, nicht auf Papier, sondern tatsächlich in Geld?

2.2.21.1 Einführung einer Verkettungsnummer zur Bildung von Teile- / Rüstfamilien reduziert Rüstzeiten wesentlich

Bildschirme / Auslastungsübersichten vor Ort, in der Werkstatt je Fertigungsgruppe, die den permanenten Abruf des Auftragsbestands ermöglichen, haben sich bewährt, insbesondere um Rüstzeiten zu minimieren, also dass alle Betriebsaufträge mit gleicher Artikelnummer hintereinander angezeigt werden, damit sie eventuell zu so genannten Fertigungslosen für die Fertigung zusammengefasst werden können. Auch hat sich die Einführung einer so genannten Verkettungsnummer, für Teile mit gleichen Rüstvorgängen / Werkzeugen, als weiteres Suchkriterium für das Bilden von Fertigungslosen nach Teile- / Rüstfamilien bewährt.

Diese Verkettungsnummer läuft neben der Artikelnummer als völlig separate Nummer mit und gibt folgende Hinweise:

a) **Dem Disponenten**

Welche Teile sollen zusammen aufgelegt werden (z.b. welche verschiedenen Teile werden aus dem gleichen Rohling gefertigt?)

b) **Der Fertigungssteuerung**

Welche Teile sollen gleichzeitig bzw. miteinander in die Fertigung eingesteuert werden?

c) **Der Fertigung**

Welche Teile haben zur Rüstzeitminimierung und Beschleunigung der Durchlaufzeit die gleichen Grundrüstwerkzeuge / Vorrichtungen und sollen direkt hintereinander gefertigt werden?

Bild 2.51: *Arbeitsabläufe bei Teilefamilien / Rüstfamilien mit Ziel - Bilden von Rüstfamilien in der Fertigung durch die Mitarbeiter selbst*

Beispiel	Rohteil	Arbeitsablauf	Fertigteil
1.			
2.			
3.			

⬜ = verschiedene Betriebsaufträge
⬛ = gemeinsame Arbeitsgänge
● = Einzelarbeitsvorgänge

Wie können Verkettungsnummern auf einfachste Weise eingerichtet werden:

A) Da in Industriebetrieben meist auftragsbezogen die Werkzeuge vorgerüstet bereitgestellt werden und somit mit Artikelnummern versehen sind, ist der Aufbau einer EDV - gestützten Verkettungsnummer ohne großen Aufwand möglich.

Beispiel:

Die Zusammenstellung (EDV-gestützt) kann erfolgen nach,

> ➢ Maschine
> ➢ der Maschine zugeordnete Werkzeuge / Werkzeugträger etc., gemäß Werkzeugbereitstellstücklisten
> ➢ mittels Filter und Prio-Vorgabe, jetzt Programm starten, welche Artikel haben z.b.
>
>   ↳ gleiche Werkzeugträger
>   ↳ gleiche Werkzeuge
>   ↳ gleiche Spannelemente
>   ↳ etc.

B) Oder es wird in den Arbeitsplan-Stammdaten eine vor Ort, von den Praktikern, festgelegte Verkettungsnummer vergeben, für Arbeitsgänge an Engpassmaschinen, welche idealerweise zusammen in einer Folge gefertigt werden müssten, z.B.

> 10 Teile mit verschiedenen Artikelnummern, aber gleiches Werkzeug / Spannart, erhalten die Verkettungsnummer AA
>
> 8 Teile mit verschiedenen Artikelnummern, aber gleiches Werkzeug / Spannart, erhalten die Verkettungsnummer AB
>
> usw.

nach deren Bezug sowohl die Dispositionsvorgänge, als auch die Erstellung der Produktionspläne mit ausgerichtet werden (wenn es die Terminsituation zulässt).

2.2.21.2 Losgrößenberechnung unter Teil- / Grenzkostenbetrachtung

Nach der Teilkosten-Betrachtungsweise sind für alle Wirtschaftlichkeitsbetrachtungen, also auch bei der Losgrößenoptimierung allein die nach dem tatsächlichen Werteverzehr zurechenbaren mengenabhängigen Kosten = Grenzkosten von ausschlaggebender Bedeutung. Das heißt, es dürfen bei diesen Optimierungsrechnungen keinerlei Schlüsselkosten im Sinne der Vollkostenrechnung verwendet werden. Dies gilt insbesondere für den richtigen Ansatz der Rüst- oder Beschaffungskosten, sowie für die richtige Berechnung des im Lager gebundenen Kapitals. Denkt man an die heute noch weit verbreiteten Vollkostenrechnungsverfahren, wo mittels einbezogener Gemeinkostenzuschläge auch z.B. anteilige AV / Betriebsleitergehälter über lagernde Halb- oder Fertigprodukte mit verrechnet werden, so wird dies überdeutlich.

Begriffsbestimmungen

Was sind Grenzkosten?

Grenzkosten sind stückabhängige Kosten, die anfallen, wenn ein Stück oder eine Einheit mehr gefertigt wird.

Dies sind in der Hauptsache Fertigungslöhne und deren lohnabhängige Gemeinkosten, Fertigungsmaterial, Energiekosten (hier Verbrauch, keine Grundgebühren), eventuelle Teile der Abschreibungen (verbrauchsbedingt), Teile von Gemeinkostenmaterial, Ersatzteile für Instandhaltung, Hilfs- und Betriebsstoffe usw.

Was sind Deckungsbeiträge?

Bei der Deckungsbeitragsrechnung ermittelt man den DB (Deckungsbeitrag), der vom Nettoverkaufspreis, nach Abzug der Grenzkosten, zur Deckung der Fixkosten übrig bleibt.

Was sind Fixkosten?

Fixkosten sind zeitraumabhängige Kosten, die mittelfristig zur Aufrechterhaltung der Betriebsbereitschaft notwendig sind. Längerfristig können sie selbstverständlich in variable Kosten, die abgebaut werden können, umgewandelt werden (alle Fixkosten können erhöht, vermindert werden).

Fixkosten müssen also nach dieser Betrachtungsweise aus den Berechnungen von Wirtschaftlichkeitsrechnungen, wie z.B. der Andlerschen Losgrößenrechnung, herausgenommen werden.

Nachfolgend sollen Beispiele dargestellt werden, wo das Gesagte mit seinen ganzen Auswirkungen deutlich zum Ausdruck kommt.

A) Gesamtkostenübersicht (bei gleicher Kapazitätsstufe)

Bild 2.52: *Die Gesamtkosten setzen sich zusammen aus den (gleich bleibenden) Fixkosten und den variablen Kosten, die bei steigendem Beschäftigungsgrad je Vorgang ansteigen*

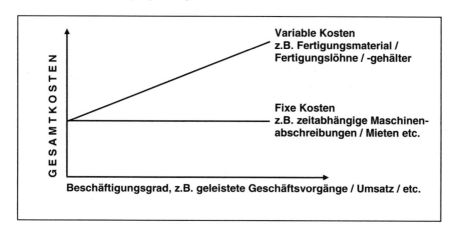

B) Stückkostendarstellung

Bild 2.53: *Die Höhe der gesamten Kosten je Vorgang ist abhängig vom jeweiligen Beschäftigungsgrad; je höher dieser ist, desto niedriger sind die Kosten je Vorgang (und umgekehrt). Während die Höhe der variablen Kosten, auf den Vorgang bezogen, gleich bleibt, wird der Fixkostenanteil geringer (Fixkostendegression).*

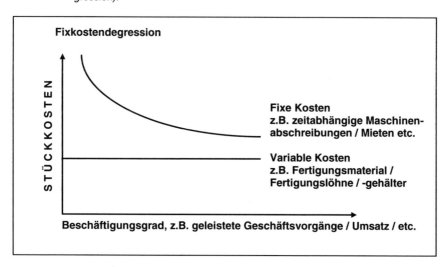

C) Beispielrechnung als Vollkostenrechnung (Jahreswerte)

M = 5.000 Stück
EK = 180,-- € Einrichtekosten (Zeit x Stundensatz)
P = 12 % (incl. Anteil Fixkosten für Regale / Kisten / Lagerist etc.)
HK = 2,-- € / Stück Vollkosten

Ergebnisrechnung 1

$$X_0 = \sqrt{\frac{200 \times 5.000 \times 180}{12\% \times 2,--}} = \sqrt{7.5000.000} = 2.739 \text{ Stück}$$

Nach der Vollkostenbetrachtung liegt die wirtschaftliche Losgröße bei ca. 2.740 Stück, was einer Reichweite von ca. 6,5 Monaten entspricht.

D) Beispielrechnung als Grenzkostenbetrachtungsweise (Jahreswerte)

M = 5.000 Stück
EK = 36,-- € (nur Lohn- und Lohnfolgekosten)
P = 8 % (nur echter Kapitalzins des laufenden Monats)
HK = 1,50 € / Stück Herstellkosten zu Grenzkosten

$$X_0 = \sqrt{\frac{200 \times 5.000 \times 36,--}{8\% \times 1,50}} = \sqrt{3.000.000} = 1.732 \text{ Stück}$$

Nach der Grenzkostenrechnung liegt die wirtschaftliche Losgröße bei ca. 1.730 Stück, was einer Reichweite von ca. 4 Monaten entspricht.

Legende:
M = Jahresbedarf
EK = Einrichte- / Rüstkosten
P = angenommener Zinssatz
HK = Herstellkosten / Stück
X_0 = Losgrößenergebnis

2.2.22 Andere Losgrößenformeln / Festlegungen

Reichweitenbetrachtungen / -vorgaben

Nach der Grenzkostenrechnung liegt die wirtschaftliche Losgröße bei ca. 1.730 Stück, also bei nur ca. 2/3 gegenüber der Vollkostenrechnung.

Man sieht an diesem Beispiel deutlich, wie je nach betriebswirtschaftlicher Betrachtungsweise, das Ergebnis in Stück deutlich voneinander abweicht.

Nach dem gewinnwirtschaftlichen Prinzip und dem Zwang „Verbesserung der Liquidität / Geld ist wie ein Produkt zu betrachten", führt die Grenzkostenrechnung somit sicher zu einem Ergebnis, das auch einer Reichweitenvorgabe realistischer entspricht.

Denn zusätzlich wird an die Disponenten die Bedingung gestellt:

Die Reichweite der Bestellmenge plus vorhandener Bestand darf z.B. zwei Monate nicht überschreiten.	Ziel: Umschlagshäufigkeit 6 x pro Jahr

Details siehe Punkt „*Disponieren nach Reichweiten*".

Die Bestellmenge muss also einer Menge ≤ einer Reichweite unter zwei Monaten entsprechen.

Die Disposition nach Reichweiten erzeugt u.a. auch keine Einzeloptima je Teil, sondern fördert das Denken in Wellen. Entweder ist alles in gleichen Mengen vorhanden, oder alles fehlt (ohne C-Teil-Betrachtung). Es kann immer nur die Menge geliefert werden, die das Teil mit der niedrigsten Bestandszahl zulässt. Siehe auch Bild 5.1, „Festlegung der Dispositionsregeln und Stammdatenfestlegungen".

Losgrößenfestlegung nach der A- B- C- / 1- 2- 3-Analyse

Anstelle von Losgrößenformeln wird häufig die Anwendung des A-B-C / 1-2-3-Prinzips bei der Losgrößenbildung vorgegeben.

Beispiel: A-Teile werden nach Bedarf disponiert bzw. aus der rollierenden Planung genommen, bei B-Teilen wird der Bedarf z.B. für 6 Wochen zusammengefasst, bei C-Teilen der Bedarf von 3 Monaten. Darüber hinaus werden für einzelne Teile oder Teilgruppen Höchst- und Mindestgrenzen der Bedarfszusammenfassung festgesetzt (max. Reichweite bzw. Mindestbestand).

Siehe auch Tabelle „Berechnung / Festlegung der Bestellmengen gemäß Stammdatenfestlegung".

Gleitende wirtschaftliche Losgröße

Die gleitende wirtschaftliche Losgröße will die Nachteile der Andlerschen Formel vermeiden, die außer den bereits genannten sind:

- ▶ schwankender Bedarf
- ▶ Bezugnahme auf Vergangenheitswerte

Die gleitende WILO geht nach dem gleichen Grundprinzip vor: Sie vergleicht einmalige Bestellkosten und anfallende Lagerkosten. Doch wird eine Zukunftsbetrachtung angewandt, also es wird kein Durchschnittsverbrauch bzw. -bedarf vorausgesetzt. Die gleitende wirtschaftliche Losgrößenformel wird hauptsächlich bei der bedarfsgesteuerten Disposition verwendet.

Ein Nachteil der gleitenden WILO liegt darin, dass zukünftige Bedarfe verschiedener Perioden zusammengefasst werden (man muss sammeln):

	1. Periode	2. Periode	3. Periode	4. Periode
Bedarf nach Zeitraster	100	150	20	250
Bedarfszusammenfassung:	250		270	

Der Vorteil ist, dass verschiedene Bedarfe zu einem vertretbaren / wirtschaftlichen Los zusammengefasst und gefertigt werden können. Wobei auch hierbei die gleichen Zusatzüberlegungen, wie bereits zuvor beschrieben, angewandt werden sollten.

Die jeweilige Bestellmenge geht dann sofort in die verfügbare Menge ein, sofern - vom verfügbaren Restbestand abgesehen - jeder neue Bedarfsfall für die Zeit nach dem vorgesehenen Eingangsdatum der Bestellung terminiert wird.

Das Ergebnis dieser:

> Bedarfsrechnung

> Bestandsrechnung

> Bestellrechnung

ist ein Bestellvorschlag, der

⇨ bei Eigenteilen einen internen Auftrag auslöst,

⇨ bei Bezugsteilen über den Einkauf einen entsprechenden externen Auftrag auslöst

Bild 2.54: Materialdisposition, Verfügbarkeitsübersicht / Bearbeiten Bestellvorschlag

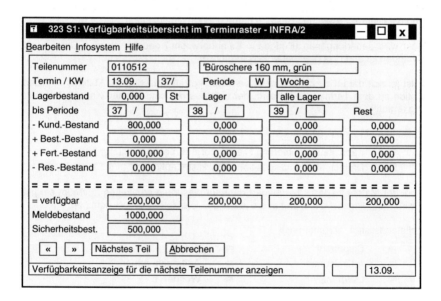

Oder es wird eine Bestellvorschlagsliste erzeugt, die entsprechend abgearbeitet werden muss.

Bild 2.55: Bestellvorschlagsliste

Netto-Bedarfsermittlung / Bestellvorschlagsliste

BESTELLVORSCHLAG FÜR MATERIAL-NR. 100010 BIS MATERIAL-NR. 10000010 DATUM: 13.06.xx
IM ZEITRAUM VOM 23 WOCHE XX BIS 30 WOCHE XX

POS	ART.-NR.	ART.-BEZEICHNUNG	LAG./BES/VER.BES	U.DECK WW JJ	MIN. BEST	SUMME BEDARF	SUMME BESTELL	BESTELL-MENGE	LAUFENDE BE-STELLUNGEN
1	02000830	TRANSFORMATOR EE 20 220/2 X 15 V 0,38 VA	-2.00	23 xx	100.00	122.00	1.000.0 0	xxx	1000.00
2	02000090	ZUENDUEBERTRAEGER EE 20 LAVOD-BV 2003	-1200.00	24 xx	200.00	2000.00	0.00	xxx	0.00
3	02001320	FE 1267	-1.00	23 xx	10.00	1.00	0.00	xxx	0.00
4	03005070	TRANSFORMATOR EI 30/12..5 220/24 V 1,2 VA	-3645.00	26 xx	1000.0	6000.00	5000.00 0	xxx	12000.00
5	03000870	TRANSFORMATOR EI 30/18 N. BO.-NR. 8 747 201 123	-3564.00	30 xx	500.00	13800.0	9600.00 0	xxx	9600.00

Ist im Materialstammsatz als Rasterkennzeichen = C eingegeben (C- Teile), so wird der körperliche Lagerbestand mit dem Mindestbestand verglichen und falls kleiner oder gleich, auf der Liste angegeben (verbrauchsgesteuerte Disposition). Die Bestellmenge ist dann die Differenz zwischen Bestand heute und Maximalbestand.

Sonst wird periodengenau (Periode = Kalenderwoche) geprüft, ob eine Unterdeckung vorhanden ist und dies gegebenenfalls angezeigt.

Es ist jedoch darauf zu achten, dass bei einer Vorratswirtschaft die Material- / Teiledisposition zu dem Termin geführt wird, der sich aus der betrieblichen Kapazitätsterminierung ergibt.

Die Reihenfolge muss also lauten:

    1.   Kapazitätsterminierung (Termin für Auftragsbestätigung)

    2.   Danach Materialdisposition / Stücklistenauflösung

wobei der Materialbedarf / Teilebedarf dann für diesen so ermittelten Zeitraum eingelastet wird. Allerdings ist dabei immer die jeweilige Lieferzeit zu berücksichtigen.

Rückstandslisten, abrufbar nach:

    ⇨   Disponent   ⇨   Kunde

    ⇨   Artikelnummer   ⇨   Auftragsnummer

    ⇨   Lieferant   ⇨   Woche

    etc.

in Stück und € als Fenstersystem beliebig öffenbar, z.B. von Woche ... bis Woche ..., oder von Artikelnummer ... bis Artikelnummer ..., ergänzen die Informationen / Auskünfte, am besten mit einer Prioritäten-Kennzeichnung (je niederer die Reichweite, je höher die Priorität).

3. Darstellung unterschiedlicher Organisationsformen Push- bzw. Pull-Prinzip in der Nachschubautomatik

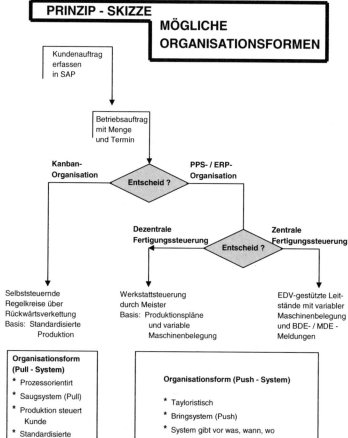

3.1 Bedarfsgesteuerte Disposition / Nachschubautomatik (Push-System)

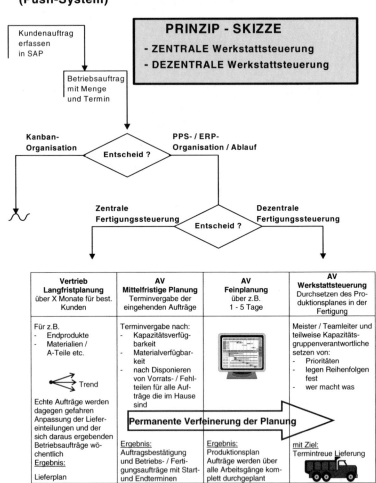

Vertrieb Langfristplanung über X Monate für best. Kunden	AV Mittelfristige Planung Terminvergabe der eingehenden Aufträge	AV Feinplanung über z.B. 1 - 5 Tage	AV Werkstattsteuerung Durchsetzen des Produktionsplanes in der Fertigung
Für z.B. - Endprodukte - Materialien / A-Teile etc. Trend Echte Aufträge werden dagegen gefahren Anpassung der Liefereinteilungen und der sich daraus ergebenden Betriebsaufträge wöchentlich Ergebnis: Lieferplan	Terminvergabe nach: - Kapazitätsverfügbarkeit - Materialverfügbarkeit - nach Disponieren von Vorrats- / Fehlteilen für alle Aufträge die im Hause sind Ergebnis: Auftragsbestätigung und Betriebs- / Fertigungsaufträge mit Start- und Endterminen	Ergebnis: Produktionsplan Aufträge werden über alle Arbeitsgänge komplett durchgeplant	Meister / Teamleiter und teilweise Kapazitätsgruppenverantwortliche setzen von: - Prioritäten - legen Reihenfolgen fest - wer macht was mit Ziel: Termintreue Lieferung

Permanente Verfeinerung der Planung

Ablauf mit PPS- / ERP-System

Absatzplan
Bedarfsauflösung
Produktionsplan
Kapazitätsplanung
Mensch, Maschine Material
Terminplanung und Steuerung
Produktion / Montage
(orientiert an traditionellen Kennzahlen)
Terminverfolgung
Qualitäts- und Funktionsprüfung
Einlagerung / Auslagerung
Versand an den Kunden

Bei vielen PPS - Systemen wird mit hohem Aufwand die Material- und Kapazitätsterminierung durchgeführt, ohne dass letztendlich mit Sicherheit eintretende Änderungen, vor oder während der Auftragsdurchführung, z.B. Prioritätenänderungen oder Abweichung, effektive Kapazität zu verfügbarer Kapazität, entsprechend berücksichtigt werden können. Werden in dieser statischen Betrachtungsweise zusätzlich noch falsche oder unrealistische Zeitdaten als Planungsgrundlage verwertet, sind die Ergebnisse dieser Terminplanung unrealistisch und die Auftragsabwicklung in der Fertigung läuft dann nach eigenen Regeln und Gesetzmäßigkeiten ab. Von termintreuer Fertigung kann keine Rede sein.

3.2 Verbrauchsgesteuerte Disposition / Nachschubautomatik (Pull-System)

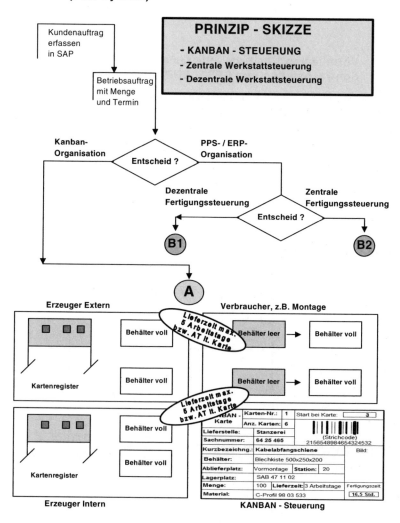

4. KANBAN - System

4.1 Vorteile von KANBAN - Systemen / Schwachstellen von PPS- / ERP - Systemen

A) Auf der Basis von Wiederbestellpunkten und reservierten / verfügbaren Bestandskreisen für Vorratsteile

Es handelt sich bei traditionellen PPS-Systemen im Wesentlichen um Informationssysteme, deren Effizienz heute in vielen Belangen in Frage gestellt wird. Als Hauptproblem in der Materialwirtschaft zeigt sich dabei, dass die in der Disposition ermittelten Termine nicht gehalten werden können, so dass das gesamte, aufwendig ermittelte Mengen- und Termingefüge in Frage gestellt wird. Da sich dieser Zustand in der heutigen Zeit, mit seinen geforderten Notwendigkeiten, nicht mehr aufrechterhalten lässt, stellt sich für viele Unternehmen die Frage, wie diese herkömmliche Art der Materialdisposition und Fertigungssteuerung verbessert werden kann, ohne die Vorteile eines PPS-Systems insgesamt zu verlieren.

Schemadarstellung: Wie funktioniert ein Dispo-System auf Basis Wiederbestellpunkt, dargestellt anhand von vier verschiedenen Artikeln, mit ca. gleich großen Bestell- / Bedarfsmengen und Wiederbeschaffungszeiten pro Jahr, aus Sicht eines Lageristen

Beispielzahlen:

Endprodukt / Baugruppe / Einzelteil / Halbzeug	Ident-Nr. **A**	Ident-Nr. **B**	Ident-Nr. **C**	Ident-Nr. **D**	usw. ...
Festgelegter Wiederbestellpunkt im PPS-System	100	120	110	150	
Bestand lt. Letzter Bedarfsrechnung	99	119	109	129	
Wiederbestellpunkt ist niederer als Bestand, also erzeugt PPS-System nach festgelegten Regeln Bestellvorschläge, die vom Disponenten in Aufträge umgewandelt werden					
Ergebnis: Bestellmenge	200	220	210	240	
mit Starttermin Wo./J.	32/xx	32/xx	32/xx	32/xx	
und Endtermin Wo./J.	40/xx	40/xx	40/xx	40/xx	
Darstellung weiterer Bedarfe, eingereiht in das so genannte terminliche Zeitraster, wann die Bedarfe tatsächlich benötigt werden = Darstellung weiterer Aufträge					
Termin [1] / Kundenaufträge / mit Menge					
Wo. 32 A "	20	--	5	18	
Wo. 33 B "	10	--	5	12	
Wo. 33 C "	5	--	5	10	
Wo. 34 D "	15	--	--	2	
Wo. 34 E "	15	--	--	2	
Wo. 35 F "	10	--	5	2	
Wo. 36 G "	15	--	5	4	
Wo. 36 H "	10 xxx [2]	--	--	10	
Wo. 38 I "	10	--	1	10	
Wo. 39 K "	20	--	1	10	
Wo. 40 L "	10	--	8	--	
Ergibt Σ Bedarf bis Wo. 40	140	0	35	80	0
Ergibt Bestand in Wo 40 [1]	-41	119	74	49	0

[1] PPS-System erzeugt bei erneuter Unterdeckung / Unterschreitung des Wiederbestellpunktes neue Aufträge. Dieser Vorgang ist hier nicht dargestellt, da für Problembesprechung bedeutungslos.

[2] Ab hier Unterdeckung

Aussage:

Zum Zeitpunkt der Freigabe der Aufträge haben alle vier internen Aufträge die gleichen Start- und Endtermine auf den Bestellungen / Arbeitspapieren. Die Dringlichkeit nach Reichweiten, die sich durch weitere / laufend eingehende Kundenaufträge aber ergeben, lauten:

Stand Wo. 44:

Artikel ID-Nr. A:	Hat Unterdeckung, Kundenaufträge können ab Wo. 36 nicht erfüllt werden
Artikel ID-Nr. B:	Wird quasi z.Zt. nicht benötigt, hat aber gleichen Termin wie A
Artikel ID-Nr. C:	Hat noch ca. 14 Wochen Reichweite
Artikel ID-Nr. D:	Hat noch ca. 5 Wochen Reichweite, OK - Dispo war in Ordnung

Resümee:

Wenn alle vier Aufträge termintreu gefertigt werden, werden u.a. Produkte hergestellt, die momentan nicht benötigt werden.

Übertragen Sie dieses Beispiel auf Ihr Unternehmen mit angenommenen 2.000 verkaufsfähigen Artikeln und den damit verbundenen Stücklistenauflösungen. Wenn es der Zufall will, werden über Baugruppen und Unterbaugruppen, bis hin zu Einzelteilen / Halbzeug, Bestellungen getätigt, also eine Bedarfslawine erzeugt, von Dingen die man zu den angenommenen Zeitpunkten tatsächlich nicht, oder nur teilweise benötigt.

> **Was bedeutet:**
> **Verschwendung / falscher Einsatz von Personal und**
> **Maschinenkapazität mit zu hohen Lagerkosten und**
> **zu langen Durchlaufzeiten**
>
> **Mit dem Ergebnis:**
> **Die Auftragsflut verstopft die Fertigung, erzeugt ständig**
> **wechselnde Engpässe, die es u.a. nicht mehr ermöglichen**
> **die Artikel, die tatsächlich benötigt werden, rechtzeitig zu fertigen.**

oder vereinfacht, aus Sicht des Lagerleiters ausgedrückt: Er erhält permanent Teile / Artikel die er nicht benötigt, selten die, die er benötigt, was Frust im Lager erzeugt.

Es wird das Falsche, zum falschen Zeitpunkt produziert.
Wir haben eine hausgemachte Konjunktur.

KANBAN - Systeme dagegen, die auf dem Saugprinzip aufgebaut sind, lösen nur dort Aufträge aus, wo auch Abgänge vorhanden sind, wodurch automatisch auch nur das gefertigt wird, was tatsächlich benötigt wird.

B) Auf Basis von traditionell aufgebauten Baugruppenstücklisten und Dispositionsverantwortlichkeiten nach Teile- / Materialarten (tayloristische Organisationsform)

Nachfolgend ist die Dispositions- und Terminverantwortung, also die Verantwortlichkeiten, dass Kundenaufträge rechtzeitig geliefert werden können, beispielhaft dargestellt: **Wer macht was, wer ist für welche Teile / Materialien verantwortlich, siehe verschiedene Kennzeichnungen:**

☐ = Baugruppen
▨ = Mechanische Teile Hr. xxx
▦ = Elektroteile Fr. yyy
■ = Halbzeug u. Normteile Hr. zzz
○ = Einzelteile
◇ = Rohmaterial
⊗ = Normteile / Schüttgut

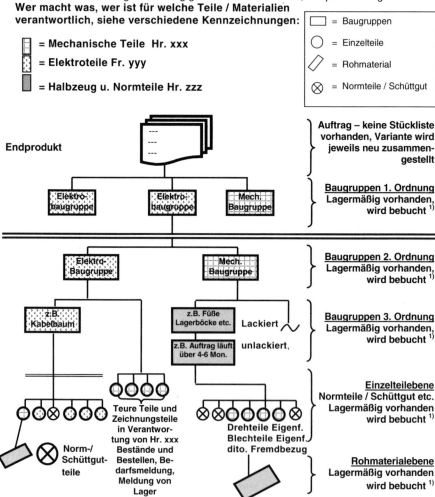

[1] und jeweils Arbeitspapiere erstellt bis Fertigung

Dieser viel zu fein gegliederte Stücklistenaufbau und nach dem Verrichtungsprinzip gegliederte Zuordnung von Tätigkeiten / Verantwortlichkeiten auf verschiedene Personen, bedeutet:

- ⇨ Die Durchlaufzeit für Disposition und Beschaffen ist viel zu lange

- ⇨ Der Lagerist nimmt alle Teile 4 x 2 (Zugang / Abgang) = 8 x über alle Ebenen, in jeweils anderen Veredelungsstufen in die Hände. Die Buchungen vervielfachen sich.

- ⇨ Die Bestände werden um das drei- bis vierfache als notwendig nach oben getrieben.

- ⇨ Nach Bereitstellen und Durchführen eines Arbeitsganges wird wieder gelagert.

- ⇨ Die Teile / Baugruppen werden x-fach transportiert, ein- / ausgelagert, was der Qualität nicht gerade dienlich ist.

- ⇨ Wiederholteile die in mehreren Baugruppen vorkommen, sind in zwei bis drei Ebenen eingebaut und auch lose, einzeln vorhanden - treibt die Bestände in die Höhe.

- ⇨ Es entstehen lauter Einzeloptimas und kein Gesamtoptima. Gesamtoptima soll bedeuten, es ist alles für z.B. 100 Varianten vorhanden (nicht mehr / nicht weniger, außer Schüttgut und sonstigen Billigteilen). Das Denken in Wellen kann nicht eingerichtet werden.

- ⇨ Letztendlich fühlt sich niemand für das ganze Produkt / für den Auftrag voll verantwortlich. Jeder kann alles auf einen anderen schieben, wenn z.B. etwas fehlt, wenn ein Auftrag nicht rechtzeitig fertig wird.

- ⇨ Es wird viel zu viel Papier, in Form von Betriebsaufträgen erzeugt, was insgesamt die nicht wertschöpfende Arbeit in der AV nach oben treibt.

- ⇨ Der Vorteil *„Kurze Lieferzeiten zum Kunde"* kann auch über flache Stücklisten und geänderte Organisationsform in Disposition und Fertigung erreicht werden.

Siehe Abschnitt „Schaffen von Auftragszentren", „Ein Disponent ist für eine komplette Produktgruppe, über alle Ebenen verantwortlich", „Disponent wird Beschaffer", sowie nachfolgende Beschreibungen „Bilden von Fertigungsteams, produkt- und prozessorientiert ausgerichtet" und Einführen des Kunden- Lieferantenprinzips „KANBAN-Organisation".

Hilfreich für die Visualisierung und Darstellung dieser zeit-, buchungs- und bestandsaufwendigen Arbeitsweise eines falsch verstandenen PPS - Anwendungskonzeptes, ist die so genannte Produktstrukturanalyse mit der Erfassung der auftragsneutralen Teile und Varianten als Mengengerüst je Baugruppenstruktur.

Damit kann einfach und übersichtlich dargestellt werden, aus z.b. wie viel

- Einzelteilen
- Baugruppen

wie viel verschiedene Endprodukte hergestellt werden und wie umständlich und zeitaufwendig die Dispositions- und Fertigungsabläufe PPS-gesteuert ablaufen.

Bild 4.1: *Analyse der Produktstruktur*

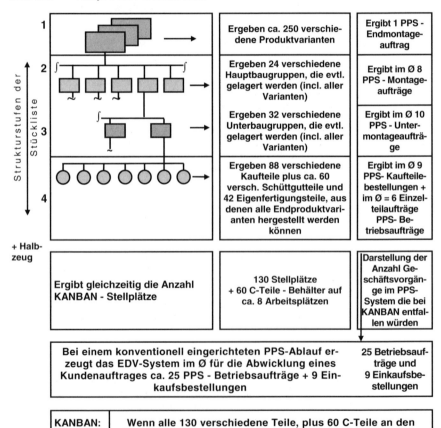

Unterschied - Traditionelle Arbeits- und Organisationsstrukturen = Taylorismus, zu zukunftsweisenden Arbeits- und Organisationsstrukturen produkt- und teamorientiert zum Kunden

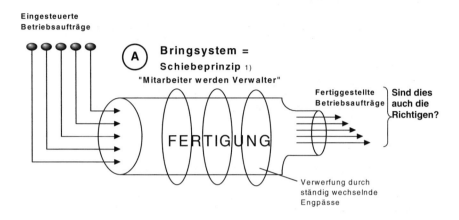

1) Bei der großen Anzahl Betriebsaufträge, und den ständigen Änderungen, ist bei einer konventionellen Fertigungssteuerung nicht mehr sichergestellt, dass das Richtige zum richtigen Zeitpunkt im Versand, ankommt.

Abkehr vom bisher praktizierten „BRINGSYSTEM" zu „HOLSYSTEM"
Mitarbeiter werden KÜMMERER

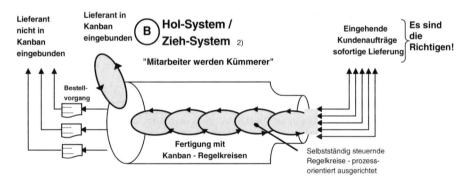

Bei einem Ziehsystem werden zwar grundsätzlich vorhandene Engpässe nicht beseitigt, aber es wird sichergestellt, dass zumindest das Richtige zum richtigen Zeitpunkt im Versand ankommt und es erfolgt ein schneller Durchlauf mit geringen Umlaufbeständen.

2) Holen, bedeutet nicht selber holen, sondern bestellen, mit Datum und Uhrzeit

4.2 Reduzieren der Bestände / Erhöhung der Lieferbereitschaft durch Einführung von KANBAN

4.2.1 Was ist KANBAN?

Abbau von Geschäftsvorgängen und Erhöhung der Lieferbereitschaft durch Aufbau eines durchgängigen Logistik-Konzeptes von Lieferant bis zum Kunden

Das Wort KANBAN

japanisch: Pendelkarte / Anzeigekarte auf der alle teilespezifischen Informationen, wie z.b. Teilenummer / Bezeichnung, Lieferant, Lagerort, Kunde, Bestimmungsort, Lagerplatz, Menge, Lieferzeit in Tagen, Behälterart / -größe etc. vermerkt sind.

Was ist KANBAN?

KANBAN ist eine dezentrale Produktionssteuerung, die auf dem Pull-Prinzip basiert. Das bedeutet, eine Produktion wird nur durch Verbrauch in der nachgelagerten Stelle ausgelöst. Ausgangspunkt für einen Lieferauftrag ist somit der Kunde - die Produktion erfolgt kundenorientiert. Dies geschieht über Selbststeuerung der produzierenden Bereiche, Kunden - Lieferantenprinzip, und visuelle Anzeigen mittels Steuertafeln und KANBAN - Karten.

Durch elektronische Unterstützung, z.B. Barcode oder RFID-System[1], kann KANBAN selbst über große Entfernungen realisiert werden. Die Datenübertragung lässt sich durch Nutzung von Barcode-Systemen und Internet mit einfachen Mitteln realisieren.

KANBAN - Philosophie

➢ Ein in Japan entwickeltes ganzheitliches, kundenorientiertes Logistik - Netzwerk für die Produktion, bei dem durch eine Reduzierung der Materialbestände und vermeiden von Blindleistungen, die Herstellkosten gesenkt und die Lieferbereitschaft erhöht wird.

➢ KANBAN ist nicht nur eine Methode um Nachschub zu steuern, sondern es ist auch eine Philosophie, die gelebt sein will.

Ohne das Begreifen und das Ausleben von KANBAN, wird der sinnvolle Einsatz dieser Methode scheitern.

➢ Der erfolgreiche Einsatz von KANBAN steht und fällt mit dem schwächsten Glied in der logistischen Kette, die KANBAN - Kette darf nicht abreißen.

Gegen den Willen einzelner Personen oder Abteilungen, kann KANBAN nicht eingesetzt werden - es muss scheitern.

Deshalb ist es von eminenter Wichtigkeit, vor Einführung von KANBAN alle Beteiligten ausführlich zu informieren und sie aktiv an der Planung und Einführung zu beteiligen.

➢ KANBAN setzt den Willen zur absoluten Liefer- und Qualitätsdisziplin voraus.

➢ Eine ausbalancierte Produktion im Produktionsmix, gute Arbeitsplatzorganisation und sinnvoll eingerichtete KANBAN - Regelkreise nach dem Röhrenprinzip, sind ebenfalls Garanten für einen erfolgreichen Einsatz von KANBAN.

[1] RFID = Radio-Frequenz-Identifikationssystem

- KANBAN visualisiert - zielorientiert auf ein Produkt - die zu produzierenden Teilemengen, rein nach Abfluss, gemäß Auftragsbestand, und ermöglicht einen durchlaufzeitminimierten Produktionsablauf. Es wird nur das produziert, was auch gebraucht wird.

- Auf allen Fertigungsstufen wird eine „Produktion auf Abruf" (Just in time) angestrebt, damit Materialbestände reduziert und hohe Termintreue erreicht werden können. Dabei werden die Lagerkosten auf den Zulieferer abgewälzt, der durch das KANBAN-System gezwungen wird, die Teile kurzfristig bereitzustellen.

- KANBAN ist ein System zur Steuerung des Teilenachschubs innerhalb von Lieferanten, Fertigungs- und Montagebereichen (intern / extern) nach dem Holprinzip.

  Holprinzip bedeutet: Der Verbraucher meldet auf Grund des aktuellen Verbrauches einen Teilebedarf in einer vorgegebenen Menge beim vorgeschalteten Lieferanten, mittels KABAN - Karte.

- KANBAN ist ein Steuerungssystem für eine bestandsarme Produktion und ermöglicht gleichzeitig eine Minimierung von Verschwendungszeiten, da EDV- und Büroarbeiten weitestgehend ausgeschaltet sind, denn KANBAN ist ein einfaches und transparentes Steuerungssystem und ermöglicht allen Mitarbeitern, eigenverantwortlich und selbstständig zu bestellen / zu liefern, da alle Vorteile / Baugruppen immer vorhanden sind, bzw. durch die automatische Nachschubregelung - mittels KANBAN-Karte - immer rechtzeitig angefordert und nachgeliefert werden.

- Bei der Einführung von Fertigungs-KANBAN ist es notwendig, die Produktion zu segmentieren, also nach Produktgruppen prozessorientiert zu strukturieren. Ebenso wie die Einrichtung diverser Regelkreise, die nach dem Kunden-Lieferantenprinzip mittels KANBAN-Regeln untereinander bestellen → beliefern.

Innerhalb dieser Regelkreise wird es möglich, die Abarbeitung der Kundenaufträge vom Verrichtungsprinzip in ein Fließprinzip, ohne Betriebsaufträge (Kunden-Lieferantenprinzip) über den gesamten Arbeitsablauf hoch flexibel zu steuern. Und es wird nur das gefertigt, was auch gebraucht wird. Was dem Ziel „Leistung ist nur, was ein Segment, ein KANBAN - Regelkreis fertigt / liefert, für das auch eine Rechnung geschrieben werden kann", absolut entgegenkommt.

- Außer einer höheren Produktivität und Flexibilität, die durch Wegfall von so genannten „nicht wertschöpfenden Tätigkeiten" entsteht, verkürzt sich die Durchlaufzeit wesentlich. Auch das Auftreten von Fehlteilen / fehlende Baugruppen läuft gegen Null, bei gleichzeitiger Senkung der Bestände.

- Gleichzeitig erschließt KANBAN das Ideenpotential der Mitarbeiter. Durch Identifikation und Motivation wird Verantwortung und Leistung gefördert.

- KANBAN stellt den Produktionsprozess in den Vordergrund und ist für folgende Anwendungsbereiche geeignet:

  Serien- und Variantenfertiger, insbesondere auch Kleinserien- / Variantenfertiger, sowie für Zulieferer die fertigungssynchron anliefern müssen, in allen Branchen.

KANBAN kann in verschiedenen Ausprägungen eingerichtet / geführt werden:

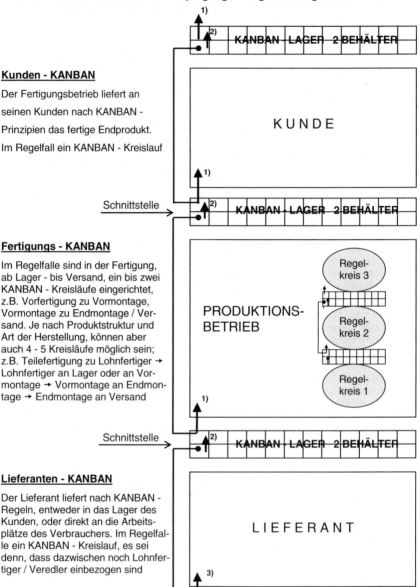

Kunden - KANBAN

Der Fertigungsbetrieb liefert an seinen Kunden nach KANBAN - Prinzipien das fertige Endprodukt. Im Regelfall ein KANBAN - Kreislauf

Fertigungs - KANBAN

Im Regelfalle sind in der Fertigung, ab Lager - bis Versand, ein bis zwei KANBAN - Kreisläufe eingerichtet, z.B. Vorfertigung zu Vormontage, Vormontage zu Endmontage / Versand. Je nach Produktstruktur und Art der Herstellung, können aber auch 4 - 5 Kreisläufe möglich sein; z.B. Teilefertigung zu Lohnfertiger → Lohnfertiger an Lager oder an Vormontage → Vormontage an Endmontage → Endmontage an Versand

Lieferanten - KANBAN

Der Lieferant liefert nach KANBAN - Regeln, entweder in das Lager des Kunden, oder direkt an die Arbeitsplätze des Verbrauchers. Im Regelfalle ein KANBAN - Kreislauf, es sei denn, dass dazwischen noch Lohnfertiger / Veredler einbezogen sind

1) Behälter leer
2) Reservebehälter wird nachgeschoben und gleichzeitig mittels Kanban die Nachschubautomatik ausgelöst
3) Kanban - Lager oder normales Dispo-Lager

4.2.2 Funktionsbeschreibung KANBAN-System

Die Funktionsfähigkeit und der Aufbau eines KANBAN-Systems kann am besten nach folgenden Grundsätzen dargestellt werden:

KANBAN ist ein selbst steuerndes System, d.h. eine KANBAN - Steuerung benötigt im Normalfall keine besondere EDV-Unterstützung oder Überwachung, beispielsweise für das Anstoßen einer Teilefertigung in Losgrößen oder für das Ordern von Nachschub für die Teilefertigung oder für die Montage. Dies geschieht durch die Mitarbeiter selbst.

1. Es existiert ein Informationskreis zwischen einer Fertigungsgruppe und seinem vorgelagerten Pufferlager. Das Informationshilfsmittel ist die KANBAN-Karte.

2. Das KANBAN-System arbeitet nach dem Ziehprinzip, d.h. der Anstoß für einen Arbeitsgang oder Auftrag wird durch einen leeren Behälter ausgelöst.

3. Bei der Einführung des KANBAN-Systems befinden sich in allen Lägern für jedes Teil mindestens zwei gefüllte KANBAN - Behälter. Jedes Teil ist einem bestimmten Behälter zugeordnet.

4. Jeder KANBAN - Behälter ist mit einer KANBAN-Karte versehen. Auf dieser KANBAN-Karte befinden sich alle wichtigen Informationen, wie KANBAN - Menge, Fertig-, Teile - Nr., Behälterart, Lagerort und Empfängerlager.

   (Siehe Musterabbildung)

5. Wird nun ein Behälter z.B. in einem Fertigwarenlager leer, so kommt dieser Behälter in das Montagelager und muss von der Montage wieder mit montierten Artikeln aufgefüllt und an das Fertigwarenlager zurückgeliefert werden (spätestens ein Tag später).

6. Durch diesen Montagevorgang werden ein oder mehrere Einzelteilbehälter in der Montage leer und müssen dann von dem Zentrallager mit z.B. Rohlingen aufgefüllt werden und an die, dem Zentrallager nachgeschaltete Teilefertigung zur Bearbeitung MONTAGEFERTIGUNG gegeben werden. Spätestens ein Tag später müssen die bearbeiteten und montagefähigen Teile im Montagelager, in der geforderten KANBAN - Menge, eintreffen. Montagefähige Kaufteile gehen direkt vom Zentrallager an das Montagelager, in der geforderten KANBAN - Menge.

7. Da von jedem Teil mindestens zwei gefüllte KANBAN - Behälter vorhanden sind, und sofort wenn einer dieser Behälter geleert wurde der Anstoß zum Füllen des Behälters, mittels KANBAN, gegeben wird, ist der Warenkreislauf und damit die Lieferbereitschaft gesichert.

8. Die Steuerung mittels KANBAN erfolgt jeweils nur für einen KANBAN-Kreislauf. Existieren mehrere Kreisläufe, so sind diese in ihrer Steuerungs- und Produktionsfunktion unabhängig voneinander. Auch die Behälterzahl / Teilemengen können verschieden sein.

Somit kreisen zwischen vor- und nachgeschalteten Fertigungsgruppen eine Reihe von KANBAN-Karten mit den entsprechenden Behältnissen und es entsteht eine reibungslose Nachschubautomatik die sich selbst steuert. Die Anzahl der KANBAN - Kreise hängt davon ab, inwieweit die Produktion eines Artikels aufgesplittet werden kann. Im nachfolgenden Bild wird ein KANBAN - Modell mit einer Teilefertigung und deren Endmontage dargestellt, ausgehend von einem Zentrallager für Rohlinge und Einzelteile mit drei KANBAN - Kreisläufen.

Versand / Fertigteilelager bestellt bei Endmontage, Endmontage bestellt bei Vormontage, Vormontage bestellt bei Zentrallager bzw. Lieferant.

Das Zentrallager selbst wird über die EDV im Rahmen einer Langfristplanung mit Wochenraster geführt und ergibt die Bedarfe als Betriebsaufträge / Bestellungen. Die tatsächliche Fertigung, z.b. der Rohlinge gemäß Betriebsauftrag, ergibt sich jedoch aus den Abgängen für das Fertigteillager in der höheren Ebene. Anhand der Reservierungen werden jedoch Kapazitätsübersichten, sowie Engpassdarstellungen gemäß den Planzahlen verarbeitet.

Wichtige Varianten dieses KANBAN - Grundsystems sind:

a) Für Zukaufware wird anstatt eines so genannten Fertigungs- oder Transport - KANBANS, ein Lieferanten-KANBAN benutzt. Dieses KANBAN gilt gleichzeitig als Bestellschein, wobei es noch die gewünschte Lieferzeit und den entsprechenden Lieferanten beinhaltet.

b) Werden außer den genannten zwei Behältern (Mindest - KANBAN -Menge) weitere Behälter eingesetzt, so muss der Bestellpunkt durch einen zusätzlichen Hinweis auf den KANBAN - Karten dargestellt werden. Dies erreicht man am besten, indem die KANBAN - Karten den Hinweis beinhalten *"Es gibt 6 Karten - Start bei der dritten Karte (dritter Behälter leer)"*. Dies also den Mindestbestand darstellt, und somit in der vorgelagerten Stufe den Produktionsprozess auslösen soll.

Wird nur das normal übliche KANBAN-System als Zweibehälter-Rotation benutzt, so ist die Behältermenge so ausgerechnet, dass Wiederbeschaffungszeit plus Sicherheitsbestand dann die entsprechende KANBAN - Menge ergibt. (Hinweis: WBZ max. 5 Tage, besser weniger Tage.)

Eine wichtige Voraussetzung für die erfolgreiche Einführung von KANBAN ist, dass bei schwankenden Losgrößen eines Artikels, so genannte Riesenaufträge, über das PPS-System eingesteuert werden, dass eine flexible Arbeitszeitregelung vorhanden ist, und dass die für das KANBAN - Prinzip notwendigen Ordnungsprinzipien von den Mitarbeitern in der Fertigung und in den KANBAN - Lägern eingehalten werden (überwacht durch so genannte KANBAN - Paten).

Der große Erfolg des KANBAN-Systems liegt darin, dass Bestände radikal gesenkt werden und eine automatische Nachschubautomatik in Gang gesetzt wird, wodurch der Warenkreislauf und die Lieferbereitschaft gesichert ist.

Allerdings erfordert der erfolgreiche Einsatz des beschriebenen Systems gleichzeitig eine Umorganisation in der Fertigung, durch z.B. Einrichten von Fertigungszellen oder prozessorientierte Linienfertigungen. U.a. auch aus reinen Platzgründen erforderlich. Die Teile sollten im Idealfall nicht weiter als 5 m vom Arbeitsplatz entfernt liegen.

Damit sich die Mitarbeiter mit dem System identifizieren, sollten die Vorbereitungen für die Einführung, in Form von Schulungen und mittels Pilotprojekten, mit äußerster Sorgfalt durchgeführt werden.

Die Einführung des Kaizen - Gedankengutes und des kontinuierlichen Verbesserungsprozesses, unterstützt die KANBAN - Einführung wesentlich.

Hinweis: KANBAN - Teile können nur solche Teile sein, die mindestens 4 - 6-mal pro Jahr angefasst werden, also Verbrauch vorhanden ist, maximal eine Index-Änderung pro Jahr haben und deren Wiederbeschaffungszeit möglichst ≤ 5 Arbeitstage ist.

Aufträge die größer einer KANBAN - Menge sind, müssen wie normale Betriebsaufträge mit Liefertermin / Auftragsbestätigung erfasst und an Kunden bestätigt werden.

Grund: Riesenaufträge saugen das System leer, das KANBAN-System bricht zusammen.

Mögliche Ergebnisse: **Mittels KANBAN können Bestände, je nach Ausgangssituation des Unternehmens, über 50 % gesenkt werden!**

Bild 4.2: *Darstellung KANBAN - Bewegung*

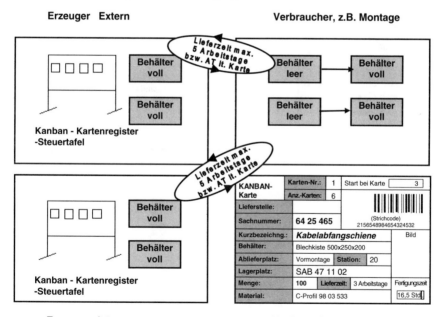

Bild 4.3: Darstellung KANBAN - Modell

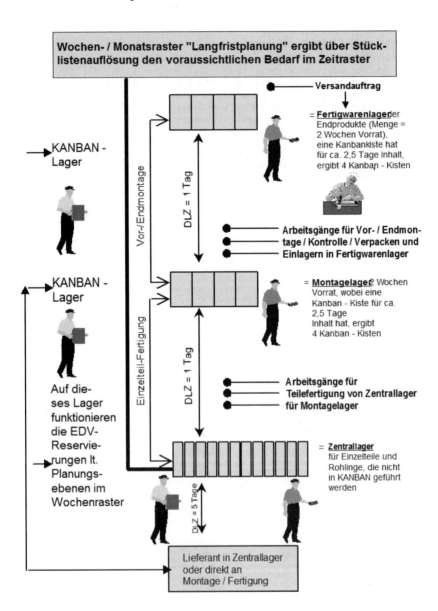

Bild 4.4: Muster KANBAN - Beleg

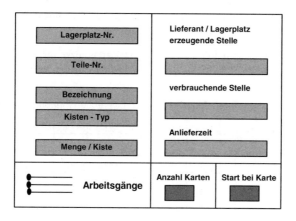

Bild 4.5: Darstellung KANBAN - Bewegung über mehrere Regelkreise

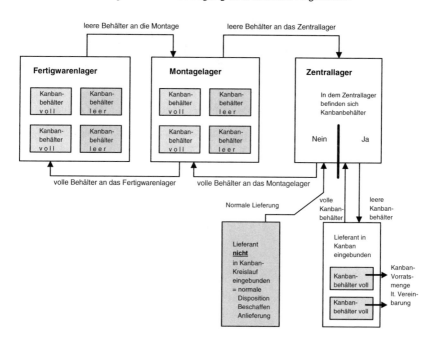

Kanban-Abrufe für A-Teile

Damit die Lieferanten bzw. die eigene Vorfertigung von Mehr- oder Minderbedarfen bei KANBAN - Teilen nicht überrascht und somit lieferunfähig werden, muss eine so genannte rollierende Planung auf Teileebene als Vorschau eingerichtet werden.

Sie ist zwingend, die Vorlieferanten müssen über steigende, bzw. fallende Bedarfe mittelfristig informiert werden, damit sie sich auf die Situation entsprechend einstellen können.

Bild 4.6: Vorschau für den Lieferanten aus der rollierenden Planung als Vorab - Info

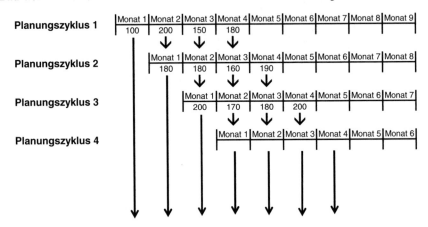

Der eigentliche Abruf erfolgt kurzfristig mittels Kanban-Karte / -Fax / -E-Mail

Die Regeln für Abruf, was auf Lager bei Lieferant oder im eigenen KANBAN - Regal der Vorfertigung liegen muss, werden über eine entsprechende Vereinbarung mit dem Lieferanten getroffen.

4.2.3 Prozesskettenvergleich Fertigung konventionell / KANBAN, bzw. Fremdbeschaffung konventionell / KANBAN

A) Fertigung konventionell zu KANBAN
Schemadarstellung

A Konventionelle Abwicklung

Betriebsaufträge = Bringsystem

- Kundenauftrag in AV / Auftragszentrum
- Material- und Kapazitätsbedarf ermitteln
- Bestellungen auslösen Einkauf, Terminüberwachung
- Produktionsplanung z.B. über eine Woche = Aufträge einplanen
- Betriebsaufträge erstellen und in Fertigung geben
- In Produktion Terminverfolgung Fertigungssteuerung, AV, Meister
- Fertigmeldung, nächster Arbeitsschritt, oder Versand

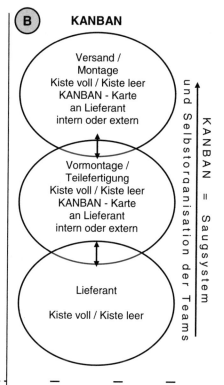

B KANBAN

- Versand / Montage
  Kiste voll / Kiste leer
  KANBAN - Karte
  an Lieferant
  intern oder extern
- Vormontage / Teilefertigung
  Kiste voll / Kiste leer
  KANBAN - Karte
  an Lieferant
  intern oder extern
- Lieferant
  Kiste voll / Kiste leer

und Selbstorganisation der Teams = KANBAN = Saugsystem

STAMMDATEN
- Stücklisten nach Baugruppe
- Arbeitspläne detailliert
- Kapazitätsparameter detailliert

WERKZEUGE
- PPS-System
- Betriebsaufträge
- Arbeitspapiere
- Fertigmeldebeleg
- QS - Belege
- Leitstände

STAMMDATEN
- Stücklisten flach - 1 Ebene
- Arbeitspläne grob
- Kapazitätsparameter grob

WERKZEUGE
- Langfristplanung
- KANBAN - Vereinbarung mit Lieferant
- KANBAN - Karte + Frequenzen
- Auslastungsübersicht vor Ort

4.2.4 Die Merkmale einer KANBAN - Steuerung

➢ Teilesteuerung / -produktion nach dem Holprinzip:
   Fertigung oder Transport werden nur angestoßen, wenn ein tatsächlicher Bedarf vorliegt = KANBAN - Abruf.

➢ Einsatz von KANBAN schwerpunktmäßig in Fertigungsbereichen mit Variantencharakter:
   Möglichst Wiederholung gleichartiger Vorgänge, aber z.b. andere Komponenten einbauen.

➢ Entkoppelung von einzelnen Produktionsabschnitten durch so genannte KANBAN-Kreisläufe:
   Ein leerer Behälter aus Vorratspuffern löst Produktionsprozess des nachfolgenden Produktionsschrittes aus.

➢ Nachschub in kleinen Mengen bei geringen Durchlaufzeiten:
   Um die Bestände gering zu halten, erfolgt der Teilenachschub bzw. Teilefertigung in kleinen Mengen bei kurzer Wiederbeschaffungszeit, siehe nachfolgende Beschreibung.

Die KANBAN-Karte übernimmt die Funktion des Fertigungsauftrages. Durch die Anzahl der aufgelegten KANBANS in Abhängigkeit der notwendigen Bedarfe ist das System selbst steuernd.

4.2.5 Organisationshilfsmittel für KANBAN

1. Dispositionstafel zur Steuerung der KANBAN - Aufträge und Produktivitätsdarstellung
2. Lager mit Festplatzorganisation
3. Feste Mengen- und Behälterorganisation
4. KANBAN-Karte, blau / rot / weiß etc., je nach Verwendungszweck
5. KANBAN-Karten - Verwaltungsprogramm auf PC oder innerhalb des ERP- / PPS-Systems
6. Langfristplanung rollierend mit Info der Bedarfsänderungen an Lieferant

4.2.6 KANBAN - SPIELREGELN

A) Für die Mitarbeiter in den Fertigungsteams

1.) Teile werden nur in festen Mengen / Standardbehältern gelagert und transportiert

2.) Jedem standardisierten KANBAN - Behälter ist eine KANBAN-Karte zugeordnet

3.) Ist ein KANBAN - Behälter geleert, so ist die Nachlieferung mit Hilfe der zugeordneten KANBAN-Karte umgehend bei den betreffenden Lieferanten anzustoßen.

4.) Jede KANBAN-Karte auf der Steuer- / Auslastungstafel gilt als Auftrag in der vorgegebenen Menge zum vorgegebenen Termin.
Ohne KANBAN-Karte keine Fertigung, kein Arbeitsprozess, kein Transport

5.) Die Anzahl der KANBAN-Karten darf nicht eigenmächtig verändert werden, es dürfen auch keine Änderungen der Daten auf der KANBAN-Karte vorgenommen werden.

6.) Nur vollständige KANBAN - Behälter mit fehlerfreien Teilen dürfen weitergegeben werden. Zu jedem Behälter gehört eine KANBAN-Karte, Teile dürfen nur in den vorgeschriebenen Behältern aufbewahrt und transportiert werden.
Nullfehler - Organisation / Mitarbeiter - Selbstkontrolle

7.) KANBAN - Behälter dürfen nur an den zugewiesenen Plätzen abgestellt werden.
KANBAN - Termine müssen 100 % eingehalten werden
KANBAN - Aufträge haben immer Priorität 1 (= höchste Priorität / Intercity-System)

8.) Die KANBAN - Auslastungstafeln müssen einwandfrei geführt werden, bei Engpässen Meldung an Vorgesetzte

9.) Den jeweiligen Fertigungsbeginn bestimmt das Werkstatt - Team, gemäß festgelegter Lieferzeit auf der KANBAN-Karte

B) Für die EDV, das PPS-System und die Organisation im Auftragszentrum

1.) Es muss eine Langfristplanung über x Monate eingerichtet werden, die je nach Zeitraum, monatlich bzw. wöchentlich, den echten Bedarfen angepasst wird und die mittels so genannter Planläufen in Form von Abtastverfahren prüft, ob die im Zentrallager / beim Lieferant befindlichen Vorräte / Aufträge den Bedarf abdecken (Abtasten der voraussichtlichen Nachfragemengen).

2.) Das PPS-System muss so umgestellt werden, dass Entnahmebuchungen im Zentrallager - z.B. Lager 1 - auf ein Produktionslager - z.B. Lager 2 - umgebucht werden und von dort bei Buchung „Fertigwarenlager-Eingang" - Lager 3 - die Abgänge über eine so genannte retrograde Stücklistenauflösung / -Bedarfsrechnung - von Lager 2, Produktion - abgebucht werden (Mehrfachlagerortverwaltung).

3.) Sofern für die Vorstufen Betriebsaufträge oder Lieferantenbestellungen / -abrufe erzeugt werden, erhalten diese keine festen Start- bzw. Endtermine, sondern werden von den verantwortlichen Disponenten nach Reichweiten eingesteuert (Lieferkapazität der Vorstufe ermitteln, gegebenenfalls anpassen).

4.) Da in einem KANBAN-System kein Abriss in der Materialversorgung entstehen darf, muss sichergestellt sein, dass in irgendeiner Vorstufe so viel gelagert ist, dass dort alle Bedarfsschwankungen aufgefangen werden können (z.b. beim Lieferant), oder die Produktion ist so leistungsfähig und flexibel, dass sie allen Schwankungen nachfahren kann.

5.) Die KANBAN-Karten müssen mittels KANBAN - Stammdatenblatt (in der EDV oder per PC) nach Anzahl Karten (Sollmenge) und Anzahl Frequenzen (Takte) kontrolliert und gegebenenfalls angepasst werden. (Sind Liefermöglichkeiten und Nachfragemengen noch im Einklang?)

6.) Aufträge von Kunden, die gleich oder größer sind als die gesamt gelagerte KANBAN - Menge, so genannte **Riesenaufträge**, werden nicht mehr über KANBAN gefahren, sondern ergeben normale Betriebsaufträge mit Arbeitspapieren und Start- / Endtermin. Diese Betriebsaufträge werden parallel zum KANBAN-System von den Fertigungsteams, innerhalb der eingerichteten Regelkreise, durchgesteuert. Die Betriebsaufträge stecken neben den KANBAN-Karten in den Steuerungs- / Auslastungstafeln der Gruppen, bzw. sind im Bildschirm mit eingelastet.

C) Einbinden Lieferanten in das KANBAN-System / Lieferanten - KANBAN

Sofern Lieferanten in das KANBAN-System eingebunden sind, existiert eine Langfristplanung als Trendinfo zu Lieferant. Die Abrufe werden vom Lager der Montagemitarbeiter mittels KANBAN-Karte, Telefax oder e-Mail getätigt, wenn ein Behälter / Fach leer ist. Die Karte wird bis zur Lieferung in einer Tafel „Bestellt" abgestellt, nach Eingang des Behältnisses wieder zugeordnet und Eingang gebucht.

D) Einsatz von Barcode-Systemen / Strichcode-Systemen bei KANBAN

Ideal ist der Einsatz von Barcode- / Strichcode-Systemen bei KANBAN. Beim Abbuchen mittels Lesegerät, z.B. Behälter leer vom Kunde, wird automatisch bei Lieferant ein KANBAN - Auftrag erzeugt, was auch eine KANBAN - Organisation über große Entfernungen zulässt, Internet - Anbindung.

E) RFID - Lösungen machen das System noch einfacher und sicherer

Eine neue RFID - Lösung [1], die auch KANBAN - Szenarien unterstützt, hat Siemens entwickelt. Die RFID - Lösung von Siemens basiert auf modernen Schreib-Lesegeräten im UHF-Bereich. Diese erlauben auch große Distanzen zwischen den Datenträgern und den Geräten. Nachdem die Transporter an den Wareneingangstoren gelesen wurden, gelangen die Daten über die Middleware SAP Auto-ID Infrastructure und die Integrationsplattform SAP Exchange Infrastructure (XI) zum SAP R/3-System. Die gescannte Ware kann so über die gesamte logistische Kette verfolgt werden und es erfolgt auch automatisch eine Statusänderung der KANBAN - Behälter von „voll" auf „leer", oder umgekehrt.

[1] RFID = Radio Frequenz Identifikationslösung, auch Transponder - Systeme genannt

F) Wichtige allgemeine Hinweise für eine erfolgreiche KANBAN-Organisation

KANBAN hat Vorfahrt:
Die Wiederbeschaffungszeiten und Mengenvorgaben lt. KANBAN-Karte müssen 100 % eingehalten werden, sonst kann Abriss entstehen. KANBAN - Aufträge haben in der Fertigung immer höchste Priorität / Intercity - System

Behandlung von Riesenaufträgen:
Einzelne Kundenaufträge, die größer sind als die festgelegten KANBAN - Mengen, so genannte *Riesenaufträge*, müssen immer über Fertigungsaufträge mit Lieferzeiten, separat / zusätzlich produziert werden. Sie saugen ansonsten das System leer und es entsteht ein Abriss in der Nachschubversorgung, was nicht sein darf - Unternehmen wird für andere Kunden lieferunfähig.

EDV - Merkmal bei der Auftragserfassung
Zur Visualisierung - Ist ein einzelner Kundenauftrag größer / kleiner als die festgelegte KANBAN - Menge, wird bei der Auftragserfassung am Bildschirm die festgelegte KANBAN - Menge eingeblendet.

Welche Teile / Artikel können über KANBAN gesteuert werden
Faustformel: Damit ein einzelnes Teil, eine Baugruppe, oder ein Endprodukt nach KANBAN gesteuert und produziert werden kann, sollte es pro Jahr mindestens 4 - 6-mal angefasst werden und der Bedarf sollte in etwa gleichmäßig sein, selbstverständlich auch mit steigendem / fallenden Bedarf, und die Lieferzeit / die Nachschubautomatik sollte nicht länger als max. 5 Arbeitstage dauern (besser weniger AT). Bei Eigenfertigungsteilen die länger als 5 AT Durchlaufzeit haben, muss dann über Schichtbetrieb, mehr Personaleinsatz oder Einrichten weiterer Kanban - Kreise auf max. 5 AT gekommen werden. Außerdem sollte nicht mehr als eine Index- Änderung pro Jahr anfallen

KANBAN bei schwankendem Bedarf
Bei sehr schwankenden Bedarfen und Saisonbedingungen wird mit verlorenen KANBANS gearbeitet, die zur Aufstockung des Bestandes mit einer anderen Farbe ausgegeben und nach Verbrauch vernichtet werden.

Verantwortung für KANBAN erzeugen
Bewährt hat sich für einen stabilen KANBAN-Ablauf die Einführung des so genannten Patendenkens. Es sollte z.B. jeweils ein KANBAN - Pate gefunden werden für:
- die verantwortliche KANBAN - Kartenverwaltung / -erzeugung
- die Ordnung an den einzelnen KANBAN - Stell- bzw. Lagerplätzen
- Führen und Pflege der Auslastungs- / Steuertafeln
- Führen und Pflege der Produktivitäts-, Qualitäts- oder sonstiger KVP - Kennzahlen

4.2.7 Neuausrichtung der Fertigungsorganisation / der Produktions- und Montageabläufe nach Produktgruppen und nach dem Pull - Prinzip / KANBAN-Regeln

Bild 4.7: Schemadarstellung - Einteilung der Fertigungen / Montagegruppen und KANBAN - Regelkreise nach dem PULL - Prinzip

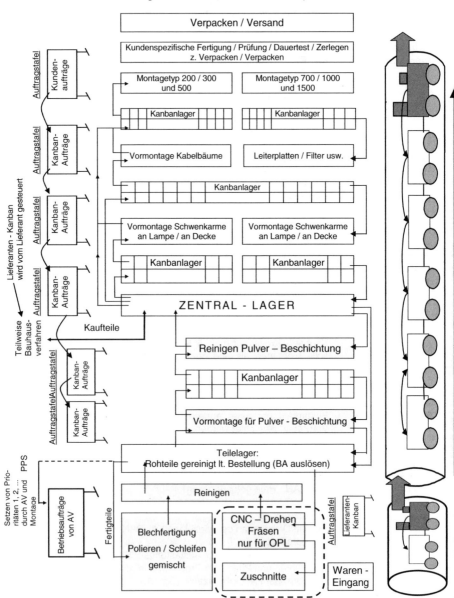

Bild 4.8: Schemadarstellung - Einteilung der Fertigung in KANBAN - Regelkreise, bei z.B. einer einstufigen Fertigung

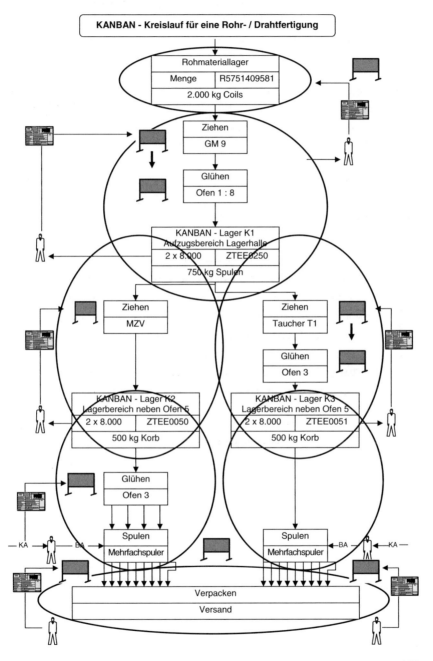

Bei der Einführung von Fertigungs-Kanban ist es notwendig, die Produktion zu segmentieren, also nach Produktgruppen prozessorientiert zu strukturieren. Ebenso wie die Einrichtung diverser Regelkreise, die nach dem Kunden-Lieferantenprinzip mittels Kanban-Regeln untereinander bestellen → beliefern.

> ▶ 1 Lieferung / 1 Nachschubautomatik darf nicht länger als maximal 5 Arbeitstage dauern (besser weniger Tage)

Innerhalb dieser Fertigungszellen wird es möglich, die Abarbeitung der Kundenaufträge vom Verrichtungsprinzip in ein Fließprinzip, ohne Betriebsaufträge (Kunden-Lieferanten-Prinzip) über den gesamten Arbeitsablauf hoch flexibel zu steuern. Damit ist die Entscheidungskompetenz für die termingerechte Fertigungserstellung der Kundenaufträge, incl. der Nachschubautomatik, komplett in die Hände der Fertigung, hier Montage / Vormontage und Lager, gelegt.

Außer einer hohen Produktivität und Flexibilität, die auf Grund des Wegfalls von so genannten „nicht wertschöpfenden Tätigkeiten" bei Gruppenarbeit entsteht, verkürzt sich die Durchlaufzeit wesentlich. Auch das Auftreten von Fehlteilen / fehlende Baugruppen läuft gegen Null, bei gleichzeitiger Senkung der Bestände.

Damit die KANBAN - Steuerung / das Verbuchen der Zu- und Abgänge innerhalb der beschriebenen Regelkreise über die gesamte Logistikkette, ohne Betriebsaufträge und die notwendige rollierende Planung auf Teileebene funktioniert, müssen die Buchungs- und Dispo - Vorgänge, in allen Stücklisten die Baugruppen aufgelöst und die Arbeitspläne entsprechend angepasst werden, siehe nachfolgende Schemadarstellung.

Die Baugruppenstruktur selbst, bleibt für z.B.
Konstruktionszwecke erhalten.

4.2.8 Stücklistenaufbau bei einer KANBAN - Organisation

Bild 4.9: Schemadarstellung Stücklistenaufbau (konventionelle Organisation)

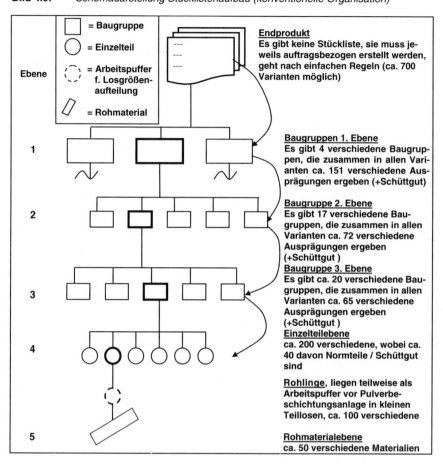

Bild 4.10: Schemadarstellung Stücklistenorganisation (Kanban - Organisation)

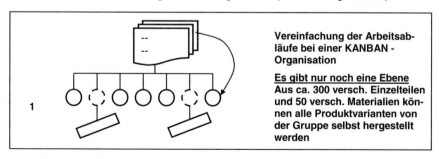

4.2.9 Buchungsvorgänge bei KANBAN

Da im System insgesamt die wert- und bestandsmäßige Betrachtung nicht verloren gehen darf, muss das EDV-System für diese Organisationsform von einer Abgangsbuchung auf Aufträge, umgestellt werden, auf Umbuchen von Lagerort auf Lagerort, was am einfachsten anhand eines Schemabildes dargestellt werden soll:

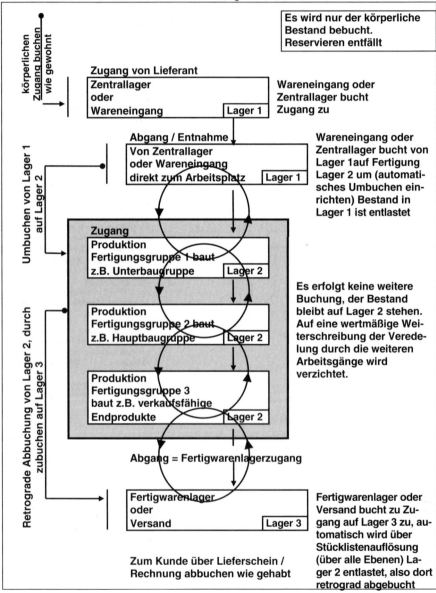

4.2.10 Bestimmung von KANBAN - Mengen und Festlegen der Anzahl Behälter

Bestimmung von KANBAN - Mengen

Für die Festlegung von KANBAN - Mengen (eine KANBAN - Menge entspricht dem Inhalt einer Kiste), haben sich in der Praxis folgende zwei Formeln bewährt:

A) Berechnung mittels mathematischer Statistik

1. Ø - Verbrauch während der Wiederbeschaffungszeit $\overline{X}$ (max. 1 Woche WBZ)
2. plus 1 - 2 Standardabweichungen
   (je nach Streuung der Kundenaufträge)   + 1 S (evtl. 2 S)
3. ergibt die KANBAN - Menge
   für 1 Kiste = 1 + 2 = 3   = Menge Kiste 1
4. gleiche Menge als Reserve   = Menge Kiste 2

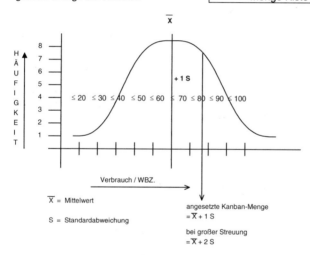

$\overline{X}$ = Mittelwert
S = Standardabweichung

angesetzte Kanban-Menge
= $\overline{X}$ + 1 S

bei großer Streuung
= $\overline{X}$ + 2 S

oder

B) Berechnung nach Durchschnittsverbrauch

1. Ø - Verbrauch während der Wiederbeschaffungszeit Ø (max. 1 Woche WBZ)
2. plus 100 % Sicherheit   + Ø
3. ergibt die KANBAN -Menge für 1 Kiste
   = Ø - Verbrauch während der WBZ x 2   = Menge Kiste 1
4. gleiche Menge als Reserve   = Menge Kiste 2

oder

C) Bedarf für eine Woche lt. Fertigungskapazität des Kunden

Hinweis: Für die Wiederbeschaffungszeit bei Fertigungsteilen, wird entweder eine mit der Fertigung festgelegte Zeit in Tagen bestimmt - maximal 5 Tage - oder es wird die reine Fertigungszeit Ta, + maximal 1 AT Liegezeiten verwendet.
Bei Kaufteilen, gemäß Absprache mit Lieferant, siehe Kanban - Rahmenvereinbarung
Es werden immer zwei Kisten vorrätig gehalten. Als Menge einer Kiste, kann auch Mindestbestand = rote Markierung an einer Wand, an einem Behältnis angesehen werden. Menge von zwei Kisten = Bestandsobergrenze = grüne Markierung.

Achtung: **Die Wiederbeschaffungszeiten und Mengenvorgaben müssen 100 % eingehalten werden, sonst kann Abriss entstehen.**
Kanban - Aufträge haben immer höchste Priorität / Intercity-System.

Bestimmung Anzahl Behältnisse / KANBAN-Karten

Damit die Funktionsweise eines KANBAN-Systems grundsätzlich erhalten bleibt, sollten in der Praxis

a) maximal 4 Behältergrößen (Schäferkisten)
b) maximal 2 Palettenarten
c) maximal 2 Gitterbox-Größen

Wird mittels einer so genannten „Behälterinventur" festgelegt. Danach erfolgt die exakte Bezeichnung / Nummerngebung des Behältnisse

eingesetzt werden.

Für die Bestimmung der notwendigen Anzahl Behältnisse für einen Kanban - Artikel und somit auch Anzahl KANBAN-Karten, ergibt sich somit folgende Schrittfolge:

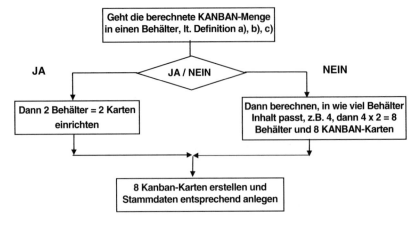

4.2.11 Vertragliche Regelungen Lieferanten - Kanban

Muster einer Kanban - Rahmenvereinbarung
mit Firma X X X X X
für KANBAN-Teile

über	Artikel - Nr.: [ ]	Bezeichnung: [ ]
Zeitraum:	Diese Rahmenvereinbarung gilt für die Zeit vom 02.01.xx bis 31.12.xx	⎫ Diese drei Abschnitte gelten zur Preisverhandlung
Jahresbedarf:	120.000 Stück	⎬ Vertrag läuft immer weiter, muss separat
Abrufmengen:	4.000 Stück = 1 Kanban - Menge	⎭ gekündigt werden
Anlieferung:	In den lt. Kanban-Karte vorgegebenen Behältnissen (Transportbehältnis - Einlagerbehältnis)	
Abruftermine:	Wir rufen unseren jeweiligen Bedarf mit Kanban-Karte per Fax ab. Wir erwarten von Ihnen den Wareneingang innerhalb von 3 Arbeitstagen, bzw. lt. Kanban - Karten - Angabe	
Bevorratung im Unternehmen:	Mindestbestand 12.000 Stück, ab Woche/Jahr 12/xx Gesicherte Abnahmemenge: 40.000 Stück Im Falle von Zeichnungsänderungen oder Kundenstornierungen verpflichten wir uns, die gesicherte Menge abzunehmen.	
Wochenleistung:	2.500 Stück im Ø	
Durchlaufzeit	Um Abrufspitzen abzudecken, sind Sie in der Lage innerhalb von einer Woche den Mindestbestand auf den Höchstbestand = Kanban - Menge x Anzahl Kanbans = 24.000 Stück aufzufüllen.	
Bestandsinfo:	Sie informieren uns regelmäßig alle 2 Wochen über die Bestandssituation, ☐ bzw. wir können mittels ERP-Programm in diesen Teilebestand einsehen, ☐ oder mittels Video-Kamera und Internetanschluss ☐	
Qualität:	Die einwandfreie / 0 - Fehler - Anlieferung weisen Sie uns durch den entsprechenden QS - Kontrollbeleg für dieses Teil, sowie den ausgefüllten Wareneingangs-/Quittierbeleg für unsere Warenwirtschaftbuchungen nach. Belege pro Kanban - Anlieferung.	
Ansprechpartner:	[Fr. Werner]	

Ort / Datum

Lieferfirma   **Abnehmerfirma**

KANBAN - STEUERTAFEL IM LAGER FÜR LIEFERANTEN - KANBAN

Artikel - Nr. / Lieferant	Anzahl KANBANS gesamt / getätigte Abrufe									
	1	2	3	4	5	6	7	8	9	10
A 040847 Fa. Kemper	⊗	⊗	⊗	⊗						
A 047915 Fa. nn										
---------------	⊗	⊗								
---------------	⊗									

---------------	⊗									

Legende:
- ⊠ so viele Karten gibt es, 6 Stück
- ⊗ so viele Abrufe sind getätigt 3 Stk.
- ⊙ Bestellhinweis

Oder anstatt Pin in Tafel stecken:
- Kopie / Fax - Streifen
- Kanban - Karte selbst

FAX - KANBAN - ABRUF

Abteilung	:x x x x x x x x	Unternehmensberatung
Ansprechpartner	:Fr. Werner	Rainer Weber REFA-Ing.
Telefon Nr.	:0049 7234 / 59 92	Im Hasenacker 12
Fax Nr.	:0049 7234 / 78 45	D - 75181 Pforzheim-Hohenwart
Internet Mail	:WeberHohenwart@aol.com	
Blatt 1 von	:1	

Empfänger / Adresse v. Lieferant

Firma :
Abteilung :
Name :
Telefon Nr. :
Fax Nr. :
Internet Mail :

Feld für Detail-Eintragungen

KANBANABRUF - Nr.: 001 / 02   Datum:

Teile - Nr.	:	
Bezeichnung	:	
Kisten - Typ	:	
Menge / Kiste	:	
Lagerplatz - Nr.	:	
Anlieferzeitraum	:	
Anlieferstelle	:	
Karte [3] von [6]	:	

Dieser Kanban - Abruf ist auch ohne Unterschrift rechtgültig.

Mit freundlichen Grüßen

Mindestinhalt eines rollierenden Lieferanten - Kanban - Vertrages = Rahmenvertragsspezifikation

- Preis und Zahlungskonditionen
- Gültigkeitszeitraum für Preise und Bedarfsmengen
- Genaue Artikelnummer und Lieferbedingungen
- Bedarfsvorhersage, z.B. ca. Jahresbedarf und ca. Liefereinteilungen
- Abrufmengen in Stück = eine Kanban - Menge und Art des Abrufes
- Schwankungsbreite zur Abdeckung von Bedarfsspitzen
- Fixe Lieferzeit in Tagen und genaue Behälterdefinition
- Bevorratung beim Lieferant = Sicherheitsbestand und Infopflicht über Bestandssituation, gesicherte Abnahmemenge / rollierende, sowie Ansprechpartner
- Qualitätsvereinbarungen, Kennzeichnung für Ware und Anlieferbelege
- Ansprechpartner

Praxistipp

Um, die sich aus den KANBAN - Verträgen ergebenden Just in time - Lieferungen rechtlich abzusichern, und um keine bösen Überraschungen zu erleben (z.b. Haftungsausschluss, gemäß § 4 der Allgemeinen Haftpflichtversicherungen), sollten die

- Lieferantenverträge
- Versicherungsverträge

von spezialisierten Anwälten verhandelt und angefertigt werden.

Außerdem sollten die von Zulieferunternehmen zu erstellenden Teilprodukte in einem Pflichten- oder Lastenheft ausführlich beschrieben und schriftlich niedergelegt werden.

Dadurch können die Chancen und Risiken der Just in time - Lieferungen besser abgegrenzt und abgeschätzt werden, insbesondere wenn die Lieferanten z.B. direkt in die KANBAN - Regale in der Montage liefern.

Bild 4.11: *Fragenkatalog mit den Kriterien für eine Lieferantenbeurteilung „Ist Lieferant KANBAN - fähig?"*

1. Qualitätssicherung / Produktivität
Wie ist die Nullfehler - Lieferung von Lieferant an uns sichergestellt

	Punkte		Punkte
QS-Sicherstellung in Produktion	1	QS-Prüfung Endkontrolle	3
QS-Dokumentation	4	QS-Dokumentation incl. Absicherung Vormaterial	5

Reaktionszeit bei n.i.O.-Lieferungen
Wie verhält sich der Lieferant bei Sperrung oder Zurückweisung einer Lieferung

Ersatzlieferung erst nach Verhandlung	1	Nacharbeit, Aussortieren	3
Ersatzlieferung oder Sonderaktion sofort	4	0-Fehler-System, es gibt keine Zurückweisung	5

2. Bereitschaft zur Vorratshaltung / Flexibilität
Wie hält der Lieferant die KANBAN - Menge vor

Einlagerung mit Sicherheitsbestand	2	Lagerung bei Spedition	4
KANBAN - Prinzip	5		

Lieferflexibilität
Ist der Lieferant in der Lage, kurzfristige Bedarfsänderungen zu erfüllen

mit Problemen	1	häufig	3
meistens	4	jederzeit	5

Mehrkosten / Sonderfahrten
Werden kurzfristige Bedarfssteigerungen vom Lieferant ohne Mehrkosten erfüllt?

selten	1	häufig	3
meistens	4	immer	5

3. Liefertreue in Termin und Menge / Einhalten Infopflicht
Termin- und Mengentreue
Hält der Lieferant die vorgegebenen Termine und KANBAN - Mengen ein?

weniger	1	häufig	3
meistens	4	immer	5

Kennzeichnung für Ware und Papier
Hält der Lieferant die vorgegebenen Vorschriften und Kennzeichnungen ein?

fehlt, oder unklar	1	in geringem Maße	3
meist o.K.	4	optimal	5

Einhalten Info / Pflicht / Anbindungsart
Wie informiert uns der Lieferant über z.B. Probleme und in welcher Art?

nie, bzw. erst nach Nachfrage per Telefon	1	eher selten, aber per Fax	3
meistens und per E-Mail	4	optimal	5

4. Verpacken / Versand
Hält der Lieferant die vorgegebene Verpackungs- / Versandvorschriften ein?

überhaupt nicht	1	in geringem Maße	3
meist o.K.	4	optimal	5

5. Verkehrsanbindung / Zoll
Wie ist die Verkehrsanbindung des Lieferanten an uns, bzw. erschweren Ausfuhrvorschriften / Zollabwicklungen die Auslieferung?

große Schwierigkeiten Zoll und Containerverladung	1	schlechte Verkehrsanbindung, aber D / EWG	3
in geringem Maße, aber Autobahnnähe	4	nicht relevant	5

4.2.12 Darstellung von KANBAN - Karten

Bild 4.12: *Muster einer KANBAN-KARTE für ein Einzelteil*

Vorderseite:

KANBAN-Karte		Karten-Nr.:	1	Start bei Karte	3
		Anz.-Karten:	6		
Lieferstelle:	Blechraum / Säge			‖‖‖‖‖‖‖‖ ‖‖‖‖	
Sachnummer:	64 25 465			(Strichcode) 2156548984654324532	
Kurzbezeichng.:	Kabelabfangschiene				
Behälter:	Blechkiste 500x250x200				
Transportmittel:	Hubwagen				
Ablieferplatz:	Vormontage	Station:	20	Bild	
Lagerplatz:	SAB 47 11 02				
Menge:	100	Lieferzeit:	3 Arbeitstage		
Material:	C-Profil 98 03 533				
Arbeitsfolgen: 1. Sägen (Länge 170 mm) 2. Entgraten 3. Bohren / Lochen 4. Versenken 5. Schleifen		Arbeitsfolgen:			Zeit: 4,5 Std.

Rückseite [1]:

Abgabe-datum	Menge	Perso-nalnummer	Emp-fangsdatum	Abgabe-datum	Menge	Personal-nummer	Emp-fangsdatum

[1] Eventuell erweitert um eine Spalte „Betriebsauftragsnummer", sofern die zu fertigenden KANBAN - Mengen kapazitätsmäßig im PPS- / ERP - System erfasst werden sollen. (Bei Bedarfsmeldung mittels Strichcode, über EDV, erzeugt das System automatisch eine BA - Nr.)

Bild 4.13: Muster einer KANBAN-Karte für eine Komponente / Baugruppe

KANBAN-Karte	Bezeichnung	8613-00100-001 GEHAEUSEDECKEL KPLT. VERKABELT FÜR	
Auftragszeit	Kartennummer	1 von	
	Materialliste	Artikel	Menge
Empfänger	Sicherungsklemme-SG verkabelt	L 8613-00157-000	1
	*Kabel grün/gelb 200 mm SG	8613-00116-000	1
	Sicherungsklemme-SG verkabelt	N 8613-00156-000	1
Menge	Gehäusedeckel gezogen	8622-00087-001	1

Lieferzeit			8612-00141-000			
Behälter	KANBAN-Karte		Bezeichnung	FILTEREINHEIT ML501/N		
Lieferant			Kartennummer	2 von 8		
	Auftragszeit	15,16 Std.	Arbeitsfolgen	Starten bei 4 bzw. 8		
Lagerplatz			Materialliste	Lagerplatz	Artikel	Menge
Bemerkung:	Lieferstelle	1	Filter	XXXX	8612-00141-000	1
			Spannring	XXXX	8622-00376-000	2
			Spannrohr kpl.	XXXX	8612-00146-000	1
	Menge	36	Einbaubuchse	XXXX	8623-00155-000	2
			Distanzr. ML5E / 5 / 1	XXXX	8622-00468-000	4
	Lieferzeit	4 AT	Haltering f. Filter	XXXX	8622-00464-000	1
			Blendensegm. 1 ML5	XXXX	8622-00465-00	2
			Blendensegm. 2 ML5	XXXX	8622-00466-00	2
	Behälter	HK 01	Blendensegm. 3 ML5	XXXX	8622-00467-00	2
			Filter 157	XXXX	8622-00363-000	1
	Ablieferstelle	4	Kabelbaum	XXXX	8613-00086-000	1
			Kabalb. Filter	XXXX	8613-00081-000	1
	Lagerplatz	16-02				
	Bemerkung:		Spannrohre einkleben - Filter kpl. montieren Fertigungszeit in Std. = 15,16 Std.			

Abgabedatum	Menge	Personalnummer	Empfangsdatum	Abgabedatum	Menge	Personalnummer	Empfangsdatum
Menge				Menge	Übertrag		
				Gesamtmenge			

4.2.13 Pflege der KANBAN - Einstellungen

Um die Frequenzen, die gefertigten Mengen, sowie die Anzahl erstellter / in Umlauf befindlicher KANBANS kontrollieren zu können, wird von jedem Teil das über KANBAN geführt wird, eine so genannte KANBAN - Stammdatenkarte eingerichtet. Auf ihr (im EDV-System) werden alle wichtigen Daten erfasst, die erkennen lassen, ob

⇨ **KANBAN - Mengen erhöht / vermindert**   o d e r

⇨ **die Anzahl KANBANS erhöht / vermindert**

werden müssen, oder

⇨ **ob KANBAN-Karten verloren gegangen sind.**

Außerdem wird hier festgelegt, wer für die Erzeugung von KANBANS, bzw. Pflege der Stammdaten verantwortlich zeichnet.

Bild 4.14: *Darstellung von Verbrauchsmodellen deren Trend über die Anzahl Frequenzen / Verbräuche auf der Rückseite der KANBAN-Karten bzw. auf der jeweiligen Stamm - KANBAN - Karte sichtbar wird*

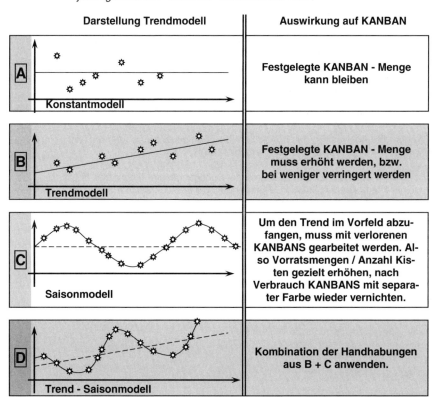

4.2.14 Führen von Steuerungs- / Auslastungsübersichten bei KANBAN-Organisation als Basis für eine effektive Feinsteuerung nach dem HOL - PRINZIP

Da bei einer KANBAN-Organisation die Einhaltung der Lieferzeit, die im Regelfall in Tagen auf dem KANBAN angegeben ist und unbedingt zu 100 % eingehalten werden muss, ist es erforderlich, dass entweder mittels

> ➤ Bildschirmübersicht
>
> oder
>
> ➤ KANBAN - Gruppentafel

die Auslastung der Fertigungsgruppen vor Ort visualisiert wird.

Mittels eigener Zeitdispositionen (Voraussetzung flexible Arbeitszeit ist eingeführt), müssen eventuelle Über- / Unterauslastungen aufgefangen werden (Führen von Zeitkonten).

Die Führung dieser Übersichten / Steuerungstafeln läuft nach folgenden Regeln ab:

Es gibt zwei verschiedene Steuerungstafeln / Auslastungsübersichten

- <u>Gruppentafel A</u>, wenn keine KANBANS zu größeren Losen gesammelt werden

- <u>Gruppentafel B</u>, wenn mehrere KANBANS zu einem größeren Fertigungslos gesammelt werden sollen

Siehe nachfolgende Schemadarstellung

Wobei die Auslastung durch Addition der Fertigungszeiten die auf den einzelnen KANBAN - Karten abgebildet sind, errechnet wird.

Bewährt haben sich zwei- bis dreimalige Rundgänge pro Woche mit Feststellung der noch abzuarbeitenden Stunden je Steuertafel, bis sich das System als Selbstläufer integriert hat (Reife - Face notwendig).

Bild 4.15: Beispiel KANBAN-Fertigungs- und Auslastungstafeln / Übersicht je Fertigungsgruppe
Schemadarstellung: **KANBAN - VERSIONEN**

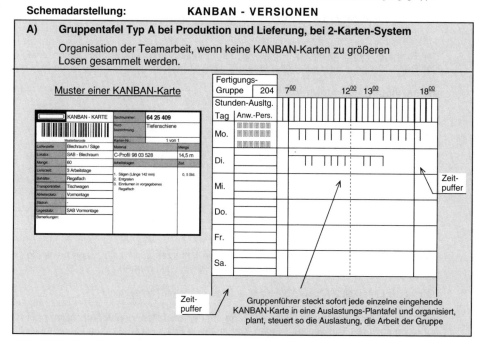

Beschreibung der Handhabungsregeln

A) Für Plantafel Typ A - Zeitraumbezogene Fertigung / kein Sammeln zu größeren Losen

Der Plantafel Typ A dient zur Einteilung der Fertigung von Artikeln, bei denen eine KANBAN - Menge in einem Behälter untergebracht ist (Kartennummer 1 oder 2 von 2).

<u>Beschreibung des Ablaufes:</u>

Die KANBAN-Karte wird vom Verbraucher, wenn der Behälter leer ist, in den entsprechenden Briefkasten des Lieferanten gesteckt und die Kiste an den entsprechenden Abholort gestellt. Der Verantwortliche der Arbeitsgruppe leert den Briefkasten zweimal täglich und teilt die Fertigung nach Lieferzeit durch Stecken der Karte in einen bestimmten Liefertag ein. Dabei spielt die Zeit, an der die Karte bei der Gruppe ankommt, eine wichtige Rolle:

Kommt die Karte vor 12 Uhr, und die Lieferzeit beträgt 1 AT, dann ist die Karte auf den Nachmittag desselben Tages zu stecken, und zu diesem Zeitpunkt ist der Auftrag auch zu produzieren / zu liefern.

Kommt die Karte nach 12 Uhr an, und beträgt die Lieferzeit auch 1 AT, dann muss die Karte auf den Vormittag des folgenden Arbeitstages gesteckt werden.

Beträgt die Lieferzeit 2 AT, wird die Karte auf den nächsten Tag gesteckt.

Bei 3 oder mehr Arbeitstagen Lieferzeit, kann auf den nächsten, den übernächsten oder auf einen späteren Tag geplant werden. Der späteste Zeitpunkt ist der Tag vor dem Liefertermin.

Wichtig: Der Liefertermin ist immer 100 % einzuhalten!

Anhand der Menge der gesteckten Karten pro Tag, sowie der sich daraus ergebenden Auslastung, ist somit für die Gruppe die Arbeitsmenge für den/die nächsten Arbeitstag/e ersichtlich. Es kann entsprechend disponiert werden.

Arbeitsgruppe							Zeitachsen ⟶				
Stunden - Auslastung		6.00	6.30			12.00	12.30			17.00	18.00
Tag	Anwesende Personen					Pause					
Montag											
Dienstag											
Mittwoch											
Donnerstag											
Freitag											
Samstag											

Sammeltasche / Briefkasten

**B)   Für Plantafel Typ B - Artikelbezogen für Mehrbehältersystem /
es wird zu größeren Mengen gesammelt**

Die Plantafel B dient zur Einteilung des Fertigungszeitraumes für Artikel bei denen die KANBAN-Mengen in mehrere Behälter aufgeteilt sind. Dabei ist der Start auf der KANBAN-Karte im Feld **Starten bei** ▢ Karte zu beachten. Die Zahl gibt an, nach der wievielten Karte mit der Fertigung unbedingt begonnen werden muss. Beispiel:

Beschreibung des Ablaufes:

Anzahl Kanban-Karten:	8
zu produzieren bei Karte:	4

Nach Erhalt der KANBAN-Karte steckt der Verantwortliche der Arbeitsgruppe die 1. Karte links beginnend in die entsprechende artikelbezogene Zeile der Spalte „Ablage für KANBAN-Karte 1 bis n". Das Feld Artikel dieser Zeile ist mit der Artikelnummer beschriftet. Kommt nun die 2. Karte des gleichen Artikels, wird sie rechts von der ersten Karte angeordnet, in dieselbe Zeile gesteckt. Es werden so lange Karten gesteckt, bis die auf der Karte angegebene Kartenzahl (Start bei X) erreicht ist.

Diese Karte kommt in das Feld „Start". Nach dem auf der letzten Karte angegebenen Liefertermin in Tagen, richtet sich nun der Fertigungstermin für den jeweiligen Artikel.

Die Summe der Auftragszeiten der einzelnen Karten wird in das Feld „Summe der Auftragszeiten" eingetragen.

Der gleiche Vorgang wiederholt sich in anderen Zeilen für andere Artikel.

Bei Unterauslastung kann auch mit der Fertigung einzelner Karten begonnen werden, auch wenn das volle Los noch nicht erreicht ist. Durch Zusammenfassen gleicher Arbeitsgänge oder Abläufe von verschiedenen Artikeln, kann hier selbstständig eine rationelle Arbeitsweise eingeteilt werden (z.B. bilden von Rüst-Teilefamilien), um Rüstzeiten zu sparen.

Wichtig: der Liefertermin ist immer 100 % einzuhalten!

Anhand der Eintragungen „Stundensumme aller Auftragszeiten", kann die Gruppe ebenfalls die Auslastung erkennen und entsprechend disponieren.

Arbeitsgruppe				Summe der Auftragszeiten
Artikelbezeichnung	Ablage für KANBAN-Karte 1 bis n		Start	
Artikel A	1. Karte	2. Karte	3. Karte	4. Karte
Artikel B	1. Karte	2. Karte		3. Karte
Artikel M	1. Karte			
Artikel N	1. Karte	2. Karte		
Artikel R	1. Karte			
Artikel nn				
	Sammeltasche / Briefkasten			

Wobei in der Praxis die verschiedenen Steuertafeln vor Ort zu einer Steuertafel mit zwei Plantafelbereichen zusammengefasst werden.

KANBAN - Steuertafel für alle Versionen

Montagebereich	PM	01	Summe TA
Montag			
Dienstag			
Mittwoch			
Donnerstag			
Freitag			
Samstag			

① Plantafelbereich A

Artikel 200712520	Ablage Karte 1 bis n Karte 1 Karte 2 Karte 3	Start	Summe TA

② Plantafelbereich B

In Bestellung	Auftrag

Briefkasten

1) Plantafelbereich A (Zeitraumbezogene Fertigung)

Plantafelbereich A dient zur Einteilung der Fertigung von Artikeln, bei denen die gesamte KANBAN - Menge in einem Behälter ist (Kartennummer 1 oder 2 von 2).

2) Plantafelbereich B (Artikelbezogen für Mehrkistensystem)

Plantafelbereich B dient zur Einteilung des Fertigungszeitraumes für Artikel, die in mehrere Kisten aufgeteilt sind. Dabei ist der Start auf der KANBAN-Karte im Feld „*Start bei*" zu beachten. Die Zahl gibt an, nach der wievielten Karte mit der Fertigung begonnen werden muss. Die letzte Karte ist die Startkarte.

> **Praxistipp:**
>
> Erst wenn diese Tafeln von den Gruppenmitgliedern / den Verantwortlichen ordnungsgemäß und vollständig, gemäß vorgegebenem Zeitraster, geführt werden, kann davon ausgegangen werden, dass das KANBAN - System angenommen worden ist und wie geplant funktioniert.

Unternehmensberatung Rainer Weber REFA-Ing. / EUR-Ing.

Im Hasenacker 12 75181 Pforzheim-Hohenwart
Tel.: 0049 (0)7234 / 59 92 Fax: 0049 (0)7234 / 78 45

Wilhelm Bott GmbH & Co. KG
Bahnstraße 17
74405 Gaildorf
Tel. (0 79 71) 2 51-0
Fax (0 79 71) 2 51-1 66
e-mail: info@bott.de
Internet: www.bott.de

4.2.15 Entwicklung der Bestände und der Termintreue / des Servicegrades seit Einführung von KANBAN

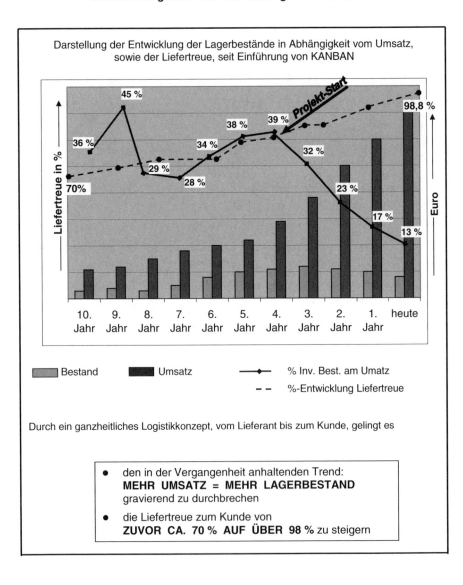

Durch ein ganzheitliches Logistikkonzept, vom Lieferant bis zum Kunde, gelingt es

- den in der Vergangenheit anhaltenden Trend:
  MEHR UMSATZ = MEHR LAGERBESTAND
  gravierend zu durchbrechen
- die Liefertreue zum Kunde von
  ZUVOR CA. 70 % AUF ÜBER 98 % zu steigern

5. Voraussetzungen für eine geordnete und bedarfsgerechte Bestandsführung und sachgerechte Disposition mit niederen Beständen

1) Aufbau eines eindeutigen Artikelnummern-Systems
2) Stimmende Stücklisten nach Fertigungsgesichtspunkten aufgebaut
3) Eindeutige Verantwortung nach Disponent / Einkauf / Lagertätigkeiten
4) Pflege aller notwendigen Stammdaten auf dem aktuellsten Stand
5) Jeder im Bereich Materialwirtschaft tätige, muss die für ihn zutreffenden Grundregeln seines Tätigkeitsbereiches im Sinne der Materialwirtschaftsführung beherrschen, insbesondere bei EDV-gestützten Verfahren
6) Alle Artikel in eine A-B-C / 1-2-3 - Einteilung, sowie Anlauf- / Auslaufteil etc. bringen
7) Der Vertrieb muss in die Verantwortung von A-Teilen einbezogen werden
8) Bestände müssen exakt und sorgfältig geführt werden
9) Sie ständig auf dem Laufenden halten durch aktuelle Bestandsfortschreibung mit Verfügbarkeitskontrolle
10) Bestände mittels Restmengenmeldung bzw. permanenter Inventur öfters überprüfen
11) Durch fortlaufend geführte Verbrauchsstatistik und Errechnung von monatlichem Durchschnittsverbrauch die Umschlagstendenzen sofort anschaulich machen, bei fallenden Verbräuchen, Bestellungen bzw. Abrufe zeitlich verschieben (ATMEN)
12) Nachschubautomatik durch Festlegung von Mindestbeständen = Wiederbestellpunkt und Reichweitenbetrachtungen sichern, bzw. kurzfristig bei Auftragseingang eine Stücklistenauflösung zur Ermittlung des Nettobedarfes durchführen
13) Auch EDV-gestützte Verfahren müssen schnelle Auskunft über die aktuellen körperlichen Bestände und verfügbaren Mengen geben
14) Kein Zugang oder Abgang von A- und B-Teilen ohne Beleg. Also Entnahmestücklisten, Materialentnahmescheine, Eingangsmeldebelege, Entnahme- bzw. Dispositionslisten nach Sachbearbeiterkennzeichen schaffen
15) Das Lager unter Verschluss halten, damit unkontrollierbare Lagerbewegungen verhindert werden. Barcode- / Datenfunksysteme einführen
16) Den Buchungsort der EDV-gestützten Verfahren für die körperliche Bestandsführung möglichst dort wählen, wo der auftragsbezogene Verbrauch entsteht. Verantwortung im Lager erzeugen, durch Dispositionsvorgänge ins Lager verlegen.
17) Pflege der Wiederbeschaffungszeiten, der Bestellpunkte und Sicherheitsbestände sowie die Angaben über fixe Bestellmengen
18) Lieferuntreue Lieferanten ausscheiden
19) Einführen von Liefereinteilungen bei Auftragsfertigung über längere Zeiträume
20) Beachten der aufgezeigten Planungs- / Dispositions- / Lager- und Einkaufsregeln
21) Beachten der Regeln immer nach effektiv vorhandener Kapazität ausgerichteter Fertigungs- und Werkstattsteuerung (AV-Organisation)
22) Einrichten einer geordneten Logistik mittels Bereitstellen - Beschicken - Entsorgen und des dazugehörigen Meldewesens.
23) Einführen von Regalserviceverfahren durch die Lieferanten
24) Einbeziehen der Fertigungsmitarbeiter und der Lieferanten in die Nachschubautomatik, mittels Kanban-Systeme.
25) Aufbau eines durchgängigen Logistiksystems vom Kunde bis zum Lieferant = E-Business-System

5.1 Festlegung der wichtigsten *Dispo-Stammdaten* je Teileart

1.)	**Artikelnummer:**						
2.)	**Art des Artikels:**	Halbzeug ☐ Einzelteil ☐ Fertigprodukt ☐			Rohling ☐ Baugruppe ☐		
3.)	**Wertigkeit I:**	A) ☐	B) ☐	C) ☐	D) ☐		E) ☐
4.)	**Dispo-Kennzeichen II:**	Wiederholteil / -material [1] Sonderteil / -material mit Wiederholcharakter für [2] z.B. nur einen Kunden / ein Teil Reines Sondermaterial, rein „auftragsbezogen" zu bestellen [3]						
5.)	**Durchschnittsverbrauch letzte 12 Monate**	☐ ☐ ☐ ☐ ☐ ☐ } ☐ ☐ ☐ ☐ ☐ ☐ }						
6.)	**Trend:** (nur bei Dispo-Kennz. 1 oder 2 angeben)	gleich bleibend ☐ steigend ☐ fallend ☐						
7.)	**Aktuelle Wiederbeschaffungszeit in Wochen:** ☐						
8.)	**Liefertreue des Hauptlieferanten:**	a) sehr pünktlich, wochengenau ☐ b) weniger pünktlich, ± 1 – 2 Wochen genau ☐ c) unpünktlich, ± 3 – 4 Wochen genau ☐						

9.)	**Berechnung / Festlegung des
	Sicherheitsbestandes:**
		1) nach Liefertreue(lt. oben) ☐
		       wenn a) Si = Ø - Verbrauch in 10 AT ☐
		       wenn b) Si = Ø - Verbrauch während
		       der Wiederbeschaffungszeit : 2 ☐
		       wenn c) Si = Ø - Verbrauch während
		       der Wiederbeschaffungszeit ☐
		2) nach Servicegrad-Verfahren III)
		     a) Servicegrad **70%**
		     b) Servicegrad **90%**
		     c) Servicegrad **95%**
		     d) Servicegrad **99,9%**						

10.)	**Berechnung / Festlegung der Bestellmenge: Nach Teileart / Wertigkeit und Dispo-Kennzeichen**	A 1	In Abstimmung mit Vertrieb und Trend = Abrufaufträge und Atmen	
		B 1	Nach Reichweite max. 2 Monate max. 3 Monate	
		C 1	Nach fester Bestellmenge nach wirtsch. Losgröße	
		A 2	B 2	C 2
		In Abstimmung mit Kunde / Vertrieb nach Reichweite		
		A 3	B 3	C 3
		Auftragsbezogen		

11a) Berechnung / Festlegung des Wiederbestellpunktes gemäß Stammdatenfestlegung Punkt 1 - 10 lt. oben
(nach Liefertreue für Halbzeug, Rohlinge, Einzelteile, Baugruppen)

I   Bei Sonderteilen   A3 / B3 / C3   = Wiederbestellpunkt   ⓪

II Bei Sonderteilen mit
    Wiederholcharakter   A2 / B2 / C2   = Wiederbestellpunkt   ⓪

III Bei Wiederholteilen / -material als Vorrat zu halten A1 / B1 / C1

A) **Teileart A1** und Lieferant liefert kurzfristig und termintreu

$$\frac{\text{Ø-Verbrauch/Monat} \times \text{WBZ in Wochen}}{4} + \frac{\text{Ø-Verbrauch/Monat} \times 2}{4} = \boxed{}$$

B) **Teileart B1** und, oder Lieferant liefert weniger pünktlich bzw. unpünktlich

X   Wiederbestellpunkt ohne Sicherheitsbestand $\dfrac{\text{Ø-Verbrauch} \times \text{WBZ in Wochen}}{4}$ = _____

Y   Sicherheitsbestand

1) nach Liefertreue sehr pünktlich $\dfrac{\text{Ø-Verbrauch/Monat} \times 2}{4}$ = _____

2) weniger pünktlich $\dfrac{\text{Ø-Verbrauch/Monat} \times \text{WBZ in Wochen}}{4 \times 2}$ = _____

3) unpünktlich $\dfrac{\text{Ø-Verbrauch/Monat} \times \text{WBZ in Wochen}}{4}$ = _____

Z   Wiederbestellpunkt = **X + Y = Z**   ☐

11b) Berechnung / Festlegung des Wiederbestellpunktes gemäß Stammdatenfestlegung Punkt 1 - 10 lt. oben *für Teileart* **Fertigprodukte (können nur A1-Teile sein)** *nach Servicegrad-Verfahren*

Teileart A1

X   Wiederbestellpunkt ohne Sicherheitsbestand $\dfrac{\text{Ø-Verbrauch/Monat} \times \text{WBZ in Wochen}}{4}$ = _____

Y   Sicherheitsbestand nach Servicegrad
(MAF lt. Berechnungsblatt Anlage III) $\dfrac{\text{MAF} \times 1{,}25 \times \text{WBZ in Wochen} \times \text{Faktor}}{4}$ = _____

Servicegrad	50 %	70 %	90 %	99,9 %
Faktor	0,524	1,202	1,645	3,090

Z   Wiederbestellpunkt = **X + Y = Z**   ☐

Achtung: Alle Stammdaten, insbesondere

- Wiederbestellpunkte
- Trend
- Sicherheitsbestand
- Wiederbeschaffungszeiten
- Servicegrad
- Bestellmengen

sind alle 10 - 12 Wochen zu überprüfen und gegebenenfalls zu korrigieren

Aus den beschriebenen Kriterien ergibt sich somit für alle an Disposition, Beschaffung und Lagerhaltung folgende tabellarisch dargestellte Dispo-Richtlinie nach Teileart, die eine Sicherstellung der Materialverfügbarkeit auf niederster Bestandshöhe, bei gleichzeitiger Gewährleistung einer hohen Flexibilität und Lieferfähigkeit zum Kunde gewährleistet.

Bild 5.1: *Festlegung der Dispositionsregeln und Stammdatenfestlegung*

Wertigkeit	ZUSATZ DISPO - KENNZEICHEN				
	Wiederholteil / -material ①		Sonderteil für 1 Kunde oder nur für 1 Artikel ②	Sonderteil ③	Ersatzteil ④
	Abrufaufträge möglich	Abrufaufträge nicht möglich			
A	Menge lt. Abstimmung mit Vertrieb Monat → 1 2 3 4 wöchentliche Abstimmung mit echtem Bedarf (ATMEN) Mindestbestand: max. 5 AT	Feste Bestellmenge (maximal für Reichweite 3 Monate) Mindestbestand: Ø - Verbrauch während der WBZ + Sicherheitsbestand	In Abstimmung mit Vertrieb festzulegen Reichweite maximal 6 Monate	Reine Auftragsmenge + ___ % für Ausschussanteil	Lt. vorgegebener Drehzahl und zugesagter Lieferzeit in Stunden oder Tage abhängig (was ist gewollt)
B	Bedarf für maximal 2 Monate Reichweite Bestellm.+Best. / Ø-Verbr./Mo. = ___ Mindestbestand: max. 50 % des Ø - Verbrauches während der WBZ	Feste Bestellmenge (maximal für Reichweite 4 Monate) Mindestbestand: Ø - Verbrauch während der WBZ + Sicherheitsbestand			
C	Nach wirtschaftl. Losgröße: $\sqrt{\dfrac{200 \times \text{Jahresm.} \times \text{Rüst- / Beschaffungskosten}}{8\% \times \text{EK oder HK}}}$ Mindestbestand: max. 100 % des Verbrauches während der WBZ	Feste Bestellmenge (maximal für Reichweite 5-6 Monate) Mindestbestand: Ø - Verbrauch während der WBZ + Sicherheitsbestand	Mindestbestand: 0	Mindestbestand: 0	
D	KANBAN - TEIL KANBAN-MENGE	KANBAN nur sinnvoll, wenn Teil ohne Index - Änderung länger als ein Jahr in Verwendung und öfter als 4 bis 8 x, oder mehr, benötigt wird		KANBAN nicht anwendbar	KANBAN eventuell anwendbar
E	BAUHAUSTEIL / -MATERIAL **Automatische Nachschubautomatik** Es gibt keine Bestellmenge, da Lieferant automatisch (wöchentlich / täglich) gemäß echtem Verbrauch (von sich aus) auffüllt / nachliefert				

Mit folgender Zielvorgabe je Teileart, für eine Vereinfachung der Dispositions- und Beschaffungsvorgänge bei steigender Variantenvielfalt

Bisher	Zukünftig nach Teileart	Zielsetzung nach Teileart			
		①	②	③	④
A-Teile mit eigenen Dispo- und Beschaffungsregeln	A-Teile bleiben A-Teile wegen Preis und Lieferzeit	Möglichst in KANBAN überführen, oder kann der Lieferant für uns disponieren? Vollständige Nachschubautomatik durch den Lieferant	Je nach vertraglicher Vereinbarung mit Kunde und Dauer der Aufträge, möglichst in KANBAN überführen, oder Nachschubautomatik mittels Abnahmeaufträge	Einzelbeschaffung gemäß Detailbedarf ohne Lagerhaltung	Bei Bezugsteilen möglichst in Konsi - Läger überführen. Bei Fertigungsteilen, je nach ermittelter Punktezahl, lt. Pkt. 2.2.17, Servicegrad festlegen oder auftragsbezogen bestellen mit Lieferzeit max. 1 - 2 AT
B-Teile mit eigenen Dispo- und Beschaffungsregeln	B-Teile werden aufgelöst, entweder in C-Teile mit KANBAN - Nachschubautomatik, oder Anlieferung in Form von Liefersets und werden so über Wert zu A-Teilen	Möglichst in KANBAN überführen, oder bei Liefersets vollständige Nachschubautomatik durch den Lieferant			
C-Teile mit eigenen Dispo- und Beschaffungsregeln	C-Teile werden komplett in KANBAN, bzw. Bauhausteile überführt	Konsi - Lager komplette Nachschubautomatik durch Lieferant			
Viele Lieferanten	Weniger Lieferanten	A-Lieferant	A-Lieferant	Nach Beschaffungsmöglichkeit	

Praxis - Tipp

Viele Beschaffungswerkzeuge / -systeme sind seit vielen Jahren bekannt, werden aber nicht konsequent genutzt.

Der Erfolg liegt also in der konsequenten Umsetzung obiger Zielsetzungen.

Es muss also in der Zukunft möglichst viele Bauhaus- / KANBAN - Teile geben, bzw. A-Teile und -Sets (Teileart ① + ②) beschaffen bei A-Lieferanten.

6. Materialwirtschaft mit EDV / IT - Technik

Aufbauend auf der Wirkungsweise von PPS-Systemen und Zielsetzungen von ERP-Konzepten bietet die EDV- / IT - Technik Erfolg versprechende Einsatzmöglichkeiten, insbesondere in der Materialwirtschaft, mit ihren komplizierten Abläufen, umfangreichen Datenmengen und langen Bearbeitungsfolgen. Die maschinellen Hilfsmittel geben die Möglichkeit, die vielfältigen Einflussfaktoren, die z.b. in der Disposition eine Rolle spielen, genau zu analysieren, die Abrechnungsmethoden zu verfeinern, komplizierte Zusammenhänge zu beherrschen, die Informationsbeschaffung zu beschleunigen und mittels ERP-Systemen gegenseitig (Kunde / Lieferant) auf die Bestands- / Bedarfs- und, wenn gewollt, auf die Auftragsfortschrittsdaten zugreifen zu können.

Die beschriebenen Aufgaben der Disposition lassen erkennen, dass es sich hier um einen äußerst daten- und verarbeitungsintensiven Planungsbereich handelt. Die Vielzahl der Einflussgrößen, die Variabilität der Ausgangsdaten, der Umfang der zu disponierenden Positionen, die Kompliziertheit der Erzeugnisstrukturen und die vielfältigen Verknüpfungen zwischen unterschiedlichen Datenbeständen, können mit manuellen Mitteln in der Regel nicht überblickt und beherrscht werden.

Auf der anderen Seite ist eine exakte und zeitnahe Analyse der Faktoren und Zusammenhänge notwendig, um einen möglichst hohen Wirtschaftlichkeitsgrad zu erreichen (Just in time). Eine manuelle Verfahrensweise kann diesem Erfordernis, in Betrieben mit vielen Erzeugnissen und Ausgangsmaterialien, auf Dauer nicht gerecht werden.

Der Einsatz von PPS- / ERP- / SCM - Systemen ermöglicht es, exaktere Informationen zu gewinnen und damit den Ungewissheitsgrad der Planung einzuschränken. Die IT - Technik ist ein Instrument, die quantitativen und qualitativen Probleme der Disposition besser in den Griff zu bekommen, eine Vielzahl von Fehlerquellen auszuschalten und die Entscheidungsfindung zu beschleunigen und zu verbessern.

Da die in der Disposition zu fällenden Entscheidungen sich unmittelbar auf die Kosten- und Ertragslage eines Unternehmens auswirken, kann der Wert solcher methodischer Verbesserungen in der Disposition, wie sie sich in der IT - Abwicklung anbietet, in Verbindung mit einer angepassten Organisationsform, nicht hoch genug angesetzt werden.

Hard- und Software

Unerlässliche Voraussetzungen für einen wirkungsvollen IT - Einsatz in der Lagerwirtschaft, Materialdisposition und Beschaffung sind, außer einer geordneten Materialwirtschaftsorganisation (Aufbau- und Ablauforganisation),

- ein **modernes EDV-System** und
- eine **brauchbare Material- und Lagerwirtschaftssoftware**, welche den Anforderungen des Unternehmens im neuen Jahrzehnt entspricht.

An passenden IT - Systemen jeder Größenordnung, auch für die kleineren Unternehmen, ist heute auf dem Markt kein Mangel mehr. Meist dreht sich alles darum, ein Standardsoftwarepaket zu finden, das die Anforderungen des Unternehmens abdeckt und preislich in einem tragbaren Rahmen liegt.

Wesentliche Anforderungen an PPS- / ERP-Softwarepakete

Bei der Auswahl von PPS- / Materialwirtschaftsprogrammen sind die folgenden Grundsätze zu beachten:

1. PPS- bzw. Materialwirtschaftsprogramme sind um so höherwertig, je mehr Funktionen in einem solchen Paket abgedeckt werden und je stärker es mit Nachbarbereichen integriert ist.

2. Das Softwarepaket, das heute ausgewählt wird, soll mindestens 8 - 10 Jahre in Ihrem Unternehmen im Einsatz sein. Wählen Sie deshalb nur ein System, das von einem leistungsfähigen und flexiblen Unternehmen kommt. Wenn es auf einer modernen Datenbank aufgebaut ist und direktes Kommunizieren mit Ihren Lieferanten ermöglicht, E-Business, ist dies ein weiterer Vorteil.

Eine allgemeine Information über PPS- / ERP-Systeme bieten Softwarekataloge, Messen etc. Solche Kataloge gibt es von neutralen Firmen. Weitaus am bekanntesten ist der

ISIS-Report
NOMINA Verlag München, Tel. 089 / 5600-461
Landsberger Straße 338, 80687 München

der halbjährlich erscheint. Es gibt diesen Softwarekatalog für die verschiedenen Computerkategorien. Der Katalog enthält kurze Softwarebeschreibungen, die Anbieteradresse, die Verbreitung des Pakets, den Lizenzpreis und eine Aufzählung der Dokumentationsunterlagen, die der Anwender erhält.

Viele Softwareanbieter führen auch Anpassungsprogrammierungen durch, je nach Wunsch des Anwenders. Sie werden im Regelfalle nach geplantem Zeitaufwand kalkuliert. Sie erhöhen zwar die Paketkosten, erhöhen aber auch häufig die Akzeptanz bei den Mitarbeitern, die letztlich ja mit dem System leben müssen.

Weitere Adressen für Softwareauswahl

- Leistungsfähigkeit von PPS-Systemen, Prof. U.W. Geitner,
  Verlag Management Zukunft, 71686 Remseck a.N.   Tel.:   07146 / 97345

- FIR Forschungsinstitut für Rationalisierung - RWTH-Aachen, PPS-Systemeinsatz,
  Pontdriesch 14 – 16, 52062 Aachen   Tel.:   0241 / 477050 und
  Aktuelle Studie zum Realisierungseinsatzstand   0241 / 80-4800

- Betriebsdatenerfassung / BDE-Report
  REFA-Verband Darmstadt
  Wittichstraße 2, 64276 Darmstadt   Tel.:   06151 / 8801-188

6.1 Marktspiegel PPS- / ERP- / LVS - Warenwirtschaftssysteme auf dem Prüfstand

Damit Ihnen die Arbeit erleichtert wird, welche PPS- / ERP - Systeme haben ein KANBAN - Modul, folgender Literaturhinweis:

PPS- / ERP - Systeme auf dem Prüfstand

Der „Marktspiegel PPS- / ERP - Systeme auf dem Prüfstand" enthält in seiner neuesten Auflage die aktuellen Leistungsprofile von über 100 der gängigsten PPS- / ERP - Systeme, detailliert beschrieben anhand von detaillierten Anforderungsmerkmalen. Auch die Anbieter dieser Systeme sind mit den wichtigsten Daten vorgestellt.

Die Autoren des Marktspiegels haben sich keineswegs damit begnügt, lediglich die Angaben der Systemanbieter zu sammeln und auszuwerten. Sie haben darüber hinaus bei jedem der Anbieter die wichtigsten Daten überprüft und kritisch hinterfragt. Die Datenqualität des Marktspiegels hat damit ein unvergleichlich hohes Niveau.

Der Marktspiegel hat sich zu einem Standardwerk entwickelt, das für Unternehmen und Berater zu einem kompetenten und zuverlässigen Werkzeug bei der Bewertung und Auswahl von PPS-Systemen geworden ist.

Siehe auch nachfolgendes Werbeblatt des Anbieters (Stand 2005 / 2006):

Studie: Jeweils neueste / aktuelle Ausgabe	Preis / Stück *
Anwenderzufriedenheit ERP/Business Software Deutschland	€ 300,00
Anwenderzufriedenheit IPS/Instandhaltungssoftware	€ 300,00

Band	Preis / Stück *
Marktspiegel - Service Management 39 Anbieter & Produkte, inkl. Lastenheftvorlage (online unter www.it-matchmaker.com)	€ 300,00
Marktspiegel - Instandhaltungsmanagement 53 Anbieter & Produkte inkl. Lastenheftvorlage (online unter www.it-matchmaker.com)	€ 300,00
Marktspiegel - ERP/PPS - Systeme 131 Anbieter & Produkte inkl. Lastenheftvorlage (online unter www.it-matchmaker.com)	€ 350,00
Marktspiegel - Warenwirtschaft 57 Anbieter & Produkte inkl. Lastenheftvorlage (online unter www.it-matchmaker.com)	€ 350,00
Marktspiegel - MES-Fertigungssteuerung ca. 30 Anbieter & Produkte inkl. Lastenheftvorlage (online unter www.it-matchmaker.com)	€ 300,00
Marktspiegel - Rechnungswesen 38 Anbieter & Produkte inkl. Lastenheftvorlage (online unter www.it-matchmaker.com)	€ 300,00
Marktspiegel - CRM Partnerprodukt der schwetz consulting; ca. 100 Anbieter & Produkte inkl. Lastenheftvorlage (online unter www.it-matchmaker.com)	€ 300,00
Marktspiegel - Dokumenten-Management 24 Anbieter & Produkte inkl. Lastenheftvorlage (online unter www.it-matchmaker.com)	€ 250,00

* alle Preise verstehen sich zzgl. der gesetzlichen MwSt. und Versand

Bestellung an Fax: 0241/40009-111

Weitere Informationen:

Trovarit AG   Pontdriesch 10/12   Tel.: +49 (241) 40009 0   web: www.trovarit.com
              D-52062 Aachen   Fax: +49 (241) 40009 111   E-Mail: info@trovarit.com

arktspiegel

Business Software

ERP / PPS

2005 / 2006

▶ 129 Systeme, 171 Anbieter und deren Referenzen im Überblick

▶ Marktanalyse anhand detaillierter Leistungsprofile

▶ Abbildung funktionaler Schwerpunkte hinsichtlich:
- Projekt- und Einzelfertigung
- Serienfertigung

▶ Online-Checkliste zur Lastenhefterstellung

▶ ERP/PPS-Systemüberblick mit Übersichtstabellen

Der Marktspiegel „Business Software ERP/PPS 2005/2006" gibt einen umfassenden Überblick über den Markt für ERP-Systeme (Enterprise Resource Planning) im deutschsprachigen Raum. Dabei werden nicht nur die derzeitigen Angebote analysiert, sondern auch die Trends von morgen aufgezeigt und bewertet.
Der Marktspiegel basiert auf der einzigartigen Datenbasis des IT-Matchmakers (www.it-matchmaker.com) und bietet sowohl Anwendern als auch Unternehmensberatern anhand von verifizierten Leistungsmerkmalen sowie Firmenprofilen Orientierung und Hilfestellung bei der Auswahl von ERP/PPS-Systemen.

Faxbestellung:
0241/4 00 09-111

☐ Ja, ich/wir bestelle(n) gegen Rechnung ___ Exemplar/e:
Marktspiegel Business Software ERP/PPS 2005/2006
€ 350,- (zzgl. gesetzl. MwSt und Versand)

Firma
_____

Name, Vorname
_____

Straße
_____

Plz, Ort
_____

Tel, Fax, E-Mail
_____

Datum, Unterschrift
_____

7. Beschaffen

Ziele und Strategien der Beschaffung

Der Einkauf ist verantwortlich für eine wirksame Zusammenfassung aller Einkaufsaufgaben der Materialwirtschaft, unter Berücksichtigung der Einkaufspolitik, der Preis- und Terminziele, des Einkaufsbudgets und der Berichtsauflagen für den Einkauf. Seine Tätigkeit erstreckt sich auf das Einkaufsvolumen für die einzelnen Produkte, auf den Einkauf der Produktionsmittel, Transportmittel usw., sowie auf den allgemeinen Einkaufsbedarf und auf die Einkaufstätigkeit zum Kapazitätsausgleich für das Unternehmen.

Dem Einkauf kommt somit wesentliche Bedeutung in der Materialwirtschaft zu, wobei hier durch entsprechende Einkaufspolitik und Strategie oft noch erhebliche Beträge einzusparen sind. Je nach Unternehmen laufen durch den Einkauf zwischen 20 % und 60 % der Geldwerte, gemessen am Jahresumsatz.

7.1 Aufgaben des Einkaufs (konventionelle Betrachtungsweise)

Seine Aufgabenstellung soll nachfolgend in den Schwerpunktbereichen stichpunktartig dargestellt werden (**konventionelle Betrachtungsweise**).

A) Sicherung der langfristigen Materialversorgung des Unternehmens durch Abschluss langfristiger Lieferungsverträge synchron zur langfristigen Unternehmens-Erzeugnis-Strategie (Einkaufsplanung).

B) Auswahl geeigneter Lieferanten, Angebotsvergleiche, deren Zahl sich nach der Bedeutung des Kaufobjektes richtet. ANFRAGEN / NEUTEILE BESCHAFFEN / EINKAUFSMARKTFORSCHUNG.

C) Marktbeobachtung hinsichtlich der Preise, Lieferzeiten, Konditionen usw., Rückmeldung an Materialstelle - AV / Dispo

D) Bestellschreibung unter Beachtung [1)]

    a) der wirtschaftlichen Bestellmengen (laut Dispo-Vorgaben) und

    b) dass alle Punkte für eine funktionsmäßig richtige Belieferung zu günstigsten Konditionen sichergestellt sind.
Alle Aufträge von A- und B-Teilen müssen einwandfrei bestätigt werden.

    c) Verwalten von Rahmen- / Abrufbestellungen [1)]

E) Terminüberwachung der laufenden Bestellung / Mahnwesen [1)]
<u>Merke:</u> Je kürzer die Reichweite, je höher die Dringlichkeit der Lieferung

F) Der Einkauf hat über die Wareneingangskontrolle zu sorgen, dass alle eingehenden [1)] Waren ohne Verzug nach Menge und Beschaffenheit überprüft werden

G) Rechnungsprüfung (der Zahlungsverkehr erfolgt durch die Finanzbuchhaltung), incl. Kontieren

H) Reklamationsbearbeitung

[1)] oder Disponent / Beschaffer, wenn strategischer Einkauf eingerichtet ist

I) Führen von Einkaufsmaterial oder Teile-Stammdateien, ausgebildet als Lieferanten- und Preisvergleichsdateien, entweder manuell, oder besser über entsprechende EDV-Programme
ARTIKELDOKUMENTATION / LIEFERANTENDOKUMENTATION

K) Führen eines Nachweises der jährlichen Einkaufserfolge gegenüber der Geschäftsleitung. Die Erfolge einer professionellen Einkaufspolitik haben dieselbe hohe Bedeutung, wie das Erreichen des genannten Zieles Bestandssenkung

L) Pflege der Wiederbeschaffungszeiten, sofortige Meldung von Lieferzeitveränderungen an Disponenten bzw. Änderung der Stammdaten im EDV-System.

M) Auswahl von Hauptlieferanten nach einer Beurteilungsmatrix mit folgenden Kriterien

- Preis
- Qualität
- Liefertreue
- Helfer in der Not
- Zahlungskonditionen
- Bereitschaft der Vorratshaltung

(Siehe auch nachfolgend dargestelltes Formular „Checkliste zur Lieferantenbeurteilung").

N) Partnerschaftliche Zusammenarbeit mit den Lieferanten
Dieser Punkt hat in der Materialwirtschaft in Bezug auf Just in time - Lieferung wesentlichen Einfluss und beinhaltet folgende Einzelkriterien:

- Abschluss von Rahmenverträgen, Abstimmung der Rationalisierung und Qualitätsverbesserung und ein flexibles Abrufsystem ermöglichen geringe Materialbestände und kürzere Lieferzeiten
- In welchem Rahmen kann der Lieferant die Lagerhaltung für uns übernehmen?
- Um dies zu gewährleisten, sollten folgende Fragen beantwortet werden:
  - Wählen wir unseren Lieferanten richtig aus?
  - Beziehen wir die Lieferanten genug in die Verantwortung ein?
  - Bekommt der Lieferant alle Informationen, die er benötigt (Technik, Mengen / Termine, Bedarfsvorschau)?
  - Fordern wir den Lieferanten genügend in Bezug auf Lieferzeit, Liefertreue, Qualität?

Hier liegt heute eine der Hauptaufgaben des Einkaufes, bzw. der Disposition in Bezug auf Just in time - Verwirklichung. Wobei in einem schlanken Unternehmen aus obigen Gründen und aus Verkürzung der Durchlaufzeiten, sowie Abbau von Geschäftsvorgängen und Schnittstellen heute die Einkaufstätigkeiten aufgeteilt werden, in eine

a) operative Tätigkeit = Beschaffen und

b) strategische Tätigkeit = Auswahl und Pflege von Hauptlieferanten.

a) wird dem Disponenten zugeordnet, b) wird die Haupttätigkeit des Einkaufes.

7.2 Die Bedeutung des Einkaufs in einer flexiblen, termintreuen Just in time - Fertigung / Lieferantenauswahl und Bewertung

Der Einkauf ist, wie erwähnt, verantwortlich für eine wirksame Zusammenfassung aller Einkaufsaufgaben der Materialwirtschaft unter Berücksichtigung der Einkaufspolitik, der Preis- und Terminziele, des Einkaufsbudgets und der Berichtsauflagen.

Unverzichtbar ist auch der Einsatz einer leistungsfähigen, transparenten und in das Gesamtsystem passende Einkaufssoftware, die die zeitraubenden Routineaufgaben beschleunigt oder sogar ganz erledigt, also die prozentuale Verteilung der Tätigkeiten die umgekehrt werden müssen.

Bild 7.1: Prozentuale Verteilung der Tätigkeiten im Einkauf, heute bzw. zukünftig **UND** Gewinnbringende, strategische Einkaufsarbeit und zeitraubende, operative Routinearbeiten

HEUTE	ZUKÜNFTIG	Gewinnbringende, strategische Einkaufsarbeit	Zeitraubende, operative Routinetätigkeiten
Routine-arbeiten 80 %	Routine-arbeiten 20 %	• Lieferanten bewerten • Hauptlieferanten auswählen • Einkaufsverhandlungen führen • Neuteile beschaffen • globale Einkaufsmöglichkeiten prüfen • Abbau von Geschäftsvorgängen in Einkauf, Beschaffen, Wareneingang, Lager, also unbürokratisches Verhalten / Liefern erreichen	Bestellwesen / Beschaffen Auftragsbestätigungen verwalten Rechnungsprüfung / kontieren Schreibarbeiten Stammdatenpflege Terminreklamationen bearbeiten QL - Reklamationen bearbeiten
Strategische Arbeit 20 %	Strategische Arbeit 80 %		

In einem schlanken, zukunftsorientiert geführten Unternehmen, werden die Einkaufstätigkeiten deshalb wie folgt neu organisiert:

Die Einkaufsarbeit wird aufgeteilt in eine

    a)   operative Tätigkeit
    b)   strategische Tätigkeit.

7.2.1 Operative Einkaufstätigkeit

Unter operativer Einkaufstätigkeit versteht man das Beschaffen. Diese Tätigkeit wird im Auftrags- / Logistikzentrum dem jeweils zuständigen Disponenten (gegliedert nach z.b. Artikel- / Produktgruppen) übertragen mit dem Ziel, die gesamte Auftragsabwicklung weiter zu beschleunigen.

Voraussetzung ist:

Der Einkauf hat im Rahmen seiner strategischen Arbeit

a) den Hauptlieferant
b) den Preis (mit Gültigkeitsdatum)
c) die Wiederbeschaffungszeit

bestimmt.

So kann der Beschaffungsvorgang schnell und unkompliziert, z.b. per Fax oder KANBAN - Karte, direkt von Disponent oder Lagerist durchgeführt werden.

7.2.2 Strategische Einkaufstätigkeit

Die eigentliche Einkaufsarbeit bezieht sich somit auf die so bedeutende Arbeit

den jeweiligen Top - Lieferanten in Bezug auf Preis, Qualität und Termintreue zu finden,

was bedeutet:

Um ein Unternehmen flexibel zu gestalten / zu organisieren, müssen bei wachsender Variantenvielfalt fertige Komponenten eingekauft werden, oder komplette verkaufsfähige Artikel zugekauft werden, da die Artikel im Sortiment erhalten bleiben müssen. Grund: Trotz hoher Flexibilität und Variantenvielfalt müssen Gemeinkosten gesenkt und die hohe Anzahl von Geschäftsvorgängen reduziert werden.

Ziel:

100 % Kundenorientierung muss erhalten bleiben, bzw. noch gestärkt werden.

Die Beschaffungspolitik spielt somit bei der Lieferantenauswahl
a) für neue Teile / Komponenten
b) neue Lieferanten grundsätzlich

eine entscheidende Rolle.

Deshalb gilt:

- bei technisch sehr anspruchsvollen Teilen
- bei Teilen mit hohen Werkzeugkosten   ⎫   Zeichnungsteile /
- bei größerem Entwicklungsaufwand   ⎭   A-Teile

den **TOP - LIEFERANTEN** in Bezug auf Preis, Qualität und Termintreue zu haben,

- bei Standardteilen
- bei Teilen mit sehr großen Stückzahlen
- bei interessanten Perspektiven in Bezug auf z.b.
  - Währungssituation
  - Lohnniveau
- Rohmaterialpreisen

das **GLOBALE EINKAUFEN** mit dem Ziel abgestimmte Qualität / Termintreue mit entsprechenden Logistiklösungen / Versorgungslösungen über z.b. Zwischenläger, wenn die Entfernungen zu groß sind, anzustreben.

7.2.3 Ziele der Beschaffung

Wobei die wichtigsten Ziele der Beschaffung grundsätzlich sein müssen:

- *Optimale Qualität und Termintreue*

- *Alle Teile auf dem richtigen Beschaffungsmarkt, beim richtigen Lieferanten kaufen*

- *Durch permanentes* **LIEFERANTENMANAGEMENT** *eine permanente Verbesserung von Qualität, Service in Produktion, Technik und Belieferung zu erreichen Wozu u.a. auch die Substitution von*
  - *Material*
  - *Herstellverfahren*

  gehören kann

- *Eine 100%-Versorgung bei optimaler Umschlagshäufigkeit zu erreichen*

- *Reduzierung der Gemeinkosten*

- *Einkauf von Komponenten*

Mit folgender Aussage:

Wenn obige sechs Ziele der Beschaffung erreicht sind, dann ergibt sich automatisch

- **Wir haben den optimalen Partner**
- **Wir haben den optimalen Preis**

7.2.4 Lieferantenauswahl / -freigabe

Vor Auftragsvergabe muss die Überzeugung vorhanden sein, dass der Lieferant auf Grund seiner Einrichtung / Produktionsmöglichkeiten, seines Know-hows, seiner QS - Maßnahmen und seines Angebots der richtige Lieferant für uns ist.

Daher bietet sich folgender Ablauf der Lieferantenauswahl bis zu Freigabe der Teile an:

- Anfrage

- Angebotsauswertung

- Gespräche / Besuch beim Lieferanten mit Audit
  (wird individuell entschieden und ist abhängig von der Anforderung an die entsprechenden Teile)

- Wie sieht das Kundenspektrum unseres evtl. neuen Lieferanten aus? In Bezug auf

A	B	C [1]	D [1]	-Kunden
X	Y	Z	R	Anzahl

- Entscheidung über Musterauftrag

- Erstellung Prüf- und Liefervorschrift

- Bemusterung

- Freigabetests

- Entscheidung und Freigabe

- Serienauftrag

---

[1] Kommt der Lieferant als Hauptlieferant für uns in Frage, wenn wir von der Abnahmemenge, vom Einkaufsvolumen nur C- oder gar D-Kunde sind?

7.2.5 Permanente Lieferantenbewertung

Eine permanente Lieferantenbewertung ist erforderlich, mit dem Ziel, eine korrekte Einschätzung eines Lieferanten in den Kriterien, z.b.

- Qualität
- Termintreue
- Preise
- Zusammenarbeit
- Bereitschaft zur Vorratshaltung

zu erhalten, um damit entsprechende Maßnahmen zur Verbesserung eingeleitet und für die Zukunft Optimierungen getroffen werden können.

Vorgehensweise:

1. Zunächst soll dem Lieferanten die Gelegenheit gegeben werden, sich mittels Bewertungsbogen selbst einzustufen (Standardbrief)

2. Bewertung der Lieferanten durch den Einkauf selbst, in Abstimmung mit QL und Fertigung

3. Vergleich Pos. 1 und Ergebnisse Pos. 2

4. Unterschiedliche Bewertungen mit dem Lieferanten zu besprechen und zu klären.

5. Darauf aufbauend sind konkrete Vereinbarungen / Optimierungsschritte zu treffen und Termine für eine Neubewertung festzulegen.

6. Auswahl der Lieferanten nach ABC-Kriterien und Gewichtungspunkten

7. Beurteilungszeiträume (nach Wert und Teilebedeutung):

    A-Lieferanten   alle 12   Monate
    B-Lieferanten   alle 24   Monate
    C-Lieferanten   alle 24 - 36   Monate

8. Permanente Aufzeichnung von positiven und negativen Punkten zu den einzelnen Lieferanten. Ergebnisbesprechung und Optimierungen mit den Lieferanten festlegen.

Bild 7.2: Kriterienkatalog für eine Lieferantenbewertung nach Gewichtungsfaktoren (beispielhafte Aufzählung)

Kriterium und Gewichtungsfaktor je Kriterium			Qualität 30	Preis / Konditionen 15	Bereitschaft zur Vorratshaltung 20	Termintreue 25	Zusammenarbeit insges. 10	Σ
Bewertungspunkte für das einzelne Kriterium	Bewertung Optimal	Punkte 100						
	gut	75	Errechnung der Bewertungspunkte					
	befr.	50	Gewichtung x Bewertungszahl / 100					
	noch akzeptabel	25						
	eher schlecht	10	⇩ ⇩ ⇩ ⇩ ⇩ GRENZE ZUR ABLEHNUNG BEI ERREICHEN DIESER BEURTEILUNGSPUNKTE BEREITS IN EINEM FALL					
	ungenügend	0						

Wobei die Kriterien bei Bedarf noch weiter detailliert werden können, z.b. bestehen Kooperationsvereinbarungen als Lieferantenverbund, Produktentwicklung etc.

Das Ergebnis der Auswertungen wird statistisch fortgeschrieben, um die Entwicklung / Trends zu erkennen

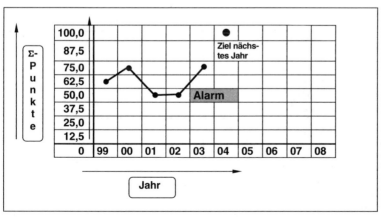

Bild 7.3: Detaillierter Kriterienkatalog für eine Lieferantenbewertung
(von Lieferant selbst auszufüllen)

Wobei der Kriterienkatalog für die praktische Arbeit wie folgt weiter unterteilt / detailliert werden kann:

Firma: .... Tel-Nr.: .... FAX-Nr.: ....
Geschäftsverbindung seit: .... Ansprechpartner: ....
Management: ....

	KRITERIEN	Gewichtung	Eigenbew. Lieferant	Punkte	Bewertung Abnehmer	Punkte	Ansätze für Gespräch mit Lieferant	
Qualität	QL-System in Fa.einger.	5						
	Produktqualität	17						
	Qu-Absicherung Vormat.	1						
	Qu-Sicherstellung in Produktion	5						
	Qu-Prüfg.Endkontrolle	1						
	Qu-Dokumentation	1						
	Zwischensumme QL	**30**						
Preise/ Konditionen	Preisstabilität	8						
	Offenlegen von Kalkulationen / Stundensätzen	4						
	Wertanalyse-Vorschläge	2						
	Zahlungskonditionen	1						
	Zwischensumme Preise -Konditionen	**15**						
Bereitschaft zur Vorratshaltung	Kanban-Prinzip	8						
	Einlagerung mit Sicherheitsbestand	7						
	Lagerung bei Spedition	5						
	Zwischensumme	**20**						
Lieferungen / Termintreue	Einhaltung Liefertermin	10						
	Einhaltung Menge	5						
	Kennzeichng. Ware und Papiere	3						
	Verpackung / Versand	2						
	Flexibilität/Helfer in Not	5						
	Zwischensumme Lief.	**25**						
Zusammenarbeit insgesamt	Anfragebearbeitung	3						
	Produktentwicklung/ Beratung	3						
	Abwicklg. Reklamationen	2						
	Lieferantenverbund	1						
	Allg. Kommunikation	1						
	Zwischensumme ZA	**10**						
	Gesamtsumme	**100**						

Ergebnisse - Erkenntnisse - Ziele aus der Lieferantenbewertung

Zusätzlich wird eine Ergebnis-Hitliste der Lieferantenbewertung erstellt. Aus Ergebnis der Veränderungen innerhalb der Hitliste und natürlich aus Einzelkriterien erfolgen dann die Einzelentscheidungen

Hauptlieferant ☐ Ja ☐ Nein

Des Weiteren erfolgt eine Einteilung der Lieferanten nach Einkaufswert mit dem Ziel „Reduzierung der Anzahl Lieferanten", also bei immer weniger Lieferanten einzukaufen. Die Versorgung für das Unternehmen unter Berücksichtigung aller genannten Kriterien 100-prozentig sicherzustellen.

Bild 7.4:   *Reduzierung der Anzahl Lieferanten*

Lieferant	Sept. 2004	Sept. 2005	Sept. 2006	Sept. 2007	Sept. 2008	Ziel 2009
A	48	34	35	33	29	25
B	69	52	50	45	42	35
C	170	170	160	140	130	50
∑	287	256	245	218	201	110

A = über € 350.000,-- p.a.
B = über € 50.000,-- p.a.
C = unter € 50.000,-- p.a.

Wobei insgesamt gesagt werden kann:

- Beide Teile haben einen Vorteil durch Zukauf

- Eine langfristige erfolgreiche Zusammenarbeit ist nur auf der Basis einer echten Partnerschaft möglich

- Den Partner am Erfolg teilhaben lassen, damit er für neue Aktivitäten mit uns motiviert ist.

Zusätzlich aber von jedem Unternehmen nachfolgender Fragenkatalog **„Kaufen oder selbst fertigen"** beachtet werden sollte, damit die Selbstbestimmung nicht verloren geht.

7.2.6 Lieferanten - Anforderungsprofil

Zusätzlich sollte mit jedem Lieferant ein so genanntes Lieferanten - Anforderungsprofil erstellt werden, in dem die Erwartungen und Ziele der Partnerschaft festgehalten sind.

Grund: Kurze Lieferzeiten können, in Verbindung mit niederen Beständen nur erreicht werden, wenn es gelingt, unsere Lieferanten in die gesamte Logistik und Produktionskette mittels Bauhaus- und KANBAN-Systeme einzugliedern (Lieferanten halten für uns Vorräte) und wir haben über EDV Zugriff auf die Bestands-, Bedarfs- und Auftragsfortschrittsdaten der Lieferanten, bzw. Lieferant auf unsere Bedarfsübersichten.

Beispielhafte Aufzählung der Inhalte des Anforderungsprofils:

Was erwarten wir von unseren Lieferanten?

➢ Nullfehler - Lieferungen in Menge / QL / Kennzeichnung / Verpackung, damit Freipässe erteilt werden können
➢ schnelle Auftragsabwicklung / pünktliche Lieferung
➢ wettbewerbsfähige Preise und Konditionen
➢ Bereitschaft zur Vorratshaltung / KANBAN
➢ gute Beratung / umfangreiche Serviceleistungen
➢ Vorabinformationen bei Störungen
➢ unbürokratisches Verhalten bei Störungen im Lieferfluss / Helfer in der Not
➢ verständliche und zuverlässige Informationen
➢ pünktliche und vollständige Angebote
➢ kaufmännisch korrektes Verhalten
➢ Offenlegung der Kalkulationen / der Kalkulationssätze
➢ Lieferantenverbund

Mit den Hinweisen bezüglich:

Ihre Leistungen werden regelmäßig von uns bewertet. Die Ergebnisse werden Ihnen zugänglich gemacht. Ebenso die Preise von Wettbewerbern, damit Sie die Möglichkeiten haben, Ihre Preise zu überprüfen.

Wir möchten eine zukunfts-, markt- und partnerschaftlich ausgerichtete Zusammenarbeit mit unseren Lieferanten pflegen, die sich an dem Ziel **Zufriedenheit unserer Kunden** ausrichtet. In diesem Sinne sind wir für jede Anregung, sowie für Verbesserungsvorschläge Ihrerseits dankbar.

7.3 Einkaufsberichtswesen / Einkaufsziele

Der Einkauf sollte monatlich bzw. über EDV nach Einzelabruf folgende Berichte / Statistiken aufbereiten:

- Aufzeigen der Preisentwicklung nach Lieferanten und Artikel (Einkaufserfolg)
- Periodische ABC-Analyse des wertmäßigen Bestellvolumens aller Einkaufsartikel
- Periodische ABC-Analyse des wertmäßigen Bestellvolumens aller Einkaufsartikel nach Lieferanten

und als wesentlichster Punkt

- eine monatliche Auflistung des Bestellobligos nach Terminen geordnet.

Diese Auflistung dient der Buchhaltung als Unterlage für die zukünftigen Zahlungsverpflichtungen bzw. dem Controlling als Basis zur Gewinnung von Kennzahlen, z.B.

Einkaufswert in % zum Umsatz,

um Grenzen im Einkaufsvolumen vorgeben zu können (Liquiditätsplanung), sowie, welche Ergebnisse im Verhältnis zu den gesetzten Zielen bisher erreicht wurden, Beispielaufzählung:

- die Anzahl Lieferanten jährlich zu reduzieren
- die Anzahl Einzelbestellungen zu reduzieren
- die Anzahl Abrufe zu erhöhen
- die Anzahl Lieferanten die für uns Vorräte halten, jährlich zu erhöhen
- das KANBAN-System jährlich auszuweiten
- Lieferanten bei denen wir nur C- oder D-Kunde sind völlig auszuscheiden (optimale QL und Termintreue ist ausschlaggebend)
- eine 100 % - Versorgung bei optimaler Umschlagshäufigkeit zu erreichen
- einen jährlichen Einkaufserfolg von X € erzielen (Einkaufserfolg zu theoretischem Warenkorb)
- Gemeinkosten permanent zu reduzieren
- Komponenten / Liefersets (= fiktive Baugruppen[1])
- Kosten pro Bestellung / pro Lieferant zu reduzieren
- Senken der durchschnittlichen Lieferzeit in Tagen

also

durch permanentes Lieferantenmanagement

eine permanente Verbesserung von Qualität, Service in Produktion, Technik und Belieferung zu erreichen.

---

[1] Lieferant liefert z.B. fiktive Baugruppen als ein Set unmontiert an, als eine Verpackungseinheit. Ziel = Abbau von Geschäftsvorgängen in Dispo / Einkauf / Wareneingang / Lager

Aus dieser Aufzählung wird ersichtlich, dass der Einkauf somit für alle Kosten, von Schnittstelle „*Lieferant*", bis Schnittstelle „*Verbraucher*", z.B. die Produktion, verantwortlich ist.

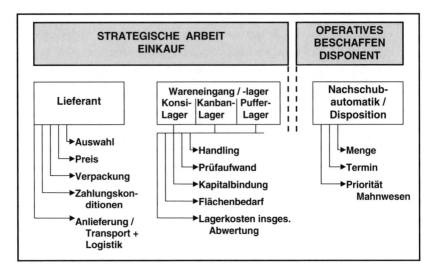

Gemessen an folgenden Einkaufskennzahlen:
(Siehe auch Pkt. 7, „Einkaufsberichtswesen / Ziele")

Kennzahl / Messgröße	Zielgröße HEUTE	Ziel für die ZUKUNFT
Kosten der Logistik - Kostenstellen in € absolut	€	↘
Prozesskosten der Beschaffungs- und Lager- / Bereitstellvorgänge / -abläufe	€ / Vorgang	↘
Bestandskosten in € absolut und in Prozent zum umgeschlagenen Warenwert	€ %	↘
Bestandsreichweite in Arbeitstagen (Drehzahl)	Tage	↘
Liefertreue	%	↗
Anzahl Fehlteile	Artikelnummern	↘
Anzahl Lieferanten	Anzahl	↘
Anzahl Bestellungen	Anzahl	↘
Einkaufserfolg / Preis pro Stück	∑	↘

Bild 7.5: Zieltabelle bezüglich - Verkürzen der Wiederbeschaffungszeit, Senken der Bestände

Materialgruppe	Anzahl Lieferanten die für Fa. ___ Vorräte bzw. Kanban-Abrufe bereithalten				Anzahl Lieferanten die für Fa. ___ in Form von Bauhaus-Regalservice-Verfahren anliefern				Eingeleitete Maßnahmen	
	heute		zukünftig (xx / xx)[1]		heute		zukünftig (xx / xx)[1]		Highlights	Termin
	Anz. Liefe-ranten	= Anz. Teile	Anz. Liefe-ranten	= Anz. Teile	Anz. Liefe-ranten	= Anz. Teile	Anz. Liefe-ranten	= Anz. Teile		

[1] Zahl muss jährlich steigen

7.3.1 Nutzen des E-Business

Partnerschaftliche Zusammenarbeit mit den Lieferanten

Bestände können gesenkt, die Lieferzeiten verkürzt werden durch partnerschaftliche Zusammenarbeit mit unseren Lieferanten.

1. Abschluss von Rahmenverträgen, Abstimmung der Rationalisierung und Qualitätsverbesserung und ein flexibles Abrufsystem ermöglichen geringe Materialbestände und kürzere Lieferzeiten.

2. In welchem Rahmen kann der Lieferant die Lagerhaltung für uns übernehmen?

3. In welchem Rahmen bindet sich der Lieferant in die Kanban-Kreisläufe ein, bzw. liefert im Rahmen eines Regalserviceverfahrens? (QL - Kontrolle entfällt, Nullfehler-Qualität gefordert)

4. Um dies zu gewährleisten, sollten folgende Fragen beantwortet werden:

    ⇨ Wählen wir unsere Lieferanten richtig aus?

    ⇨ Beziehen wir die Lieferanten genug in die Verantwortung ein?

    ⇨ Bekommt der Lieferant alle Informationen, die er benötigt (Technik, Mengen, Termine, Bedarfsvorschau)?

    ⇨ Fordern wir den Lieferanten genügend in Bezug auf Lieferzeiten, Liefertreue, Qualität?

In Verbindung mit den zuvor genannten Thesen können die betrieblichen Bestände von Bezugsteilen / Materialien auf ein Minimum gesenkt werden.

In der Verwirklichung dieser Fragen / Ziele liegt somit eine der Hauptaufgaben des Einkaufes, bzw. der Disposition in Bezug auf Bestandssenkung.

U N D

5. Nutzen wir die Möglichkeiten unserer installierten ERP- / PPS-Systeme / der neuen IT - Techniken in Form absolut kundenorientiert ausgerichteter Logistik-Netzwerke über die gesamte Wertschöpfungskette, von Lieferant über Fertigung bis zum Kunde, genügend aus?

    Denn E-Business ist mehr, als nur über das Internet einzukaufen. Mit diesem Gedankengut können Geschäftsabläufe effizienter gestaltet, Produktionsprozesse optimiert und Bestände wesentlich reduziert werden.

    Stichworte:

    → Lieferant ↔ Kunde können sich gegenseitig ins Lager, in die Bestände sehen, dort Bestände reservieren

    → Der Lieferant disponiert für uns

    → Eine prozessarme Nachschubautomatik von Lager zu Lager ist eingerichtet, in Form von KANBAN - Regelkreisen

7.4 Fragenkatalog zur „make or buy" Entscheidungsfindung

		Spricht für Eigenfertigung	Spricht für Fremdfertigung
1	Es handelt sich um ein strategisch wichtiges Produkt / Know-how-Teil / Kerntechnik	X	
2	Es handelt sich um eine Schlüsseltechnologie	X	
3	Eine entwicklungsfähige Technologie vorliegt, bei der sich voraussichtlich eine technologische Führerschaft erreichen lässt	X	
4	Der Technologiestandard und die Innovationsfähigkeit weiter ist als des externen Lieferanten	X	
5	Die Gefahr des Know-how-Verlustes besteht	X	
6	Genügend Kapazitäten für die Realisierung der Eigenfertig. vorhanden sind	X	
7	Die langfristige Markt- und Strukturentwicklung große Kontinuität verspricht	X	
8	Die Prozessqualität besser ist als bei potenziellen Lieferanten	X	
9	Der Dispositions- und Steuerungsaufwand geringer ist als bei Fremdfertig.	X	
10	Eine Trennung von Entwicklung und Fertigung problematisch ist	X	
11	Eine bessere Koordination aller fertigungswirtschaftlichen Teilvorgänge möglich ist	X	
12	Bedarfsgerechte Losgrößenmengen von der eigenen Firma bereitgestellt werden	X	
13	Man selbst flexibler auf quantitative und qualitative Bedarfsänderungen reagieren kann als der Lieferant	X	
14	Bei Fremdbezug zu lange Durchlaufzeiten entstehen	X	
15	Ein größerer Freiheitsgrad bei der Terminplanung besteht	X	
16	Für die Eigenfertigung Abfälle od. andere Nebenprodukte verwendet werden	X	
17	Entsorgungskosten entfallen		X
18	Die Gefahr besteht, dass fremde Zulieferer zu unmittelbaren Konkurrenten werden	X	
19	Durch einen höheren Eigenfertigungsanteil das eigene Image und damit der Absatz gesteigert wird	X	
20	Konstruktions- und Dokumentationskosten gespart werden		X
21	Der Lieferant die Bestandsführung übernimmt		X
22	Der Lieferant ein Kanban - Prinzip unter Umständen garantiert		X
23	Unsere Grenzkosten höher sind, als der Einstandspreis beim Lieferant		X
24	Es einen zuverlässigen Lieferanten in Bezug auf Liefertreue und Qualität gibt		X
25	Eine Qualitätsverbesserung durch Fremdbezug möglich ist		X
26	Die Arbeitsunterlagen ohne Bedenken aus dem Unternehmen gegeben werden können (Know-how-Sicherung)		X
27	Der Lieferant genügend Flexibilität bezüglich Änderungen besitzt (Helfer in der Not)		X
28	Der Lieferant ausreichende F + E und Beratungskapazität besitzt		X
29	Die innerbetriebliche Logistikkette eine Unterbrechung in der Fertigungslinie zulässt		X
30	Der Planungs- und Steuerungsaufwand nicht erhöht wird		X
31	Im Unternehmen genügend Lagerkapazität vorhanden ist, falls große Mengen abgenommen werden müssen		X
32	Der Dispositions- und Steuerungsaufwand geringer ist als bei Eigenfertigung (z.B. Komponentenlieferung)		X
33	Transportkosten eingespart werden können / Lagerung bei Spedition		X
34	Der Lieferant leistungsfähigere Anlagen einsetzt		X
35	Die eigene Durchlaufzeit zu lang wäre		X
36	Standardteil mit interessanten Perspektiven bezüglich Lohnniveau, Währungssituation		X
37	Wir sind beim Lieferant C-Kunde	X	
38	Wir sind beim Lieferant A-Kunde		X
39	Der Lieferant einem Lieferantenverbund angehört		X

Quelle: TÜV - Rheinland

8. Bestandsmanagement

8.1 Wareneingangskontrolle und Verbuchen der Zugänge / Abgänge von Fremd- bzw. Eigenfertigungsteilen

Wareneingänge / Lagerzugänge von Fremdlieferanten

Die Wareneingangsstelle ist aus mehreren Gründen in die Organisation der Lagerbestandsführung mit einzubeziehen. Sie liefert

- die Abgangsdaten für die Bestellbestandsführung im Einkauf
- die Zugangsdaten für die Bestandsführung in der Disposition
- die Eingangsdaten für die Rechnungsprüfung Einkauf / Fibu
- die Labels für die Wareneingangsprüfung

Die endgültige Verbuchung der Warenlieferung erfolgt mit dem Zugang der Ware ins Lager. Geschieht dies kurzfristig, innerhalb von 0,5 - 1,0 Tage nach dem Eingang der Ware, kann die Verbuchung des Zugangs in der Lager- und Bestellbestandsdatei gleichzeitig erfolgen, was das Ziel sein muss. Der Anwender kann von Fall zu Fall entscheiden, ob mit der Verbuchung des Wareneingangs sofort die Zubuchung in den Lagerbestand erfolgen soll, oder ob ein zweistufiges Vorgehen gewünscht wird (sehr zeitaufwendig, alles muss zweimal in die Hand genommen werden).

Beispiel eines zweistufigen Verbuchungsablaufs:

1. **Buchungsvorgang Wareneingang**
   - Bestellbestand (vorläufig)
   - Wareneingangsbestand

2. **Buchungsvorgang Lagerist Lagerzugang**
   - Bestellbestand (endgültig)
   - Wareneingangsbestand
   - Lagerbestand

Zwischen dem Eingang der Ware im Wareneingang und dem Zugang ins Lager können sich Mengendifferenzen ergeben, z. B. durch Zerstörung von Prüfteilen oder teilweise Rücksendung schlechter Teile.

Aus Zeitgründen wird aber heute meist mit der ersten Buchung ins Lager als vorhanden eingebucht und nur bei Abweichungen der Menge 1 zu 2 nach QS - Kontrolle eine Korrekturbuchung vorgenommen.

Die Vorteile dieser einstufen Wareneingangsbuchung liegen

- in einer Verkürzung der Liegezeit im Wareneingang
- in einer erheblichen Leistungssteigerung bei der Verbuchung der Wareneingänge.

Der Wareneingang als Engpass

Häufig stellt der Wareneingang mit seinen erforderlichen Prüfungen ein Engpass dar, der durch

- seine Mengenprobleme

lange Liegezeiten (1 - 2 Arbeitstage und mehr) erzeugt, die Teile also nicht verarbeitet werden können, obwohl sie im Hause sind; siehe Schemabild Ablauf „Tätigkeiten im Wareneingang".

Dieser Taylorismus wird in vielen Unternehmen immer mehr zum Ärgernis, insbesondere deshalb, da die Wareneingangsprüfung eine 100 % nicht wertschöpfende Tätigkeit darstellt.

Auch die Einrichtung einer „schnellen Ecke" (für die bevorzugte Wareneingangsbearbeitung von rückständiger Ware / Eilaufträgen etc.), löst das eigentliche Problem auf Dauer nicht, da mit dieser Lösung nur eine Art Intercity-Organisation für eilige Ware eingerichtet wird. Die tayloristischen Tätigkeitsschritte bleiben erhalten, und andere Ware bleibt durch diese Vorgehensweise länger liegen. Die durchschnittliche Verweildauer im Wareneingang wird also nicht reduziert.

8.1.1 Abbau von Geschäftsvorgängen, Verkürzung der Durchlaufzeit im Wareneingang

Um Mengenprobleme und lange Liegezeiten, also den gesamten Kontrollaufwand, im Wareneingang in den Griff zu bekommen, wäre zu prüfen, in welcher Form

a) eine größere Zahl von Lieferanten so genannte Freipässe erhalten, was bedeutet, dass die Ware ungeprüft dem Lager zugebucht wird

b) die Lieferanten mit der Ware bereits ausgefüllte und abgezeichnete Kontrollbelege anliefern, die ansonsten im Wareneingangsdurchlauf des Unternehmens erstellt und ausgefüllt werden müssen. Der Lieferant quittiert also selbst. Diese Waren können dann ebenfalls ungeprüft vereinnahmt werden.

c) Die Lieferanten werden vom strategischen Einkauf entsprechend auditiert. **Das Audit gilt für einen begrenzten Zeitraum.** Innerhalb dieses Zeitraumes wird die Ware ohne jegliche Prüfung eingelagert und zugebucht (Auditierte Lieferanten mit Freipässen[1]).

Wenn es nicht mehr schneller geht - muss es anders gehen

Diese, in vielen Firmen mit Erfolg durchgeführten Maßnahmen, bedeuten Abbau von Geschäftsvorgängen und sind in Verbindung mit den bereits beschriebenen Bauhaus- / KANBAN-Systemen ein Weg, um den Engpass Wareneingang aufzulösen. Auch das Anliefern von vormontierten Komponenten oder Sets (ein Set ist eine fiktive Baugruppe die der Lieferant nach Vorgabe selbst zusammenstellt und z.B. auf einer Palette entsprechend anliefert) durch den Lieferanten, vermindert den Aufwand im Wareneingang und Lager wesentlich.

Wobei auch das Führen nach Kennzahlen ein wichtiger Ansatz zur langfristigen Situationsverbesserung ist, wie z.B.:

durchschnittliche DLZ der Ware im Wareneingang

durchschnittliche Anzahl kontrollierter WE zu gesamter Anzahl WE

durchschnittlicher Zeitaufwand pro Wareneingangskontrolle

durchschnittliche Kosten eines Wareneinganges

---

[1] Für ausgewählte Teile, da wo sinnvoll

8.1.2 Statistische Qualitätskontrolle im Wareneingang

Die statistische Qualitätsprüfung schafft mit den Methoden der mathematischen Statistik eine sichere Grundlage für Prüfung und Überwachung der Fertigungsqualität bzw. Lieferqualität der Lieferanten und damit eine Voraussetzung für eine zuverlässige und wirtschaftliche Fertigung.

Die statistischen QL - Prüfungen sollen, soweit nicht grundsätzliche Gesichtspunkte auditierte Lieferanten mit Freipässen zulassen, in allen Fertigungsstätten bzw. Wareneingangskontrollen als Hilfsmittel zur Qualitätsüberwachung angewandt werden. Durch die Anwendung statistischer Verfahren darf die volle Verantwortung der Lieferfirma, nach Zeichnung zu fertigen bzw. zu liefern, nicht eingeschränkt werden, sie muss mit ihr abgestimmt sein. Möglichst eine Prüfschärfe höher.

Zweck und Anwendung bei Eigen- und Fremdherstellung

Die AQL - Normen gelten für die verschiedenen Qualitätssicherungsaufgaben bei Eigen- und Fremdherstellung der Erzeugnisse.

Folgende Maßnahmen sind für eine einheitliche statistisch gesicherte Qualitätsüberwachung erforderlich:

a) Planen der Prüfung: Voraussetzung für den wirkungsvollen Einsatz der statistischen Verfahren ist die zweckentsprechende Vorausplanung und Vorbereitung aller Prüfmaßnahmen.

b) Prüfen während der Fertigung durch den Lieferanten: Im Fertigungsbereich des Lieferanten ist eine wirkungsvolle Qualitätsbeeinflussung nur durch Qualitätsprüfung vor und während der Herstellung möglich. Qualitätsabweichungen und Fehlerhäufungen müssen unmittelbar zur Korrektur des Fertigungsverfahrens führen. Prüfprotokolle sind möglichst an den Kunden mitzuliefern.

c)	Prüfen von Fertigungslosen:	Die Prüfung hat den Zweck, die Weiterverarbeitung oder Ablieferung von Fertigungslosen minderwertiger Qualität zu verhindern, Werker-Selbstkontrolle.
d)	Auswerten der Prüfergebnisse:	Die Prüfergebnisse werden so ausgewertet, dass Rückschlüsse auf die Qualität der Eigenherstellung bzw. Lieferfirma möglich sind. Die Auswertung ist eine Entscheidungshilfe bei Erzeugnis- und Verfahrensänderungen, sowie bei der Lieferantenauswahl.

Bild 8.1: *Darstellung der Wirkungsweise einer Prüfung mittels statistischer QL - Prüfung*

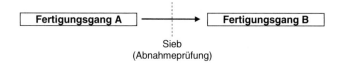

Fertigungsgang A ⟶ Fertigungsgang B

Sieb
(Abnahmeprüfung)

oder

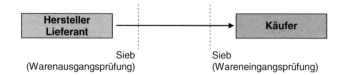

Hersteller Lieferant ⟶ Käufer

Sieb   Sieb
(Warenausgangsprüfung)   (Wareneingangsprüfung)

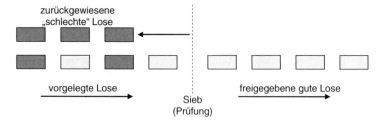

zurückgewiesene „schlechte" Lose

vorgelegte Lose   freigegebene gute Lose
                Sieb
              (Prüfung)

Auszug aus SIE Seminarunterlage Statistische Qualitätskontrolle
Verfasser: Dr. B. John, Darmstadt

Basis für die statistische Qualitätsprüfung sind die mathematische Statistik, sowie die Grundsätze der Normalverteilung. Sie wird genutzt bei vielen technischen Fragestellungen, denn hier liegen Messwerte (d.h. stetig veränderliche Merkmale) zu Grunde, die bei wiederholter Beobachtung - theoretisch bei unendlich vielen Beobachtungen aus Untersuchungen von Grundgesamtheiten - Werte liefern, die

- sich an einem Schwerpunkt ballen,
- von diesem Schwerpunkt nach oben wie nach unten in gleicher Weise abweichen und
- mit zunehmender Entfernung von diesem Schwerpunkt immer seltener auftreten.

Diese Beschreibung wird durch nachfolgende Bilder veranschaulicht. Hier ist die bei den kontrollierten Gegenständen vorliegende so genannte Normalverteilung dargestellt.

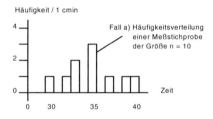

Nebenstehend ist die Verteilung von 10 Messwerten eines Arbeitsvorganges aus der Emailliertechnik (s. Fall a) dargestellt. Es ist anzunehmen, dass eine zweite Stichprobe eine etwas andere Häufigkeitsverteilung zeigen würde.

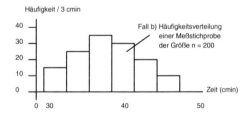

Diese Zufälligkeiten gleichen sich zu Gunsten eines eindeutig häufigsten Wertes mehr und mehr aus, je größer die Stichproben werden. Aus Fall b) im Vergleich zu Fall a) kann man diesen Sachverhalt sehr gut erkennen.

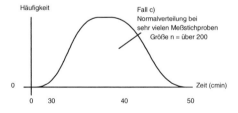

Unter der Annahme, dass bei gleich bleibenden Fertigungsbedingungen sehr viele Messwerte angefallen sind, entsteht aus der gestuften Form eines Häufigkeitsdiagrammes die Normalverteilung (auch Gauß-Verteilung genannt).

Auszug aus SIE Seminarunterlage Statistische Qualitätskontrolle - Verfasser: Dr. B. John

Die Anwendung der statistischen Qualitätskontrolle im Wareneingang

Das Stichprobensystem gliedert sich in zwei Teile

a) Angaben für Einzelteile
   Hierbei erfolgt meistens eine Prüfung je Merkmal

b) Angaben für Geräte und Baugruppen
   Hierbei wird meistens auf Summen - AQL geprüft

Solange der Stichprobenpunkt (n : x) in dem Bereich indifferenter Qualität liegt, ist die Prüfung noch nicht abgeschlossen, es muss eine weitere Einheit zufällig entnommen werden.

Erst wenn der Stichprobenpunkt in den Annahme- oder Rückweisbereich wandert, wird die Prüfung mit der Annahme oder Ablehnung des Loses beendet.

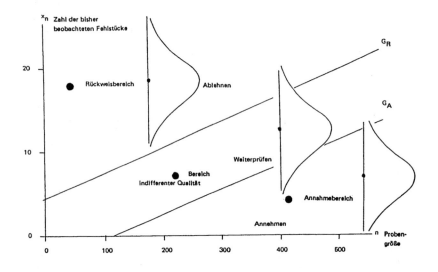

Auszug aus: SIE Seminarunterlage Statistische Qualitätskontrolle
Verfasser: Dr. B. John, Darmstadt

A) Stichprobensystem für Einzelteile (Teile-Prüfung)

Liefermenge		Prüfschärfe																			
		Test 1				Test 2				Test 5				Test 10				Test 20			
Stück		n_1	c_1	n_1+n_2	c_1+c_2	n_1	c_1	n_1+n_2	c_1+c_2	n_1	c_1	n_1+n_2	c_1+c_2	n_1	c_1	n_1+n_2	c_1+c_2	n_1	c_1	n_1+n_2	c_1+c_2
bis	200	140	0	—	—	70	0	140	1	35	0	70	1	17	0	35	1	9	0	17	1
201 bis	500	160	0	320	1	80	0	160	1	40	0	80	1	20	0	40	1	10	0	20	1
501 bis	1000	200	0	400	1	100	0	200	1	50	0	100	1	25	0	50	1	13	0	25	1
1001 bis	2000	280	0	560	2	140	0	280	2	70	0	140	2	35	0	70	2	17	0	35	2
2001 bis	5000	400	1	800	3	200	1	400	3	100	1	200	3	50	1	100	3	25	1	50	3
5001 bis	10000	520	1	1040	5	260	1	520	5	130	1	260	5	65	1	130	5	33	1	65	5
10001 bis	20000	680	2	1360	7	340	2	680	7	170	2	340	7	85	2	170	7	43	2	85	7
20001 bis	50000	800	2	1600	8	400	2	800	8	200	2	400	8	100	2	200	8	50	2	100	8
über	50000	960	4	1920	9	480	4	960	9	240	4	480	9	120	4	240	9	60	4	120	9
Herstellgrenzqualität AQL		0,25 %				0,5 %				1,0 %				2,0 %				4,0 %			
maximaler Durchschlupf AOQL		0,3 %				0,6 %				1,4 %				2,7 %				5,4 %			
Rückweisegrenzqualität LTPD		1 %				2 %				5 %				10 %				20 %			

B) Stichprobensystem für Geräte und Baugruppen (Erzeugnisprüfung)

Liefermenge		Prüfschärfe																						
		Test 5			Test 10			Test 20			Test 40			Test 60			Test 80							
Stück		n_1	$c1$	$n1+n2$ $c1+c2$	n_1	$c1$	$n1+n2$ $c1+c2$	n_1	$c1$	$n1+n2$ $c1+c2$	n_1	$c1$	$n1+n2$ $c1+c2$	n_1	$c1$	$n1+n2$ $c1+c2$	n_1	$c1$	$n1+n2$ $c1+c2$					
bis 5		---	---	--- ---	---	---	--- ---	4	0	--- ---	3	0	--- ---	2	0	4	1	2	1	4	2			
6 bis 10		---	---	--- ---	---	---	--- ---	5	0	--- ---	4	0	8	1	2	0	4	1	2	1	4	2		
11 bis 20		---	---	--- ---	1	0	--- ---	8	0	16 1	4	0	8	1	2	0	4	1	2	1	4	2		
21 bis 50		3 2	0	--- ---	1	0	32 1	8	0	16 1	4	0	8	1	2	0	4	1	2	1	4	2		
51 bis 100		3 2	0	64 1	1	0	32 1	8	0	16 1	4	0	8	1	2	0	4	1	2	1	4	2		
Herstellgrenzqualität AQL		1,0 %			2,0 %			4,0 %			8,0 %			20 %			45 %							
maximaler Durchschlupf AOQL		1,4 %			2,7 %			5,4 %			11 %			23 %			48 %							
Rückweisegrenzqualität LTPD		5 %			10 %			20 %			40 %			60 %			80 %							

Auszug aus statistischer Qualitätsprüfung Fa. SIEMENS, Zentralbereich Technik - Technische Verbände und Normung (ZT TVN)

Bild 8.2: Muster einer Wareneingangserfassung

Material-wirtschaft	**Wareneingangserfassung**	

Beanstandung Menge	Erläuterungen

		Teil	Datum	Menge	Rest	Teil	Datum	Menge	Rest
		1				8			
		2				9			
		3				10			
		4				11			
		5				12			
		6				13			
		7				14			
						15			

Ihre Zeichen:	Ihr Angebot vom:		Unsere Zeichen:		Warenempfänger	
Einlagern in:	Lieferschein-Nr.:	vom:		Auftragsdatum:		
Menge lt. Lieferschein		Belastung Menge	Gutschrift Menge	Schnellst. nachliefern	Mit nächst. Auftrag liefern	Nicht nachliefern
Geliefert lt. Warenannahme						
Fehlmenge / Überlieferung						
Gut						
Ausschuss lt. Wareneingangsprüf.						
Nacharbeit durch Lieferanten						
Nacharbeit durch uns				Wird nicht in Rechnung gestellt	Wird in Rechnung gestellt	
zu verrechnende Menge						
WA-Datum Zchn.:	KE-Datum: Zchn.:	Magazin bzw.FW Datum: Zchn.:		MB bzw. VE Zchn.:		

Auftrags-Nr.:	Kostenart-Nr.	Kostenträger-Nr.
Bitte oben stehenden Hinweis beachten		

Menge	ME	Bezeichnung der Lieferung/Leistung	Unsere Zeichnungs- bzw. Sach-Nr.	Prüfvorschrift Nr.

	Termin für Anlieferung	Anlieferungsstelle	Versandart	Versandberechnung frei | unfrei	Bemerkungen

AQL - Wert verschärfte Prüfung	normale Prüfung	Stichprobengröße N	Annahmezahl C (c 2)	Anzahl der fehlerhaften Teile	Entscheidung ankreuzen	
					brauchbar, einlagern, verwenden	
					bedingt brauchbar, einlagern, verwenden	
					bedingt brauchbar, zurückweisen	
					bedingt brauchbar, sortieren	
					bedingt brauchbar, nacharbeiten	
					unbrauchbar, zurückweisen	

8.1.3 Auditierte Lieferanten mit Freipässen gestalten den Wareneingang effizienter

Der Einsatz der Stichprobenkontrolle im Wareneingang verliert aber mehr und mehr an Bedeutung

- a) durch die beschriebenen Regal- / Bauhaus- / Kanban-Systeme, Lieferanten liefern direkt in die Fertigung, lässt sich dieses Verfahren nicht mehr aufrechterhalten (E-Business)

- b) die Lieferanten in den Gesamtprozess einer durchgängigen Logistikkette bis zum Kunde immer mehr einbezogen werden müssen (hohe Flexibilität und kurze Durchlaufzeiten sind gefordert)

und

- c) diese Tätigkeit eine nicht wertschöpfende Arbeit darstellt und der Aufwand trotz Stichprobe, mit all seinen davor- und dahinter liegenden Erfassungsprozessen, recht hoch ist.

Also den Lieferanten mittels Auditieren (durch QS und strategischem Einkauf) für einen bestimmten Zeitraum so genannte Freipässe zuteilen. Innerhalb dieses Zeitraumes wird die Ware ungeprüft eingelagert und zugebucht. Der Lieferant quittiert mittels entsprechender Dokumente selbst. In unserer Fertigung wird mittels Werker-Selbstkontrolle eventueller Lieferantenausschuss festgestellt (nicht Verwendbares oder Ausschuss landet in einem roten Behälter, der wöchentlich an einem so genannten „Sündentisch" besprochen wird). Mittels dieser Ursachenforschung wird der Lieferant wieder in das QS - System einbezogen, fällt gegebenenfalls wieder in das Stichprobensystem zurück und wird entsprechend belastet.

Siehe auch „Der Wareneingang als Engpass".

Sofern die Vorgehensweise „Auditierte Lieferanten" nicht gewollt ist, gibt es auch die Möglichkeit, die Wareneingangssoftware für Lieferanten, bzw. deren Teile, die im Regelfalle o.K. sind, so einzustellen, dass der Prüfaufwand minimiert wird, wie z.B.:

5 Lieferungen prüfen - Wenn 5 x o.K.,
dann 6 x aussetzen und nach sachlicher Prüfung sofort einlagern

Nächste (7.) Lieferung wieder prüfen - wenn o.K.,
dann wieder 6 x aussetzen, usw.

Die schulmäßige AQL - Prüfung wird nur dann wieder scharf geschaltet, wenn die Fertigung Ausschuss meldet, oder wenn z.B. die 7. WE-Prüfung Fragen aufwirft

Dies reduziert den Prüfzeitaufwand im Wareneingang ebenfalls wesentlich.

8.2 Lagerzugänge bei Eigenfertigung

Außer Fremdzugängen sind in einem Fertigungsbetrieb auch Einzelteile, Baugruppen und evtl. Fertigprodukte der Eigenfertigung, nach ihrer Fertigstellung als Lagerzugang zu verbuchen.

Basis hierfür ist der Betriebsauftrag. Er wandert mit den übrigen Arbeitspapieren bis zur Schlusskontrolle mit. Vom Lagerist wird er zusätzlich mit den Angaben Datum, Gutstückzahl, Ausschussmenge, Name versehen. Anschließend erfolgt die Rückmeldung am Bildschirm, oder besser, mittels Barcode- / Datenfunksystem im Lager direkt.

Die Rückmeldung führt zur Abbuchung des Auftrags oder der Teilmenge in der Fertigungsauftragsdatei und zur Zubuchung im Lagerbestand. Bei der Rückmeldung ist zu vermerken, ob es sich um eine Voll-, Teil- oder Schlusslieferung handelt, damit im System entsprechend abgeschlossen werden kann. Je nach Einstellung erfolgt parallel zur Zugangsbuchung das Abbuchen aller Teile auf der darunter liegenden Ebene = retrogrades Buchen.

8.3 Lagerabgänge

8.3.1 Entnahmebelege

A) Einzelbelege

Bei der Verbuchung mittels Entnahmescheinen sind folgende Verbuchungen zu unterscheiden:

- geplante Entnahmen
- ungeplante Entnahmen
- Rückgabe an ein Lager.

Von geplanten Entnahmen spricht man, wenn die Entnahme aufgrund einer vorherigen Reservierung erfolgt. Mit der Entnahme wird die Reservierung gelöscht, bzw. bei manuellen Systemen egalisiert. Bei einer Abweichung der körperlichen Entnahme von der geplanten wird vom System, bzw. von Hand bei manueller Organisation, der verfügbare Bestand entsprechend korrigiert.

B) Entnahmestückliste / Pickliste

Bei der Verbuchung mittels Entnahmestücklisten und PPS-Systemen wird im Regelfalle der komplette Auftrag mittels EDV-System durch Eingabe der Auftragsnummer und Artikelnummer im körperlichen Bestand abgebucht (oder es werden Strichcodesysteme eingesetzt).

Der Disponent muss, in Verbindung mit den Möglichkeiten der Software, zuvor folgende Regularien festlegen:

- Soll ein Auftrag freigegeben werden, obwohl trotz Verfügbarkeitsprüfung ein oder mehrere Teile fehlen?
  Wenn ja, oder bei Mengenabweichungen, muss das System für bestimmte Stücklistenpositionen Nachmeldungen bzw. Korrekturen der Entnahme zulassen, oder soll dies erst nach Bereitstellung erfolgen, wobei auch hier Korrekturen möglich sein müssen.

In manchen Industrieunternehmen werden häufig auch Sammelentnahme-Stücklisten für verschiedene Aufträge mit Darstellung der Lagerorte (entsprechend sortiert), bezüglich einer Wegeoptimierung und Abbau von Entnahmevorgängen erstellt. Auch die Bereitstellung nach festen Mengen (Kanban-System) setzt sich immer mehr durch.

Auch die Anlieferung von zusammengestellten Sets, auf z.B. einer Palette, setzt sich immer mehr durch. Ein Set ist eine Art fiktive Baugruppe von zusammengehörigen Teilen, die der Unterlieferant nach Firmenwunsch so in einem Gebinde zusammenstellt, dass die vielen Einzelaufnahmen im Lager entfallen können. Der Hauptunterlieferant bekommt somit von anderen Lieferanten die Anlieferungen, dass er, so wie gewünscht, die Set-Zusammenstellung zu einem Anliefergebinde durchführen kann.

Ziel: Abbau von Geschäftsvorgängen / Tätigkeiten im Lager.

Bild 8.3: Muster einer Materialentnahmeliste

```
FST-565 4.00   Materialentnahmeliste / Auftrag  Woche: 28   Datum: 16.07.xx   Blatt: 1

                       ||||||||||||||

                       00001001

Referenz-Nr.  Auftrags-Nr.  Starttermin    Endtermin           Zchng./Werkstoff   Prio.
    1001         81714      19.07.  / 29.  30.07.  / 30.          Stahl 8.8         2

    Projekt      Bezeichnung            Kundenauftrag        Kunde
    934711       Projekt Testerle           2005             K1001

    Erzeugnis    Bezeichnung                    Menge    ME   Lager  Ausschuss/Grund
    0110012      Büroschere 160mm rostfrei    5000,000   St    F

                               IST: _____       _____  _____  _____

Pos Teile-Nummer               Entnahme Soll   Entnahme  Lager Mub.- Bearb. Referenz-
                               Auftragsmenge     IST    LPlatz Grund         Nummer
 20 1111011                    5000,000 St     _____    T    _____ _____   6001
    Stahlschenkel li.f.B-Sch.160mm  5000,000 St
 30 2210002                    5000,000 St     _____         _____ _____   6002
    Griff f.Büroschere 160mm schw.  5000,000 St
 50 1111012                    5000,000 St     _____    T    _____ _____   6003
    Stahlschenkel re.f.B.Sch.160mm  5000,000 St
 60 2210002                    5000,000 St     _____    T    _____ _____   6004
    Griff f.Büroschere 160mm schw.  5000,000 St
 70 1910001                    5000,000 St     _____    Z    _____ _____   6005
    Schlitzschraube 10mm       5000,000 St
 80 1910002                    5000,000 St     _____    T    _____ _____   6006
    Kontermutter               5000,000 St

>> Ende der Liste <<
```

8.3.2 Buchungsarten für Entnahmen

Für das Verbuchen von Entnahmen haben sich, je nach Unternehmen und Branche, verschiedene Buchungsarten durchgesetzt:

A) Beim Ausdruck der Entnahmepapiere wird die Ware, Soll-Entnahmemenge, vom körperlichen Bestand automatisch abgebucht und für diesen Auftrag separiert. (Separates Feld „Fest zugeordnete Aufträge, zur Freigabe reserviert")

Bei Erstellen der Rechnung / der Versandliste oder bei Auftragsstart (erster Arbeitsgang), wird die Ware von diesem separierten Bestand automatisch weggebucht, auf Null gesetzt.

Vorteil: Keine händische Arbeit für Buchen

Nachteil: Zeitstrecke von Separieren bis wegbuchen - kann dauern.

B) Die Entnahmen werden bei / nach Teilebereitstellung abgebucht, entweder

- positionsweise
- über Aufruf des Gesamtauftrages, mit fallweiser Einzelpositionkorrektur

Vorteil: Genaue Bestandsführung im Zeitraster

Nachteil: Aufwand durch Buchungsaufwand am System

Diese Buchungsart wird deshalb meist mittels Barcode-System getätigt, da dann der genannte Nachteil entfällt und noch zeitnaher gebucht wird.

Retrogrades Buchen von Entnahmen

Dieses Verfahren hat sich in der Praxis sehr durchgesetzt, was bedeutet:

> Vorteil: Eine Zugangsbuchung erzeugt automatisch, über eine entsprechende Stücklistenauflösung, auf der unteren Ebene eine Abbuchung.

Sofern diese Abbuchung das Zentrallager entlastet, ist diese Vorgehensweise nicht zu empfehlen. Grund:

> Nachteil: Der Zeitverzug von körperlicher Entnahme zu Entnahmebuchung, liegt zu weit auseinander. Der Bildschirmbestand stimmt nicht mit dem körperlichen Bestand überein.
>
> **und**
>
> Die Buchungsvorgaben sind unrein:
>
> Zusatzentnahmen aufgrund von Fehlmengen müssen nicht gebucht werden
>
> Zusatzentnahmen wegen Ausschuss müssen einzeln gebucht werden = ungeplanter Abgang, was in der Praxis nicht sauber funktioniert

Sofern aber bei Entnahme vom Zentrallager, z.B. Lager ZL1 automatisch auf Produktionslager, z.B. PL2, oder auf Versandlager, z.B. VL3 umgebucht wird und von dort, also von Lager PL2 oder VL3 retrograd abgebucht wird, ist das Verfahren sehr zu empfehlen.

> Grund: Die Bestände im Zentrallager = Lager ZL1 stimmen absolut
>
> Bestandsfehler können nur im Produktionslager = Lager PL2 oder Versandlager = Lager VL3 auftreten, was aber nach einer gewissen Zeit auffällt. Denn, wenn immer mehr in die Produktion oder auf das Versandlager zugebucht, als retrograd abgebucht wird, fällt dies auf Dauer auf und kann korrigiert werden.

Siehe nachfolgenden Schemaablauf.

Bild 8.4: Schemaablauf - Umbuchen und retrogrades Abbuchen

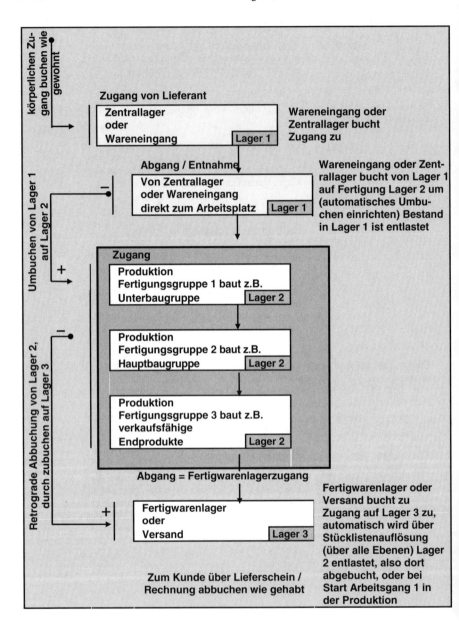

8.4 Die Inventur

Die Inventur kann in drei Aufgabenkomplexe gegliedert werden:

1.) Grundsätzliche Erstinventur zur Übernahme der Bestandsdaten in die EDV, bzw. bei einem karteiorientierten System auf die Bestandskarten

2.) Inventurdurchführung zur Aktualisierung der Bestände (Feststellung von Bestandsdifferenzen)

3.) Inventuraufnahme als Grundlage für die Bewertung nach den Bilanzrichtlinien

Wobei die Inventuraufnahme von Lagerbeständen, offenen Bedarfen, - Bestellungen etc., sowie deren Abstimmung (Buchen von Differenzen) in den Aufgabenbereich der Bestandsführung (also Disposition und Lager) gehören.

Eine Inventur lässt sich in der Form einer permanenten oder einer „**Stichtagsinventur**" am Jahresende abwickeln. Es besteht auch die Möglichkeit, sie um einen bestimmten Zeitraum vorzuziehen und die Werte bis zum Ende des Geschäftsjahres fortzuschreiben.

Die „**permanente Inventur**" kann auf einen beliebigen Zeitraum des Jahres verteilt werden und bietet folgende Vorteile:

- Einsatz qualifizierter Mitarbeiter
- Möglichkeit der mehrmaligen Aufnahme kritischer Bestände
- keine Betriebsunterbrechung, wie bei der Stichtagsinventur
- mehr Zeit für evtl. Differenzensuche bzw. Ursachenforschung und deren Abstellung

Zum Zwecke der Bestandsführung ist die permanente Inventur der Jahresinventur vorzuziehen.

Zu 1.) Erstinventur zur Übernahme der Bestände in die Dateien:

Bei der Erstinventur zur Übernahme aller relevanten Daten in die Dateien müssen folgende Daten ermittelt und verbucht werden:

➢ Aufnahme aller offenen (noch zu liefernden) Aufträge der Lieferanten, über Einkauf

➢ Aufnahme aller offenen (noch zu liefernden.) Betriebsaufträge = innerbetriebliche Bestellung von AV-Disposition

➢ Aufnahme der vorhandenen Bestände
  - Halbzeug / Materialien
  - Einzelteile
  - Baugruppen der verschiedenen Dispositionsstufen

- ➤ Aufnahme aller noch zu liefernden Kunden- / Betriebsaufträge = Bedarfe, wobei hier insbesondere auf die Abgrenzung von bereits bereitgestellt, teilweise bereitgestellt, teilweise begonnen zu montieren, etc. besonderen Wert gelegt werden muss.

- ➤ Es bietet sich ein Vorabgespräch mit allen an Inventur und Bestandsführung Beteiligten an, wo die Regeln für die Abgrenzungen bestimmt und besprochen werden.

- ➤ Es müssen alle Stücklisten vorhanden sein für die danach folgende Bedarfs- / Bestands- / Bestellrechnungen (= Neuaufwurf).

Folgende Reihenfolge der Arbeiten sollte eingehalten werden:

- ➤ alle Stammdaten aller Artikelnummern sind vorhanden
- ➤ alle Stücklisten aller aktuellen Artikel / Baugruppen sind vorhanden
- ➤ Durchführung der Inventuraufnahmen lt. oben
- ➤ Übernahme der körperlichen Bestände in die Dateien
- ➤ Übernahme aller offenen Einkaufsteile-Bestellungen des Einkaufs
- ➤ Übernahme aller noch offenen Eigenfertigungsteile / Baugruppen (zu erwartende Zugänge)
- ➤ Übernahme aller offenen Kundenaufträge = Bedarfe
- ➤ Stücklistenauflösung fahren, durchführen der Bedarfs- / Bestands- Bestellrechnungen
- ➤ laufendes Arbeiten mit dem System und Verbuchen der Zu- und Abgänge lt. Belege (Lagerbewegungen)

8.4.1 Permanente Inventur

An dieser Stelle soll weniger das Wesen der permanenten Inventur behandelt werden, als vielmehr die Bedeutung für die Lagerhaltung.

a) Die permanente Inventur ist der körperlichen Bestandsaufnahme per Ultimo unbedingt vorzuziehen. Sie hat den Vorteil, dass nicht alles auf einmal gezählt / gewogen werden muss, sondern in Zeiten weniger Arbeit sukzessiv durchgeführt werden kann.

Außerdem muss eine laufende Kontrolle, besonders bei niedriger Eindeckung im Hinblick auf Bestandsdifferenzen sichergestellt sein.

b) Bei Teilen mit hoher Umschlagshäufigkeit ist die Wiederholung der Inventur innerhalb eines Jahres zu empfehlen. Die über die permanente Inventur bereinigten Bestandswerte bilden eine wichtige Grundlage für kurzfristige Bestandsreduzierung (in jedem Falle vorher durchzuführen).

c) Bei genügender Bestandssicherheit kann die körperliche Jahresinventur für A- und B-Teile nach Absprache mit dem Finanzamt durch eine Stichprobeninventur ersetzt werden. Für C-Teile wird sowieso nur ein Pauschalbetrag als Festwert in Anrechnung gebracht, der ca. alle 5 Jahre aktualisiert werden sollte (Absprache mit Wirtschaftsprüfer erforderlich).

d) Durch die permanente Inventur stellen sich eingeschlichene Fehler in den Beständen kontinuierlich heraus und sie sichert somit im Sinne einer guten Fertigungssteuerung die Materialwirtschaft sehr gut ab.

e) Die permanente Inventur gibt neben der Restmengenmeldung, die für den Disponenten notwendige Sicherheit mit glaubhaften Beständen zu arbeiten, was bei niederen Beständen zur ordnungsgemäßen und zuverlässigen Arbeit, in Richtung weiterer Bestandssenkung bei der Termintreue und zuverlässiger Servicegrad, eine wichtige Voraussetzung ist.

Auch ist die permanente Inventur Voraussetzung, dass am Jahresende die Stichtagsinventur zum Zwecke der Bilanzerstellung bei 95 % Bestandssicherheit, oder besser (in € dargestellt) entfallen kann, und wie bereits erwähnt, durch eine Stichprobeninventur ersetzt werden kann. Die Stichprobeninventur baut auf den gleichen statistischen Grundlagen auf, wie in Punkt „Statistische Qualitätskontrolle" dargestellt.

Die Inventur selbst, kann wie folgt durchgeführt werden:

➢ Z.B. eine Stunde je Arbeitstag Inventur von den Lagermitarbeitern, die für die ausgewählten Teile „Pate" sind
➢ Fallweise, je nach zeitlicher Möglichkeit; zwingend jedoch Einteilung, so dass alle Teile zum Ende des Geschäftsjahres inventiert wurden
➢ In Großbetrieben wird z.B. eine Person für Inventur ganzjährig abgestellt

Wobei die Teileauswahl nach Regalen, oder über Teilenummern, nach dem „Niedrigstbestandprinzip" erfolgen sollte.

8.4.2 Stichtagsinventur

Dieses Verfahren braucht nicht näher beschrieben werden, da es dieselbe Systematik der permanenten Inventur enthält und nur alle Teile am Stichtag aufgenommen werden.

Wobei in der organisatorischen Abwicklung die Stichtagsinventur einfacher als eine permanente Inventur ist. Wegen des ruhenden Betriebs und der zuvor durchgeführten Abgrenzungen, ist die Feststellung von Inventurdifferenzen leichter möglich als bei einer Inventurdurchführung während des Jahres. Bei Durchführung der Stichtagsinventur bei laufendem Betrieb, ändern sich die genannten Vorteile in Nachteile, da Differenzen nunmehr schwer nachvollziehbar sind. (Stichtagsinventur bedeutet hoher Zeitaufwand.)

In der Praxis hat sich gezeigt, dass bei der Stichtagsinventur genau so viele Bestandsfehler (oder mehr) neu gemacht werden, wie gefunden / korrigiert werden. Insbesondere, wenn zusätzliches (fremdes) Personal aus Zeitgründen mit zum Einsatz kommt.

8.4.3 Durchführung der Inventur als Folgeinventuren

Es sollten Listen mit folgenden Feldern vorbereitet (ausgedruckt) werden:

Artikelnummer

Artikelbezeichnung

Lagerort

Regalnummer / Lagerplatz (soweit erforderlich)

Mengeneinheit

Inventurbestand lt. Zählung

und, von der EDV vorbereitet, Buchbestand lt. EDV und Differenzfeld

Dadurch ist die Aufnahme systematisch und für die Übernahme in die Bestandsdateien bereits sachgerecht aufbereitet.

Während der Inventuraufnahme sollte das entsprechende Lager für Entnahmen und Zugänge gesperrt sein. Außerdem dürfen während dieser Zeit keine Lagerbewegungen verbucht werden. Der Inventurbearbeiter trägt die festgestellten Mengen in die Inventurliste ein und unterzeichnet jedes Blatt mit Name und Datum der Zahlung.

Danach erfolgt die Übernahme in die Dateien. Bei größeren Differenzen empfiehlt sich eine zweite Zählung.

Sofern die Verarbeitungen über ein EDV-System laufen, korrigiert der Rechner selbständig, per Programm, die Differenzen der Bestände, sowohl im körperlichen als auch verfügbaren Bestand. Die Differenzen selbst, werden auf einem Differenzkonto dargestellt, für das es einen Verantwortlichen gibt (im Regelfalle der Lagerleiter) und das einen bestimmten Prozentsatz von Lagerwert nicht überschreiben darf.

8.4.4 Die Stichprobeninventur

Der Gesetzgeber gestattet seit dem 01. Januar 1977 den Einsatz von Stichprobenverfahren zur rationelleren Abwicklung von Inventuren. Die Anforderungen sind im aktuellen Handelsgesetzbuch unter § 241 Abs. 1 festgelegt: „*Bei der Aufstellung des Inventars darf der Bestand der Vermögensgegenstände nach Art, Menge und Wert auch mit Hilfe anerkannter mathematisch-statistischer Methoden aufgrund von Stichproben ermittelt werden. Das Verfahren muss den Grundsätzen ordnungsgemäßer Buchführung entsprechen. Der Aussagewert des auf diese Weise aufgestellten Inventars, muss dem Aussagewert eines aufgrund körperlicher Bestandsaufnahme aufgestellten Inventars gleichkommen.*" Schweizerische und österreichische Gesetzgeber sehen den Sachverhalt ähnlich und akzeptieren ebenfalls Stichprobeninventuren.

Die Finanzbehörden der Bundesrepublik Deutschland erkennen die Stichprobeninventur nach § 141 Abs. 1 der Abgabenordnung ausdrücklich an, wenn das angewandte Verfahren handelsrechtlich zulässig ist.

Die Wirtschaftsprüfer präzisieren die gesetzlichen Anforderungen zum Einsatz von Stichprobenverfahren inhaltlich durch die Stellungnahme des Instituts der Wirtschaftsprüfer im Januar 1981. Die sich hieraus ergebenden Ordnungsgrundsätze lassen allerdings nicht jedes beliebige Verfahren zu. So muss das ausführlich dokumentierte Inventursystem gewährleisten, dass die zur Stichprobe heranzuziehenden Artikelpositionen zufällig ausgewählt werden. Die im Anschluss an deren Aufnahme durchzuführende Hochrechnung muss den Inventurwert so exakt bestimmen können, dass er den tatsächlich im Lager vorhandenen Wert mit einer maximal möglichen Abweichung, je nach Festlegung, von 5 % bis 2 % widerspiegelt, was einer Genauigkeit von 95 % bis 98 % entspricht.

Die Einsparung ist enorm. Der Zeitaufwand gegenüber einer Stichtagsinventur reduziert sich um ca. 90 - 95 %.

Voraussetzungen für die Anwendung der Stichprobeninventur [1]

- Die Verwaltung der Bestände nach Art, Menge und Wert muss über ein EDV-System erfolgen [2]
- Der vorgesehene Lagerbereich sollte mindestens 1.000 verschiedene Artikel umfassen
- 20 % der wertmäßig höchsten Positionen sollten etwa 40 bis 60 Prozent des gesamten Lagerwertes abdecken (was meist so ist)
- Bei höchstens 20 Prozent der Lagerpositionen sollten größere Abweichungen zwischen Buch- und Ist-Bestand auftreten
- Die Abweichungen dürfen, je nach Festlegung Firma → Wirtschaftsprüfer, 2 % bis 5 % max. betragen, was durch eine begleitende Restmengenmeldung / permanente Inventur im Regelfalle erreicht wird.

[1] Aus Zeitschrift Industrial-Engineering 50 / 2001 / 5
[2] Für C-Teile kann eine Inventurperiode für 5 Jahre mit dem Gesetzgeber vereinbart werden

9. Einfluss einer gut funktionierenden Arbeitsvorbereitung / Logistikzentrums auf die Materialwirtschaft

Von der AV [1] / dem AZ [2] erwarten wir, dass die einzelnen Aufträge so durch sämtliche Fertigungsoperationen hindurch gesteuert werden, dass die Verfahrensvorschriften der Arbeitsplanung und die geplanten Liefertermine eingehalten werden, die Durchlaufzeiten möglichst kurz gehalten werden und eine wirtschaftliche Zusammenfassung aller Aufträge erfolgt. Alle störenden Einflüsse sind durch entsprechende Anpassung des Fertigungsablaufes auszugleichen.

Zur Erfüllung dieser Aufgabe müssen die Daten- / Planungsunterlagen so verarbeitet werden, dass diese Aufzeichnungen zur späteren Auftragserfüllung übersichtlich und zugriffsschnell bereitstehen. Der Informationsfluss ist durch entsprechendes Organisations- und Meldewesen so zu organisieren, dass eine Auskunft über die Einhaltung der Festlegungen und über den jeweiligen Stand des Ausführungsprozesses möglich ist.

Eine konsequente organisatorische Konzeption vorausgesetzt, bringt die Arbeitssteuerung

- für den Verkauf ein zuverlässiges Terminwesen,

- für den Betrieb einen vernünftigen Fertigungsfluss mit zielgerichteten Losgrößen und realistischen Terminen,

- für den Einkauf und Disposition die Voraussetzung zu einer rationellen Materialwirtschaft (Just in Time),

- für die Geschäftsleitung einen gesicherten Informationsfluss, der es ermöglichen soll, Kosten zu erfassen und zu beeinflussen (z.B. Nachkalkulationen).

Wenn also alles funktionieren soll, braucht man in der Arbeitsvorbereitung / Auftragsabwicklung gut ausgebildete Funktionsträger (Mitarbeiter), die mit neuzeitlichen Arbeitsmitteln zweckmäßig ausgerüstet sind.

---

[1] Arbeitsvorbereitung
[2] Auftrags- / Logistikzentrum

Bild 9.1: *Kosten einer AV - Näherungsformel* [2]

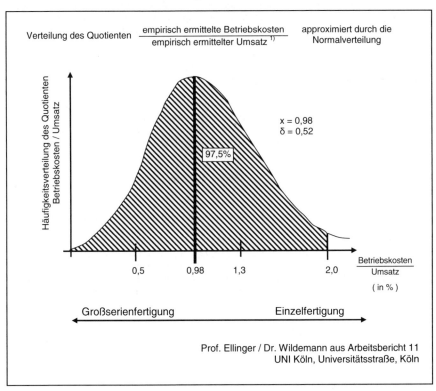

Bei Erfüllung aller Einzelfunktionen (ohne Kalkulation und Einkauf) lt. Darstellung AV-Konzeption ergibt sich oben abgebildete AV-Größen- / Kostenkonstellation [2]

[1] ohne Umsatz Handelsware und ohne Vorkalkulation

[2] bei Umstellung auf ein Auftrags- / Logistikzentrum mit Kanban - Abläufen verringert sich der Aufwand um ca. 25 % (Erfahrungswert aus der Praxis)

Jeder geordnete Auftragsdurchlauf setzt voraus, dass geeignete Unterlagen hierfür vorliegen. Dies sind im Allgemeinen die Stücklisten und Arbeitspläne. Beides sind Voraussetzungen für eine effektive Steuerung der Aufträge durch die Fertigung. Von Praktikern wird immer wieder betont, welch wichtigen Einfluss diese Basisdaten haben. Ohne richtig aufgebaute Stücklisten können die Teile für die Fertigung und Montage nicht bereitgestellt werden. Mangelt es aber an der terminlich richtigen Bereitstellung, liegen die Materialien in den Lagern, binden Kapital und führen zu Produktionsstockungen. Die Liquidität des Unternehmens wird angespannt.

Liegen im Unternehmen keine korrekten Arbeitspläne vor, ist eine Belegungsplanung nicht möglich. Automatisch müssen hierdurch Kapazitätsengpässe entstehen. Kapazitätsengpässe führen natürlich an anderen Stellen des Unternehmens zu nicht ausgenutzter Kapazität, da eine genaue Abstimmung ohne entsprechenden Kenntnisstand nicht möglich ist.

Diese kurze Darstellung zeigt, wie wichtig die Basisdaten des Betriebes, Stücklisten und Arbeitspläne sind.

Zur tatsächlichen Reduzierung von Durchlaufzeiten und der Vermeidung von Kapazitätsengpässen darf man allerdings nicht in den Glauben verfallen, dass nur kompliziert aufgebaute Fertigungssteuerungssysteme dem Übel abhelfen können. Während Basisdaten unabdingbar sind, müssen die weiteren Installationen sehr genau überlegt und auf den jeweiligen Betrieb zugeschnitten werden, um den gewünschten Effekt zu erzielen. Dazu gehören natürlich auch alle vorbereitenden Maßnahmen, wie die Bereitstellung von Aufträgen, von Werkzeugen, Programmen und Materialien und eine gute Werkstattsteuerung sowie eine Abstimmung:

AV - Konzeption
Werkstatt, Lager, Bereitstellkonzeption $\Big\}$ = AZ / Logistikzentrum

oder als Alternative

eine schlüssige Kanban-Organisation

Durch Gruppenarbeit / Kanban / Personalflexibilität und eine gute Auftragsplanung wird die gesamte Abwicklung des Auftrages in der Fertigung beschleunigt. So sind in der Praxis Durchlaufzeitverringerungen von 50 - 70 % nachgewiesen. Die Auswirkung auf die Liquidität liegt in der Reduzierung der Fertigungsbestände und zum Kunde in der Erhöhung der Flexibilität.

9.1 Die Planungsebenen für einen schnellen Auftragsdurchlauf in einer durchlaufzeitoptimierten Just in time - Fertigung

Die Aufgabe des Produktionsteams / des AZ besteht, ganz allgemein ausgedrückt, in der Abstimmung des Auftragsbestandes, bezüglich seiner mengenmäßigen und terminlichen Anforderung mit den Kunden, der Kapazität und der Fertigung.

Ziel der langfristigen Planung ist es dabei, die Bereitstellung von Material und Kapazität langfristig zu planen bzw. sicherzustellen.

In der mittelfristigen Planung soll die Terminierung der Aufträge und die Material- / Kapazitätsdisposition im Detail erfolgen und gegebenenfalls notwendige Korrekturmaßnahmen, bezogen auf Mengen und Termine, aufzeigen. Sie soll, sofern möglich, Belastungsschwankungen ausgleichen und Starttermine für das Einsteuern der Aufträge in die Fertigung, sowie die kurzfristige Arbeitsverteilung festlegen. Voraussetzung für eine atmende Fabrik.

Die kurzfristige Planung (Feinplanung) soll mittels Produktionsplänen den Arbeitsvorrat für den nächsten Planungszyklus in den Fertigungsabteilungen schaffen, wobei der Ausgangspunkt aller Planungsarbeiten in terminlicher Hinsicht die Startterminierung ist. Außerdem benötigt die Feinplanung die aktuellsten Informationen über die Priorität für jeden einzelnen Auftrag nach Kundenklassifikation (A-/B-/C-Kunde), sowie neuesten Termininformationen.

Die Werkstattsteuerung hat die Aufgabe, gemäß den Vorgaben aus dem Produktionsplan (Aufträge, Termine, Mengen und Prioritäten) die Durchführung optimal zu erfüllen (Just in time - Fertigung).

Bild 9.2:   Die Planungsebenen in Anlehnung an A. Büchel, ETH Zürich

Planungs-zeitraum	Planungs-zyklus	Planungs-bereich	Übliche Bezeichnung	Informationsfluss	
				Planung	Ausführung
Langfristig, z.B. über 6 Monate	z.B. einmonatlich oder quartalsweise	Konstruktion, AV, Einkauf, Fabrikation	Grobplanung		
Mittelfristig, z.B. ein oder zwei Monate	z.B. wöchentlich	Kapazitätsgruppen	Mittelfristige Planung		
Kurzfristig, einige Tage, eine Woche	Produktionsplan über z.B. 2-3 AT	Kapazitätsgruppen	Feinplanung		
Durchsetzung des Produktionsplanes		Arbeitsplätze	Werkstattsteuerung / Arbeitsverteilung	Fertigungsteam	

Bild 9.3: Die Planungsebenen in ERP- / PPS-Systemen

Auftrags- / Logistikzentrum

Langfrist - Planung
über z.B. 6 Monate rollierend jeweils + 1Mo.
(Vertrieb)

| 1 | 2 | 3 | 4 | 5 | 6 | 7 |

Für z.B.:
Materialien und A-Teile (teuer) B+C - Teile mit langen Lieferzeiten frühzeitig bestellen (rollierend)

in Abstimmung mit

VERTRIEB
wg. Trend

Ergebnis:
Langfristige Material- und Teilebestellung nach Liefereinheiten in Wochen.

Echte Aufträge werden dagegen gefahren = Anpassung der Liefereinteilung wöchentlich +/-

Wo	Wo	Wo	Wo	Wo		Lieferplan
Art	100	500				
Art	200					
Art		300				

Mittelfristige Planung
Terminvergabe der eingehenden Aufträge
(AV)

manuell   oder   EDV

karteiorientiert   PPS / ERP

Terminvergabe nach:
- Kapazitäts - Terminierung
- Material - Terminierung

für alle Aufträge, die im Hause sind

Ergebnis:
Willenserklärung / Auftragsbestätigung

Übersicht Wochenauslastung

Produktionsplan z.B. Leitstand
Feinplanung z.B. über
← 3 AT → oder ← 5 AT →

Ergebnis:
Produktionsplan für z.B. 1 Woche

Jede Woche Donnerstag neu erstellen. Aufträge werden komplett durchgeplant.
Nur bei spanloser Fertigung und Mehrschichtbetrieb hier Reihenfolge festlegen, sonst nur die effektive Kapazität ausplanen ohne Reihenfolge

Werkstattsteuerung
Durchsetzen des Produktionsplanes in der Fertigung

Meister / Fertigungsteam
Durchsetzen des Produktionsplanes in der Fertigung

Setzen von
- Prioritäten
- Reihenfolgen
- Wer macht was
- Qualität

etc.

Ergebnis:
Termintreue Lieferung

Bei der gesamten Planung und Steuerung muss unterschieden werden zwischen **Einzel- und Serienfertigung**. Besonders in der Grobplanung ist die Vorgehensweise je nach Fertigungstyp vollständig unterschiedlich. Bei Serienproduktionen bedenkt die Grobplanung das Bilden von Produktionsprogrammen für einen bestimmten Zeitraum, z.b. einem Jahr. Diese Planung wird dann in kürzeren Abständen, z.b. monatlich, überarbeitet und den Gegebenheiten angepasst. Siehe auch Abschnitt Einbindung des Vertriebes in die Bestandsverantwortung von A-Teilen.

Bei der Einzelfertigung muss die Grobplanung möglichst frühzeitig durchgeführt werden, auch wenn Unsicherheiten in der Planung bestehen, weil die Aufträge noch nicht exakt spezifiziert werden können. Die Gründe können in den Konstruktionsarbeiten liegen oder in den Fertigungsplanungen, die eventuell noch nicht abgeschlossen sind. Diese Unsicherheiten müssen in Kauf genommen werden, da sonst kein Überblick über die Produktionsauslastungen vorliegt. Siehe Abschnitt Projektplanung.

Insgesamt muss verdeutlicht werden:

Die Arbeitsvorbereitung / das Auftrags- / Logistikzentrum stellt die Schaltzentrale eines Produktionsbetriebes dar. Sie entscheidet nicht nur über die Produktivität des Betriebes, indem sie die betrieblichen Notwendigkeiten plant und überwacht, sondern sie entscheidet durch die Konzeption und Führung der Ablauforganisation auch über Flexibilität, Durchlaufzeit, Kosten und Kapitalbindung.

<u>Merke:</u> *Kurze Lieferzeiten sind heute genauso wichtig, wie ein optimaler Preis!*

Daher muss größten Wert auf den richtigen Aufbau der Ablauforganisation gelegt werden. Hinzu kommt, dass alle Einführungs- und Verbesserungsmaßnahmen Zeit in Anspruch nehmen. Daher müssen die Maßnahmen frühzeitig getroffen werden.

Darstellung der Gesamtkonzeption

Bei der Sollkonzeption Arbeitsvorbereitung / Auftragsabwicklung wird davon ausgegangen, dass im Regelfalle die Schwerpunkte in

- Verbesserung der Langfristplanung (Grobkapazitätsplanung),
- der Verbesserung der Auftragsüberwachung,
- der Verbesserung der Auftragsterminierung
  (mittelfristige Einplanung der Aufträge),
- Aufbau eines entsprechenden Steuerungssystems zur Durchsetzung der geplanten Aufträge,
- bessere Materialwirtschaft

liegen.

Im Folgenden werden die notwendigen organisatorischen Maßnahmen dargestellt.

Siehe auch *Pkt. 2.1.2 „Auftrags- / Logistikzentren"*

Bild 9.4: Der Ablauf der Warenwirtschaft und Zusammenhang Auftragsabwicklungs- und Steuerungsfunktionen

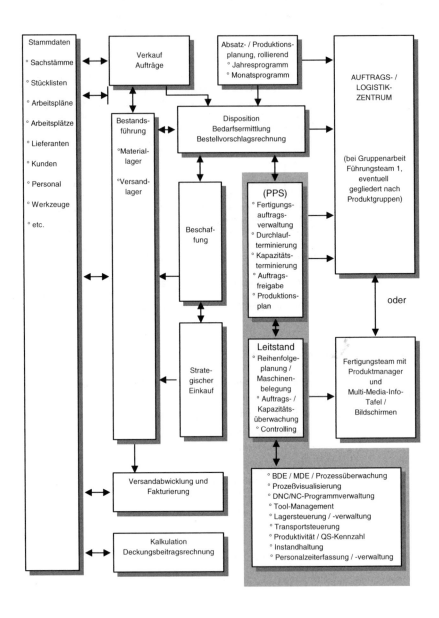

9.1.1 Langfristplanung / Grobplanung

Eine Langfrist- / Grobplanung muss vorhanden sein bzw. eingeführt und gegen die echten Kundenaufträge gefahren werden.

Diese Langfristplanung wird im Vertrieb bzw. in der Auftragsabwicklung in Verbindung mit den Daten der AV geführt. Die Ergebnisdaten an die Geschäftsleitung bzw. den Vertrieb pro Woche / Monat übergeben.

Sie hat folgenden Sinn:

- Darstellung einer Grobauslastung für grobe Terminabgaben
- Frühzeitiges Disponieren von Material und Teilen mit langen Lieferzeiten bzw. hohen Kosten, gemäß dem sich aus der Grobplanung ergebenden Planungshorizont durch Konstruktion, Arbeitsvorbereitung, Fertigung, Abnahme, etc.

Bei der Grobplanung muss unterschieden werden zwischen Einzel- und Serienfertigung

Serienfertigung	Einzelfertigung
Vorhersage der Produktion für einen bestimmten Zeitraum, z.B. ein Jahr gegliedert nach einzelnen Perioden (z.B. ein Monat)	Erfassung der Aktivitäten des Auftragsdurchlaufes (Konstruktion, Einkauf, Arbeitsvorbereitung, Fertigung, Abnahme, Versand).
Durchführung eine Kapazitätsplanung und Materialbedarfsrechnung für den Gesamtzeitraum	Einbringen der Aktivitäten in ein Zeitraster und Erstellung eines Fristenplanes.
Gegenüberstellung des effektiven Auftragseinganges mit den Planungen in den Einzelperioden.	Durchführung einer Grobkapazitätsbelegung.
Berichtigung der Planung der Einzelperioden nach den tatsächlichen eingehenden Aufträgen	Abgleich der Kapazitätsplanung, damit Kapazitätsengpässe vermieden werden.
	Aufbau und Führung der Terminüberwachung über alle Stufen (Konstruktion, Einkauf, Arbeitsvorbereitung, Fertigung).

Einführung eines so genannten Projektplanes

Basis für eine gesicherte Langfristplanung mit den damit verbundenen positiven Auswirkungen auf die Materialwirtschaft ist

a) bei Serienfertigung die Vorgabe eines Vorcash
b) bei Einzelfertigung die Einführung eines Projektplanes.

Bei Auftragseingang muss über eine erweiterte Laufkarte ein so genannter Projektplan erstellt werden (siehe Muster):

Bild 9.5: Projektplan

PROJEKTPLAN			Kunde: Wolter	Liefertermin: 29. Wo.	Auftrags-Nr.
			Gegenstand:	Spezialfilteranlage	2604

Lt. Katalog Nr.	2 / 4416 / 22	Projektverantwortlicher: K. Meier
jedoch Leistungsvermögen 500 L		
u. mit Zusatzantrieb	4 / 912 / 45	
u. kundenspezifischer Anschlüsse		

Pos Nr.	Tätigkeiten / Baugruppen	Ko. St.	Bedarf in h	Wochen 1–30
1	techn. Klärung / Vertrieb		20	
2	TB		140	
3	AV		50	
4	EK + WBZ		30	
5	mech. Fertigung		210	
6	Vormontage		145	
7	Endmontage		130	
8	Probel. + Abnahme		30	

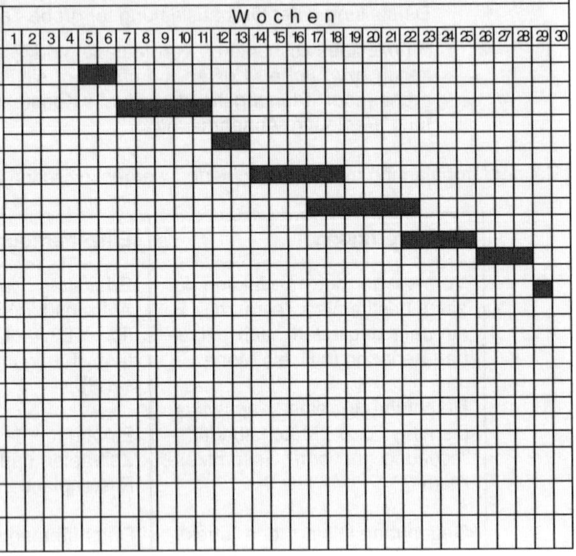

Der Projektplan muss beinhalten

- grober Terminplan

und

- Zeiteinschätzung für Konstruktionsarbeit und Arbeitsvorbereitung
- Zeiteinschätzung für Fertigung und Abnahme.

Diese so erstellten Projektblätter werden sofort an die Konstruktion zur eigenen Terminplanung vergeben, denn die Annahme von Konstruktionsaufträgen zu vorbestimmten Terminen erfordert mehr als eine grobe Daumenplanung.

- Wer kann und muss zu bestimmten Zeiten welche Tätigkeiten ausführen?
- Wie ist die Auslastung der einzelnen Teams bzw. Mitarbeiter?

Kriterien, die einer fundierten Antwort bedürfen. Dabei ist das Wissen um den erforderlichen Zeitbedarf für bestimmte Tätigkeiten und die Auslastung der betroffenen Mitarbeiter Voraussetzung für eine sinnvolle Planung.

Diese Vorgänge können mittels speziellen Projekt-PC-Programmen, z.b. **MS-Projekt**, oder über entsprechende PPS - Programme durchgeführt werden, die mittels Internet durchgängig bis zum Kunde / Lieferant gestaltet werden können (virtuelles Projektmanagement im Internet).

In einem weiteren Schritt müssen dann alle Aufträge in eine Grob-Kapazitätsplanung eingelastet werden.

Eine Kontrolle der Ecktermine erfolgt entweder:

a) im PC mittels manueller Verarbeitung der Rückmeldungen über so genannte Termintaschen mittels Termintröge, bzw. MS-Projekt - PC-Programm

b) per EDV über Rückstandslisten, die permanent über die entsprechenden Meldungen an das System (z.b. BDE) aktualisiert werden.

Die Entlastung der Projektschätzwerte erfolgt nach Arbeitsfortschritt, bzw. sowie die Arbeitspläne mit genaueren Zeiten für die Projekte erstellt sind, also die Zeichnungen nach Baugruppen aus der Konstruktion in AV übergeben sind, bei Einlastung in PPS. Hierzu eignen sich, besonders für EDV-Lösungen, so genannte CAP-Systeme = automatische Arbeitsplanerstellung mit Zeitberechnungen per EDV nach Gewerken / Kalkulationspositionen.

Die Belastung der mittelfristigen Kapazitätsplanung erfolgt sodann über die Arbeitspläne, die nach Maschinengruppenübersicht erfolgt. Siehe auch Abschnitt Kapazitätsplanung.

Natürlich ist es sehr schwierig, Aufträge zu planen und zu steuern, wenn sich der Inhalt der Arbeiten erst stufenweise bestimmen lässt Daher muss besonderen Wert auf den Informationsaustausch gelegt werden. Bei Terminüberschreitungen müssen durch die beteiligten Mitarbeiter Maßnahmen getroffen werden.

Es ist daher unumgänglich, in bestimmten Abständen, z.b. wöchentlich, bei Termingesprächen die Maßnahmen festzulegen und zu kontrollieren. Einzelmaßnahmen führen zu keinem Erfolg, da alle Entscheidungen Einfluss auf die Folgeabteilungen haben.

Daher müssen alle Maßnahmen festgehalten und auf Termineinhaltung kontrolliert werden.

Siehe nachfolgende Schemadarstellung, grundsätzliche Projektschritte / Maßnahmen:

1. Schritt: **Projektstrukturplan**
   - Projektgliederung und -abgrenzung
   - Projektziele festlegen
   - Teilprojekt- und Aufgabendefinition
     (= Tätigkeits- und Positionsspiegel)

2. Schritt: **Projektsteuerung**
   - Projektorganisation
   - Projektverantwortung
   - Meilensteine festlegen
   - Festlegen von Terminen
   - Aufwandsschätzung

3. Schritt: **Projektdurchführung**
   - Einleiten Projektrealisierung in Einzelschritten
   - Verfolgen von Projektaktivitäten
   - Steuerung der Rückmeldungen über Inter- bzw. Intranet

4. Schritt: **Projektcontrolling /
   wöchentliche Projektbesprechungen**
   - Soll - Ist - Vergleich
   - Korrekturmaßnahmen
   - Maßnahmenkontrolle
   - Projektdokumentation
   - Schwachstellenanalyse

5. Schritt: **Projektbewertung**
   - Projektanforderungen
   - Projektstand
   - Projektqualität
   - Projektbewertung
   - Projektabrechnung

sowie Schemabild „Darstellung einer Auftrags- / Projektabwicklung nach Tätigkeitsarten"
(Aufbau- und Ablauforganisation).

Auch eine wöchentliche Termin- / Arbeitsfortschrittskontrolle mittels e-Mail-Meldung, oder Foto per Internet vom Unterlieferanten an Auftraggeber (wo steht das Projekt terminlich?) hat sich bewährt.

Bild 9.6   Muster eines Terminquittier- und Infoblattes für Unteraufträge

---

Unsere Adresse [   ]

Fax-Nr. [   ]

E-Mail: [   ]

Ansprechpartner: [   ]

TERMINQUITTIER- UND INFOBLATT
ZU BESTELLUNG / PROJEKT - NR.   [▓▓▓▓▓▓▓▓▓▓▓▓▓▓]

DIE WÖCHENTLICHE MELDUNG, AB PROJEKTSTART SOLL, IST BESTANDTEIL UNSERER AUFTRAGSERTEILUNG

	Start- termin		Liefer- termin
TERMINPLAN SOLL			
	Wo. 30		Wo. 50

Heutige Woche bitte eintragen im Zeitraster

TERMINPLAN IST - STAND			
	0 %	Arbeitsfortschritt in % gemäß heutiger Woche ☒	100 %

Bei einer Abweichung von mehr als 5 % gegenüber Plan (Verzug), Bitte um Klärung, was das Unternehmen unternimmt, dass Liefertermin SOLL wie vereinbart gehalten wird.

[   ]

_____   _____
Datum   Unterschrift

Bild 9.7: Schemadarstellung Projektabwicklung - Auftrags- / Projektabwicklung

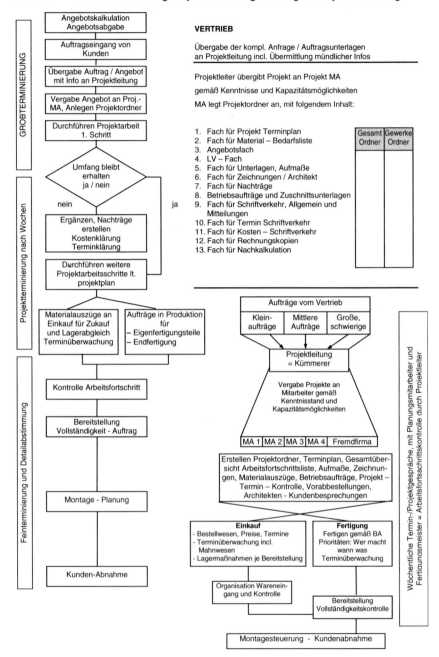

214

9.1.1.1 Schätzzeitkataloge als Basis für eine geordnete Projektausplanung

Basis für die Einführung einer in etwa abgesicherten Grobkapazitätsplanung ist der Aufbau von z.b.

→ Kennzahlensystem, was kann in etwa pro Woche/ Monat gefertigt werden, ausgelegt nach Warengruppen / Fertigungslinien

bzw. bei Projektarbeiten

→ Aufbau von Schätzkatalogen mittels folgend beschriebenen Auftragsnummern und Zeiterfassungslogik mittels Tätigkeits- und Positionsspiegel

Aufbau eines Zeit-Schätzkataloges für die Langfristplanung

Musterbeispiel: Aufbau einer Auftrags-Nummernvergabe mit Positionsspiegel für Zeiterfassung zur Bildung eines Schätzzeitwert-Kataloges

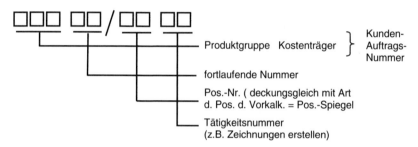

Wie der Auftrags-Nummernschlüssel für Unteraufträge ab der Stelle 6 + 7 aufgebaut werden kann (als klassifizierender Schlüssel) soll nachfolgendes Beispiel verdeutlichen:

Pos.-Nr. - Schlüssel für Zeit- und Kostenerfassung   6. + 7. Stelle

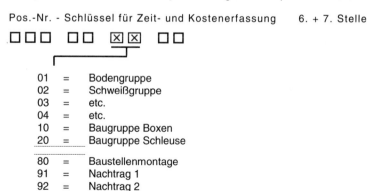

01	=	Bodengruppe
02	=	Schweißgruppe
03	=	etc.
04	=	etc.
10	=	Baugruppe Boxen
20	=	Baugruppe Schleuse
80	=	Baustellenmontage
91	=	Nachtrag 1
92	=	Nachtrag 2
		usw.

Tätigkeitsschlüssel für Zeit- und Kostenerfassung 8. + 9. Zeile

Wie ein Tätigkeitsschlüssel für die Zeit- und Kostenerfassung aufgebaut sein kann, soll folgendes Beispiel zeigen:

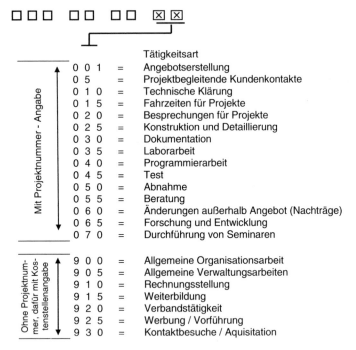

Dies bedeutet, dass hinter jeder Nummer, Stelle 8 + 9, sich eine Tätigkeit verbirgt, bezogen auf einen ganz bestimmten Unterauftrag und darauf die Zeiterfassung erfolgt.

Die Zeiterfassung der einzelnen Mitarbeiter erfolgt über Selbstaufschreibungen bzw. BDE - Erfassung mittels Bildschirm / Scanner.

Ziel des Schlüssels ist es, eine saubere Gliederung der gebrauchten Zeiten, nach den verschiedenen möglichen Tätigkeitsarten / Unteraufträgen zu bekommen, die nach

    A)   für die Nachkalkulation
- produktive Auftragstätigkeit und
- nicht weiter verrechenbare Gemeinkostentätigkeiten zu erhalten (nur Kostenstellen zuzuordnen)
- so weit wir möglich auch Gemeinkosten sachbezogen den Projekten zuordnen zu können

    B)   mittels Regressionsrechnung etc. zu Zeitschätzwerten / -katalogen für Projektarbeiten und einer realistischen Kapazitäts- und Belegungsplanung

ausgewertet werden können.

Bild 9.8: Zeiterfassung von Dienstleistungstätigkeiten am Bildschirm bzw. manuell nach Tätigkeitsarten

A) Bildschirm: Erfassen von Tätigkeitsarten für z.b. Programmiertätigkeiten

Zeiterfassung v. 1.2	(wr O)

Optionen Drucken

Tätigkeit am: 28.10.xx   Zeitbedarf 01:00   Version   Kostenstelle: 25060 F&E Software Spezial

Projekt:	Unterauftrag:	Tätigkeitsart:
LAB-Software	Belastungssteuerung	Dokumentation
Hardware/Firmware	**Benutzerparameter**	Einführungsmaßnahmen
		Stückliste
Mechanik	Bronchialer Reaktionstest	**Kostenplanung/Projektplanung**
Test - Anlage	Compliance	Kundenbetreuung
EOS	Compliance, Resistance für Babi	Lastenhefterstellung
Sensorik		ohne
Toennies SW		Layouterstellung

Kommentar:

[Speichern]   [Ändern]   [Löschen]

Pos.	Datum	Kostenst.	Gruppe	Projekt	Zeitart	Version	Dauer	Kommission
1								
2								
3								
4								
5								
6								
7								

Ausgewählt   **Lab-Software**   **Benutzerparameter**   **Kostenplanung/Projektplanung**

B) Manuell:

Name	WEBER		RAINER		Monat	1	2	3	4	5	6
						7	8	9	**10**	11	12
Pers.-Nr.	1111	Stamm - Kostenstelle	00500		Woche	1	2	**3**	4	5	

Datum	Projekt- nummer oder Kostenstelle	Tätigkeits- nummer	Positions- nummer	gebrauchte Zeit in Std. (0,25 Std. genau)	km á	Spesenabrechnung		Bemer- kungen
						Tages- spesen €	Nacht- spesen €	
19.10.xx	4721	202		4,50				
19.10.xx	4820	202		3,50				
20.10.xx	5031	204		2,00				
20.10.xx	4721	204		5,00				
20.10.xx	oo500	212		1,00				
21.10.xx	oo500	210		1,50				
21.10.xx	4721	215		5,00	60			
21.10.xx	5031	206		3,00				
22.10.xx	4721	215		3,50				
22.10.xx	4820	202		4,50				
22.10.xx	5031	204		2,50	22			
23.10.xx	5031	204		1,00				
23.10.xx	6020	213		4,00				
23.10.xx	oo500	212		0,50				
SUMMEN				41,50	82			
Projekt - Bezeichnung		Projekt - Nummer		Arbeitsfort- schritt in	Diese Woche		Plan nächste Wo.	
					Ist %	Soll %	Ist %	Soll %

Bild 9.9: Auswerten von Ist-Zeiten nach Auftragsnummer, Kostenträgern, Positionsspiegel und Tätigkeitsarten

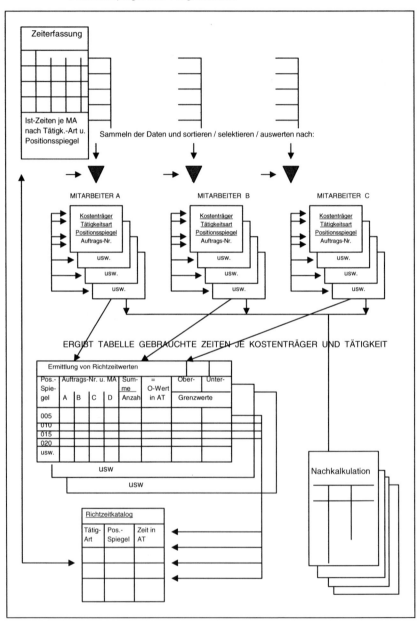

Bild 9.10: Zeitkalkulation nach Positionsspiegel und Tätigkeitsarten

Zeitschätzkatalog			Positionsspiegel				Auftr.-Nr. Code-Nr.	

Kunde: Kraftanlagen Liefertermin:

Gegenstand: Beschickungsboxen

Termin ver- folg.	Tätigkeit/Gegenstand			Zeitaufwand in h je Kostenstelle				
	Pos. Nr.	Bezeichnung	End- termin	60	30	40	45	Σ
	01	AV		30				30
X	02	Übersichtszeichnung		405				405
	03	QS		10				10
	04	Doku.		20				20
X {	07	Werksmontage						
	08	Zwischenabnahme		8				8
	09	Verpackung/Versand		12		10		22
X {	90	Transport				20		20
	91	Montagebaustelle			61	61		122
	92	Endabnahme		10		8		18
X {	10	Box				320		320
	11	Boxgestell						
X	79	Hubvorrichtung				160		160
X	78	Schieber				360		360
X	77	Beschickungsschleuse				80		80
X	76	Übergangsstück				40		40
X	92	Endabnahme					12	
				495	61	1.059	12	1.615

Bild 9.11: *Langfristiger Kapazitätsplan*

	Langfristiger Kapazitätsplan											
Kapazitätsgr. verfügbare Kapazität	Jan.	Febr.	Mär	April	Mai	Juni	Juli	Aug.	Sept.	Okt.	Nov.	Dez.
Konstrukt. Diff. verfügbare Kapazität												
A V Diff. verfügbare Kapazität												
Vorfertig. ges. Diff. verfügbare Kapazität												
Engpassmasch. 1 Diff. verfügbare Kapazität												
Engpassmasch. 2 Diff. verfügbare Kapazität												
Vormont. ges. Diff. verfügbare Kapazität												
Endmont. ges. Diff. verfügbare Kapazität												
Abnahme Diff.												
Diff.												
Diff.												
Überbelegung in Stunden	Konstruktion											
	AV											
	Vorfertig. ges.											
	Engpassmasch. 1											
	Engpassmasch. 2											
	Vormont. ges.											
	Endmont. ges.											
	Abnahme											

Belegung aus langfristig. Planung

Belegung aus mittelfristig. Planung

9.1.2 Aufbau der mittelfristigen Planung / Kapazitätswirtschaft

Wie schon angeführt, hat die mittelfristige Planung das Ziel, die termingerechte Ausführung vorzubereiten. Daher bezieht sie sich auf die Kapazitäts- und Materialplanung

Bild 9.12: *Vorgehen und Auswirkungen bei der mittelfristigen Planung*

Vorgehen	Maßnahmen	Auswirkungen
Durchführen der Kapazitätsplanung	Belasten der Arbeitsplatzgruppen mit dem Kapazitätsbedarf lt. Fertigungsauftrag.	Schaffung der Voraussetzungen, dass zur Abwicklung der Aufträge keine Kapazitätsengpässe entstehen.
	Überprüfung der Kapazitätsbelegung. Evtl. Umdisposition der Aufträge zum Kapazitätsausgleich	Frühzeitiges Erkennen der Auswärtsvergabe von Aufträgen bei Kapazitätsengpässen.
		Frühzeitiges Erkennen von Auslastungsschwierigkeiten. Hereinholen von Fremdaufträgen oder zusätzliches Hereinnehmen von Aufträgen, sofern möglich.
Durchführen von Materialbedarfsplanung	Ermittlung des Nettobedarfes an Material in den einzelnen Perioden (Wochen). Auslösen der Beschaffung des Materials mit Terminüberwachung	Schaffen von Voraussetzungen, dass für die termingerechte Auftragsdurchführung das Material vorhanden ist.

Bilden von Kapazitätsgruppen

Voraussetzung für jede geordnete Kapazitätswirtschaft und Arbeitsplanorganisation ist der Aufbau einer sauberen Arbeitsplatz- / Kapazitätsgruppengliederung.

A) Dies kann sein: Ein Maschinen- / Arbeitsplatzgruppenschlüssel (kostenstellen- / abteilungsunabhängig), der einen sofortigen Hinweis auf Ausweichkapazitäten zulässt, sofern tayloristisch gearbeitet wird.

Bild 9.13: *Kapazitäts- / Arbeitsplatzgruppenschlüssel /*
technologieorientiert ausgerichtet
(konventionelle Betrachtungsweise / Taylorismus)

	Untergruppe → Hauptgruppe ↓	ARBEITSPLATZ - NUMMERNPLAN									Kostenstelle-Maschinengruppe Arbeitsplatz Arb.-Gang-Abkürzung
		Einteilung nach Arbeitsplatz- / Maschinengruppen je Technologiebereich									
		00	01	02	03	04	05	06	07	08	09
T E C H N O L O G I E G R U P P E	**1** Drehmasch.	Drehm. dre	große Drehm. dre	kleine Revolv. re-dre	gro. Revolv. re-dre	CNC-Stangendr. nc-dre	große Kopierdr. ko-dre	Automat A 25 au-dre	Automat TB 42 au-dre	CNC-Drehautom. cnc-dre	Turnomat au-dre
	2 Fräsmasch.		gr.horiz. Fräsm. h-frae	Daton DNC DNC-Da	gr. vert. Fräsm. v-frae	Universalfrä. u-frae	Handhebel-frä. frae	ho-riz.Fräsma. gesteuert frae	Wzg.Fräsm. frae	CNC-Fräsm. u. Bearbeitz. cnc-frae/ cnc-bea	gr.Bohrw. frae
	3 Bohrmasch.	Säulenbohrm. bo	Reihenbohrm. rei-bo		Radialbohrm. ra-bo				Borheinheit f.Messerschn. bo	CNC-Bohrm. cnc-do	CNC-Bearbeitz. cnc-bea
	4 Schleifmasch.	Rundschleifm „Fortuna" schlei	Rundschleif m.„XY" schlei			Spitzenlosschlei. spschl	Flachschleifm. flschl	Wzg.Schleif m „Haas" baschl	Bandschleifma. schlei	Stähle-Schleif. schlei	
	5 Sonst. Masch.	große Kreissäge absae	Bandsäge absae	kleine Kleissäge absae	Räummasch. raeum		Hydrau. Presse bieg/praeg	Honmasch. hon	Kunststoff-Spritzmasch. kuspri	Gußputzplatz verpu	Scheuern scheu
	6 Sonst. Masch.	Schlagschere zuschn	Kurvenschere auschn	Abkantmasch. CNC cnc-abkan	Exzent.-presse stan		Elektr. Schweiß. schwei	Punktschweiß. puschw	Autogenschw. auschw/loet	Hydr. Abkantpr. abkan	Rundmasch. rund
	7 Montage	Gruppenmont. 1 mont 1	Gruppenmont. 2 mont 2	Bandmesserfertigung anfert	Rolltischmontage mont	Kleinmasch. Fertigmont. mont	Masch.-Einlauf einlau		Lackiererei lacki	Horiz.Bandmesserma. mont	Montage CRA
	8 Elektr. Mont.			Auswuchtmasch. auswu	Elektro-Mont Kl.-Masch. e-mont	Kleinmasch. Reparat. repa		Elektromont. + Install. insta	Elektr.Repa. a.Bandmess m repa	Prüffeld kontr.	
	9 Handarbeit	Flaschner anfert	Entgraten entgr.+bürst		anreißen anrei	richten richt		pneum. Bohr- u. Mont. Einr. bo/mont	Repar. an repa	Repar.vert. repa	Rep.horiz. Bandmessm repa
	0 Fertig.Kund-Ko.-St. GK u. Hilfsstellen	Werkzeugbau anfert	Lehrlinge anfert	Werkzeug-Instandh. schlei	Versuchsarb. anfert	Kontrolle kontr./ ekontr.	Betriebshandwerker anfert	Kistenmacher anfert	verpa		

B) Oder die Kapazitätsgruppen werden bei Teamarbeit PROZESSORIENTIERT, z.B. nach Produkt- / Warengruppen, oder große Teile / kleine Teile, Blechteile etc. gegliedert, was die Kapazitätsplanung wesentlich vereinfacht, da nur der jeweilige Engpass ausgeplant wird. **"Lieber grob richtig, als fein, aufwendig und falsch."**

Bild 9.14: *Kapazitätsgruppen nach Warengruppen / Fertigungslinien ausgerichtet (Fließfertigung - prozessorientiert)*

Kapazitätsgruppe prozessorientiert nach Warengruppen und allgemein		Kapazität in Anzahl Personen	Kapazität in Anzahl Maschinen / Anlagen	Möglicher Engpass im Team
Nr.	Bezeichnung			
1125	WZB / Draht- und Flachformfedern, Federspielgeräte	12 Pers.	20 Masch.	Personal
1126	Schaubenfedern Industrie < 12 mm Ø (incl. KFF), Förderspiralen	14 Pers.	20 Masch.	Personal
1127	Schraubenfedern Industrie > 12 mm Ø kaltgeformt	10 Pers.	16 Masch.	Personal
1199	Warmverformung (n. d. Formgebung vergütet)	8 Pers.	10 Anlagen	Anlagen
2125	Schraubenfedern Fahrwerk	15 Pers.	25 Plätze	Personal
2130	Motorsport	18 Pers.	22 Plätze	Personal
2131	Stabilisatorenfertigung	12 Pers.	16 Masch.	Personal
3132	Produktion Werk xx (Riemenspannfedern)	20 Pers.	26 Masch. / Plätze	Personal
5199	Beschichten / Bedrucken	8 Pers.	11 Masch.	Maschinen
6135	QS	3 Pers.	---	---
7137	Versand			
9142	Ext. Lohnarbeiten	beliebig	---	

Engpässe / Auftragsspitzen an bestimmten Arbeitsplätzen werden durch den wechselweisen Einsatz der Mitarbeiter untereinander, durch die Gruppe selbst gelöst (Trennen der Maschinenzeiten von der Menschzeit durch die Anwendung flexibler Arbeits- und Betriebszeiten, sowie Umsetzen von Mitarbeitern aus anderen Kostenstellen / Fertigungsgruppen[1]), auf eine detaillierte Kapazitätsauslastungsübersicht im PPS-System also verzichtet werden kann. Kapazitätsengpässe werden also nicht mehr verwaltet, sondern vor Ort durch selbstständiges, verantwortungsvolles Handeln, durch die Mitarbeiter aufgelöst.

---

[1] Oder Einsatz von angelernten „Freiberuflern", z.B. für Zusatzschichten

Ermittlung der Planungsfaktoren zur Ermittlung der verfügbaren Kapazität je Maschinen- / Arbeitsplatzgruppe

Von der theoretisch möglichen Kapazität kann man bei allen Betrachtungen über zur Verfügung stehende Fertigungskapazitäten nicht ausgehen. Die theoretische Kapazität wird in der Praxis positiv wie auch negativ durch verschiedene Einflussgrößen verändert. Siehe nachfolgende tabellarische Berechnung der durchschnittlich verfügbaren Kapazität.

Einflussgröße	Ermittlung über	Veränderung der Kapazität
1.) Mitarbeiter		
- Mehrleistung der Mitarbeiter (bei Leistungslohn)	Produktivitätsfaktor je Abteilung	+ oder -
- Krankheit / Unfälle wenn keine Ersatzperson	Getrennte Fehl- und Ausfallzeitenstatistiken der Personalabteilung, Arbeitsvorbereitung, bzw. Produktivitätsübersichten	-
- Urlaub (wenn keine Ersatzperson)		-
- Sonstige Fehlzeiten		-
- Wartezeiten / Nacharbeiten		-
- Reinigung des Arbeitsplatzes		-
2.) Betriebsmittel		
- Wartung und Reparatur	Statistiken des Betriebes, z.B. mit Nutzungsschreiber oder gemäß Produktivitätsübersichten	-
- Wartezeiten durch - Materialmangel - Auftragsmangel - Personalmangel - fehlende Betriebsmittel		- - - -
Ergebnis	100 % - x % lt. Pos. 1 + 2	= z.B. <u>74 %</u>

Die Einflussgrößen sind laufend zu überwachen und der Planungsfaktor ist bei Kapazitätsveränderungen zu pflegen, oder das PPS-System, die Kapazitätswirtschaft wird geöffnet, also ohne Kapazitätsgrenze geführt und mittels universell einsetzbarem Personal und Zusatzpersonal / -schichten wettbewerbsorientiert gearbeitet.

Die Arbeitsplan-Organisation

Der Arbeitsplan enthält, vollständig und eindeutig geordnet nach dem Arbeitsablauf im Betrieb, sämtliche Angaben, die zur Fertigung eines Erzeugnisses benötigt werden: Werkstoffbedarf, Werkstoffart, Werkstoffabmessungen, Reihenfolge und Art der Arbeitsgänge, die für die einzelnen Arbeitsgänge benötigten Maschinen, Werkzeuge und Vorrichtungen. Weiterhin Abteilung, Kostenstelle und Maschinengruppe, in der die Arbeit verrichtet wird. Sowie Zeitbedarf für jeden Arbeitsgang, unterteilt nach Rüst- und Stückzeit je Einheit, sowie Hinweise auf das Verhältnis Taktzeit zu Personalzeit (Personalbelegungsfaktor) und eventuell Personalqualifikationshinweise.

Bild 9.15: *Arbeitsplan - Definition*

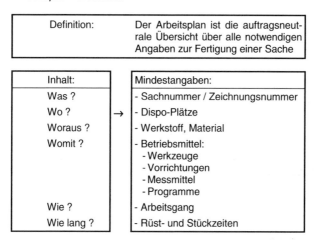

Definition:	Der Arbeitsplan ist die auftragsneutrale Übersicht über alle notwendigen Angaben zur Fertigung einer Sache

Inhalt:	Mindestangaben:
Was ?	- Sachnummer / Zeichnungsnummer
Wo ? →	- Dispo-Plätze
Woraus ?	- Werkstoff, Material
Womit ?	- Betriebsmittel: - Werkzeuge - Vorrichtungen - Messmittel - Programme
Wie ?	- Arbeitsgang
Wie lang ?	- Rüst- und Stückzeiten

Bei wiederholter Fertigung werden diese Angaben „auftragsneutral" aufgezeichnet. Nach dem erarbeiteten Konzept wird das Arbeitsplanstammoriginal erstellt bzw. gespeichert. Bei Eröffnung eines Werkstattauftrages werden nach Zugabe der auftragsgebundenen Daten, wie z.B. Auftragsnummer, Mengen, Start- und Endtermin, folgende Belege für die Fertigung erstellt:

- Terminkarte
- Laufkarte / Werkstattauftrag
- Rohmaterial / Entnahmestückliste
- Arbeits- / Lohnbeleg je Arbeitsgang
- Rückmelde- / Fertigstellbeleg
- Bereitstellbelege für Werkzeuge etc.
- QL-Quittierbeleg

Oder beleglos, mit entsprechenden Darstellungen am Bildschirm, vor Ort im Betrieb

wobei im Rahmen, Abbau von nicht wertschöpfenden Tätigkeiten und durch die Einführung von Gruppenarbeit, auf eine zu detaillierte Gliederung immer mehr verzichtet wird. **Zu beachten ist auch: Je feiner die Arbeitspläne gegliedert sind, je länger wird die Durchlaufzeit, die das PPS-System erzeugt.**

Eine Zusammenfassung von Arbeitsgängen (grobe Gliederung) erzeugt kürzere Durchlaufzeiten.

Bild 9.16: Muster eines Arbeitsplanes

Laufkarte/Arbeitsplan		Woche: 48	Datum 26.11.	Blatt:
	Kd-Best-Nr.:			
z-Nr 2 1 7 5 9 3 Auftrags-Nr.	Starttermin	Endtermin	Zchn/Werkstoff	Prio
217593 Projekt	03.12. / 49 Bezeichnung	21.12. / 51	109490/H Kundenauftrag Kunde	2
PLAGER Erzeugnis	Bezeichnung		0 Menge ME Lager	Ausschuß/Grund
109490.2.1	Einzelleitung Klammer weiß	IST:	1500,000 St 1	

Typ	Nr.	VZ	Arbeitsplatz	ZA-Nr.	tr M LG	te = %	AAP	Start/Ende
			2 1 3 0 4 5					
A	290	40 MG	MT29 PUR-Ausgießmaschien mit Band 2.S. Gehäuse ausgießen	32698	10,00	10,00	0 N	03.12. 21.12.
			2 1 3 0 4 6					
A	300	40 MG	MT06 Stecker u. Buchsenautomat PP3 1.S. Stecker anschlagen, prüfen 10 %	4200	10,00	6,16	130 N	03.12. 21.12.
			2 1 3 0 4 7					
A T P	310	40 MG	MT55 Lötarbeitsplätze (Absaugung) 1.S. Klammer einlegen, Stecker und Leitung positionieren und anlöten WZ 6.387 Lötvorrichtung (Drossel an Kon	4538	10,00	44,69	130 J	03.12. 21.12.
			2 1 3 0 4 8					
A P	320	40 MG	MT02 Handhebelpressen in Montage 1.S. Deckel aufdrücken WZ 6.710 Montagevorrichtung	4193	10,00	12,04	130 N	03.12. 21.12.

9.1.2.1 Ermittlung von Richtwerten für eine stimmende Fertigungssteuerung / Arbeitsplanorganisation

Je genauer man in der Lage ist Mengen und Kosten in der Zeiteinheit zu erfassen, desto genauer wird die Kalkulation. Um schnell und richtig zu arbeiten, ist der Einsatz von PC - Expertensystemen anzuraten. Diese automatischen Zeit- und Kostenberechnungssysteme können sowohl einzeln genutzt, als auch als Baustein in DV-gestützte PPS-Systeme integriert werden.

Es ist das Instrument, um die vorhandene Lücke „*Wie ermittle ich schnell und sicher richtige Zeiten bei der Arbeitsplanerstellung und Vorkalkulation*" zu schließen. Das System erstellt mit geringem Aufwand Arbeitspläne, errechnet die genauen Fertigungszeiten und kalkuliert die Arbeitsgänge zu Voll- und Grenzkosten und schützt damit vor falschen Kalkulationen.

Die Praxis hat dabei allerdings ihre Schwierigkeiten. Oftmals fehlt die Zeit für die korrekte Kalkulation. Daraus folgt, dass oft auch die den Kalkulationen zugrunde liegenden Abläufe und Zeiten falsch sind. Auf dieser Basis Angebote abzugeben, ist sehr gefährlich. Diese Schwierigkeiten treten insbesondere dann auf, wenn vom Kalkulator verlangt wird, korrekt zu kalkulieren. Man muss sagen „sollte", denn in vielen Fällen wird zwar die korrekte Durchführung der Zeitkalkulation anerkannt, scheitert aber in der Praxis an dem damit für den Kalkulator verbundenen manuellen Zeitaufwand. Diese Schwierigkeiten können abgebaut werden, wenn mit dem Computer kalkuliert wird. Zeitkalkulation und Arbeitsplanerstellung sollten das Ziel haben, stimmende Kalkulationen in der zur Verfügung stehenden Zeit zu erstellen, was mit dem nachfolgend vorgestellten System ermöglicht wird.

Bild 9.17: *Wie die Module zusammenspielen*

Kalkulationsanforderung	
Neue Produkte	Teilefamilien / Varianten

Kalkulation der einzelnen Arbeitsgänge	Eingabe der Einflussgrößen	Zeitberechnungsformeln	Automatischer Datenzugriff	Eingabe der Einflussgrößen
		Planzeittabellen		Referenz-Arbeitsplan
		Technologie-Daten		

Arbeitsplan

Kostenkalkulation Deckungsbeitragsrechnung

Zeitwirtschaft so genau wie notwendig und nicht wie theoretisch möglich

PC-gestützte Zeitkalkulation nach Einflussgrößen und Zeitformeln sind die Basis für eine schnelle und genaue Zeitkalkulation

PC-gestützte Excel Expertensysteme 1) sind einfache und preiswerte Hilfsmittel, um eine schnelle und stimmende Zeitwirtschaft einrichten zu können. Sie basieren auf Regressions- und Korrelationsrechnungen anhand der Zeit bestimmenden Einflussgrößen für Fertigungsarbeitsgänge und / oder Teilefamilien. Die von diesen Systemen vollautomatisch ermittelten Zeitformeln können im Regelfalle ohne Probleme in die vorhandenen PPS-Systeme eingebaut werden und errechnen dort, gemäß den hinterlegten Einflussgrößen, die richtige Stück- und Rüstzeiten.

Je nach System können bis zu 250 Einflussgrößen hinterlegt werden

Materialart	X Y	Ringzahl	
Einsatzgewicht	kg	Schweißlänge	
Einsatzlänge	mm	Schweißart	
Einsatzbreite	mm	Laufmeter	
Einsatzdicke	mm	Stück	Anzahl
•		•	
•		•	

---

1) Adressen siehe jeweils aktuelle REFA-Nachrichten, „Refa Darmstadt, Wittichstraße 2"

Excel-Eingabetabelle für die systematisch erfassten Ist-Zeiten, oder gezielter aufgenommener Zeitstudien, als Ausgangsdaten für die Regressionsrechnung:

Teilefamilie: EA				1	2	3	4	5	6	7	8
				Umgerechnete	Gewicht	Ringzahl	Dicke Einsatz-Breite	Fertig-Breite	Str. Ring	Rg. d.	Ist-
Datum	Schicht	Auftrag	Sorte	min	kg	Stück	mm	mm	mm	Stück	Tr.	meter
16.01.xx	1	L000216-002	EA	7,20	1380	1	1,00	589	579	1	4	860
16.01.xx	1	L000216-003	EA	8,40	1525	1	1,00	589	579	1	3	960
16.01.xx	1	L000216-001	EA	17,40	4355	3	1,00	589	579	3	9	2730
16.01.xx	1	L000216-002	EA	6,00	1390	1	1,00	589	579	1	3	870
17.01.xx	1	L000216-002	EA	75,58	20270	14	1,00	589	579	14	42	12936
17.01.xx	1	L000216-003	EA	15,60	4220	3	1,00	589	579	3	9	2580
17.01.xx	1	L000216-001	EA	46,19	12690	9	1,00	589	579	9	27	8370
18.01.xx	1	L000143-002	EA	13,20	2520	2	0,80	591	581	2	6	1973
09.02.xx	2	L010021-001	EA	5,40	165	1	1,00	589	478	1	2	102
13.02.xx	1	L000216-004	EA	11,40	2750	2	1,00	589	579	2	6	1758
13.02.xx	1	L010021-001	EA	9,00	2540	2	1,00	589	578	2	6	1535
12.04.xx	1	L010043-001	EA	13,20	2630	2	1,00	589	217	8	6	1691
12.04.xx	1	L010042-001	EA	11,40	2600	2	1,00	589	217	8	6	1633
12.04.xx	1	L010041-001	EA	21,00	5120	4	1,00	589	579	4	12	3318
17.04.xx	1	L010041-001	EA	32,39	9090	7	1,00	589	579	7	21	5570
17.04.xx	1	L010040-003	EA	21,60	5790	4	1,00	589	579	4	12	3780

Mittels Regressionsrechnungen aus den rückgemeldeten Aufträgen oder aus wenigen Zeitstudien für die einzelnen Artikel, geordnet nach Teilefamilien, werden Formeln ermittelt die zur Berechnung der Leistungseinheiten ausreichen.

Die gewollte Genauigkeit kann im System hinterlegt werden und zeigt an, ob für die vorgegebene Genauigkeit der Zeitberechnungsformeln, z.B. 95 % / 90 % / 85 % etc. die Basisdaten in Häufigkeit und Anzahl Einflussgrößen ausreicht, oder ob weitere Basisdatenerhebung notwendig ist.

Grafische Auswertung der Ergebnisse mittels Regressions- und Korrelationsrechnung

Schemabild:

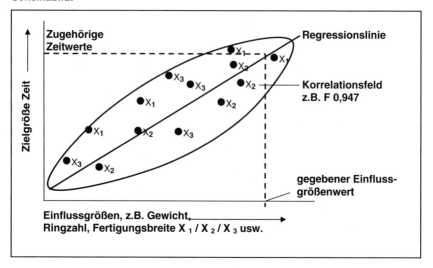

Das Ergebnis aus der Regressionsrechnung nach Einflussgrößen sieht z.B. so aus:

Regressionsformel

Y =	6,52734	+	0,00027433	* X_1	+	0,98972	* X_3
		−	0,0094335	* X_4	+	0,21859	* X_7
		+	0,0042155	* X_8			

Bestimmtheitsmaß B = 89,594 %	Multiple Korrelation R = 0,947	Anzahl Messwerte n = 386

Dies sind die Zeitbestimmenden Einflussgrößen lt. Regressionsrechnung

- X_1 = Gewicht in kg
- X_3 = Dicke in mm
- X_4 = Einsatzbreite in mm
- X_7 = Anzahl Ringe kpl. an Lager geliefert
- X_8 = Laufmeter

Die so gebildeten Formeln werden jetzt in Excel oder im ERP- / PPS-System hinterlegt als so genanntes CAP-System für automatisierte Zeitberechnungen und Arbeitsplanerstellungssysteme. Sie sind somit das ideale Instrument, um die vorhandene Lücke bei der Vorkalkulation mittels EDV zu schließen.

Das heißt, beim Erstellen des Arbeitsplanes fragt das System in den Stammdaten alle hinterlegten Einflussgrößen ab und rechnet dann die te und tr Zeiten je Arbeitsgang aus, macht den Arbeitsplan fertig.

Sollten Einflussgrößen im Stammdatensatz fehlen, so werden diese bei der Arbeitsplanerstellung separat abgefragt und einzeln eingegeben.

Beispiel eines Arbeitsplanes:

Automatische Arbeitsplanerstellung mit Vorgabezeitkalkulation

Länge - Rohmaterial	Außen- durchmesser	Steigung	Anschliff Endmaß	Winkel	Anzahl Einstiche
▼	▼	▼	▼	▼	▼

Für Produktgruppe Rohrbögen

AG	AG Kurztext1	BE-Bezeichnung	tr min	te min	Formel
12	Rohling drehen	CNC - Drehen Masch.-Nr. ☐	20,00	0,60	5
110	Schaft fräsen	CNC - Fräsen Masch.-Nr. ☐	30,00	1,69	28
8999	Reinigen	System 23 Einstellung 4	0,00	0,10	Festwert
420	Härten	Anlage 140 Vorschrift 28	45,00	5,00	36
8999	Schleifen	CNC - Junkers Masch.-Nr. ☐	20,00	2,60	68
	etc.				

Bild 9.18: Ablauf Zeitkalkulation und Arbeitsplanerstellung mittels CAP-Systemen

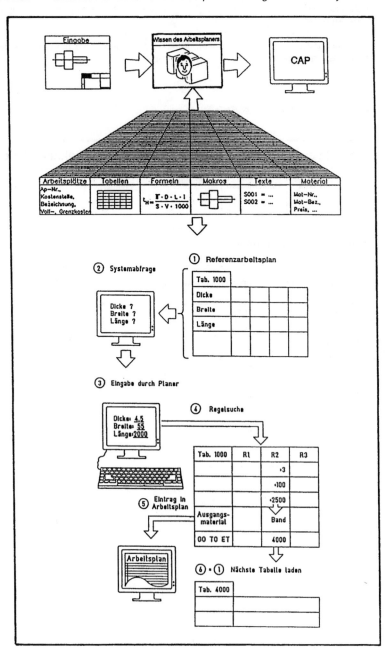

9.1.2.2 Terminplanung / Kapazitätsplanung / Durchlaufzeiten

Bei allen Planungen müssen Termine gesetzt werden für die Einzelaktivitäten. Für die mittelfristige Planung ist es daher sehr wichtig, die Durchlaufzeiten des Betriebes zu kennen. Die Durchlaufzeiten müssen sämtliche Zeiten im Materialfluss enthalten. Dies sind insbesondere Belegungszeiten, Liege-, Kontroll- und Transportzeiten.

Bild 9.19: *Tabellarische Darstellung der Durchlaufzeiten in Abhängigkeit von Mengen und Zeitdaten pro Arbeitsgang*

Durchlaufzeiten-Plan

te in Min / Menge	1	2	3	4	5	6	7	8	9	10	12	14	16	18	20	23	36	29	32	36	40	45	50	55	60	80	100	125	150	175	200	250	300	350	400	450	500	550	600	650	700	750	800	850
Menge	= DL - in Tagen																																											
5	1	1	1	1	1	1	1	1	1	1	1	1	1	1	1	2	2	2	2	2	2	3	3	3	3	3	3	3	3	4	4	4	4	4	4	5	5	5	5	5	5			
10	1	1	1	1	1	1	1	1	1	1	2	2	2	2	2	3	3	3	3	3	3	3	3	3	3	3	4	4	4	4	4	5	5	5										
15	1	1	1	1	1	1	2	2	2	2	2	3	3	3	3	3	3	3	3	3	3	3	3	4	4	4	4	4	5	5	5													
20	1	1	1	1	1	2	2	2	2	2	3	3	3	3	3	3	3	3	3	3	3	4	4	4	4	4	4	5	5	5														
25	1	1	1	1	2	2	2	2	3	3	3	3	3	3	3	3	3	3	3	4	4	4	4	4	4	4	5	5	5	5														
30	1	1	1	2	2	2	3	3	3	3	3	3	3	3	3	3	3	4	4	4	4	4	4	4	4	5	5																	
35	1	1	2	2	2	3	3	3	3	3	3	3	3	3	3	4	4	4	4	4	4	4	4	4	5	5	5																	
40	1	1	2	2	2	3	3	3	3	3	3	3	3	3	3	4	4	4	4	4	4	4	4	5	5	5																		
45	1	1	2	2	3	3	3	3	3	3	3	3	3	4	4	4	4	4	4	4	4	5	5	5	5																			
50	1	1	2	2	3	3	3	3	3	3	3	3	3	4	4	4	4	4	4	4	4	5	5	5	5																			
55	1	2	2	3	3	3	3	3	3	3	3	3	4	4	4	4	4	4	4	4	5	5	5	5	5																			
60	1	2	2	3	3	3	3	3	3	3	3	4	4	4	4	4	4	4	4	5	5	5	5	5																				
65	1	2	2	3	3	3	3	3	3	3	3	4	4	4	4	4	4	4	5	5	5	5	5																					
70	1	2	3	3	3	3	3	3	3	3	4	4	4	4	4	4	4	5	5	5	5	5																						
80	1	2	3	3	3	3	3	3	3	3	4	4	4	4	4	4	5	5	5	5	5																							
90	1	2	3	3	3	3	3	3	4	4	4	4	4	4	4	5	5	5	5	5																								
100	1	2	3	3	3	3	3	4	4	4	4	4	4	4	4	5	5	5	5																									
125	2	3	3	3	3	3	4	4	4	4	4	4	4	5	5	5	5																											
150	2	3	3	3	3	4	4	4	4	4	4	5	5	5	5																													
155	2	3	3	3	3	4	4	4	4	4	4	5	5	5	5																													
160	2	3	3	3	3	4	4	4	4	4	4	5	5	5	5																													
165	2	3	3	3	4	4	4	4	4	4	4	5	5	5	5																													
170	2	3	3	3	4	4	4	4	4	4	5	5	5	5																														
175	2	3	3	3	4	4	4	4	4	4	5	5	5	5																														
180	2	3	3	3	4	4	4	4	4	4	5	5	5	5																														
185	2	3	3	3	4	4	4	4	4	4	5	5	5	5																														
190	2	3	3	3	4	4	4	4	4	4	5	5	5																															
195	2	3	3	3	4	4	4	4	4	4	5	5	5																															
200	2	3	3	3	4	4	4	4	4	4	5	5	5																															
250	3	3	3	4	4	4	4	4	5	5	5																																	

Merke: Je größer die Anzahl Arbeitsgänge im Arbeitsplan, je länger die Durchlaufzeit. Deshalb gehen immer mehr Unternehmen von der teilweise viel zu feinen Arbeitsplanstrukturierung (nach Prozessen gegliedert) ab, und richten als Arbeitsgänge nur noch so genannte Meilensteine für die Kapazitätsplanung und Rückmeldung ein.
Um die Anzahl Aufträge die sich gleichzeitig in der Fertigung befinden zu verringern und die Durchlaufzeiten weiter zu verkürzen, werden auch immer mehr die Übergangszeiten auf 0 gesetzt, also herausgenommen.
Jeder Auftrag wird somit wie ein Eilauftrag behandelt. Und was wichtig ist:

Es funktioniert bestens.

Kapazitätsplanung / -belegung

Auf Grund dieser Durchlaufzeiten wird eine Kapazitätsplanung durchgeführt. Dabei werden die einzelnen Fertigungsstellen mit den jeweiligen Belegungszeiten belastet. Das Ergebnis ist ein Auslastungsprofil, das die Kapazitätsengpässe und Auslastungsschwierigkeiten aufzeigt.

Bild 9.20: *Auslastungsprofil aus der Kapazitätsplanung*

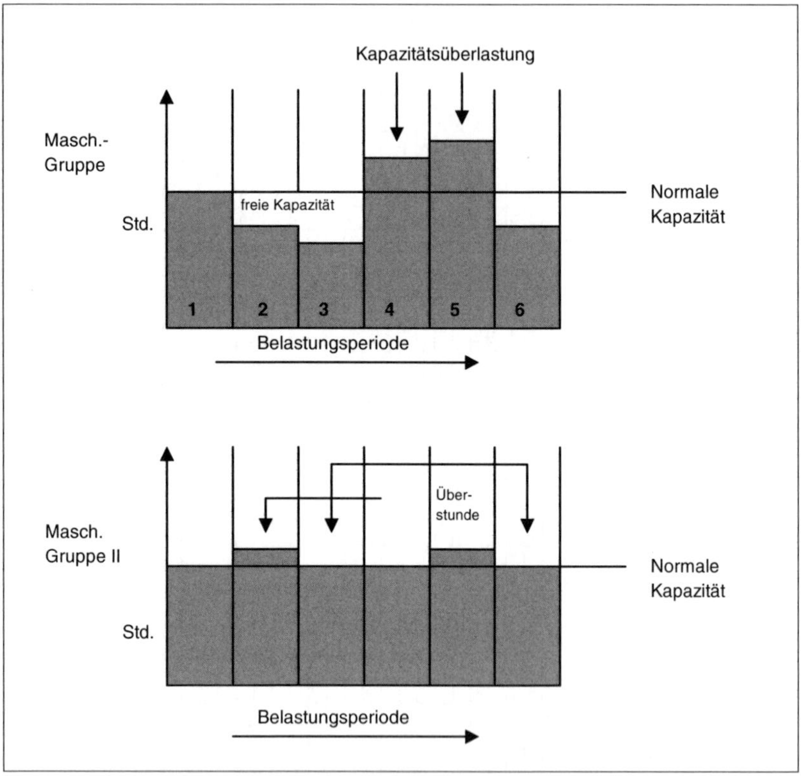

Dieses Auslastungsprofil ist Ausgangspunkt für die Überlegung, wie die Aufträge disponiert werden müssen, damit eine möglichst kontinuierliche Auslastung erfolgen kann.

Das Bild „*Arbeitsplatz- / Kapazitäts-Belegungsplan*" zeigt eine Auslastungsübersicht, wie sie mit einem EDV-System erstellt wird.

Bild 9.21: Arbeitsplatz- / Kapazitäts-Belegungsplan

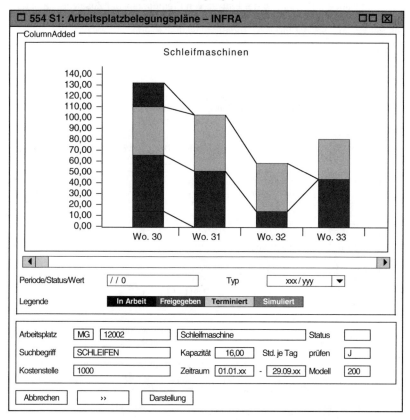

Grundlage hierfür sind Arbeitspläne, sowie die im System verwalteten Aufträge. Der Arbeitsplan ist gleichzeitig das Bindeglied zur Kostenrechnung / Kalkulation und Leistungslohnabrechnung, sowie Arbeitsfortschrittskontrolle, Terminüberwachung.

Da die Auftrags- und Terminplanung sehr zeitaufwendig ist, wird sie meist nur mittels EDV-Systemen durchgeführt.

Durch diese Art der Darstellung, *„Welche Auswirkungen entstehen durch die Einlastung dieses Auftrages zu dem gewünschten Endtermin in den relevanten Maschinen- / Arbeitsplätzen (= Kapazitätsbereiche)"*, kann der Sachbearbeiter sofort erkennen, ob es sinnvoll ist, so oder anders zu verfahren.

Oder es gilt der Satz:

Kapazitäten schaffen und nicht verwalten mit flexibler Arbeits- und Betriebszeit

siehe nachfolgend.

Und im PPS-System wird in der Kapazitätsgrenze geöffnet. Es wird die flexible Arbeitszeit für den Kunden genutzt und der Einsatz von Fremdpersonal / Zusatzpersonal (Leihkräfte bzw. Mitarbeiter die auf Rechnung arbeiten) wird gezielt angewendet. (Einrichten eines Personalpuffers der fallweise abgerufen werden kann.)

Bild 9.22: Flexible Arbeits- und Betriebszeit / Einsatz von Fremdpersonal

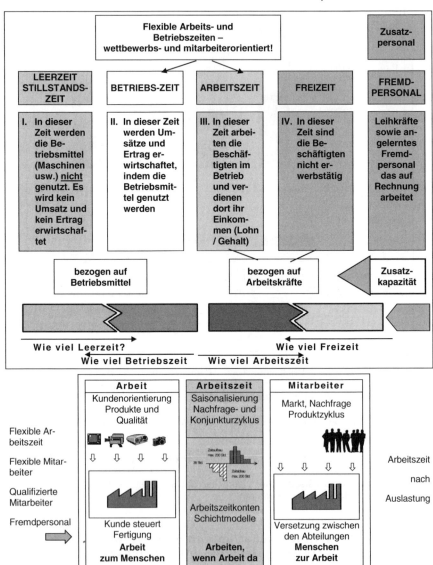

236

Bei der Kapazitätsplanung mittels EDV erfolgen die Maschinenbelastung und die Durchlaufterminierung in Form einer Rückwärtsterminierung. Hierbei setzt der Computer auf Grund der Richtzeiten und der Durchlauf- / Übergangszeiten die spätesten möglichen Fertigungsbeginntermine fest und belastet die Arbeitsplätze kapazitätsmäßig. Danach wird auf Grund dieses Auftrages die Gesamt-Kapazitätsbelastung am Bildschirm simultan angezeigt. Eine Vorwärtsterminierung ist im Regelfalle durch Eingabe des frühest möglichen Start-Termins möglich.

Das Ergebnis ermöglicht:

a) Frühzeitige Änderungen von Terminen mit einem Minimum an Aufwand.

b) Fest eingeplante und mit Durchlaufterminen versehene Fertigungsaufträge, die realisierbar sind, bzw. wenn nicht verschoben werden kann, die dadurch entstehenden Auswirkungen, die einer Lösung zugeführt werden müssen

c) Die Ermittlung von Prioritätenkennungen
Die EDV errechnet aus dem Verhältnis:

- eigentliche Durchlaufzeit lt. Rückwärtsterminierung

zu

- verfügbarer Durchlaufzeit lt. Vorwärtsterminierung

eine so genannte Prioritätennummer. Sie stellt die Dringlichkeit des Auftrages für die Fertigung / Werkstattsteuerung dar und wird auf allen Arbeitspapieren mitgeführt.

Vorteile:

- Transparenz der Gesamtsituation durch ein einmaliges umfassendes und aussagefähiges Auskunftssystem.

- Kapazitätsengpässe werden frühzeitig erkannt und die erforderlichen Maßnahmen können bei der Auftragsannahme veranlasst werden, oder

- Kapazitätsengpässe können mittels flexibler Arbeitszeit, Leihpersonal oder Fremdpersonal das auf Rechnung arbeitet, rechtzeitig gelöst werden

- Gezielte Umdisposition mit sofortiger Rückmeldung der Auswirkungen.

- Eine Abstimmung der Materialanlieferung zur verfügbaren Kapazität wird möglich (Just in time).

- Kein starrer Ablauf, sondern Flexibilität: Die letzte Entscheidung liegt beim Sachbearbeiter. Er hat die Möglichkeit, korrigierend und steuernd einzugreifen.

- Ermittlung realistischer Fertigungstermine.

- Die umfangreichen Termin- und Kapazitätsrechnungen werden maschinell abgewickelt.

- Durch die automatisch ermittelten Prioritätennummern in Abhängigkeit der zur Verfügung stehenden Durchlaufzeiten, hat die Fertigungs- / Werkstattsteuerung die geeigneten Unterlagen / Hinweise für eine termingerechte Fertigung.

Neben den Kapazitätsbelastungen müssen natürlich die Materialeingänge so gesteuert werden, dass sie für den Betrieb zu den gewünschten Terminen zur Verfügung stehen. Daher sind die Materialdisposition und die Terminüberwachung in einer Hand. Am einfachsten mittels Kanban-System zu Lieferant, also Einbindung in die gesamte Logistikkette, oder der Lieferant disponiert für uns anhand der echten Bedarfe mittels ERP-System oder per e-Mail = E-Business.

Bild 9.23: Checkliste – Maßnahmen in Bezug auf Kapazitätsabgleich

Masch.-Gruppe	Kapazitätsübersicht					Stand: Datum: Bearb.:						Name / Erledig. Termin
	Kapazitätsabgleich											
	Kapazität				Geplante Maßnahmen (Std.)								
	Rückst.	Stand in 4 Wo.	verf. Kap.	Fehl-std.	Flexi-Zeit	Über-zeit	Umbesetz von	Umbesetz nach	Zweite Schicht	Außer Haus	Fremd-personal	Termin versch.	sonst.	
111														
112														
113														
114														
115														
118														
121														
122														
123														
124														
131														
↓														
usw.														
Summe														
verfügbare Mitar. Kap.														
Differenz														

9.1.3 Feinplanung / Erstellen von Produktionsplänen

Gemäß Terminvergabe nach

- Kundenwunsch
- Kapazitätsterminierung und
- Materialterminierung

und den sich daraus ergebenden Startterminen, müssen nun für festgelegte Planungszeiträume, z.B. drei oder fünf Arbeitstage, Fertigungsprogramme / Produktionspläne festgelegt werden, damit innerhalb der Fertigung eine Reihenfolgeoptimierung stattfinden kann.

Für die Zusammenstellung der Fertigungsprogramme ist das Auftrags- / Logistikzentrum zuständig.

Über das PPS-System wird der Arbeitsvorrat mit Startterminen festgelegt.

- **A)** Das AZ / das Logistikzentrum erstellt den Produktionsplan, der von den einzelnen Fertigungszellen abgearbeitet wird.
- **B)** Oder die Fertigungszellen erstellen sich am Bildschirm in der Fertigung ihre Produktionspläne selbst, aus dem Arbeitsvorrat lt. PPS.
- **C)** Die Werkstattsteuerung / die Fertigungsgruppen bringen den Arbeitsvorrat in die richtige Reihenfolge und Ordnung, gemäß Prioritäten und kurzfristigen Informationen.

Diese Optimierung bedeutet die Bildung abarbeitungsgerechter Reihenfolgen. Voraussetzung dafür ist, dass ein entsprechender Arbeitsvorrat mit den terminierten Aufträgen bereitgestellt ist. Der einzelne Auftrag wird mit einer Prioritätennummer belegt und jeder Mitarbeiter / Meister / Vorarbeiter kann anhand der Prioritätennummer erkennen, ob ein Auftrag vorzuziehen ist oder nicht.

Wichtige Aufträge laufen so, ohne große Liegezeiten durch die Fertigung. Füller oder weniger wichtige Fertigungseinheiten werden automatisch hinten angestellt. Am Ende einer Planperiode müssen aber alle eingeplanten Fertigungsaufträge erfüllt sein. Ansonsten werden sie von der AV vor dem nächsten Planungsgespräch in eine Rückstandsliste übernommen und während der nächsten Produktionsabstimmung ggf. neu definiert.

Basis für die Erstellung von Produktionsplänen sind die gemäß Startterminierung bereitstehenden Fertigungsaufträge.

- Organisationsmittel für die kurzfristige Steuerung sind:
    - Plantafeln
    - Excel-Übersichten
    - EDV-gestützte Leitstandsysteme / Feinplanungsprogramme

  oder bei dezentralen Fertigungssteuerungssystemen
    - Verantwortliche Produktmanager in der Produktion und Multimediatafeln, bzw. Beamer, auf denen die Reihenfolgen / Prioritäten dargestellt sind.

Arbeitspapiere

Die Fertigungssteuerung / das AZ erstellt alle für die Auftragsabwicklung erforderlichen Papiere. Dies sind:

⇨ **Betriebsauftrag**

⇨ **Terminkarte**

⇨ **Materialkarte**

⇨ **Entnahmestücklisten**

⇨ **Bereitstellbelege, Programme / Werkzeuge / Vorrichtungen**

⇨ **Lohn- / Zeiterfassungsbelege**

⇨ **Kontrollbelege**

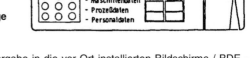

BDE - Auftragsdaten
- Materialdaten
- Qualitätsdaten
- Maschinendaten
- Prozeßdaten
- Personaldaten

Oder es erfolgt eine beleglose Übergabe in die vor Ort installierten Bildschirme / BDE - Systeme.

Fertigungsaufträge

Die Erstellung eines Fertigungsauftrages erfolgt über das PPS-System, gemäß den dort hinterlegten Regularien. Es empfiehlt sich, das späteste mögliche Verfahren für den Druck der Papiere zu wählen.

Das System ergänzt die Arbeitspapiere mit den für die Fertigung so wichtigen Daten, wie z.B.

⇨ Starttermin

⇨ Endtermin

⇨ Zwischentermine nach Meilensteinen

⇨ Prioritätennummern gemäß Dringlichkeit auf Basis Reichweite oder dem Verhältnis Soll-Durchlaufzeit zu Ist-Durchlaufzeit

Wobei bei der Erstellung des Produktionsplanes auch auf Rüstzeitminimierungselemente geachtet werden muss. Basis hierfür ist die zuvor beschriebene Verkettungsnummer. Dies bedeutet, für einen begrenzten Zeitraum können Aufträge zusammengefasst, also vorgegriffen werden. Siehe auch *Abschnitt 2.21.1 „Verkettungsnummer".*

Bild 9.24: Barcode - Eingabeterminal für mobile und stationäre Erfassungsaufgaben / Beleglose Erfassungsterminals

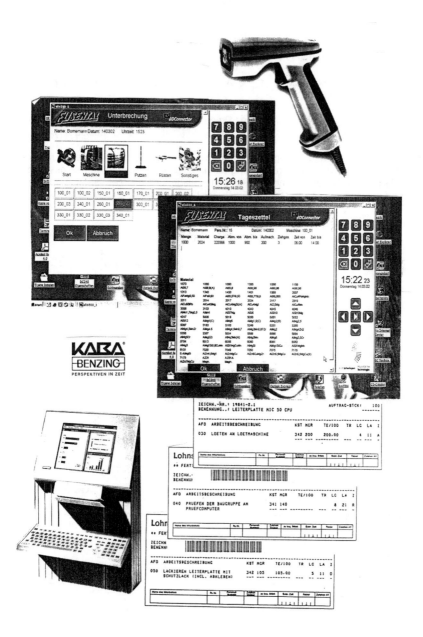

9.1.4 Bereitstellprüfung

Vor dem Erstellen eines Produktionsplanes bzw. der Einsteuerung erfolgt die Bereitstellungsprüfung für

- Material
- Vorrichtungen / Werkzeuge

durch körperliches Bereitstellen 1 - 3 AT vor Starttermin, oder durch entsprechende Prüfvorgänge in der EDV.

Erst danach erfolgt die Erstellung eines Produktionsplanes für die einzelnen Fertigungsbereiche über einen Fertigungs- / Produktionsplan (Zyklus 2 - 3 AT, max. 5 AT).

Es können nur Aufträge eingeplant werden, wo über die körperliche Bereitstellung auch sichergestellt ist, dass die Bereitstellung auch tatsächlich erfolgt ist (geschlossenes Lager). Es hat sich bewährt, wenn z.b. das Materiallager und die Maschinengruppe für den ersten Arbeitsgang einen Verantwortungsbereich darstellen.

```
  MATERIALPRÜFUNG

  Auftrags-Nr.: 72000              Datum: 13.06.xx
  Kunden-Nr.:  10531

  Pos.  Artikel-Nr.   Menge   Liefereinteil.      Termin
                              von      bis        KW

   1    30,0834,0    100.00    1        1         KW 9999
                                                  KW 9999
```

Teile-Nr.	Bezeichnung	Lagerbestand	Bedarf	Differenz	!!
317.0031.0	SPK UI 30/16.5/2ST/WZ.6870/2ST TYP 561 POS.1.3.6.8	380.000	200.00	180.00	
800.0053.0	CU-DRAHT 1 L V 0.118 GE/SP.K 125	6.940	2.75	4.19	
800.0105.0	CU-DRAHT 1 L V 0.250 GE/SP.K 200	393.110	2.85	390.26	
360.0051.0	KERNBLECH UI30 ARMCO OHNE LOCH VM 111-35A UNGEGLUEHT	-39295.000	4700.00	-43995.00	- Fehlbestand
372.0015.0	VERGUSSHAUBE BLAU UI 30/16.5 WZ.6873	1405.000	100.00	1305.00	
808.0001.0	ELEKTROGIESSHARZ PU 2 K 1145 HARZ 3 GWT., HAERTER 1 GWT.	-4733.370	2.50	-4735.87	- Fehlbestand
650.0006.0	STYROPORVERPACKUNG FUER UI 30 UND UI 39	2676.090	4.80	2671.29	

9.1.5 Kurzfristige Steuerung / Feinplanung

Die Steuerung der Aufträge durch den Betrieb muss die Aufgabe erfüllen, sämtliche Bereitstellungsfunktionen termingerecht auszulösen. Jeder Praktiker weiß, welche enormen Auswirkungen es hat, wenn Material, Werkzeuge, Vorrichtungen, Auftragsunterlagen nicht termingerecht am Arbeitsplatz bereitgestellt werden können. Die Folgen liegen in der schlechten Produktivität und in der Verlängerung der Durchlaufzeiten. Die Auslösung der Bereitstellung erfolgt wie beschrieben, mit Bereitstellunterlagen für Material, Werkzeuge, Vorrichtungen usw.

Als Steuerungsinstrument dient, je nach EDV-Einsatz und Qualität des PPS - Programms, entweder die EDV mit dem entsprechenden Softwaremodul, oder Plantafeln / Excel-Tabellen etc., in denen die einzelnen Arbeitsfolgen terminlich richtig eingeplant werden. Neben dieser Einplanung muss die eigentliche Arbeitsverteilung organisiert werden. Hierunter versteht man die Weitergabe der Arbeitsunterlagen an die Mitarbeiter und die Zuweisung der Arbeit an einen bestimmten Arbeitsplatz.

Die Arbeitsverteilung kann entweder durch den Meister erfolgen (Einplanung und Arbeitsverteilung), oder über ein zentrales Leitstandsystem oder durch die Fertigungsgruppen direkt. Diese Möglichkeiten müssen für den jeweiligen Betrieb genau bestimmt werden:

a) mittels EDV-gestützter Systeme, wie z.B. elektronische Plantafeln / Leitstände } = zentrale Fertigungssteuerung

oder

b) Selbststeuerung durch die Meister / Fertigungsteams nach dem Holprinzip, also vom Versand / Montage rückwärts

oder

c) Selbststeuerung durch die Produktmanager (für das termintreue Durchsetzen verantwortlich gemachte Mitarbeiter aus der Fertigung), ebenfalls rückwärts nach dem Saugsystem, prozessorientiert auf die vorhandenen Engpässe ausgerichtet

} = dezentrale Fertigungssteuerung

Jeweils unter Berücksichtigung der möglichen Teile- / Rüstfamilienbildung vor Ort, im Rahmen der terminlichen Möglichkeiten der jeweiligen Planungsperiode.

Bild 9.25: Gesamtübersicht AV-Ablauf (Schemabild)

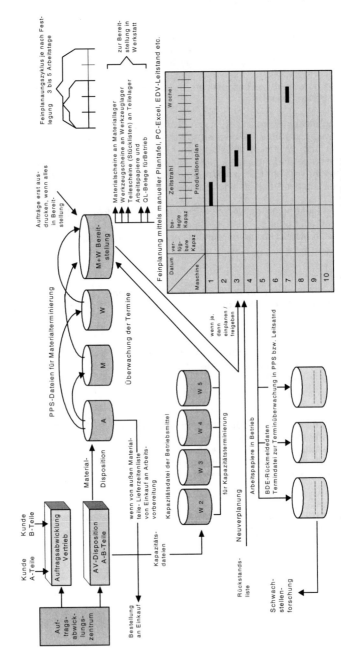

Schemadarstellung:
Feinplanung / Produktionsplan für Woche _____ **Datum** _____ **Name** _____

Fertigungssegment oder Maschinen-/ Arbeitsplatzgruppe	Auftrags-/ Artikelnummern	Beleg- kapazität (Std.)	Verfüg- bare Kapazität (Std.)	Montag	Dienstag	Mittwoch	Donnerstag	Freitag	Samstag

Die Hilfsmittel für die Feinplanung können sein:
- manuelle Plantafeln
- PC - Excel - Tabellen
- EDV-gestützte Leitstände
- Bildschirme / Reichweitenübersichten vor Ort, mit Prioritätennummern

9.2 Organisationsformen der Werkstattsteuerung

Die Werkstattsteuerung ist durch zwei grundsätzliche Erscheinungsformen gekennzeichnet:
a) Die dezentrale Werkstattsteuerung
b) Die zentrale Werkstattsteuerung.

Die dezentrale Werkstattsteuerung sieht eine Zuordnung der Dispositionskompetenz auf die Führungskräfte in der Werkstatt „Meister / Gruppe" vor. Basis hierfür ist der Produktionsplan oder Arbeitsverteilungslisten / Bildschirmübersichten.

Bei einer zentralen Werkstattsteuerung liegt die Dispositionskompetenz bei einer der Fertigung übergeordneten zentralen Instanz. Diese Fertigungsleitzentrale, die in der Regel als Leitstand bezeichnet wird, nimmt auch eine Koordination der unterschiedlichen am Fertigungsablauf beteiligten Fertigungsbereiche vor. Die Aufgabe des Leitstandes ist die Aufbereitung der vom PPS-System periodisch ausgegebenen Plandaten in kurzfristige, detaillierte Anweisungen für die Fertigung, unter Berücksichtigung der aktuellen Situation. Der wesentliche Vorteil einer zentralen Werkstattsteuerung ist die hohe Transparenz und schnelle Reaktionsfähigkeit. Damit wird die Erreichung eines Gesamtoptimums anstelle der Optimierung einzelner Teilbereiche möglich. Nachteilig ist der hohe Führungs- und Pflegeaufwand.

Mittels geeigneter Werkstattsteuerungssysteme, die je nach Branche und Organisationsgrad des einzelnen Unternehmens

- dezentral   oder   • zentral

organisiert sein können, lassen sich die Durchlaufzeiten generell wesentlich verkürzen und die Flexibilität sowie Termintreue wesentlich erhöhen.

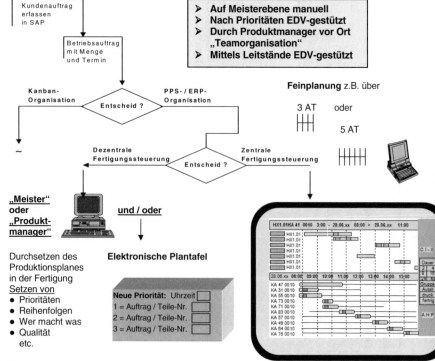

9.2.1 Die dezentrale Werkstattsteuerung als Bindeglied zwischen Fertigungssteuerung und Arbeitsplatz

Die Werkstattsteuerung als Bindeglied zwischen Fertigungssteuerung (belastungsorientierte Auftragseinplanung) und dem Arbeitsplatz ist ein wesentlicher Bestandteil zur Senkung der Durchlaufzeit, Einhaltung von Terminen und somit zur Minimierung der Bestände geworden.

Die dezentrale Werkstattsteuerung ist in mancher Hinsicht nur eine Rückkehr zu alten, bewährten Steuerungsprinzipien bei denen Meister und Mitarbeiter in der Fertigung noch wissen, um was es geht, und Termine nicht einfach, wie in der Vergangenheit, belächelt werden, da sie meist doch nicht gehalten werden können.

Wie funktioniert das System:

Die Fertigungssteuerung übernimmt die aus dem PPS-System ermittelten Termine und übergibt, die mittels EDV errechneten Auftrags- und Start-Termindaten dem entsprechenden Produktmanager / Gruppenleiter als verbindliche Vorgabedaten. Der Produktmanager / Gruppenleiter führt, aufbauend auf diesen Vorgaben, die kurzfristige Planung und Steuerung der Fertigung abteilungsübergreifend durch. Durch die Rückmeldung der Ist-Situation den Fertigungsbereichen kann die Fertigungssteuerung die Einhaltung ihrer Vorgabedaten überwachen.

Sofern ein Produktmanager / Gruppenleiter bereits im Vorfeld erkennt, dass die Vorgabedaten nicht eingehalten werden können, muss über „vertikale" Kommunikation mit der Betriebsleitung die Auflösung der Konfliktsituation, durch Personalumbesetzung etc., erfolgen.

In einer atmenden Fabrik geht man davon aus, dass die Vorgaben durch entsprechende Flexibilität der Mitarbeiter in der Fertigung eingehalten werden können. Nur in Einzelfällen wird die Fertigungssteuerung für eine Neuabstimmung gefordert.

Wobei durch das Hol- / Saugprinzip rückwärts von Engpass bzw. von Montage oder Versand, viele Probleme erst gar nicht entstehen, da die Produktmanager und die Mitarbeiter dann das produzieren was man sofort braucht, und nicht das, was zwar auf den Arbeitsbelegen steht, aber erst später benötigt wird.

Bild 9.26: Zusammenhang Feinplanung - Werkstattsteuerung - Durchsetzen auf Meister- / Gruppenebene, bei einer dezentralen Werkstattsteuerung

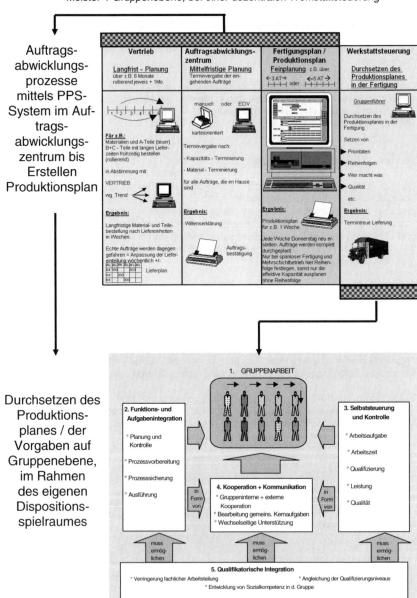

9.2.1.1 Manuelle Organisation mittels Prioritätenregelung

Zusammen mit den Verantwortlichen wird nun gemäß dem zu erfüllenden Produktionsplan nach Dringlichkeit eine Mengen- und Prioritätenplanung vorgenommen. Das Ergebnis ist der vorläufige Produktionsplan.

Da nur nach vorgegebenem Betriebsauftrag / Kanban-Auftrag mit festen Fertigungs- / Transporteinheiten gefertigt wird, erhalten die einzelnen Laufkarten folgende Prioritätenkennzeichen (alle Losgrößen sind in Fertigungs- / Transporteinheiten mit sep. Laufkarten und Zählzettel unterteilt).

Es kann also eine Losgröße durchaus nur zu einem Teil gefertigt werden, da alles nach Laufkarten und Zählzettel geordnet und aufteilbar ist.

Wobei die Prioritätenregelungen wie folgt ermittelt werden:

A) Nach Dringlichkeit, gemäß Durchlaufzeit - bei reiner Auftragsfertigung

$$\frac{\text{Ist-Durchlaufzeit in Wochen}}{\text{Soll-Durchlaufzeit in Wochen}} = \underline{\quad} - 1 = \underline{\quad} \times 10 = \text{Prioritäten - Nr.} \underline{\quad}$$

Beispiele:

1.) Ist DL in Wochen (8) entspricht SOLL - DL in Wochen (8)

$$\frac{8 \text{ Wochen}}{8 \text{ Wochen}} = 1 - 1 = 0 \times 10 = 0 \qquad = \text{Prioritäten - Nr. 0}$$

2.) Ist DL in Wochen (6), also 2 Wochen später eingesteuert und SOLL-DL = 8 Wochen

$$\frac{6 \text{ Wochen}}{8 \text{ Wochen}} = 0{,}75 - 1 = 0{,}25 \times 10 = 2{,}5 \qquad = \text{Prioritäten - Nr. 3}$$

3.) dito Position 2, aber IST - DL nur noch 4 Wochen

$$\frac{4 \text{ Wochen}}{8 \text{ Wochen}} = 0{,}5 - 1 = 0{,}5 \times 10 = 5{,}0 \qquad = \text{Prioritäten - Nr. 5}$$

4.) dito Position 2, aber IST - DL nur noch 1 Woche

$$\frac{1 \text{ Wochen}}{8 \text{ Wochen}} = 0{,}125 - 1 = 0{,}875 \times 10 = 8{,}75 \qquad = \text{Prioritäten - Nr. 9}$$

B) Nach Reichweitenbetrachtung - bei Vorratsfertigung

Festlegung der Prioritätennummer nach aktueller Infos aus Vertrieb, Fertigung, Ersatzteil- oder Montagebereich (z.b. nach Reichweite, wie viel Tage reichen Vorräte noch, je weniger Tage, je höher die Prioritätennummer) = Saugsystem

Wenn Prioritätssetzung lt. Punkt B) wichtiger ist, wird Berechnung lt. Punkt A) überschrieben, also gemäß B) geändert.

Alle Betriebsaufträge / Laufkarten / Transport- / Zählbelege etc., erhalten jetzt diese Prioritätennummer:

```
9 = höchste Priorität
                              z.B. gemäß Reichweitenberechnung
1 = niedrigste Priorität      der noch vorrätigen Teile in Tagen
                              (je niederer die Reichweite in Tagen,
0 = reiner Füllauftrag        je höher die Priorität)
```

Nach dieser Prioritätenkennzeichnung je Betriebsauftrag wird die Feinplanung nach effektiver Kapazität und jetzt nach effektivem Bedarf korrigiert und daraus der eigentliche Produktionsplan für alle Beteiligten erstellt und ausgeschrieben.

Jeder Mitarbeiter / Vorgesetzte kann anhand der Prioritätennummer erkennen, ob ein Auftrag vorzuziehen ist oder nicht. Wobei bei Losgrößen die nur zu einem Teil gefertigt werden sollen / können, nur nach fest vorgegebenen Teilmengen lt. Zählzettel gefertigt bzw. aufgeteilt werden darf. Ergibt feste Lose je Transporteinheit.

Hinweis:

Gut bewährt hat sich bei reinen Auftragsfertigern und manueller Werkstattorganisation auch folgende visuelle Unterstützung der Werkstattbelege:

Erstellung der Auftragspapiere ist die Start-Termin-Woche

Jede Woche erhält eine andere Farbe der Arbeitspapiere (Basis Starttermin) somit ist in der Fertigung visuell sichtbar wie viel Wochen bereits ein Auftrag unterwegs ist.

ODER

Es wird papierlos gearbeitet, die Mitarbeiter können anhand von Bildschirmen / BDE - Geräten erkennen was die nächsten Aufträge sind, die abgearbeitet werden müssen.

9.2.1.2 Zusätzliche Kennung für kurzfristige Umsteuerung / Erhöhung der Flexibilität durch Einsatz von Multimedia-Tafeln in der Fertigung

Bei vielen PPS-Systemen wird mit hohem Aufwand die Material- und Kapazitätsterminierung durchgeführt, ohne dass letztendlich mit Sicherheit eintretende Änderungen, vor oder während der Auftragsdurchführung, z.b. Prioritätenänderungen oder Abweichung, effektive Kapazität zu verfügbarer Kapazität, entsprechend berücksichtigt werden können. Werden in dieser statischen Betrachtungsweise zusätzlich noch falsche oder unrealistische Zeitdaten als Planungsgrundlage verwendet, sind die Ergebnisse dieser Terminplanung unrealistisch und die Auftragsabwicklung in der Fertigung läuft dann nach eigenen Regeln und Gesetzmäßigkeiten ab. Von termintreuer Fertigung kann keine Rede sein.

Bewährt hat sich deshalb folgendes, einfaches Info-System:

Ein kurzfristiges Umsteuern kann über eine übergeordnete Prioritätennummer mittels Multimedia-Tafel [1], die in jedem Fertigungsbereich optimal sichtbar angebracht ist, einfach und ohne Aufwand bewerkstelligt werden.

Die Steuerung dieser Multimedia-Tafel [1] erfolgt über das zuständige AZ / Logistikzentrum durch manuellen Eingriff (= separate Tastatur), also nicht über das PPS-System.

Als Alternativen können Flipcharts und / oder einfache Schilderkennzeichnungen die mit den Nummern 1 / 2 / 3 versehen werden und an den Warenkisten / Paletten durch 2 x tägliche Rundgänge (Produktmanager / Fertigungssteuerung) aktualisiert werden. Die Schilderkennzeichnung 1 / 2 / 3 ersetzt die Prioritätennummer auf den Auftragspapieren.

---

[1] oder mittels Beamer an PC angeschlossen

Bei Umbau der Fertigungsorganisation von dem bisher üblichen Bringsystem in ein so genanntes Holsystem (= Saugsystem), was aus Sicht des Autors zu empfehlen ist, setzen die Prioritäten entweder:

> ➤ der Versandleiter
> ➤ das Montagepersonal

oder so genannte

> ➤ Produktmanager, dies sind Mitarbeiter aus der Fertigung die für den termintreuen Durchsatz über alle Fertigungsstufen für bestimmte Produktgruppen verantwortlich sind.

Wichtige Aufträge laufen so ohne große Liegezeiten durch die Fertigung, da nur das produziert wird, was über die Engpässe auch machbar ist. Füller, oder weniger wichtige Fertigungseinheiten, werden automatisch hinten angestellt, also gar nicht begonnen, und dadurch das Umlaufkapital minimiert. Eilaufträge überholen andere Aufträge, was für eine flexible Fertigung unumgänglich ist.

Am Ende einer Planperiode müssen aber alle eingeplanten Fertigungsaufträge erfüllt sein. Ansonsten werden sie in eine Rückstandsliste übernommen und während der nächsten Produktionsabstimmung ggf. neu definiert.

Die Vorteile dieses vereinfachten / verbesserten Werkstattsteuerungssystems liegen auf der Hand:

- Verbessern und Wiederherstellen der durch den DV-Einsatz teilweise verloren gegangenen Verantwortlichkeit und Motivation aller an Ausführung und Disposition Beteiligten

- Radikales Senken der benötigten Durchlaufzeiten / der Bestände und des Umlaufkapitals bei wesentlicher Verbesserung der Reaktionsfähigkeit

- Es werden genau die Aufträge zuerst gefertigt, die die höchste Priorität haben, gemäß neuester Information

- Vereinfachen von Abläufen, Beleg- und Informationsflüssen und damit Erhöhung der Transparenz in der Werkstatt

- Nutzen der Steuerungsmöglichkeiten auf Werkstattebene, damit Verminderung der Steuerungs-, Abwicklungs- und DV-Kosten

- Leichte Durchschaubarkeit, da Engpässe konsequent, nach sinnigen Reihenfolgen von den Mitarbeitern / den Produktmanagern ausgeplant werden

- Keine Auswirkung auf die elektronische Datenverarbeitung bzw. auf die heute üblichen Verfahren zur Produktionsplanung und Steuerung (PPS).

9.2.1.3 Arbeitsfortschrittsüberüberwachung

Die Rückmeldung an die Fertigungssteuerung erfolgt über Barcode-Systeme bzw. Belegrückmeldung der Mitarbeiter mit sep. Erfassung am Bildschirm, oder automatisch mittels RFID - System (Transponder).

- Rückmeldung der fertigen Arbeitsgänge zur Arbeitsfortschrittskontrolle und Kontrolle der ordnungsgemäßen Abgabe aller Zeiten bzw. über BDE - Systeme (Abgleich mit Anwesenheitszeit).

- Überwachung der Aufträge = Fortschrittsüberwachung per EDV am Bildschirm (real time)

Daraus werden die Rückstandslisten erstellt. Rückstandslisten sind die Basis für das Setzen entsprechender Prioritäten bzw. Ergreifen von Maßnahmen.

Bild 9.27: Bildschirmübersicht Arbeitsfortschritt

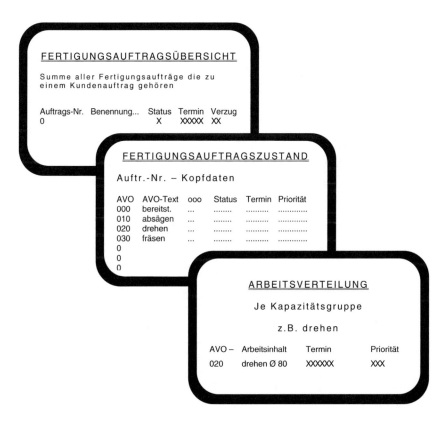

9.2.1.4 Rückstandslisten / Fehlteilelisten

Mit dem Führen / Pflegen von Rückstandslisten und Fehlteilelisten wird der Organisationsablauf abgeschlossen. Der Ablauf sichert

- eine kontinuierliche Fertigung mit wenig organisatorisch bedingten Störungen,
- dass die Führungskräfte sich ihren eigentlichen Aufgaben widmen können,
- einen geordneten und jederzeit kontrollierbaren Ablauf in der Arbeitsvorbereitung,
- dass die Geschäfts- und Fertigungsleitung über die Dinge, bei denen sie eingreifen muss, kontinuierlich informiert ist,
- dass Fehlteile durch rechtzeitiges Bereitstellen frühzeitig erkannt werden und gezielt reklamiert werden können.

Alle verfallenen Termine können nach Gründen geordnet dargestellt werden:

a)	materialbedingt	–	Einkauf
b)	bestandsbedingt	–	Dispo-Lager
c)	betriebsbedingt	–	Fertigungsleitung
d)	konstruktionsbedingt, z.B. fehlende Zeichnungen	–	Konstruktion
e)	vertriebsbedingt	–	Vert.-Ltg. Eilaufträge eingeschoben
f)	werkzeugbedingt	–	Werkzeugbau
g)	kundenbedingt	–	fehlende technische Spezifikationen

und daraus Überlegungen angestellt werden:

a) Warum entstehenden Rückstände ?
b) Wie die Rückstände in sinnvoller Weise ausgearbeitet werden können ?
c) Und wie Schwachstellen gezielt abgestellt werden können.

Bild 9.28: *Muster einer Rückstandsliste*

Fa.	Rückstandsliste						Gründekatalog-Nr.: ___	Woche:	Blatt:	
Benennung	Zeichnungs-Nr.	Auftrags-Nr.	Termin		Menge		Grund des Rückstandes	Maßnahme durchgeführt (bis wann erl.)	f. Betrieb neuer Termin	Erledigt (Grund)
			Start	Ende	Start	Ende			Start / Ende	

9.2.2 Zentrale Werkstattsteuerung oder mittels Leitständen und BDE - Systemen Termine durchsetzen

Anstatt der zuvor beschriebenen dezentralen Lösung auf Meisterebene kann dies auch ein zentrales Steuerungssystem, wie z.b. ein elektronisches Leitstandsystem (ELS), oder ein im PPS-System integriertes Feinplanungsprogramm, sein.

Bei der zentralen Organisationsform übernimmt die Fertigungssteuerung alle Aufgaben der Planung, das heißt sowohl Grob- als auch Feinplanung. Der Meister / Gruppenleiter fungiert lediglich als „Empfänger", der die Planvorgaben der Fertigungssteuerung durchsetzt. Eine eigenständige Planung seitens des Meisters / Gruppenleiters ist nicht möglich. Infolgedessen wirken sich jegliche Störungen im Betrieb unmittelbar auf die Fertigungssteuerung aus, weshalb diese zu häufigen Umplanungen gezwungen wird. Die Ergebnisse dieser „zentralen" Umplanung werden dann zur Durchsetzung wieder an die Bildschirme der Meister / Gruppenleiter übergeben.

Unter Wegfall des hohen manuellen Arbeitsaufwandes bieten somit „elektronische Plantafeln" die Möglichkeit die Fertigungssteuerung aktiv zu nutzen. Das ELS-System liefert hierzu ONLINE am Bildschirm folgende Informationen:

- Belastungssummen der Kapazitätsgruppen
- Belastungsprofile der Arbeitsplätze
- Auftragsdurchläufe / Reihenfolgeplanung / Setzen von Prioritäten
- Arbeitsplatzbelegungen / Feinplanung auf Einzelarbeitsplatzebene / gezielte Umplanung
- Arbeitsvorrat der Arbeitsplätze / optimieren von Arbeitsreihenfolgen
- Arbeitsfortschritt / Transportorganisation

Wobei vom übergeordneten PPS-System alle freigegebenen Fertigungsaufträge gemäß Starttermine, die den neuen Produktionsplan betreffen, zusammen mit den zugehörenden Arbeitsplänen in das ELS-System übernommen und eingeplant werden.

Also Ziele und Ergebnisdarstellungen, die auch für kleinere und mittlere Betriebe in Bezug auf

- höhere Produktivität
- flexiblere und termintreue Fertigung

immer wichtiger werden.

Nachteile der EDV-gestützten Leitstandsysteme / Feinplanungsprogramme sind:

➢ der hohe Betreuungs- / Führungsaufwand des Systems selbst, und
➢ die dem System zugrunde liegenden Arbeitspläne mit den darin enthaltenen Rüst- und Stückzeiten / Arbeitsplatzzuordnungen müssen stimmen,

was sich häufig in einem Mehraufwand an AV-Personal niederschlägt.

9.2.2.1 BDE und Leitstände

EDV-gestützte Leitstände gibt es in größerer Anzahl. Sie reichen heute von Leitstandlösungen[1] auf PC-Basis in Form des Einzel-PC's über größere Anwendungen mit PC-Netzwerk, bis zu Leitständen in Verbindung mit Großsystemen. Die beiden wichtigsten Funktionen der EDV-Leitstände[1] sind neben der Einbindung in das jeweilige sonstige EDV-Konzept:

- **A)** Die Art und Weise der Unterstützung der kurzfristigen Fertigungssteuerung / des Durchsetzens der Aufträge in der Fertigung
- **B)** Der Umfang der BDE - Integration / ONLINE - Organisation

Zu A)

Bei der kurzfristigen Fertigungssteuerung geht es vor allem darum, die Systeme zur Produktionsplanung und -steuerung (PPS) in diesem Bereich zu ergänzen. Dies wird durch eine immer komfortablere, farbgrafische Dialog-Bedieneroberfläche in den „elektronischen Plantafeln", unterstützt. Im Zuge der Weiterentwicklung der Leitstände werden immer mehr Kopplungen zu unterschiedlichen PPS-Systemen realisiert.

Zu B)

BDE liefert für die Leitstand-Arbeit die aktuellen Ist-Daten aus dem Betriebsgeschehen. Entsprechend bieten die Leitstand-Anbieter selbst auch BDE an oder sie sind diesbezüglich Kooperationen eingegangen. Umgekehrt nehmen mehr und mehr BDE - Anbieter in ihre Systeme Leitstandfunktionen auf.

Bei der Vielfalt der BDE - Geräte und Leitstandhersteller hat es sich bewährt die verschiedenen Systeme gegenüberzustellen, damit man sich besser orientieren kann.

Die am weitest verbreitete Marktübersicht stellt dar:

BDE-REPORT (Das Handbuch für Anwender)

- Aufgabengebiete der Betriebsdatenerfassung
- Querschnitt der BDE - Anwendungsschwerpunkte
- Überblick über BDE - Angebot
- Systematische BDE - Marktübersicht
- Tabellarische Marktübersicht
- Anschriftenverzeichnis BDE - Anbieter / BDE - Institutionen

von: REFA-Verband, 64276 Darmstadt (Lehrmittelzentrale)
Tel.:   06151 / 8801-188   Fax: 06151 / 8801-177

Der Aufwand muss aber zum Erfolg sorgfältig abgewogen werden.

Abb. 9.29: Schemadarstellung - Funktionsweise eines elektronischen Leitstandes bei zentraler Werkstattsteuerung

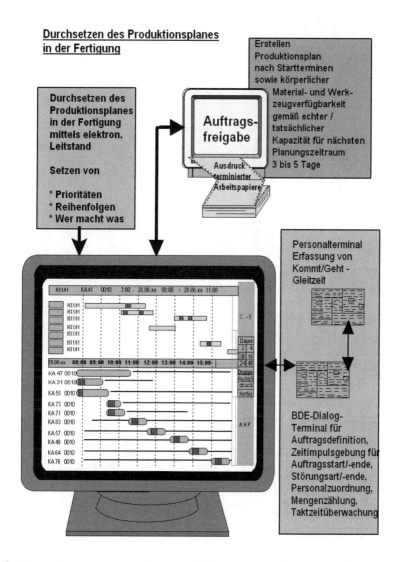

Oder besser, an den Arbeitsplätzen sind Bildschirme installiert, wo der (die) nächste(n) Auftrag (Aufträge) der (die) gefertigt werden muss (müssen) angezeigt wird (werden), incl. aller notwendigen Infos für Material- und Werkzeugbereitstellung.

Bild: Nächster Auftrag / belegloses Arbeiten am Bildschirm vor Ort

Kurzbeschreibung der dargestellten Organisationskonzepte
(die natürlich auch in Mischform auftreten)

1.) Beschreibung einer zentralen Organisation

Bei der zentralen Organisationsform übernimmt die Fertigungssteuerung alle Aufgaben der Planung, das heißt sowohl Grob- als auch Feinplanung. Der Meister / Gruppenleiter fungiert lediglich als „Empfänger", der die Planvorgaben der Fertigungssteuerung an die Fertigung im Wesentlichen weiterleitet und die Einhaltung der Vorgaben überwacht. Eine eigenständige Planung seitens des Meisters / Gruppenleiters ist nicht möglich. Infolgedessen wirken sich jegliche Störungen im Betrieb unmittelbar auf die Fertigungssteuerung aus, weshalb diese zu häufigen Umplanungen gezwungen wird. Die Ergebnisse dieser „zentralen" Umplanung werden dann zur Durchsetzung wieder an die Meister / Gruppenleiter übergeben, ohne direkte Abstimmung mit den Meistern / Gruppenleitern

2.) Beschreibung einer dezentralen Organisation mit vertikaler Kommunikation

Die Fertigungssteuerung übernimmt die aus dem PPS-System ermittelten Termine und übergibt, die mittels EDV errechneten Auftrags- und Start-Termindaten dem entsprechenden Meister / Gruppenleiter als verbindliche Vorgabedaten. Der Meister / Gruppenleiter führt, aufbauend auf diesen Vorgaben, die kurzfristige Planung und Steuerung der Fertigung aus. Durch die Rückmeldung der Ist-Situation aus den Meister- / Gruppenleiterbereichen überwacht die Fertigungssteuerung die Einhaltung ihrer Vorgabedaten.

Sofern ein Meister / Gruppenleiter bereits im Vorfeld erkennt, dass er seine Vorgabedaten nicht einhalten kann, muss über „vertikale" Kommunikation mit der Fertigungssteuerung die Auflösung der Konfliktsituation erfolgen. Hierbei übernimmt die Fertigungssteuerung die Umplanung und übergibt die neu entstandenen Planungsvorgaben an alle betroffenen Bereiche (vor- bzw. nachgelagerte Meisterbereiche, Materialwirtschaft, Betriebsmittelverwaltung usw.).

3.) Beschreibung einer dezentralen Organisation mit horizontaler Kommunikation

Auch bei dieser Organisationsform übernimmt das PPS-System die Grobterminierung der Aufträge. Die Feinterminierung zur Umsetzung der Planvorgaben erfolgt mittels Produktionsplan am ELS-System. Die Werkstattsteuerung ist von den Meistern / Gruppenleitern vorzunehmen.

Sobald ein Meister / Gruppenleiter seine Vorgaben nicht einhalten kann, stimmt er selbst die Umplanung mit den betreffenden Meistern ab. Die Fertigungssteuerung greift als Schiedsrichter ein, falls ein Konflikt zwischen den Meistern nicht aufgelöst werden kann. Somit wird die Fertigungssteuerung von den auf der „unteren Ebene" erarbeiteten Lösungen automatisch über die aktuelle Ist-Situation in Kenntnis gesetzt. Wichtig ist hierbei, dass die Daten von den Meistern / Gruppenleitern wesentlich detaillierter und verlässlicher sind, da die Personen, die Meister / Gruppenleiter die operative Durchsetzungsgewalt haben, jetzt auch hinter ihren Aussagen stehen.

9.3 Radikale Verkürzung der Durchlaufzeiten und Verbesserung der Reaktionsfähigkeit durch Fertigungssegmentierung

Die Durchlaufzeiten beeinflussen die Höhe der Bestände und des gebundenen Kapitals wesentlich. Erfahrungswerte zeigen immer wieder, dass von einer Durchlaufzeit von z.B. 20 AT = 100 % nur ca. 10 - 15 % = 2 - 3 AT reine Arbeits- und Kontrollzeiten im Sinne des Arbeitsfortschrittes sind.

Bild 9.31: Einzeldarstellung der Durchlauf- und Liegezeiten in %

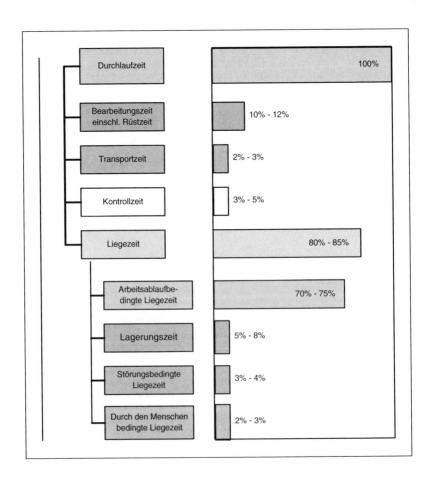

Das Verhältnis Fertigungszeit (es entsteht Wertschöpfung) zu Durchlaufzeit (Auftrag eingesteuert → bis → Auftrag fertig gestellt) sagt aus, wie flexibel oder unflexibel Ihre Fertigungsorganisation aufgestellt ist.

Große Lose und viele Aufträge gleichzeitig in der Fertigung verstopfen die Fertigung, erzeugen lange Durchlaufzeiten mit vielen ungeplanten Umrüstvorgängen und Sonderfahrten wegen Lieferprobleme.

FORMEL: $\dfrac{\text{Durchlaufzeit in Tagen eines Betriebsauftrages}}{\text{Summe der Fertigungszeit dieses Betriebsauftrages}}$

Verhältnis Fertigungszeit zu Durchlaufzeit	Anzahl Arbeitsgänge																
	1	2	3	4	5	6	7	8	9	10	11	12	13	14	15	16	17
Faktor [1] 2 : 1			||			||	|										
3 : 1					|	|		|									
4 : 1					|	|	|										
5 : 1				|	||	|		|									
6 : 1					|	|			||	|							
8 : 1						|											
10 : 1					|		||	||	|		|						
12 : 1										|	|	|					
14 : 1					|||	|	|||	|	||	|							
16 : 1										|							
18 : 1									|		|						

[1] Faktor 2 : 1 bedeutet: Auf 8 Stunden Fertigungszeit kommen z.B. 2 Tage Durchlaufzeit, bei 3 : 1 = 3 Tage Durchlaufzeit usw.

Das Auftragsseil muss strammer gezogen werden:

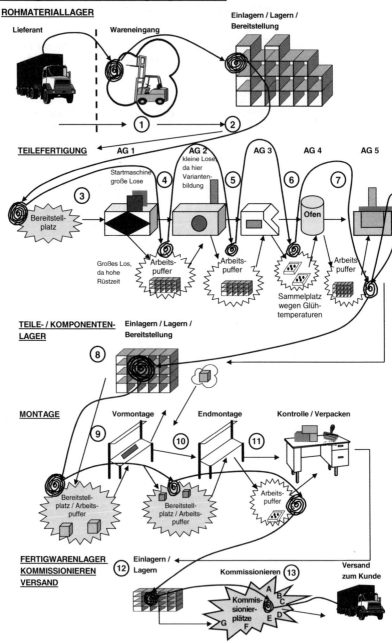

9.3.1 Fertigungssegmentierung

Straffung der Produktionsprozesse durch Neugestaltung der Fertigungs- und Montageabläufe, durch Einführung von Teamarbeit und Personalqualifizierung.

Flexible Fertigungszellen mit erweitertem Dispositionsspielraum durch so genannte Produktmanager verringern die Zersplitterung von Arbeitsvorgängen, verkürzen die Durchlaufzeiten und sichern optimale Entscheidungen vor Ort, denn Leistung ist nur was termintreu produziert und auf LKW aufgeladen / verkauft werden kann.

Teambildung in der Fertigung / Gestaltungsprinzipien

Um das Ziel *„Kurze Durchlaufzeiten, hohe Produktivität, Nullfehler - Teile"* zu erreichen, muss die Fertigung vom Verrichtungsprinzip in ein Fließprinzip geändert werden, mit erweitertem Entscheidungsspielraum für die Meister bzw. Gruppenführer als eine Fertigungskonzeption die im Regelfalle auf zwei getrennten Regelkreisen funktioniert.

a) Für die Vorfertigung / Teilefertigung
als Fertigungszellen die vom Halbzeuglager, Fertigung über alle Arbeitsgänge, bis einlagern montagefähiger Teile, verantwortlich zeichnen. Also auch mit unterschiedlichen Fertigungstechnologien ausgerüstet sind.

Bild 9.32: Schemadarstellung - Fertigungszelle „Teilefertigung"

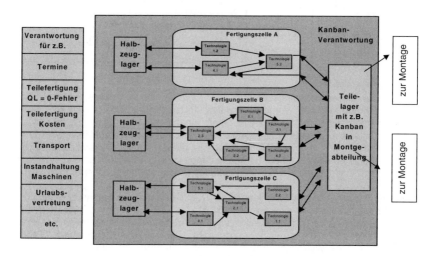

Wobei die Feinsteuerung, was wird zuerst / zuletzt gefertigt, über das Saugsystem, also nach dem Kunden-Lieferantenprinzip erfolgt.

b) Für die Montage, bestehend aus z.B.

- Vormontage = A 1
- Löten = A 2
- Endmontage = A 3
- Kontrolle / Verpacken = A 4
- Lager / Transport
- Versand (teilweise ?)

Bild 9.33: Schemadarstellung: Fertigungsinsel für Montagelinie = Linienfertigung

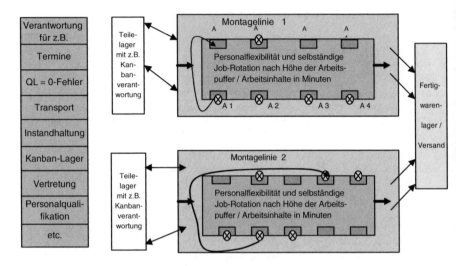

Innerhalb dieser Fertigungszellen / -rohre wird es möglich, die Abarbeitung der Betriebsaufträge von dem Verrichtungsprinzip in ein Fließprinzip umzukehren, indem ein Produktmanager / ein Teamleiter innerhalb eines Fertigungssegmentes für den gesamten Arbeitsablauf eines Fertigungsteiles / eines Endproduktes zuständig wird und nicht nur für eine Fertigungstechnologie. Damit ist die Entscheidungskompetenz für die termingerechte Fertigstellung der Betriebsaufträge in die Hände der Fertigung verlagert und kann auch von den Verantwortlichen entsprechend positiv beeinflusst werden.

Dieser Kanban - Ansatz beschleunigt die Durchlaufzeit in der Fertigung wesentlich, aus Erfahrung reduziert sie sich um über 50 %, basierend auf dem Abbau großer Warteschlangenprobleme und Liegezeiten vor den Arbeitsplätzen. Außerdem wird eine Produktivitätssteigerung bis zu 15 % durch den Abbau nicht wertschöpfender Tätigkeiten erreicht, da die Mitarbeiter jetzt in Eigenregie Aufträge verketten, Rüstzeiten sparen, termintreuer arbeiten können, also genau auf die Vorgänge positiv Einfluss nehmen, die bezüglich *„was ist Leistung"* wesentlich sind.

Leistung ist nur das, was mit geringen Kosten / hoher Effizienz produziert und auch zeitnah verkauft werden kann - und nicht, was zwischen den Maschinen / Arbeitsplätzen liegt
Produktmanager / Teamleiter steuern die Aufträge nach dem Saugprinzip durch die Fertigung

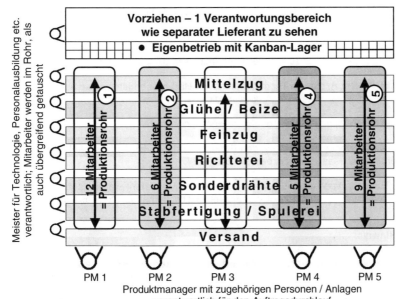

Produktmanager mit zugehörigen Personen / Anlagen
verantwortlich für den Auftragsdurchlauf

⇨ Engpässe / Auftragsspitzen an bestimmten Arbeitsplätzen werden durch den wechselweisen Einsatz der Mitarbeiter untereinander, durch die Gruppe selbst gelöst (Trennen der Maschinenzeit von der Menschzeit durch die Anwendung flexibler Arbeits- und Betriebszeit, sowie Umsetzen von Mitarbeitern aus anderen Kostenstellen / Fertigungsgruppen), auf eine detaillierte Kapazitätsauslastungsübersicht im PPS-System also verzichtet werden kann. Kapazitätsengpässe werden also nicht mehr verwaltet, sondern vor Ort durch selbstständiges, verantwortungsvolles Handeln, durch die Mitarbeiter / Produktmanager aufgelöst.

⇨ Die vom PPS-System abverlangten fixen Übergangszeiten in Tagen oder Stunden, sind auf Null zu setzen, damit das System alle Betriebsaufträge wie Eilaufträge behandelt.

Wobei durch das Hol- / Saugprinzip rückwärts von Engpass bzw. von Montage oder Versand, viele Probleme erst gar nicht entstehen, da die Produktmanager und die Mitarbeiter dann das produzieren, was man sofort braucht, und nicht das, was zwar auf den Arbeitsbelegen steht, aber erst später benötigt wird.

Sofern ein Produktmanager / Teamleiter bereits im Vorfeld erkennt, dass die Vorgabedaten nicht eingehalten werden können, muss über „vertikale" Kommunikation mit der Betriebsleitung die Auflösung der Konfliktsituation, durch Personalumbesetzung etc., erfolgen.

Durch die Rückmeldung der Ist-Situation von den Fertigungsbereichen, kann die Fertigungssteuerung die Einhaltung ihrer Vorgabedaten überwachen.

Ideal ist, wenn die Röhrenorganisation innerhalb eines Bereiches als separates Fertigungssegment aufgebaut werden kann.

Aus vielerlei Gründen ist dies in der Praxis aber häufig nicht möglich. Daher werden die Teams auch raum- bzw. kostenstellenübergreifend gebildet.

Um die „Abrechnungseinheiten" optisch zusammenzuführen, obwohl sie untereinander nicht in Sichtweite sind, empfiehlt es sich:

a) Alle Maschinen / Arbeitsplätze, die zu einem Fertigungsrohr gehören, farblich zu kennzeichnen (mittels farbiger Magnetschilder)

b) Die zu diesem Team gehörenden Mitarbeiter erhalten entsprechend farbig angepasste Ausweise, die offen zu tragen sind

Somit ist das Patendenken, wer gehört zu wem, sichergestellt.

Eventuell auftretende Engpässe in den Röhren, werden durch Farbwechsel (sowohl Mitarbeiter als auch Maschinen / Arbeitsplätze) gelöst.

Durch Zuordnen von Kapazitäten (ausleihen von Kapazitäten) werden atmende Rohre geschaffen, die für begrenzte Zeiträume unterschiedliche Kapazitäten besitzen.

> **Hinweis:**
>
> **Es wird also nicht die Arbeit in ein anderes Rohr gegeben, sondern Kapazitäten werden neu zugeordnet.
> Das erleichtert die Auftrags- und Terminplanung, Kapazitätswirtschaft und Fertigungssteuerung wesentlich.
> Die Feinsteuerung selbst, läuft über den Teamleiter des Fertigungsrohres;
> Basis Prio-Nummern lt. Multimediatafel** [2]

Eine wichtige Voraussetzung, dass die gewollte Flexibilität

a) innerhalb der einzelnen Fertigungsrohre
b) zwischen den Fertigungsrohren

reibungslos funktioniert ist, dass die Mitarbeiter bei einem

1-Schichtbetrieb zwischen 3 und 5 verschiedenen Tätigkeiten [1]
2-Schichtbetrieb zwischen 4 und 6 verschiedenen Tätigkeiten [1]
3-Schichtbetrieb zwischen 5 und 7 verschiedenen Tätigkeiten [1]

beherrschen

---

[1] Prozessorientiertes Anlernen muss das Ziel sein
[2] Info über Beamer

Schemadarstellung Prozessorientiert ausgerichtete Fertigungslinien / -Segmente nach Warengruppen, bzw. Teilearten

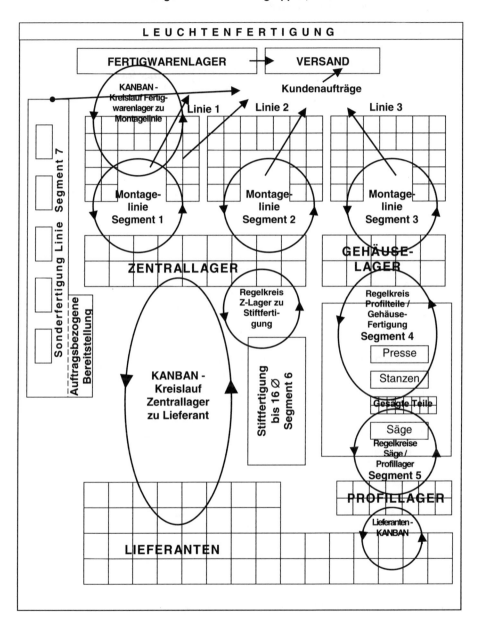

Was sich auch im PPS- / ERP-System in einfachen, prozessorientiert ausgerichteten Kapazitätsgruppen widerspiegelt. Nach Produkt- / Warengruppen, oder große Teile / kleine Teile, Blechteile, etc. gegliedert.

Bild 9.34: Kapazitätsgruppen nach Warengruppen / Fertigungssegmenten

Kapazitätsgruppe prozessorientiert nach Warengruppen und Teilearten		Kapazität in Anzahl Personen	Kapazität in Anzahl Maschinen / Arbeitsplätze	Möglicher Engpass im Team
Nr.	Bezeichnung			
100	Montage Leuchtentyp A / B / C Linie 1	6	12	Personen
110	Montage Leuchtentyp R / S / T / M Linie 2	8	16	Personen
• • •	• • •	• • •	• • •	Personen
200	Profilteile / Gehäusefertigung Segment 4	12	8	Tiefziehanlage
220	Profilfertigung Segment 5	5	7	Maschinen
• • •	• • •	• • •	• • •	

Praxistipp: Lieber grob richtig, als fein, zeitaufwendig und letztlich doch falsch!
Eventuell auftretende Engpässe werden durch flexibel einsetzbare Mitarbeiter aufgelöst.

Die Kapazitätsplanung wird einfacher und aussagekräftiger, da innerhalb dieser schlüssigen Fertigungsrohre nur über den jeweiligen Engpass geplant und gesteuert wird, Blindleistungen in der AV entfallen

und

mit einfachen Mitteln / Simulationsvorgängen kann das Produktionsprogramm gebildet werden / erkannt werden was z.B. ein Riesenauftrag anrichtet

und

Großaufträge, Rennerprodukte „Schnelldreher", werden nicht durch viele Klein- und Kleinstaufträge zu „Langsamdreher" gemacht (auch Schneckensyndrom genannt).

Senkt die Bestände, erhöht den Umsatz und die Liefertreue!

Schemadarstellung einer Montagezelle mit erweiterter Montageverantwortung - Getriebefertiger

Neuausrichtung der Fertigungsorganisation und der Produktions- und Montageabläufe für Produktgruppe X, nach dem Fließprinzip

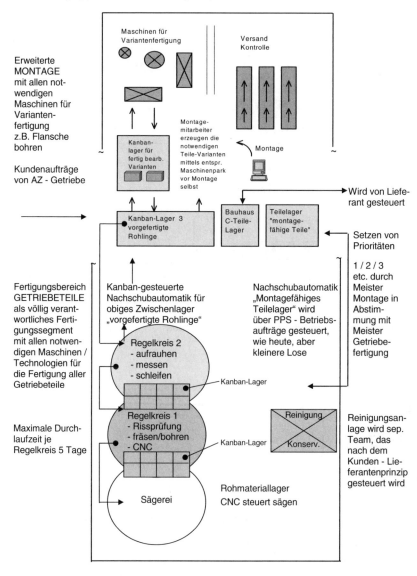

Bild 9.35: Durchlaufzeit bei Verrichtungsprinzip zu Unterschied bei Fließprinzip

A) **DLZ bei Verrichtungsprinzip**   DLZ = 7 AT

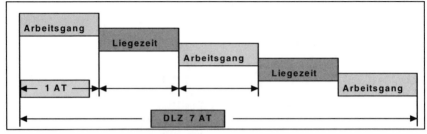

B)   **Fließprinzip innerhalb einer Fertigungszelle**   DLZ = 3 AT

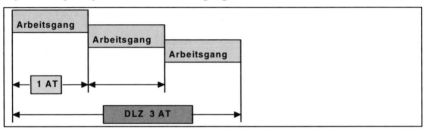

Oder noch besser überlappende Arbeitsgänge unterschiedlicher Fertigungstechnologien durch Zusammenfassung von verschiedenen Arbeitsgängen innerhalb eines Fertigungsrohres durch die Gruppe / das Team selbst. (Das Team organisiert dies selbst.)

C)   **Fließprinzip innerhalb eines Fertigungsrohres**   DLZ = 1,5 AT

Die Durchlaufzeit reduziert sich bei Teamarbeit auf den längsten Arbeitsgang.

D)   **Die Einführung von Schichtbetrieb verkürzt die DLZ nochmals um 50 %**

Siehe auch nachfolgende Schemadarstellungen
- Umbau einer Vorfertigungsabteilung in eine Fertigungszelle
- Umbau einer Vor- / Endmontage in nach Produktgruppen gegliederte Linienfertigungen

9.3.2 Vereinfachen der Arbeitspläne, Abbau von prozessorientierten Arbeitsschritten in den Arbeitsplänen, Reduzieren der PPS - ermittelten Durchlaufzeiten durch auf Null setzen der fixen Liegezeiten im EDV-System

Wie aus der Vorseite „Durchlaufzeitreduzierung bei Gruppenarbeit" ersichtlich, werden die Durchlaufzeiten in einem PPS-System wie folgt berechnet:

Rüstzeit + (Stückzeit x Fertigungsmenge) =

x AT + z.B. 1 AT Liegezeit je Arbeitsgang

(den das PPS-System gemäß fest hinterlegten Regeln in einer so genannten Übergangsmatrix von Kostenstelle zu Kostenstelle automatisch einsetzt)

Dies bedeutet, je mehr Arbeitsgänge ein Arbeitsplan beinhaltet, umso länger wird automatisch die Durchlaufzeit, und umso früher werden die Betriebsaufträge in die Fertigung eingesteuert.

Insbesondere die in den letzten Jahren Einzug gehaltene Unsitte, die Arbeitspläne prozessorientiert auszurichten, also nicht nur mehr Meilensteine im PPS-System zu hinterlegen, sondern die Arbeitsgänge aufzubröseln, in z.B.

- linke Seite drehen
- rechte Seite drehen
- Einstechen
- etc.

anstatt, den Arbeitsgang so festzulegen:

Drehen komplett nach Zeichnung

führt dazu, dass die per EDV ermittelten Durchlaufzeiten immer länger werden und dadurch die Betriebsaufträge immer früher eingesteuert werden, mit dem katastrophalen Ergebnis, dass immer mehr Aufträge gleichzeitig in der Fertigung, also vor den einzelnen Arbeitsplätzen / Maschinen liegen.

Die negativen Folgen dieser Arbeitsweise wirken **doppelt negativ** und führen zu Verstopfungen in der Fertigung.

Um das Ziel *„Schneller liefern - Kosten senken"* zu erreichen, müssen also u.a. in der AV, im Auftragsabwicklungszentrum, im PPS-System folgende, mit großem Erfolg praktizierte Neuregelungen eingeführt werden:

a) Die Arbeitspläne müssen in der Anzahl Arbeitsgänge auf ein unbedingtes Minimum reduziert werden. Am sinnvollsten wäre, den Arbeitsplan so auszustellen, dass er nur noch einen Arbeitsgang hat, z.B. „Fertigen komplett nach Zeichnung" und die Richtzeit gesamt über alle Arbeitsgänge zu hinterlegen.

Diese Vorgehensweise ist bei Gruppenarbeit möglich, da, wie zuvor dargestellt, durch Mehrfachqualifikation alle Mitarbeiter alles können (jeder Mitarbeiter muss mindestens drei, ideal wäre fünf, verschiedene Arbeitsplätze / Technologien beherrschen) und das Teil verlässt die Zelle erst, wenn es komplett montagefähig hergestellt ist.

Engpässe / Auftragsspitzen an bestimmen Arbeitsplätzen werden durch den wechselweisen Einsatz der Mitarbeiter untereinander, durch die Gruppe selbst gelöst (Trennen der Maschinenzeit von der Menschzeit durch die Anwendung flexibler Arbeits- und Betriebszeiten, sowie Umsetzen von Mitarbeitern aus anderen Kostenstellen / Fertigungsgruppen), auf eine detaillierte Kapazitätsauslastungsübersicht im PPS-System also verzichtet werden kann. Kapazitätsengpässe werden also nicht mehr verwaltet, sondern vor Ort durch selbstständiges, verantwortungsvolles Handeln, durch die Mitarbeiter aufgelöst.

    b)   Es dürfen nicht so viel wie möglich Aufträge in der Fertigung / vor den Maschinen und Arbeitsplätzen liegen, sondern es müssen ***so wenig wie möglich*** sein.
Ideal wäre, wenn vor den einzelnen Arbeitsplätzen zwei bis maximal drei Aufträge lägen, höchstens jedoch ein Arbeitspuffer für einen Tag

    UND

    c)   Die vom PPS-System abverlangten **fixen Übergangszeiten in Tagen oder Stunden, sind auf Null zu setzen**, damit das System alle Betriebsaufträge wie Eilaufträge behandelt.

Dieser Ansatz beschleunigt die Durchlaufzeit in der Fertigung wesentlich, aus Erfahrung reduziert sie sich um über 50 %, basierend auf dem Abbau großer Warteschlangenprobleme und Liegezeiten vor den Maschinen. Jeder Auftrag wird wie ein Eilauftrag behandelt, wie es letztlich in der Praxis, also in der Fertigung selbst tatsächlich auch so abläuft.

Sofern Arbeitspläne aus ISO 9000 und ff. - Gründen detaillierter gewünscht werden, kann dies auch mittels folgender Vorgehensweise erreicht werden:

    a)   Es werden separate Arbeitsvorschriften eingerichtet / erstellt

    b)   Die Detailhinweise sind nur reine Textfelder, die keinen Einfluss auf die Terminierung / Durchlaufzeiten haben

    UND / ODER

    c)   Die Mitarbeiter werden in ihren Tätigkeiten so geschult, und jährlich einmal auditiert, dass auf Detailanweisungen im Arbeitsplan völlig verzichtet werden kann, siehe auch Abschnitt, „Beispiel Gruppenarbeit in einem Fertigungsbereich".

9.3.3 Fertigungssegmente als Eigenbetriebe organisieren

Sofern ein Umbau der Fertigung vom Verrichtungsprinzip (Meisterabteilungen) in Fertigungszellen, prozessorientiert ausgerichtet (also Teil verlässt Zelle erst, wenn es montagefähig fertig gestellt ist, auch Röhrensystem genannt) nicht möglich ist, weil z.b.

⇨ alle nachfolgenden Abnehmer / Kunden über alle Produktgruppen hinweg von allen Maschinen beliebig viele Teile benötigen, also die Einrichtung einer flussorientierten Fertigungsorganisation nicht möglich ist

⇨ bestimmte Werkzeuge nur auf bestimmten Maschinen eingerichtet werden können, die Teile aber in unterschiedliche Produktgruppen eingehen

⇨ damit die Fertigungszellen auch selbstständig arbeiten können, zusätzlich Maschinen / Anlagen zugekauft werden müssen, die

   a) zu große Investitionssummen binden würden und
   b) die Anlagen nur wenige Stunden im Monat genutzt werden

⇨ eine Umstellung der Maschinen / Anlagen prozessorientiert aus anderen, z.B. technischen- oder Platzgründen, nicht möglich ist,

empfiehlt es sich:

1. Ein Auftragsabwicklungszentrum erhält die Erlaubnis, die Teile für seine Artikelgruppen, die nur über Maschinengruppen in anderen Produktlinien hergestellt werden können, zuzukaufen, obwohl eine Eigenfertigung möglich wäre, denn oberstes Ziel ist Flexibilitätsgewinn, also Entzerren von Abläufen

oder

2. in Form von Fertigungssegmenten werden so genannte Eigenbetriebe eingerichtet, die in völliger Eigenverantwortung ihre Arbeiten / ihre Aufträge pünktlich und zuverlässig, wie ein fremder Lieferant, abarbeiten und liefern (z.B. Eigenbetrieb Stanzerei)

   Voraussetzungen, dass ein Eigenbetrieb in völliger Selbstverantwortung, also mit erweitertem Dispositionsspielraum, Selbststeuerung in Eigeninitiative, optimal läuft, sind u.a.:

   ⇨ Das notwendige Rohmaterial wird vom Eigenbetrieb selbstständig disponiert, beschafft, gelagert und bebucht

   ⇨ Für die notwendigen Kundenaufträge erzeugt der Eigenbetrieb seine Betriebsaufträge selbst (Bedarf ist über Stücklistenauflösung, 2 x täglich, sichtbar)

   ⇨ Der Eigenbetrieb plant sich kapazitätsmäßig selbst aus, alle Aufträge müssen termintreu geliefert werden

- ⇨ Notwendige Vorratsteile disponiert Eigenbetrieb selbst,
- ⇨ erstellt seine Produktionspläne selbst, legt selbst Reihenfolgen und Prioritäten fest,
- ⇨ berücksichtigt Dispositions- und Fertigungsrüstfamilien
- ⇨ Schaffen von Möglichkeiten, dass kleinere Reparaturen, selbstständig behoben werden können, z.b. Einrichten einer kleinen Reparaturecke, mehrschichtig besetzt, und der Eigenbetrieb kann Ersatzteil selbstständig bestellen.

Der Eigenbetrieb wird also wie ein kleines Auftragsabwicklungszentrum, Meister plus Disponent / Beschaffer / Arbeitsplaner etc., ausgestattet.

Vereinfacht ausgedrückt, ein Eigenbetrieb / ein Fertigungssegment, muss zur Erfüllung seiner Aufgaben wie z.B. ein Bäckereibetrieb funktionieren:

- ⇨ Standardteigwaren, wie z.b. Brötchen müssen immer in genügender Anzahl vorrätig sein, ohne zu hohe Bestände, sie veralten
- ⇨ Riesenaufträge oder Sonderaufträge, wie z.b. Brötchen fürs Hotel oder Hochzeitskuchen, müssen pünktlich in 100 % Qualität, gemäß Kundenbestellung tages- / stundengenau geliefert werden.

Die Kontrolle über Funktionsfähigkeit, Kosten und Produktivität des Eigenbetriebes erfolgt über diverse Kennzahlen.

Beispielhafte Aufzählung:	Ziel
➤ Umschlagshäufigkeit von Rohmaterial, Vorratsteilen etc.	↗
➤ maximal zugelassene Anzahl terminuntreuer Lieferungen	↘
➤ Produktivitätskennzahlen	↗
➤ Reklamationsquote in €, pro Monat etc.	↘
➤ Höhe der erwirtschafteten Stundensätze in €, etc.	↘

Die positiven Ergebnisse bezüglich schneller liefern - Kosten senken sind enorm.

9.3.4 Selbststeuerung der Fertigungssegmente / Fertigungsrohre

Bei dieser Organisation gibt es keine zentrale Fertigungssteuerung und keinen Produktionsplan.

Für die Zusammenstellung der Fertigungsprogramme ist das Produktionsteam selbst zuständig. Das AZ / Logistikzentrum vergibt lediglich notwendige Prioritätenhinweise.

Über das PPS-System wird der Arbeitsvorrat mit Startterminen festgelegt.

A) Das AZ / das Produktionsteam erstellt den Produktionsplan, der von den einzelnen Fertigungszellen abgearbeitet wird.

B) Oder die Fertigungszellen erstellen sich am Bildschirm in der Fertigung ihre Produktionspläne selbst, aus dem Arbeitsvorrat lt. PPS.

C) Die Werkstattsteuerung / die Fertigungsgruppen bringen den Arbeitsvorrat in die richtige Reihenfolge und Ordnung, gemäß Prioritäten und kurzfristigen Informationen.

Wichtige Aufträge laufen so, ohne große Liegezeiten, durch die Fertigung, Füller oder weniger wichtige Fertigungseinheiten werden automatisch hinten angestellt. Am Ende einer Planperiode müssen aber alle eingeplanten Fertigungsaufträge erfüllt sein. Kapazitätsausgleiche führen die Gruppen selbst durch. Bei einer atmenden Fabrik, z.B. durch Inanspruchnahme der flexiblen Arbeitszeit, das Abrufen von Leihkräften oder durch zuvor geschaffene Personalpuffer (gezielt angelernte Freiberufler).

Welche Werkzeuge / Hilfsmittel den Produktionsteams / Fertigungszellen im Einzelnen vor Ort an die Hand gegeben werden:

Werkzeuge / Hilfsmittel	Notwendiger Zeitaufwand in **nicht wertschöpfende Tätigkeit** zur Funktionserfüllung [1]
Plantafel zur Selbststeuerung der Gruppe	gering
PPS - Bildschirme mit den entsprechenden Auftrags- / Termin- und Auslastungsübersichten	groß
Elektronische Leitstände mit zusätzlichen Reihenfolgeplanungen	sehr groß

hängt letztlich davon ab, wie im Einzelnen das Kunden-Lieferanten-Prinzip der Gruppen untereinander zur Auftragserfüllung funktioniert, oder ob bei komplexen Produkten / Aufträgen Gesamtübersichten notwendig sind.

[1] Aufwand für Führung und Pflege aller PPS - relevanten Daten / Notwendigkeiten in EDV und Arbeitsplanorganisation

10. Reduzierung von Rüstzeiten

Die konjunkturell bedingte Veränderung unserer Wirtschaft, bei gleichzeitiger Ausweitung des Artikelsortiments fordert eine Anpassung der Fertigung an diese weiter wachsenden Gegebenheiten.

In der Fertigungsorganisation schlägt sich dies in immer kleiner werdenden Losgrößen mit kürzesten Terminen und häufigeren Auftragszyklen nieder. Losgröße 1 wird immer häufiger.

Die Gründe dafür sind z.B.:

- Umsetzen des Just in time - Gedankens
- Notwendiger Trend zur Reduzierung der Lagerbestände
- Weniger Risikobereitschaft
- Immer mehr Teile / Baugruppenerzeugnisse müssen in den gleichen Zeiteinheiten über die gleiche Anzahl Maschinen- bzw. Arbeitsplätze laufen
- Verstärkter Einzug von Wirtschaftlichkeitsrechnungen aller Art im Fertigungs- und Beschaffungsbereich der Unternehmen
- Druck der Kunden auf kürzeste (manchmal unrealistische) Lieferzeiten, die der Vertrieb notgedrungen aus Sorge eines Auftragsverlustes zusagen muss

Dem Fertigen in wirtschaftlich optimalen Losgrößen steht somit die Forderung nach kleineren Losen gegenüber. Um dennoch wirtschaftlich produzieren zu können, bedarf es einer deutlichen Senkung der Rüstzeiten.

Bild 10.1: Die 8 wichtigsten, organisatorischen Maßnahmen zur Rüstzeitminimierung

1.	Teamarbeit (2 Personen rüsten gleichzeitig) Pausen durchrüsten, gegenseitig helfen! Einrichter geben frei
2.	Fertigungsfreundlich konstruieren, damit vor Ort nur Teilrüsten notwendig wird Neueste Spanntechnik, Messmittel etc., sowie rüstfreundliche Maschinen beschaffen
3.	AV - Verkettungsaufträge / Rüstfamilien einsteuern, oder Eigenbetriebe bilden Rüstzeitminimierung ist eine Aufgabe der Fertigung vor Ort
4.	Änderungen / Neuinhalte von Arbeitsinhalten beim Rüsten und soviel wie möglich außerhalb der Maschine vorrüsten
5.	Rechtzeitiges und vollständiges Bereitstellen aller Unterlagen / Werkzeuge / Vorrichtungen etc. Mitarbeiter müssen quittieren, alles vollständig vorhanden. Notwendige Info, was ist nächster Auftrag. Saugsystem einführen (kümmern)
6.	Qualifikationsmatrix aufbauen, ein Mitarbeiter beherrscht mindestens 3 - 5 verschiedene Anlagen
7.	Produktivitätskennzahlen / ziel- und ertragsorientiert aufgebaute Entlohnungssysteme einführen
8.	Die „SECHS S" des kontinuierlichen Verbesserungsprozesses für die eigene Arbeit und das Arbeitsumfeld einführen

Schritt 1	S_{EIRI}	=	Ordnung schaffen, Aussortieren nicht benötigter Teile / Werkzeuge etc.
Schritt 2	S_{EITON}	=	Jeden Gegenstand am richtigen Platz aufbewahren, fest definiert, mit gutem Zugriff
Schritt 3	S_{EISO}	=	Sauberkeit des Arbeitsplatzes herstellen, gründlich reinigen. Konsequente farbliche Absetzung Maschinen, Regale, Behälter, anpassen von Spezialwerkzeugen, Transportmittel
Schritt 4	S_{EIKETSU}	=	Persönlicher Ordnungssinn, erhalten des geordneten und sauberen Zustandes, Patendenken
Schritt 5	S_{HITSUKE}	=	Disziplin, die Arbeit in der richtigen Art und Weise durchführen
Schritt 6	S_{HÛKAN}	=	Gewöhnung, das Erlernte und Angeordnete verinnerlichen

Wobei folgende Rüstzeitanalysen helfen, schnell und kostengünstig die Rüstzeiten signifikant zu reduzieren

A) Analyse der Rüstzeitanteile in Häufigkeiten, nach dem 80 - 20 - Prinzip, sowie auf dem Führen eines Rüstlogbuches

a) Bei welchen Artikeln wird aus Ihrer Sicht zu häufig gewechselt? (Lose zu klein?)

b) Bei welchen Artikeln gibt es aus Ihrer Sicht zu häufig Eilaufträge? (Ungeplantes Rüsten)

c) Bei welchen Artikeln haben Sie besondere Rüstprobleme? (Zeitfresser)

d) An welchen Maschinen / Automatisierungshilfen haben Sie besondere Rüstprobleme? (Zeitfresser)

e) Welche Artikel müssten zu Rüstfamilien zusammengefasst werden? (Zugbildung)

f) Stehen Maschinen / Anlagen still, wegen fehlenden Einrichtern? Wenn JA, an welchen?

g) Sonstige Hinweise aus dem Rüstlogbuch

B) Analyse der Rüsttätigkeiten auf Zeitfresser zur Verkürzung der einzelnen Rüstzeitprozesse

Werkzeuge	Was sind Zeitfresser
Anschlüsse defekt	
Softwareprobleme	
Verschmutzung	
Nicht scharf geschliffen	

Material / Teil	Was sind Zeitfresser
Maßprobleme	
Auf was soll umgerüstet werden?	

Maschine XY	Was sind Zeitfresser
Schutzeinrichtungen	
Anschlüsse	
Ölzufuhr defekt	
Steuerung	
Presse einstellen (umfahren)	
Fehlersuche	

Tätigkeit / Handhabungsaufwand	Was sind Zeitfresser
Feinjustieren von	
Abnahme 1 Gutstück bei QS	

Wege und Wartezeiten	Was sind Zeitfresser
Ungünstige Maschinenaufstellung	
Lange Wegezeiten wegen	

Werkzeugträger	Was sind Zeitfresser
Nicht gereinigt	
Feststellschrauben	
Toleranzen	

Spannmittel	Was sind Zeitfresser
Greifer	
Spannbacken	
Anzahl Feststellschrauben	
Toleranzen	

Organisation / Information	Was sind Zeitfresser
Unvollständige Unterlagen	
Keine Vorbereitung	
Unvollständige Bereitstellung der Werkzeuge	
Fehlerhafte Planung	
Fehlende Instandhaltung	

Messmittel	Was sind Zeitfresser
QS misst mit anderen Messmitteln als Einrichter	
Nicht geeignet	

Automatisierungshilfen	Was sind Zeitfresser
Fehlende Instandhaltung	
Softwareprobleme	

C) Video- / Zeitstudien zur Beschleunigung des Rüstprozesses selbst

① **Video - Studien**
(Alternative Zeitstudien)

② **Mängelliste**
Technik / Maschine /
Werkzeuge / Personaleinsatz

③ **Zeitersparnis durch bessere Technik, z.b. Schnellspannmittel**

④ **Was kann außerhalb der Maschine vorgerüstet / vorbereitet werden?**

⑤ **Darstellen von unterschiedlichen Rüstreihenfolgen**
  Einrichter (A) zu
  Einrichter (B)
  und ändern / optimieren von Rüstreihenfolgeschritten

⑥ **Welche Teilschritte können ganz entfallen**
(nicht notwendige Rüsttätigkeiten, z.B. Einrichter gibt selbst frei)

⑦ **Was kann parallel gerüstet werden**
(z.B. (A) rüstet ab, (B) rüstet bereits auf)

⑧ **Reduzieren der Rüstzeit durch Schulungen und verinnerlichen (siehe 6 S) Qualifikation**

⑨ **Dokumentieren des neuen Rüstablaufes als Standard**

Video - Ablauf

⑩ **Motivation - Ergebnis Kennzahlen Darstellen der Mehr-Produktivität**

Wobei durch die dargestellten Maßnahmen folgende Ergebnisse erzielt werden können:

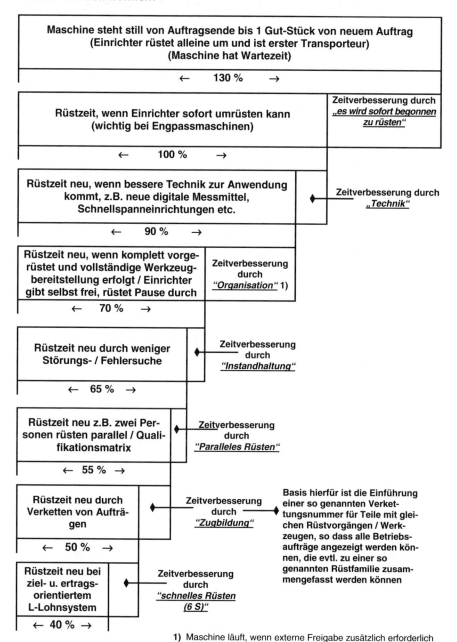

1) Maschine läuft, wenn externe Freigabe zusätzlich erforderlich

11. Instrumente und Maßnahmen zur weiteren Bestandssenkung / Durchlaufzeitverkürzung

Aufbauend auf den Regeln der Materialwirtschaft und Fertigungssteuerung können Bestände bzw. Bestandskosten ohne wesentliche Beeinträchtigung der Lieferbereitschaft zusätzlich gesenkt werden durch:

1.) Reduzierung der Varianten- und Teilevielfalt
2.) Einsatz der Wertanalyse in der Materialwirtschaft bezüglich „make or buy"
3.) Verbesserte Ersatzteillagerstrategie
4.) Die Einführung ausgereifter Produkte
5.) Verkürzung der Dispositionszyklen
6.) Reduzierung der Werkstattpuffer und Abbau von ungeplanten (wilden) Lagern in der Fertigung
7.) Partnerschaftliche Zusammenarbeit mit den Lieferanten
8.) Weitere Einzelmaßnahmen lt. Schwachstellendiagnosen der Mitarbeiter selbst; siehe u.a. Abschnitt 18.2 „Methoden zur Rationalisierung des Lagerwesens"

11.1 Reduzierung der Variantenvielfalt / Teilevielfalt

Untersuchungen der Bestände in vielen beratenen Unternehmen haben gezeigt, dass der Wunsch des Vertriebes

Umsatz auf breitester Artikel- und Variantenebene

in Bezug auf die Lagerkosten katastrophale Folgen hat, da viele Varianten nur aus Gefälligkeit hergestellt und verkauft werden - dieselben aber so gut wie nicht am Umsatz insgesamt beteiligt sind. Sie erzeugen aber erhebliche Bestände in Bezug auf die notwendige Fertigungsauflage, Halbzeug bzw. Einzelteilbeschaffung (Mindestmengen) von außen und Ersatzteilhaltung.

Darstellung dieser Problematik an einem Zahlenbeispiel, das außerdem das Warteschlangenproblem in der Fertigung vor den Arbeitsplätzen darstellen soll.

Da in der heutigen „Sofortgesellschaft" die Variantenvielfalt auf der Endproduktebene erhalten bleiben muss, ist es zwingend, mittels Standardisierung / Werkstücksystematisierung, die Teilevielfalt auf der Einzelteilebene zu reduzieren. Siehe auch Pkt. 2.2.6.1 „Produktnormung".

Hauptziel muss es also sein, dem Ausufern von neuen Teilen Einhalt zu gebieten oder besser, sie gar nicht erst entstehen zu lassen; also mittels Normung und Typisierung die Teile / Komponenten so zu strukturieren, dass alle möglichen Varianten mittels standardisierter Teile abgefangen werden können.

Auf die Vertriebspolitik gesehen ist am Nützlichsten, durch vorbeugende Aktivitäten hier Einhalt zu gebieten. Den vertriebspolitischen Argumenten sollten in Form eines Siebes nach

Kosten und Lieferzeiten

entgegengehalten werden.

Die Schaffung eines solchen Siebes durch eine so genannte Artikel- und Variantenfreigabe auf höchster Ebene der Geschäftsleitung, ist hierbei die wirksamste Bestandssenkungsmaßnahme.

Sind Varianten trotz aller Bedenken notwendig, so muss versucht werden, die Anzahl so gering wie möglich zu halten,

- a) durch konstruktive Maßnahmen,
- b) durch Bilden von bestimmten Produktbereichen / Kategorien, die wechselweise bestimmte (nicht überschneidend) Bedarfe abdecken,
- c) durch organisatorische, mit dem Vertrieb abgestimmte, individuelle Regelungen der Bevorratung / Lieferzeiten und preispolitischen Maßnahmen, wie z.B.:
  - Vorzugsstandardtypen
  - höhere Verkaufsprämie für Standardtypen

  nach einer Liefer- und Betreuungsmatrix.

Dem Nachteil, dass nicht jeder Kundenwunsch bzw. jeder gewünschte Liefertermin erfüllt werden kann, stehen erheblich geringere Bestände, ein kleineres Bestandsrisiko sowie ein besseres Preis- / Leistungsverhältnis für den Kunden gegenüber.

Bild 11.1: Liefer- und Betreuungsmatrix

Entschei-dungsmerkmal	Stan-dard-Artikel	Vorzugs-variante	Seltene Variante aber von einem Kunden immer wieder benötigt	Reine Sonderan-fertigung
Artikelgruppe Vorratshaltung Fertigerzeugnis	lt. Liefervereinbarung		keine	keine
Produktangebot	lt. Liste		auf Anfrage	auf Anfrage
Lieferzeit	4 Wochen	6 Wochen	auf Anfrage	auf Anfrage
Ersatzteilpflege	gewährleistet		Nein	
Dispositionsart / Lagerhaltung / Einzelteile	1 *		2 *	3 *
Mind. Umsatz in Stück	100 Stück		nach Anfrage	nach Anfrage
Mind. Umsatz in €	€ 1.000,--		nach Anfrage	nach Anfrage

* Legende:
1 = Wiederholteile mit Mindestbestand
2 = Kundenbezogene Fertigung nach Reichweiten Mindestbestand 0 ist zugelassen
3 = Reine Sonderanfertigung ohne Bevorratung

und die Lieferfähigkeit bei niederen Beständen durch Variantenzukauf zu realisieren.

Oder, wenn die hier angedachten Maßnahmen zur Eindämmung der Variantenflut nicht möglich sind, weil sonst Aufträge an die Konkurrenz verloren gehen, sollte zumindest mehr zugekauft werden. Am rationellsten in Form von Sets (fiktiven Baugruppen) oder kompletten Komponenten, mit Ziel:

Abbau von Geschäftsvorgängen bei hoher Flexibilität.

Firma entwickelt sich zu einem Montagebetrieb.

11.2 Einsatz der Wertanalyse in der Materialwirtschaft bezüglich „make or buy"

Ziel der Untersuchung ist es, Möglichkeiten zur Kostensenkung eines Produktes zu finden und somit auch zwangsläufig zur Senkung der Teileanzahl und Vielfalt. Ein möglicher Weg ist die Wertanalyse, die sich gliedert

in die bekannte

Produkt-Wertanalyse (über Produkte der laufenden Fertigung)

bzw. in die so genannte

Konzept-Wertanalyse (auf Basis Prozesskostenrechnung)

Ihr kommt immer größere Bedeutung zu, da sie die Kosten und Anzahl neuer Teile bereits im Planungs- und Entwicklungsstadium berücksichtigt.

Folgende Kennzahlen überwachen die Wirksamkeit der geforderten Maßnahmen Reduzierung der Teilevielfalt und der Geschäftsvorgänge.

Artikel-Nr. (Endprodukt)	Umsatz in €	Lagerbestand in €	Anzahl Einzelteile Baugruppen (Sachnummern)	Ø-Umsatz je Sachnummer	Ø-Lagerbestand je Sachnummer
	1	2	3	1 : 3 = 4	2 : 3 = 5
↓			↓		↓

mit folgender Aussage:

Je höher der Umsatz pro Sachnummer, je niederer sind im Regelfalle die Bestände und die Anzahl Geschäftsvorgänge, bezogen auf z.B. eine Einheit von € 1.000,--

Je niederer der Umsatz pro Sachnummer, je höher sind im Regelfalle die Bestände und die Anzahl Geschäftsvorgänge, bezogen auf z.B. eine Einheit von € 1.000,--

Prüfen, ob die 30 % der Artikel / Endprodukte, die den niedrigsten Umsatz je Sachnummer, aber gleichzeitig den höchsten Lagerbestand je Sachnummer haben, nicht besser komplett zugekauft werden können. Ergebnis: Erheblich weniger Geschäftsvorgänge / Gemeinkosten und erheblich weniger Bestand.

11.3 Verbesserte Ersatzteilstrategie

Hier können folgende Leitfragen für eine Bestandssenkung ohne Verschlechterung der Ersatzteil-Nachlieferqualität angesetzt werden:

- Welche Teile sind Ersatzteile und wer legt dies fest?
- Wie sieht die Regelung vor und nach Produktionsanlauf aus?
- Wo wird gelagert?
- Wer legt diese drei obigen Punkte fest und wer ist dafür verantwortlich?
- Vermeiden wir Mehrfachlagerungen, insbesondere in Verbindung mit der laufenden Produktion?
- Vermeiden wir Mehrfachdispositionen, erfolgt die Disposition also an einer Stelle?
- Können wir den Ersatzteilverkauf / die Ersatzteilproduktion auslagern?

Wobei besonders der Abbau von Doppellagern und die Zusammenführung der Disposition in eine Hand, zusammen mit der normalen Produktion, zu einer merkbaren Bestandssenkung führt. *Voraussetzung dazu aber ist, dass das Dispo-Programm im verfügbaren Bestand so eingestellt ist, dass es nicht ins minus reservieren kann (Gefahr des Teile-Wegstehlens für andere Aufträge ist sonst zu groß).*

11.4 Einführung ausgereifter Produkte

Die Einführung nicht ausgereifter Produkte und nicht erfüllte Qualitätsanforderungen wirken sich negativ auf die Bestände aus, zum Beispiel durch:

- Verlängerung der Fertigungseinführung,
- verspätete Serienreife,
- häufige Änderungen und Nacharbeit,
- mangelhafte Verfügbarkeit der Teile und Baugruppen,
- hohen Ausschuss,
- verspätete Lieferungen,
- umfangreicheren Ersatzteildienst.

Diese Auswirkungen erhöhen das Sicherheitsdenken in der Disposition, um zum Beispiel Reklamation hinsichtlich einer eingeschränkten Lieferfähigkeit abzuwenden und führt so automatisch zu einer weiteren Teilevielfalt und zu Bestandserhöhungen.

11.5 Verkürzung der Dispositionszyklen

Bestände können gesenkt werden durch Verkürzen der Dispositionszyklen. Unsicherheiten in der Disposition werden durch Sicherheitsbestände abgedeckt. Diese Sicherheitsbestände können durch kurze Dispositionszyklen abgebaut werden.

Je häufiger disponiert wird, um so

- besser ist das Dispositionsergebnis,
- kleiner sind die Losgrößen,
- kleiner ist das Änderungsrisiko,
- kleiner ist das Ausschussrisiko,
- kleiner ist das Dispositionsrisiko (Bilden von Lagerhütern)

Aus diesen Gründen ist anzustreben, eine permanente, täglich mehrmalige Stücklistenauflösung / -bedarfsrechnung einzurichten.

Eine Kürzung der Dispositions- und Vorgabezyklen senkt Bestände, verbessert die Reaktionszeiten.

11.6 Reduzierung der Werkstattpuffer und Abbau von ungeplanten Lagern in der Fertigung

Bestände können gesenkt werden durch Reduzierung der Werkstattpuffer und Abbau von ungeplanten Lagern. „Gib viel in die Werkstätten hinein, dann kommt auch viel heraus".

Nach diesem Mythos wird häufig versucht, den Werkstattdurchsatz zu erhöhen. Die Durchlaufzeiten und damit die Bestände werden bei diesen Versuchen aber immer größer, denn unabgestimmte Kapazitäten und Materialverfügbarkeiten verursachen Engpässe und Staus.

Deswegen muss angestrebt werden:

→ Durch den Aufbau einer prozessorientierten Fertigungssteuerung (= realisierbarer Produktionsplan) für die nächsten 3 - 5 AT und Nutzen der optimalen Steuerungsmöglichkeiten auf Werkstattebene, sowie auf Null setzen der Übergangszeiten in den Arbeitsplänen, die Werkstatt-Umlaufbestände soweit abzusenken, dass nur noch die notwendigen Pufferbestände vor den Arbeitsplätzen bleiben.

→ Umbau von so genannten wilden Lägern in eine geordnete KANBAN-Organisation

Die Nachteile von ungeplanten / wilden Lägern sind gravierend:

1. Es entstehen dadurch große Bestandsabweichungen zwischen den Angaben auf den Konten und den effektiven Teilebeständen.
2. Es wird zuviel Kapital gebunden.
3. Es entstehen mit Sicherheit hochwertige Lagerhüter.
4. Es fehlen Teile / Baugruppen für bereits zugesagte termingenaue Lieferungen, da Wiederholteile bereits verbaut sind.
5. Es ist keine genaue Kapazitätswirtschaft und Auftragsterminierung möglich.

Die Nachteile von zu vielen Aufträgen in der Fertigung sind:

→ Zu viele Aufträge liegen als Arbeitspuffer vor den Maschinen / Arbeitsplätzen. Die Durchlaufzeiten werden zu lang.

→ Fertigung beginnt ein Eigenleben zu führen, als Einzeloptima und nicht als Gesamtoptima für das Unternehmen / den Kunden.

→ Das Umlaufkapital ist viel zu hoch.

Nur fertigen was gebraucht wird. Siehe nachfolgen: Die sechs Gebote für eine rationelle Fertigung mit niederen Beständen und kurzen Durchlaufzeiten.

Sonstige Hinweise für eine rationelle Fertigung mit kurzen Lieferzeiten nach Lopez

Die sechs Gebote [1] für eine rationelle Fertigung	Goethe und der kontinuierliche Verbesserungsprozess
1. Gebot: Verschwendung ausmerzen ● Lagerhaltung abbauen / Überproduktion stoppen ● Blindleistungen abbauen ● Wartezeiten - etwa wegen Maschinenausfällen, Qualitätsprüfungen oder Staus in den einzelnen Produktionsabschnitten - minimieren ● Arbeiten ohne Wertezuwachs (versteckte Verschwendung) streichen, beispielsweise Werkzeugwechsel, Inspektionen, weites Transportieren, Auspacken und mehrfaches Handhaben von Teilen	
2. Gebot: Arbeitsplätze ordnen ● Unnötige Werkzeuge entfernen ● Einrichtungen und Material prozessorientiert anordnen, vor allem Bestände, Werkzeuge, Formen, Container, Transportmittel und Abstellflächen ● Anlieferungsstellen für Material auf dem Boden markieren, mit klar definierten Containergrößen und Mengenangaben ● Reinigungsprogramm für den gesamten Arbeitsplatz festlegen	**Es ist nicht genug zu wissen, man muss es auch anwenden**
3. Gebot: Produktion visualisieren ● Alle Standards bezüglich Arbeitsmethoden, Qualität, Instandhaltung, Materialanstellung und Stückzahlen am Arbeitsplatz aushängen, ebenso verkaufte Stunden ... ● ... zu Anwesenheit, Produktivität, den Kosten, Liefer- und Maschinenlaufzeiten, Qualitätspunkte ● Visuelle und akustische Warnhinweise installieren bei Problemen und Defekten, mit automatischen Stoppvorrichtungen bei fehlerhafter Produktion	
4. Gebot: Operationen standardisieren ● Detaillierte Arbeitsblätter zusammen mit dem Meister und Mitarbeiter erstellen; Inhalt, die drei wesentlichen Punkte: Taktzeiten der Maschine, Arbeitsablauf und Material im laufenden Prozess ● Per Arbeitsverteilungsblatt die persönlichen Zykluszeiten der einzelnen Mitarbeiter und die Taktzeit der Maschine genau koordinieren ● Immer auf der Maschine / Anlage mit der kürzesten Taktzeit (te) fertigen	**Bewusstsein schaffen**
5. Gebot: Qualität sichern ● Die Mitarbeiter in den einzelnen Produktionsabschnitten auf die drei ehernen Grundprinzipien einschwören: keine defekten Teile annehmen, keine Defekte an Teilen verursachen, keine defekten Teile weitergeben ● „First Time Quality"-System einführen (Mach' es gleich richtig); dazu ... ● ... Muster sowie Inspektionsblätter und -vorschriften ... ● ... ebenso Resultate und vor allem Beschwerden von Kunden aushängen	**Es ist nicht genug zu wollen, man muss es auch tun**

6. Gebot: Linienfertigung und Gruppenarbeit einführen
● Operationen strikt nach dem Materialfluss organisieren
● Auf mehrere kleine Maschinen setzen, die im Idealzustand nur jeweils ein Teil fertigen und befördern (Losgröße 1)
● Produktion in U-Form anlegen, das vereinfacht Kommunikation, Material- und Werkzeugeinsatz sowie die Materialsteuerung
● Gruppenarbeit einführen, Mitarbeiter mehrfach qualifizieren
● Den Kunden die Produktion nach Bedarf steuern lassen und feste Prioritätenregeln festlegen, was ist zuerst zu fertigen, z.B.:
   1. Teil mit höchster Kundenpriorität
   2. Teil mit kürzester Reichweite
   3. Teil mit kürzester Taktzeit
   4. Teil mit kürzester Restbearbeitungszeit, z.B. letzter Arbeitsgang	

[1] nach Lopez

12. Organisation des Lagers

Das Lager hat zwar immer die Aufgabe eines Warenpuffers, ist aber zugleich für die Warenbereitstellung verantwortlich. Da die ideale Lagerbestandshöhe **Null** wäre, hat sich in der Just in time - Fertigung die Hauptaufgabe des Lagers- und Wareneingangsbereiches geändert. Die neue Aufgabe / Funktion lautet:

Datenerfassung und Zähl- und Registrierbahnhof

Siehe nachfolgendes Schemabild.

Bild 12.1: *Schemaablauf von Warenbeschaffung bis Warenverteilung mit Kernstück „Das Lager / der Wareneingang als Zähl- und Registrierbahnhof"*

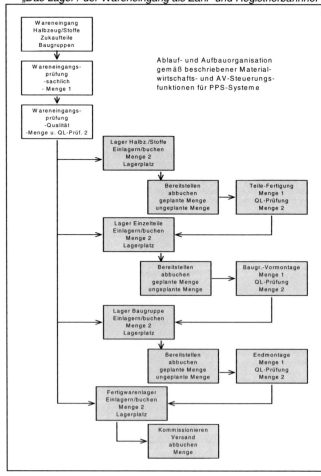

Ein im Regelfall geschlossenes Lager, eventuell durch Zugangskontrollsystem gesichert, mit eindeutiger Lager- und Bestandsverantwortung, sowie einem funktionieren Beleg- und Meldewesen und einer vorbildlichen Ordnung (Patendenken für bestimmte Regel- / Artikelbereiche ist je Mitarbeiter eingerichtet) ist eine wesentliche Voraussetzung für das Führen eines Lagers mit niederen Beständen und stimmenden Bestandszahlen.

Der Einsatz von Strichcodes / BDE - Systemen verbessert den Datenfluss wesentlich und

- vermeidet fehlerhafte Eingaben
- sofortige Verfügbarkeit der Daten wird ermöglicht
- die Transparenz im Betriebsablauf wird verbessert
- die Lagerführung wird schneller, genauer, vollständiger, flexibler und produktiver

Eine Transportorganisation mittels Datenfunksystem ermöglicht einen flexiblen Taxieinsatz der z.B. Staplerfahrer.

12.1 Lagerorganisation / -steuerung - Bereitstellung - Beschicken - Entsorgen - Kommissionieren

Aufbauend auf den Schemaablauf Zähl- und Registrierbahnhof, sowie der mehrfach dargestellten Bedeutung von geordneten Lägern, sowie einer gezielten Bereitstellung, kann so der Zusammenhang zwischen

- → Disposition
- → Bestandsführung
- → Lagerung
- → Bereitstellen und Buchen von Abgängen
- → Fertigen
- → Einlagern und Buchen von Zugängen
- → Bereitstellen und Buchen von Abgängen
- → bis zur Auslieferung der fertigen Waren

dargestellt werden, wobei eine organisatorische Abstimmung der Tätigkeiten *„wer macht was"* innerhalb der Lagerorganisation ebenfalls von wesentlicher Bedeutung ist.

12.2 Die Aufgaben und Funktionen des Lagerverwalters in der Materialwirtschaft / Logistik

- Buchen von Zu- und Abgängen
- Verwalten von Firmenvermögen
- Halten angemessener Bestände
- Kontrolle mengenmäßig, eventuell qualitativ für eingehende und ausgehende Ware und Warenpflege
- Laufende Bestands- und Bewegungsdatenerfassung nach Menge und Wert
- Termingerechte Steuerung und Überwachung des Warendurchlaufes bis z.b. Bereitstellung
- Überwachung der Bestandsentwicklung
- Optimaler Personaleinsatz
- Ständige Auskunftsbereitschaft
- Bestandskontrolle und Inventuren, dispositives Verhalten
- Rechtzeitige Ergänzung der Bestände, insbesondere bei separaten C - Teile - Lägern
- Restmengenerfassung und gegebenenfalls Korrekturbuchung
- Mitwirken bei der Erfüllung von Kaufverträgen
- Ordnungsgemäße Lagerung / geringer Schwund / Bruch / Güterminderung etc.
- Materialkenntnisse und Übersicht über relevante Betriebsaufträge
- Vermeiden von ungeplanten Lagerbewegungen, bzw. sie möglichst unter 5 % zu bringen
- Verantwortung für sicherheitstechnische Erfordernisse
- Lagerortermittlung und durchführen des Einlagerungsvorganges
- Durchführung der Inventur, möglichst permanente Inventur
- Mitwirkung bei Planung, Einrichtung und Organisation des Lager- und Förderwesens
- Bearbeitung der Eingangspapiere / Quittieren nach Menge und sachlicher Richtigkeit
- Ständige Kommunikation mit vor- und nachgeschalteten Bereichen
- Rechtzeitige Bereitstellung der Materialien nach Prioritäten, Transport an Bereitstellplatz
- Melden von Fehlbeständen
- Verantwortung für die Einhaltung von Umweltschutzregeln wie z.B. Materialtrennung,
  Betreuung der Bahnhöfe
- Verantwortlich für Führung und Durchsetzung des Dualen-Systems-Deutschland (DSD)
- Einteilung der Lagerzonen bzw. des Lagers in A- / B- / C-Zonen
- Durchsetzung der Wegeoptimierung

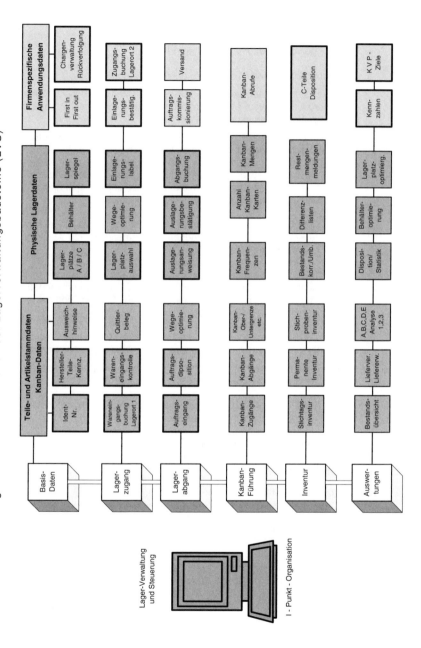

Wie die Lager angelegt werden müssen und welche Lagertechniken anzuwenden sind, hängt von den verschiedensten Faktoren ab.

- Vom gewollten Automatisierungsgrad

- Welche Materialien / Teile sollen gelagert werden?

  Es ist selbstverständlich ein großer Unterschied, ob Ballen, Coils, Lagergüter, schwere Maschinenteile, Kleinteile oder palettierte Fertigwaren gelagert werden müssen.

  Neben den Abmessungen und Gewichten wird die Lagerkonzeption auch von den Eigenschaften der zu lagernden Ware beeinflusst. Für temperaturempfindliche Waren sind klimatisierte Räume erforderlich. Bei verderblicher Ware gilt der Grundsatz *„first in - first out"*. Nicht zuletzt bestimmen auch die Lagerhaltungsmenge und die Verpackungseinheiten die Lagerplanung wesentlich.

- Ein- und Ausgangsmengen (Umschlagsmengen), Auftragsstückzahl (Betriebsorganisation) sind dagegen bestimmend für die Auswahl der Transport- und Fördermittel.

- Vom unterschiedlichen Mengendurchfluss sowie nach Artikel- und Auftragsstruktur. Z.B. ABC-Zonenbildung auf Basis Entnahmehäufigkeiten oder Bilden von Umschlagszone für Schnell- und Langsamläufer etc.

- Von der Betriebsgröße, denn normalerweise sind Materialein- und -ausgang prinzipiell unterschiedlichen Kontrollpersonen zugeordnet.

  Ein Kleinbetrieb wird bestrebt sein, Materialeingang und -ausgang möglichst an einer Stelle zu konzentrieren, um Personal einzusparen.
  Ein Großbetrieb wird dagegen dieses Prinzip aus betriebsorganisatorischen Gründen nicht anwenden.

- Auflagen der Baubehörden und des Gewerbeaufsichtsamtes, des Sicherheitswesens, sowie die Richtlinien des TÜV bei fest eingebauten Fördermitteln.

- Der Gesamt-Materialfluss sowie die eingesetzte Logistik-Organisation haben wesentlichen Einfluss auf den Standort des Lagers. Beispiel Kanban-Organisation mit Einbindung der Fertigungsmitarbeiter in die Bestandsverantwortung

In modernen Lagern gilt außerdem der Grundsatz, Transporteinheit gleich Lagereinheit, d.h., es werden sperrige, z.B. palettierte Waren in Palettenregale eingelagert, ohne umzupacken. Kleinmaterialien / -teile werden in Lagereinrichtungen eingefügt, die ebenfalls, sowohl für den Transport als auch für die weitere Verarbeitung geeignet sind.

12.3 Organisation des Informations- und Warenflusses im Lager und Transport

Wenn die Logistik funktioniert, funktioniert alles. Auf diesen einfachen Nenner kann man die Bedeutung der rechtzeitigen und ordnungsgemäßen Bereitstellung der Ware, sowie des innerbetrieblichen Transportes bringen.

Deshalb muss sowohl der innerbetriebliche Materialfluss, als auch die Transportlogistik zweckentsprechend und rationell organisiert und gestaltet werden.

12.4 Der innerbetriebliche Materialfluss

Die Materialflussbilder sind die wichtigste Arbeitsgrundlage zur Erhöhung der Umschlagsgeschwindigkeit und dienen damit der Verbesserung der Wirtschaftlichkeit in einem Unternehmen.

Wie im Abschnitt „Radikale Verkürzung der Durchlaufzeit" dargestellt, können durch eine Verbesserung im Materialfluss (Verminderung der Liegezeiten) entsprechende Mengen und Kapital freigesetzt werden, Störungen und Stillstände in der Produktion vermieden werden.

Die optimale Form / Ablauf des Materialflusses / der Materialflussgestaltung ist die Linienfertigung, also Aufbau der Fertigungsorganisation nach einem so genannten Röhrensystem, es fließt nichts zurück, es gibt keine Schnittstellen.

Wenn dies aus internen Gründen, z.B. Platzproblem o.ä., nicht zu verwirklichen ist, bietet sich als Ersatz die Einführung eines so genannten Produktmanagers an. Das heißt, ein Mitarbeiter aus der Fertigung ist für eine bestimmte Produktlinie / ein Fertigungsrohr abteilungsübergreifend zuständig und organisiert den Auftragsdurchlauf entsprechend. Siehe auch nachfolgendes Schemabild.

Die praktische Umsetzung geschieht mittels Materialflussbilder nach Warengruppen.

1.) Aufnahme des Ist-Zustandes
   a) Erfassung des Arbeitsablaufes in Materialflussbildern oder Ablaufschematas nach Warengruppen
   b) Erfassung der Mengen (Menge / Auftrag, Gewicht / Einheit usw.)
   c) Methoden: Materialflussbilder, Ablaufdiagramme, Multimoment-Häufigkeitsstudien / Videoaufnahmen / Befragen

2.) Analysieren des Ist-Zustandes

3.) Suchen nach Verbesserungen, nach der 80 % - 20 % - Regel, und Berechnung der Wirtschaftlichkeit / Abschätzen Realisierbarkeit

4.) Einführen der neuen Lösung vor Ort

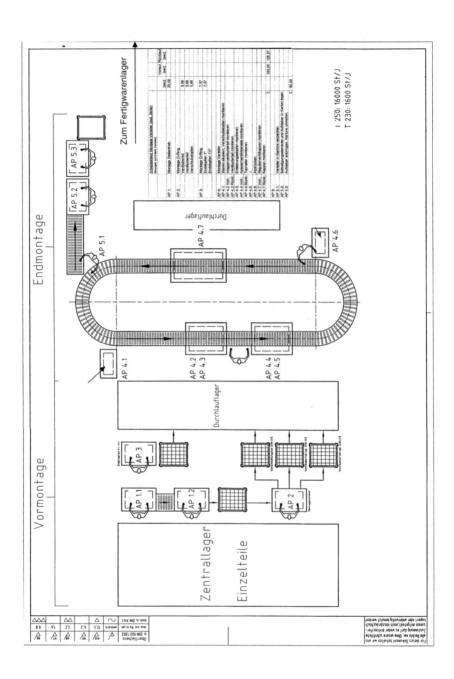

13. Optisch / elektronische Warenerfassungssysteme

Optisch / elektronische Warenerfassungssysteme / Warenerfassungssysteme im Lager senken Kosten und verbessern wesentlich die Bestandsqualität

13.1 Strichcode im Lager

Moderne / automatisierte Läger und Produktionsanlagen fordern in zunehmendem Maße den Einsatz von Identifikationssystemen.

Denn das wesentliche Merkmal neuer Produktionskonzepte ist die Verknüpfung des Informationsflusses mit dem Materialfluss. Ziel ist es, zu jedem Zeitpunkt und an jedem beliebigen Ort Bestandsinformationen zu kennen, um so flexibelst auf jeden Produktionsabschnitt Einfluss zu nehmen.

Der Strichcode, auch Barcode genannt, ermöglicht es auf einfachem Wege, gedruckte Daten maschinell zu lesen und mittels Lesegerät (Scanner) automatisiert und zeitnah weiterzuverarbeiten.

Die im Strichcode verschlüsselte Information wird mit Hilfe spezieller Lesegeräte optisch abgetastet, Lesefehler sind quasi ausgeschlossen. Etiketten, deren aufgedruckte Information nicht richtig entschlüsselt werden können, werden auch nicht verarbeitet, System zeigt Fehler an.

Man findet den Strichcode auf Transporteinheiten, Lieferscheinen, Picklisten, Behältnissen, Etiketten u.a.m. Durch den technischen Fortschritt in der Opto - Elektronik ist es heute möglich, Daten in einer bestimmten gedruckten Form automatisch zu lesen und diese dem ERP- / PPS-System über eine normierte Schnittstelle zur Verfügung zu stellen.

Mit einem Laser-Scanner bzw. einer CCD - Kamera wird die Codierung aus einer bestimmten Entfernung in Bewegung oder im Stillstand erfasst. Durch das automatische Lesen des Strichcodes ist eine zeitgenaue Betriebsdatenerfassung zur Steuerung der Fertigungs- und Lagersysteme gegeben. Außerdem vereinfachen diese Identifikationssysteme die Datenhandhabung bei der Erstellung von Dokumentationen im Lager- und Versandwesen (Lieferschein, Laufzettel, Rechnung), und was besonders wichtig ist, die Systeme arbeiten quasi fehlerlos.

Strichcodesysteme sind moderne, Zeit und Kosten sparende Systeme zur automatischen Lagerwirtschaft und Warenflusskontrolle, mit hoher Bestandsqualität und niederen Beständen.

Mit entsprechender Software ausgestattet hilft Ihnen das System durch seine Funktionen zum raschen und sicheren Erkennen und Eliminieren von Fehlerquellen der bisherigen Bestandsführung und Disposition:

- ➢ Bestandstransparenz schaffen
- ➢ Bestände rasch und nachhaltig senken
- ➢ Bestellkosten reduzieren / eine Entnahme erzeugt beim Lieferant einen Abruf
- ➢ Lieferfähigkeit und Servicegrad erhöhen
- ➢ PPS - Parameter optimieren / zeitnah buchen
- ➢ Konsequentes (Bestands-)Controlling implementieren
- ➢ Zahlendreher / falsches Bereitstellen wird vermieden, System quittiert

Sowie automatische Kennzahlenermittlung von Zeitraum bis Zeitraum:

> Durchschnittliche und absolute Reichweite
> Umschlagshäufigkeit / Bestandsverlauf
> Altersstruktur der Artikel
> Bodensatz und Lagerortfehler
> Durchschnittliche Zugriffszeiten
> Anzahl Bewegungen / Artikel mit Lagerplatzanalyse ABC und Wegeoptimierung beim Sammelvorgang
> Servicegradermittlung, Darstellung der Liefertreue Ihrer Lieferanten

Auch die Anbindung an automatische Lager oder Paternostersysteme und die Integration zu Datenfunksysteme, Waagen, etc. ist realisierbar. Daneben unterstützen diese Lösungen eine vereinfachte Inventurabwicklung nach dem Stichprobensystem zu einer durchgängigen Gesamtlösung für die Logistik- und Bestandsoptimierung.

Strichcodesysteme gibt es in unterschiedlichster Ausprägung:

Beispielhafte Darstellung:

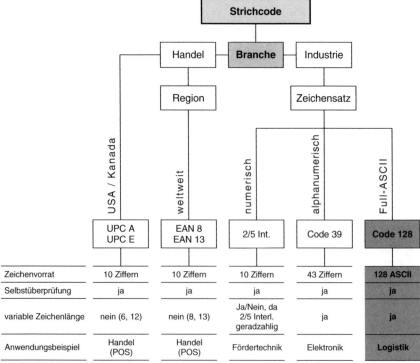

Quelle: Strichcode-Fibel, Fa. Datalogie GmbH, 73268 Erkenbrechsweiler

mit den unterschiedlichsten Lesegeräte, wie z.B.:

- ▶ Lesestifte
- ▶ Handleser
- ▶ Handscanner
- ▶ CCD - Zeitenkamera
- ▶ Scannersysteme in den verschiedensten Ausprägungen

Je nach Verwendungszweck empfiehlt es sich, sich mit dieser Materie vor einer Beschaffung optimal auseinander zu setzen.

Hilfestellung bietet hierzu

DIE STRICHCODE - FIBEL

von der Firma

Datalogic GmbH
Uracher Straße 22
D - 73268 Erkenbrechsweiler
www.datalogic.it

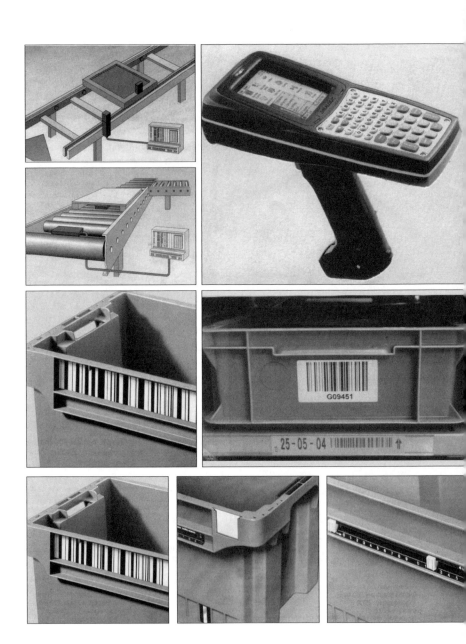

13.2 RFID[1] - die berührungslose Datenerfassung in der Logistik

Elektronische / elektromagnetische Warenerfassungs- und Sicherungssysteme

Der Einsatz der Elektronik hält auch in der Warenwirtschaft immer mehr Einzug. Die heute bereits zur Anwendung gelangten Sicherungssysteme (RFID[1] - Labels / -Tags) bieten die Möglichkeit, dass durch automatisches abscannen, z.b. beim Verlassen des Lagers, ohne Sichtkontakt, die entsprechenden Buchungen vorgenommen werden.

Da diese Vorgänge elektronisch, also vollautomatisch ablaufen, ohne irgendwelche händische Eingriffe, sind sie dem Strichcode überlegen und werden ihn längerfristig sicher ablösen. Alleine die hohen Labelkosten sind derzeitig noch für Industrie und Gewerbe für den täglichen Einsatz ein Hindernis.

Im Handel haben die Systeme bereits erfolgreich Einzug gehalten und können, je nach Ausprägung, unbegrenzt deaktiviert und reaktiviert werden.

In der Logistik bieten sich folgende Einsatzgebiete an:

> Automatisierte Kassensysteme im Handel

> Automatische Erfassung der Zu- und Abgänge durch Identifikation der Gegenstände, Bestandsmanagement, Permanente, automatische Inventurerfassung, First in - First out, Chargennummer, Herstelldatum, Verfallsdatum etc.

> Positionsbestimmung, wo befinden sich bestimmte Personen, Waren, Fahrzeuge, oder sonstige heutige BDE - Meldungen, z.B. Arbeitsfortschrittskontrolle

> Rückverfolgbarkeit durch Abbilden aller Prozesse, vom Lieferant über Wareneingang, Fertigung, bis Fertigwarenlager und Kunde

Da dieses Informationen automatisch, ohne direkte Berührung, sicher von allen RFID[1] - Labels ausgelesen, oder, wenn gewollt, elektronisch verändert werden können, eröffnen sich für die Logistik völlig neue Möglichkeiten zur Optimierung aller Abläufe im Lebenszyklus eines Produktes, mit minimalen Kosten.

---

[1] RFID = Radio Frequenz Identifikationssysteme

Wie funktioniert RFID?

Die RFID - Technologie besteht aus einem Transponder (elektronischer Pin mit Sender), der die notwendigen Informationen gespeichert hat, und einem Lesegerät, das die Daten ausliest, bzw. den Transponder befüllt.

Die Transponder „RFID - Tags" gibt es in den verschiedensten Ausführungen. Sie können prinzipiell an allen Gegenständen, mittels Etiketten oder eingeschweißt, oder in die Gegenstände eingebaut, vom Hersteller mitgeliefert oder selbst angebracht werden.

Das Auslesen oder ändern der Daten (Basis elektromagnetische Wellen) kann unabhängig von einem Lese- / Aufnahmewinkel durch alle nicht metallischen Materialien vorgenommen werden.

Die Transponder gibt sie in unterschiedlichsten Leistungsmerkmalen, gegliedert nach:

- Reichweite / Energie
- Durchdringungseigenschaften
- Pulkfähig (wie viele Tags können pro Sekunde auf einmal gelesen werden)
- Datenspeichermenge

was sich auch in den Kosten niederschlägt.

Die Vorteile von RFID in der Materialwirtschaft in der gesamten Logistikkette sind enorm.

Bereits bei Anlieferung der Ware ist eine schnellere Identifikation der Ware und der Mengen, mit der dazugehörigen Bestellung, möglich. Die Wareneingangskontrolle erhält ebenfalls automatisch alle notwendigen Prüfanweisungen. Parallel mit der Einlagerung in das Lager, erfolgt automatisch und fehlerfrei die Zugangsbuchung, bzw. bei Entnahme die Abgangsbuchung zum Auftrag oder Kostenstelle. Bei einer automatischen Erfassung der Warenströme sind Fehler ausgeschlossen, die Transparenz der Warenbestände permanent sichergestellt.

Mittels dieser Technik können insbesondere in der Logistik weitere Daten / Kennzahlen auf einfachste Art gewonnen werden, wie z.B.

- Bewegungsprofile von Waren
- Bewegungsprofile von Mitarbeitern
- Tätigkeitsprofile
- Zeiten aller Art, hier z.B. ∅ Zeit für einen Zugriff oder eine andere Tätigkeit, was die Wirtschaftlichkeit im Logistikbereich auf Dauer weiter verbessern wird

Der Masseneinsatz ist nur eine Frage der Zeit. Die Vorteile gegenüber Barcode sind offensichtlich. Einer schnellen Verbreitung stehen allerdings momentan noch relativ hohe Kosten (allerdings mit sinkender Tendenz), sowie das negative Image, verbunden mit der Problematik Datensicherheit / Datenschutz „Gläserner Mensch" gegenüber, was aber die Verbreitung auf Dauer nicht aufhalten kann.

Zur schnellen, zuverlässigen und fehlerfreien Indentifikation

RFID im Betrieb

Sofern Sie mehr über diese elektronischen / elektromagnetischen Warenwirtschaftssysteme wissen wollen, wenden Sie sich am besten an die verschiedenen Etikettenhersteller, oder an Ihren Etikettenlieferant.

Bluhm Systeme GmbH Honnefer Straße 41 D - 53572 Unkel / Rhein Tel.: 02224 / 77080 www.bluhmsysteme.com	Schreiner LogiData GmbH & Co. KG D - 80995 München Tel.: 089 / 15816-0 www.schreiner-logidata.de
Kimball Warenerfassungssysteme GmbH Aredstraße 22 A - 2544 Leobersdorf www.kimball.at	Stielow Label & Logistik GmbH Kösliner Weg 5 D - 22850 Norderstedt Tel.: 040 / 219896-0 www.stielow-logistik.de
Checkpoint Systems GmbH Westerwaldstraße 3 - 13 D - 64646 Heppenheim Tel.: 06252 / 703-0 www.checkpointsystems.de	GOD Barcode Marketing mbH Neurott 18 D - 74931 Lobbach Tel.: 06226 / 9505-0 www.godbm.de

Organisation des Informations- und Datenflusses in Lager und Transport mittels Datenfunk

Zusätzlich zu einer BUS - gesteuerten Transportorganisation muss ein Organisations- und Meldesystem *„von unten durch die Mitarbeiter selbst"* geschaffen werden (Umstellung des so genannten *Bringsystems* in ein *Saugsystem*, Mitarbeiter bestellt rechtzeitig was er benötigt), um so auf kurzfristige Änderungen / Prioritätenverschiebung, ähnlich einer Buschtrommel, auf kürzestem Weg reagieren zu können = TAXISYSTEM - hierzu eignet sich der Einsatz von z.B. Datenfunk optimal, zumal alle Buchungen bei Datenfunk ON-LINE erfolgen.

Bild 13.1: *BDE- / Datenfunkgestützte Bereitstell- / Transportorganisation*

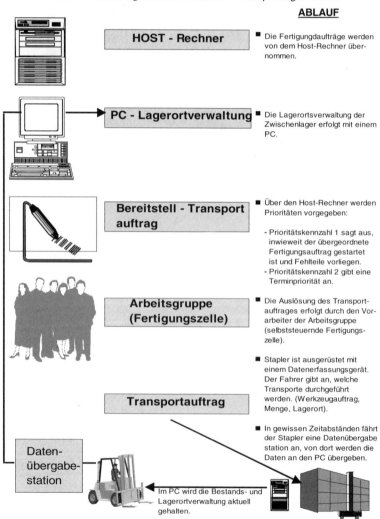

14. Verpackungsabsprache / -gestaltung

Es empfiehlt sich, zwischen den Vertragspartnern eine verbindliche Regelung über die Festlegung der Anlieferungsmethode, der Verpackungsart und Verpackungsmenge zu treffen. Die Außenverpackung soll in ihren Abmessungen DIN-Normen entsprechen und sollte stapelbar sein. Dies sollten Bestandteile des Kaufvertrages sein, „Verpackungsvorschrift". (Eine Einlagereinheit entspricht einer Auslagereinheit.)

Diese Methode bringt eine Reihe von Vorteilen. Die wesentlichsten sind - kurz gefasst:

1. **Lohn einsparen:**
   Es werden durch die Behältereinheit mehr Teile umgeschlagen und dadurch Personal eingespart.
2. **Lagerfläche besser ausgenutzt:**
   Die optimale Lösung wird in Lagerräumen mit hochbelastbaren Fußböden durch hohe Stapelung erreicht.
3. **Zeit einsparen:**
   Alle Handhabungsvorgänge beim Entladen, Transport und Versand werden verkürzt, kein Umpacken notwendig.
4. **Geld einsparen:**
   Mehr Teile können pro Arbeitsstunde für weniger Geld bewegt werden; mit weniger Beschädigungen des Materials. Auch die Ermüdung des Lagermitarbeiters wird verringert.

Diese Gedanken gipfeln in dem Ausdruck:

„Materialumschlag fügt einer Ware nichts als Kosten zu, schon gar nicht Qualität"

14.1 Verpackungsgestaltung

Um dem Materialflussplaner auf der Grundlage der bisherigen Ausführungen zu Flurfördergeräten die Möglichkeit zu geben, die Verpackungserfordernisse von vornherein richtig erkennen zu können, sollte er die Verpackung hinsichtlich des zu lagernden oder zu versendenden Materials in Gruppen einteilen.

Diese Gruppeneinteilung - grob gefasst - gliedert sich in geringe Mengen, größere Mengen.

Nach Festlegung der Gruppe ist folgenden Hinweisen Beachtung zu schenken:

Geringe Mengen - teilweise manuelle Handhabung

1. Das Bruttogewicht jeder Packung soll bei Männern nicht höher als 16 - 18 kg, bei Frauen nicht höher als 8 - 10 kg sein.
2. Der Verschluss soll ohne besondere Vorsichtsmaßnahmen schnell zu öffnen sein.

3. Die Abmessungen der einzelnen Packungen bzw. Packeinheiten sollen auf die Innenmaße der Flurfördergeräte / der Lagerfächer / der Behältergröße etc. abgestimmt sein, in denen die Lagerung durchgeführt wird.

4. Lose bzw. gebündelte Anlieferungen von Teilen nur dann vorsehen, wenn unter Berücksichtigung aller Kostenfaktoren eine Karton- oder Kleinbehälter- (Handkästen-) Verpackung unwirtschaftlich ist und die Teile nicht oberflächen- oder sonst wie empfindlich sind.

5. Kisten oder Verschläge sind normalerweise nicht nur eine relativ teure Verpackungsart, sondern stellen auch gewisse Anforderungen bezüglich Lagerung und evtl. Vernichtung. Sie sollten also nur dann gewählt werden, wenn nicht durch eine andere wirtschaftliche Verpackungsart den gleichen Qualitätsanforderungen Rechnung getragen wird.

6. Transportverpackung sollte gleichzeitig Lager- / Entnahmeverpackung sein.

7. Feste Mengen pro Teil / pro Verpackung erleichtern die Übersicht im Lager, im Handling, im Unternehmen insgesamt. Ein Umpacken der Anliefermengen in feste Mengen / Behältergrößen kann durchaus z.B. bei Werkstätten für Behinderte erfolgen. Auch ein Umpacken durch Freigänger aus einer Haftanstalt im eigenen Unternehmen, ist eine Möglichkeit um die gewünschten Erleichterungen zu einem tragbaren Kostenaufwand zu bekommen.

14.2 Größere Mengen - Verwendung von Ladeeinheiten

1. Ladeeinheiten, wie Paletten, Rungenpaletten oder Behälter, müssen für die mechanische Handhabung mittels Flurförderzeugen (Einfahrmöglichkeiten für Gabelstapler) und ggf. Kranumschlags- / Kranösen haben.

2. Das Bruttogewicht der Ladeeinheit sollte normalerweise 2 t nicht überschreiten.

   Bei Verwendung von Einwegpaletten sollte das max. Bruttogewicht ca. 1 t sein.

   Bei Verwendung von Dauerbehältern können, nach vorheriger Abstimmung zwischen Empfänger und Versender, evtl. höhere Gewichte zugelassen werden.

3. Bei Einsatz von Mehrwegverpackung darf keinesfalls die Tragfähigkeit des Behälters überschritten werden.

4. Die Mindestunterfahrhöhe für Gabelstapler sollte 100 mm betragen, die Mindesteinfahrbreite 600 mm, damit eine Handhabung mit Gabelstaplern und Hubwagen möglich ist.

5. Die Ladeeinheiten müssen stapelbar sein. Bei Verwendung von verlorener Verpackung sollen die Abmessungen der Ladeeinheiten auf die Innenmaße der ggf. zur Verwendung kommenden Stapelgestelle oder Regale abgestimmt sein.

6. Für Flüssigkeiten und Schüttgüter sind Sonderfestlegungen zwischen Empfänger und Versender erforderlich. Evtl. kann die Anlieferung in Großtankwagen oder Großbehältern wirtschaftlicher sein als in Fässern oder mittelgroßen Behältnissen.

Seit neuer Zeit gibt es vielseitig codierbare (so genannte) Schäferkästen. Sie sind universell einsetzbar und durch ihre vielen Vorteile überzeugend; gefüllt aufeinander, leer ineinander stapeln, das schafft Raum. Drei Größen in unterschiedlichen Höhen mit einheitlichem Grundmaß 600 x 400 mm, alle miteinander kombinierbar, damit passen vier Säulen - ineinander oder übereinander gemischt stapelbar.

Durch Drehung um 180^0 ineinander zu stapeln - so benötigen Sie entschieden weniger Lagerraum für die leeren Behälter. Mit sehr vielseitigen Codiermöglichkeiten:

Etikettentaschen 80 x 60 mm an den Längsseiten für Strichcodierung, separate Schiebe- oder Kippcodierleisten und Festcodierung oben und unten längsseits in geschätzten Vertiefungen.

Sie sind maßlich auf Europaletten abgestimmt.

15. Lagerplanung

Zuordnung zum Betrieb

- zentral
- dezentral

Bei der Planung von Lagern kann im Einzelnen unterschieden werden:

a) Zentrallager

Der wirtschaftliche Grenzwert eines Zentrallagers liegt bei ca. 50.000 bis 60.000 qm umbauter Grundfläche.

b) Dezentralisiertes Lager

Die dezentralisierte Lagerung ist aufwendig an Geld und Zeit. Sie sollte deshalb nur dann angewendet werden, wenn ein Zentrallager infolge seiner Größe zu viele Nachteile mit sich bringt, oder wenn es die Fertigung, z.b. Fließfertigung, unbedingt erfordert.

c) KANBAN - Läger in der Fertigung

Bei diesem dezentralisierten Lager sind die Lagerzonen so aufgeteilt, dass je eine Lagerzone einem Arbeits- und Montagefeld zugeteilt wird. Aus einer Planungsmatrize ist ersichtlich, wo das Lager ist und an welchem Arbeitsbereich es gebraucht wird. Es wird hauptsächlich bei der Fließfertigung und bei Kanban-Systemen angewandt.

Außerdem muss noch unterschieden werden in:

I Freilager

Offene Lagerhöfe bieten die Möglichkeit, das Material auf billige Art und Weise zu lagern. Sie dienen deshalb zur Lagerung von witterungsunempfindlichen Gütern. Mit einfachster Überdachung bzw. aufblasbaren Zelten wird durch wenig Kapitaleinsatz auch bereits die Lagerung von witterungsempfindlichen Gütern möglich.

II Starre Lager

In starren Lagern müssen die Lagergüter durch eine Tätigkeit (zusätzlich) maschinell oder manuell eingelagert bzw. herausgenommen werden. Lagerung ist somit eine zusätzliche Arbeit. Sie kann natürlich bei vollautomatischer Lagerhaltung (mittels EDV) vom Computer selbständig, sowohl Einlagerung als auch Entnahme, übernommen werden, wobei es trotzdem eine zusätzliche Arbeit bleibt.

III   Fließlager

Im Fließlager wird, im Gegensatz zum starren Lager, durch eine automatische Transportanlage (Stetigförderer) die Funktion der Lagerung, Zufuhr und Entnahme, innerhalb des Materialflusses automatisch geregelt, ohne dass Teile / Materialien noch einmal in die Hand genommen werden müssen.

Grundgedanke des Fließlagers ist die Anordnung von Stetigfördern, die zwischen zwei verschiedenen Bearbeitungsgängen als Pufferlager eine größere Menge von Teilen aufnehmen können.

15.1   Leitfragen zur Lagergestaltung

1.   Warum muss gelagert werden?

Vorratshaltung oder Pufferlager

2.   Was ist zu lagern?

Schüttgut, Sackgut, Fassgut, Langgut, Stückgut, Flüssigkeiten, Tafeln usw. Anlage der Lager aufgrund ihrer Zweckbestimmung. Für verpackte Güter den bereits erwähnten Grundsatz beachten, dass Verpackungs- und Lagereinheit gleich Transport- oder Versandeinheit darstellen sollte.

3.   Wie viel ist zu lagern?

Mengenangaben aus Materialdisposition über verfügbaren und körperlichen Lagerbestand.

4.   Wo ist zu lagern?

Materialfluss beachten, Lager durch Multimoment- oder Ablaufstudien nach Häufigkeit des Anlaufes an der wegmäßig günstigsten Stelle anlegen.

5.   Wie ist zu lagern?

Vorschriften und Transport-Kostengesichtspunkte beachten. Anpassung der Lagereinrichtung an die Entnahmehäufigkeit. Lagerbeschickung und Entnahme sollen außerdem bei einem Minimum an Weg, Arbeitskraft, Zeit und Kosten erfolgen.

6.   Wie viel Lagerplatz ist vorhanden?

Optimale Raumausnutzung der Lager durch Hochlager.

7. Welche Lagerordnung ist zu wählen?

a) Lagerplatzbenummerung für flexible Lagerplatzzuweisung

Flächenlager: Entsprechende Raumaufteilung durch Farbstriche, Nummerierung wie bei Landkarten, z.B. A 3, B 10.

Hochlager: Nummerierung der Regale - Blöcke mit Buchstaben, Durchnummerierung der Lagerplätze entsprechend der Regalplatzhöhe durch Zehner- oder Hundertersprünge, z.B. A 325.

b) Bei immer wiederkehrenden Massenteilen, Baugruppen und Fertigwaren kann auch über die Erzeugnisnummer nach z.b. aufsteigender Reihenfolge gelagert werden.

Vorteil: Schnellstes Auffinden ist gewährleistet.

Nachteil: Von Zeit zu Zeit muss das Lager überarbeitet und neu geordnet werden, wenn sich Mengenverschiebungen bzw. Erzeugnisveränderungen ergeben haben.

8. Wie ist das System „First in - First out" sichergestellt?

a) Bei manuell geführten Lägern ist es sinnvoll, jährlich eine andere Farbe für die Wareneingangslabel zu wählen, mit weißem Feld für die Datum - Eintragung. Durch diese Visualisierung ist „First in - First out" auf einfachste Weise sichergestellt.

b) Bei flexiblen Lagerplatzsystemen muss dies über das EDV-System (LVS) sichergestellt sein.

Praxistipp für Lagerplanung / Lagerkonzeption:

Aus Sicherheitsgründen, bezüglich

- ▶ **Unfallgefahr**
- ▶ **Sicherheitsvorschriften**
- ▶ **Gewerbeaufsichtsamtsverordnungen usw.,**

sowie Berücksichtigung eines optimalen Aufbaus des Lagers bezüglich Platz, Kosten, Wege optimieren, Zugriffszeiten etc., empfiehlt der Autor die Einrichtung eines Lagers nicht selbst vorzunehmen, sondern dies so genannten Lagersystem-Einrichtern zu übergeben, die dies im Rahmen ihrer Angebotsausarbeitung kostenlos per CAD, unter Berücksichtigung aller Notwendigkeiten für Sie optimal durchführen.

15.2 Vor- und Nachteile einer festen bzw. flexiblen Lagerplatzverwaltung bei EDV-gestützten Systemen

A) Feste Lagerordnung

In vielen Fällen ist bei einem längerfristig konstanten Lagersortiment und gleich bleibender Lagermenge eine feste Lagerplatzzuordnung am zweckmäßigsten. Die Lageristen kennen den Lagerort meist auswendig. Der Lagerort und evtl. auch der Lagerplatz werden in den Artikelstamm übernommen und stehen für jede Bewegung zur Verfügung. Getrennte Reserveorte werden am ursprünglichen Lagerplatz auf einem Hinweis hinterlegt. Die Lösung ist programmtechnisch am einfachsten zu realisieren. Nachteilig ist, die im Regelfalle unvollständige und uneinheitliche Ausnutzung der Lagerflächen.

B) Flexible Lagerplatzzuweisung = chaotische Lagerbestandsführung

Durch eine flexible / chaotische Lagerführung ergibt sich eine bessere Lagerplatzausnutzung. Allerdings findet niemand mehr ohne ein Hilfsmittel die Lagerplätze eines Artikels!

Voraussetzungen für den Aufbau flexibler Lagersysteme sind:

- die Schaffung der technischen Voraussetzungen für Freiplätze, Paletten, Stangen, Flüssigkeit, Behälter mit Kleinteilen,

- eine möglichst starke Normung der Größenordnungen für Behälter,

- möglichst codierte Behältnisse verwenden.

Die Festlegung des Lagerorts und Lagerplatzes geschieht bei manueller Steuerung beim Eingang der Ware durch den Lageristen. Als Hilfsmittel zur Feststellung der freien Plätze innerhalb der Lagerart benötigt er ein Bildschirmgerät, das ihm die Belegung der Plätze aufzeigt (Freiplatzverwaltung). Für die Eingabe verwendet er eine Lagerplatznummern-Kennung (Lagerplatz-Schild).

Bei einer geplanten Entnahme muss die Lagerplatznummer auf dem Entnahmebeleg stehen. Bei einer ungeplanten Entnahme erhält man über die Eingabe der Artikelnummer am Bildschirmplatz die Plätze angezeigt, an denen der betreffende Artikel eingelagert ist.

Bild 15.1: Mögliche Lagerordnungen und Zugriffsverfahren

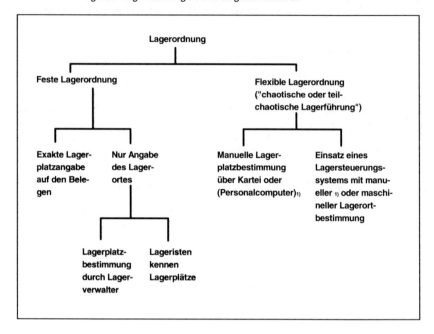

[1] Die Einführung von Lagernummernschilder (wo ist eingelagert worden), die mit den Warenbegleitpapieren, z.B. Laufkarte oder Lieferschein, mitlaufen, hat sich für eine fehlerfreie Buchung des korrekten Lagerplatzes in der Praxis bewährt.

Oder vor der Einlagerung per EDV für jeden vom Programm ermittelten Lagerplatz ein Etikett mit Artikelnummer, Lagerort und Lagerplatz, Menge und Einlagerungsdatum gedruckt. Damit lassen sich der Lagerplatz und die Ware im Lager ebenfalls einwandfrei identifizieren.

C) Teilchaotische Lagerorganisation

In der Praxis hat sich, speziell in Verbindung mit der EDV-Einführung im Bereich Materialwirtschaft, die so genannte teilchaotische Lagerorganisation bewährt.

Teilchaotisches Lagern bedeutet:

Alle Regale, Flächen etc. sind eindeutig nach Felder, Stellplätzen etc. nummeriert.

Der Lagerist kann eine Ebene für die chaotische Lagerung nach freien Feldern benutzen, muss sich aber streng an diesen begrenzten Freiraum halten und gibt für die EDV-Organisation den jeweiligen Lagerplatz auf den Beleg des Wareneingangs mit an.

In Verbindung mit dem beschriebenen Nummernsystem kann also z.B. immer nur eine Teil- / Baugruppe mit der gleichen Klassifizierungsnummer in einer Ebene liegen.

Vorteile der teilchaotischen Lagerorganisation

a) Freie Plätze können in begrenztem Maße optimal genutzt werden
b) Das Auffinden der Lagerteile etc. gelingt ohne großen Organisations- und Wissensstand. Auch wenn der Computer abgeschaltet ist.

Absicherung des Systems

An alle Lagerfächer werden Nummernschilder angebracht.
Doppelte Ausführung in zwei verschiedenen Farben.

Bei Wareneingang wird zum Eingangsbeleg das entsprechende Nummernschild gelegt.

Bei der Datenerfassung Zugangsbuchung ist somit weitestgehend sichergestellt, dass die Ware auch im richtigen Lagerfach bestandsmäßig geführt wird. Nach Zugangsbuchung Rückgabe des Schildes und wieder an Fach hängen.

Oder das System schlägt bei der Erstellung des Einlagerlabels einen entsprechend abgegrenzten Bereich vor.

Bild 15.2: *Lager-Nummerntechnik für teilchaotisches Lagersystem*

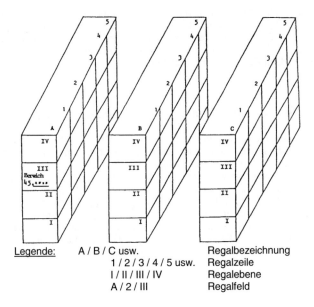

Legende: A / B / C usw.   Regalbezeichnung
1 / 2 / 3 / 4 / 5 usw.   Regalzeile
I / II / III / IV   Regalebene
A / 2 / III   Regalfeld

15.3 Festlegung einer zweckmäßigen Lagerordnung mittels EDV-Organisation

Mit der Übernahme der Materialwirtschaft und einer Online-Bestandsführung ist es sinnvoll, die Zweckmäßigkeit der vorhandenen Lagerordnung und der Zugriffsverfahren zu überdenken. Der Zeitpunkt ist deshalb günstig, weil der Anwender beim Aufbau eines bildschirmorientierten Bestandsführungssystems auch Festlegungen über das Lagerzugriffsverfahren treffen muss.

Durch eine zweckmäßige Lagerordnung kann ein Unternehmen Lagerplatz einsparen und die Zeiten für die Ein- und Auslagerung verkürzen.

⇨ Durch eine gesonderte Platzierung von Schnellläufern / Langsamdreher und Lagerhütern, Wegeoptimierung

⇨ durch eine flexible Lagerordnung, nach z.B. A / B / C - Lagerzonen

⇨ durch die Trennung von Reservemengen und kurzfristig benötigten Lagermengen eines Artikels,

⇨ durch die Einlagerung von Packungsgrößen, wie sie bei der Ausgabe meist benötigt werden.

Bei den Überlegungen zur Verbesserung eines Lagersteuerungskonzeptes sind einfache EDV-gestützte Möglichkeiten, die sich ohne große Investitionen erreichen lassen, und der Aufbau von Lagersteuerungssystemen auf der Basis umfangreicher Lagerinvestitionen zu unterscheiden.

Computergesteuerte Hochregallager samt Steuerungscomputern, Flurförderfahrzeugen und genormten Lagerkasten sind bei Mittel- und Kleinunternehmen nur in seltenen Fällen sinnvoll. Einfachere EDV-gestützte Lagerbestandsführungssysteme mit Mehrfachlagerplatzverwaltung bei gleichzeitiger „First in - First out - Berücksichtigung" sind heute bei fast allen Materialwirtschaftsprogrammen Standard.

15.4 Lagerart - Lagerfläche - Flächennutzung - Lagernutzung

Die Größe eines Lagers kann sehr unterschiedlich sein. Sie ist sehr stark abhängig von der jeweiligen Produktion, von ihren Kooperationsbedingungen und anderem mehr. Vorliegende Analysen ergeben, dass das Verhältnis von Lagerfläche zu Produktionsfläche in reinen Produktionsbetrieben im Normalfall 1 : 6 bis 1 : 3 betragen kann. Einzelne Fertigungen, z.B. im Maschinenbau, zeigten sogar Verhältnisse von 1 : 3 bis 1 : 2. Auf jeden Fall muss die Lagerfläche so groß bemessen sein, dass eine übersichtliche Lagerorganisation, sowie eine wirtschaftliche Lagertechnik einsetzbar sind. Daneben sichert eine ausreichend groß bemessene Lagerkapazität, dass erforderliche Materialentnahmen rasch vor sich gehen, und dass kein Material unnötig in Gängen oder in den Produktionsräumen gelagert und dort zu Störungen im Betriebsablauf, sowie zu Unfallquellen und Schmutzstellen wird.

Die Lagerfläche wird eingeteilt in:

- Nutzfläche
- Verkehrsfläche (Durchgänge, Büros, Sortierfläche...)
- Konstruktionsfläche (durch die Konstruktion des Lagergebäudes eingenommen)
- Bruttofläche = Nutzfläche + Verkehrsfläche

Wichtig ist, dass eine ausreichende Bodenbelastbarkeit vorhanden ist. Die erforderlichen Wege müssen über ausreichende Breite verfügen. Wegbreiten über 4,5 m und unter 1 m sind unwirtschaftlich.

Säulen und Stützen sollten nicht im Wege stehen. Bei Neuplanung sollten Stützen in einem entsprechendem Rastermaß angebracht werden, damit zwischen den Säulen gut ausnutzbare Lagerflächen entstehen. Außerdem ist darauf zu achten, dass keine Steigungen überwunden werden müssen. Steigungen über 5 % sind im permanenten Lagerbetrieb unwirtschaftlich.

15.5 Kennzahlen der Lagernutzung

Flächennutzungsgrad	=	$\dfrac{\text{Summe der Regalflächen}}{\text{Bruttofläche des Lagers}}$

Raumausnutzungsgrad	=	$\dfrac{\text{Summe der Regalvolumina}}{\text{Bruttovolumen des Lagers}}$

Lagernutzungsgrad	=	$\dfrac{\text{Nettolagervolumen}}{\text{Bruttolagervolumen}}$

Planungsarbeiten, z.B. Palettenlager

Zur Planung eines Lagers benutzt man entsprechend ausgelegte CAD-Programme, die es ermöglichen, ein Modell zu entwickeln. Werden dreidimensionale Modelle verwendet, so wird auch räumlich die richtige Darstellung erreicht. Sie können per CAD auf dem Bildschirm wie in einem Modellbaukasten aufgebaut und so lange verschoben werden, bis die beste Lösung gefunden ist, bei einem wirklichkeitsgetreuen Bild.

In den meisten Fällen wird man sich an bewährte Lagersysteme und Einrichtungen anlehnen. Die gebräuchlichste Form der Lauergestaltung wird durch Bildung von palettierten Stapeln erreicht. Zwei Grundformen der Stapelung werden im Allgemeinen angewandt:

- Die parallele oder rechtwinklige Anordnung der palettierten Güter, wobei die Länge oder die Breite der Ladeeinheit parallel zum Weg oder zur Wand des Lagers abgestellt wird

- Die Schrägstapelung, wobei die Seiten der Ladeeinheit einen Winkel zum Weg oder zur Wand der Lagerfläche bilden.

Beide Stapelarten können in Block- oder Reihenstapelung durchgeführt werden, wobei die Blockstapelung nicht immer sicherstellt, dass das hinten im Block stehende Material ohne große Umstapelarbeit erreicht werden kann und nicht mit der Zeit veraltet. Der Vorteil liegt in der maximalen Ausnutzung der vorhandenen Lagerfläche.

Die Vor- und Nachteile der Stapelarten werden bei Betrachtung der nachfolgenden Schaubilder offensichtlich. Für die Beispiele wurden Paletten der Größe 1.000 x 1.200 mm und 800 x 1.200 mm (Poolpalette) gewählt.

Bild 15.3: Reihenstapelung (Schmalseite der Paletten entlang Fahrweg)

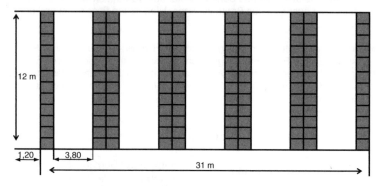

Die Breite der Stapelwege ist abhängig vom eingesetzten Gabelstapler. Im vorliegenden Fall wurde ein 2-t-Gerät angenommen, das eine durchschnittliche Wegbreite von 3,80 m erfordert.

Bild 15.4: Reihenstapelung (Breitseite der Paletten entlang Fahrweg)

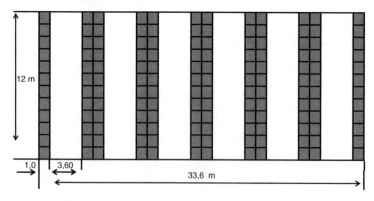

Hier wurde ebenfalls der Einsatz eines 2-t-Gabelstaplers angenommen. Durch die Stapelung der Paletten mit der Breitseite entlang dem Fahrweg kann der Stapler durch die größere Einfahrbreite bereits im Anfahren besser einschwenken, so dass nur eine Wegbreite von 3,60 m erforderlich ist. Trotzdem ist ein Flächenmehrbedarf von 11% erforderlich.

Vergleich des Flächenbedarfs	Bild 15.3 (Vorseite)	Bild 15.4
Anzahl der zu lagernden Flächen	100 Stück	120 Stück
Gesamte Lagerfläche	372 qm	403 qm
Wegefläche	228 qm	259 qm
Anteil an der Gesamtlagerfläche	61,3 %	64,3 %
Mit Paletten belegte Fläche	144 qm	144 qm
Anteil an der Gesamtfläche	38,7 %	35,7 %
Breite der Wege	3,8 m	3,6 m
Anzahl der Wege	5	6
Länge der Wege	12 m	12 m

Die Schrägstapelung (nächstes Bild) erlaubt zwar, eine Wegebreite von 2,40 m für einen 2-t-Gabelstapler, erfordert jedoch gegenüber Bild 15.3 Vorseite eine Mehrfläche von nochmals 20,7%.

Bild 15.5: Schrägstapelung

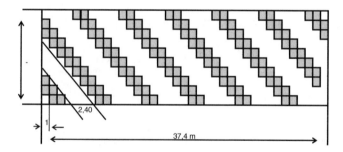

Gegenüber dem Flächenmehrbedarf besteht jedoch neben der engeren Wegebreite noch der Vorteil einer größeren Arbeitsgeschwindigkeit des Gabelstaplers, da er zum Einfahren in die Ladeeinheit nur $45°$ zu schwenken braucht und nicht $70 - 90°$, wie bei der Reihenstapelung. Hat das Lager sehr großen und schnellen Umschlag, so kann dieser Faktor von entscheidender Bedeutung für die Anwendung der Schrägstellung sein, weil die gewonnenen Zeitvorteile so ausschlaggebend sein können, dass sie den Raumverlust der Schrägstellung aufwiegen.

Die Forderung nach vereinfachter Lagerbedienung, Übersichtlichkeit, Raumersparnis löste die Suche nach immer neuen Lagertechniken aus. Dieses Ziel ist aber nur dann erreichbar, wenn gleichzeitig die Lagerorganisation überprüft und den Bedingungen einer optimalen Nutzung und hohen Lagerwirtschaftlichkeit angepasst wird. Die Nutzungsgrade der einzelnen Varianten seien kurz skizziert.

Bezeichnung	Nutzungsgrad % (relative Werte)
Flächenlager für z.B. Tafelmaterialien	15
Blocklager voller Paletten	85
Umlaufregale / Paternostersysteme	85
Blocklagerung mit Compactus für Kleinteile Regale - Handhabung	70
Konventionelles Regal für Handbedienung	40
Plattenregal mit Stapelkran, drehbarer Mast	60
Plattenregal als Durchlaufregal, beiderseitige Aufgabe mit Bediengerät	80
Plattenregal als Durchlaufregal, Stapleraufgabe, Bediengerätentnahme	70
Fließlager	keine Angabe, da meist nur als Pufferlager verw.

Der Trend geht heute zweifellos zum automatisierten Lager, was aber nicht bedeutet, dass z.B. Präsentlager, bei denen Ein- und Auslagerungsvorgänge ausschließlich von Hand vorgenommen werden, den an sie gestellten Anforderungen nicht genügen. Besonders dann, wenn Präsentlager in Verbindung mit Stetigförderern betrieben werden. Die Frage, ob automatisiertes Lager oder nicht, ist auch nicht von der Größe eines Lagers her gesehen zu beantworten. Bestimmend ist hierbei vorwiegend die Wirtschaftlichkeit. So kann es u.U. durchaus sinnvoll sein, ein kleines Zwischenlager zu automatisieren, wenn dieses eine kontinuierliche Ein- und Auslagerungsfrequenz aufweist. Ein hoher Automatisierungsaufwand hingegen ist nicht oder nur selten zu vertreten, wenn sich die auf ungewöhnliche Umschlagsspitzen ausgelegten Fördereinrichtungen nur sporadisch einsetzen lassen.

15.6 Kennzahlen für Lageraufbau / Lagernutzung für Regallager

Unter Voraussetzung des heutigen Standes der Technik kann man etwa folgende Zahlen für eine optimale Lagernutzung festlegen:

Typ	Regalhöhe	Regallänge	Verbindungswege an Stirnseite der Regale	Regaltiefe (Fachtiefe)
Handbedienung	max. ca. 2,6 m	max. 5 m	ca. 1,5 m	max. 0,8 m
Gabelstaplerbedienung	max. ca. 8-10 m		ca. 3 m	max. gleich der Gangbreite
Regalbedienungsgeräte	mind. ca. 10-15 m, max. ca. 35 m	mind. 6 m, max. ca. 60-80 m		
Regalbedienungsgeräte mit elektronischer Steuerung über EDV		noch länger		

Gangbreite zwischen den Regalen

Für Handbedienung 0,9 m

Für Regalbedienungsgeräte Lastbreite + 100 mm, mind. ca. 1500 mm

Für Spezialgabelstapler mit schwenkbarer und ausfahrbarer Gabel:
Diagonale der Last + 200 mm, z.B. bei Normpaletten ca. 1800 mm

Für Universalgabelstapler (Gabel seitlich verfahrbar, jedoch nicht schwenkbar)
Lastbreite + ca. 700 mm, z.B. bei Normpaletten ca. 1500 mm.

Für Schubmast-Frontgabelstapler ca. 2400 mm.

Für Frontgabelstapler normaler Bauart ca. 3600 mm.

Die Arbeitsgangbreite kann für Gabelstapler auch rechnerisch ermittelt werden, die Formel dafür erhalten Sie von Ihrem Staplerhersteller.

Weitere / ergänzende Kennzahlen für eine rationelle Lagerplanung können Sie in umfangreicher Form als logistische Datensammlung beziehen, bei:

LOGMA
Logistics & Industrieplanung GmbH
Baroper Straße 239 b
44227 Dortmund

Telefon: 0231 / 97 50 78-0
E-mail: logma@logma.de

Fax: 0231 / 75 90 49
Internet: www.logma.de

16. Was kostet ein Lager?

16.1 Jährliche Kosten der Lagerung in Prozent von Lagerwert

Nach einer Faustformel, die von den Lagerkosten abgeleitet ist, verdoppelt sich der Einstandspreis durch

- Verzinsung
- Lagerhaltung
- andere Kosten

nach ca. 4 - 5 Jahren. Siehe auch Andlersche Losgrößenrechnung.

Die Kosten der Lagerhaltung entstehen einerseits durch die Bestandshöhe im Lager und werden in Prozent des durchschnittlich gebundenen Kapitals pro Jahr ermittelt. Zum anderen entstehen sie durch die damit verbundene Raumlogistik und Verwaltungskosten, siehe nachfolgende Grobrechnung:

▶ Zinsen	6 - 8 %
▶ Wertberichtigung für Verderb, Alter, Schwund	5 - 8 %
▶ Raumkosten	3 - 4 %
▶ Verwaltung, Transport	2 - 4 %
▶ Versicherung	1 - 2 %
	17 - 26 %

Durch diese Zahlen wird deutlich, wie wichtig alle Maßnahmen zur Bestandssenkung sind, den Bodensatz (0-Dreher) systematisch abzubauen, bzw. durch entsprechende Dispo- und Bestellregeln erst gar nicht entstehen zu lassen.

Aufgrund der neueren steuerlichen Bewertungen von Lagerhütern (wenn ein Artikel mit Menge X abgewertet ist, aber im Prüfungszeitraum ein Stück zum normalen Preis verkauft wird, wird die Gesamtmenge X wieder aufgewertet), verschrotten immer mehr Unternehmen ihre Null-Dreher nach 2 - 2,5 Jahren, bzw. verkaufen solche Exoten zum Preis 0,-- € mit Vermerk „Muster ohne Wert".

16.2 Investitions- und Wirtschaftlichkeitsrechnungen

Investitionen bzw. Investitionsentscheidungen sind stets mit einem hohen Risiko behaftet. Sie zählen somit zu den folgenschwersten unternehmerischen Entscheidungen. Sie belasten die Liquidität und beeinflussen den Erfolg und die zukünftige Liquidität eines Unternehmens oft über mehrere Jahre. Sie lassen sich darüber hinaus nur schwer und in geringem Maße korrigieren.

Bei Investitions- und Wirtschaftlichkeitsrechnungen handelt es sich um Fragen der Verfahrenswahl, bzw. ob eine Investition durchgeführt werden soll oder nicht.

Eine zweckentsprechende Investitionsrechnung mindert durch ihre Aussagekraft das Investitionsrisiko.

Rendite geplanter Investitionen

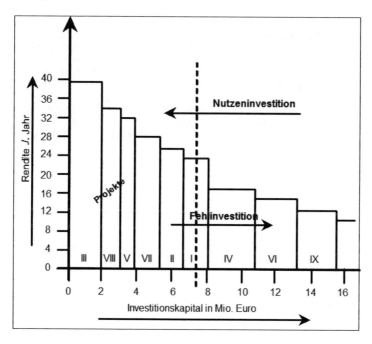

Der grundsätzliche Ablauf von Wirtschaftlichkeitsrechnungen kann folgendermaßen dargestellt werden:

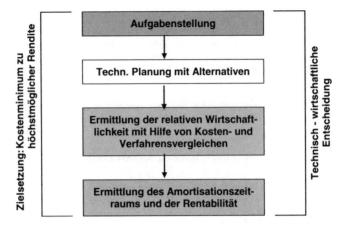

Hinweis: Aufgrund des relativ niedrigen Zeitersparnispotenzials bei der Umstellung von Handlägern auf z.b. Paternoster- oder Shuttlesysteme, oder sonstiger automatisierten (Hoch-) Lägern, errechnet sich im Regelfall ein relativ schlechter Kapazitätsrückfluss im Mittel von ca. 8 - 11 Jahren.

Aber es gibt auch nicht rechenbare Kriterien die hinzugezogen werden müssen. Siehe Abschnitt „Sonstige, nicht rechenbare Vorteile beim Einsatz von Paternoster / Shuttle- oder sonstigen Hochregalsystemen".

DER CASHFLOW

Ohne Berücksichtigung von aufzuwendenden oder kalkulatorischen Zinsen und ohne Restwertberücksichtigung

Eine Amortisationsrechnung, die zur Beurteilung der Wirtschaftlichkeit einer Anlage angewandt wird, bringt die Amortisationsdauer oder auch die Rückflusszeit zum Ausdruck. Unter der Amortisationsdauer oder der Amortisationszeit versteht man die Zeitspanne (meist in Jahren oder in Monaten angegeben), die benötigt wird, bis sich das eingesetzte Kapital durch die Ersparnisse amortisiert hat, oder wieder in die Firma zurückgeflossen ist.

In der amerikanischen Literatur wird diese Zeit mit „*payout period*" bezeichnet.

Die vereinfachte Formel für die Amortisationsdauer lautet wie folgt:

$$\text{Amortisationsdauer} = \frac{\text{Kapitaleinsatz}}{\text{jährlicher Gewinn}}$$

$$\text{Für die Cashflow-Formel} = \frac{\text{Kapitaleinsatz}}{\text{jährlichen Gewinn} + \text{Abschreibung}}$$

Wird diese Formel für die Berechnung von Rationalisierungs- oder Ersatzinvestitionen verwendet, dann treten die Kostenersparnisse an die Stelle des Gewinnes.

Der jährliche Gewinn + den Abschreibungen bedeutet praktisch den erhaltenen finanziellen Überschuss, oder den engl. Ausdruck Cashflow.

Die Kapitalrückflusszeit in Jahren aus dieser Rechnung selbst, vermag als absolute Zahl nur wenig aussagen. Erst der Vergleich mit einer Richtzahl, die man als SOLL - Amortisationszeit bezeichnet, gibt uns genaue Hinweise. Man kann auch die Amortisationszeit von zwei oder mehreren Verfahren vergleichen. Man erhält dann Hinweise, welcher Anlage der Vorzug zu geben ist.

In jedem Fall kann aber gesagt werden:

Je kürzer die Amortisationszeit in Jahren, desto geringer ist das Investitionsrisiko.

Hingewiesen werden soll noch auf folgende, zwar diese Rechnung vereinfachende Aspekte, die aber die Aussagefähigkeit einengen:

1. Der Restwert der alten (und auch der neuen) Anlage bleibt unberücksichtigt. Man setzt also den Verkauf der alten Anlage mit den Abbruchkosten gleich.

2. Es fehlt weiter eine Aussage darüber, wie sich der Gewinn nach der Amortisationszeit stellt.

3. Man geht von gleichmäßigen Kosten und Überschüssen pro Jahr aus.

16.2.1 Wirtschaftlichkeitsrechnung für z.B. ein Paternosterlager

I Darstellung Mengengerüst / Zeitbedarf heute bzw. in 5 Jahren konventionelles Lager

Pos.	Ca. Mengengerüst	heute / bzw. in 5 Jahren	Zeit / Zugriff in Min. Ø	3 x 4 ergibt Zeitbedarf in Min. / Jahr
1	2	3	4	
A	Anzahl Zugriffe / Jahr Handregallager		4,0	
B	Anzahl Zugriffe / Jahr Großteile über 15 kg Entnahme mit Flurfördergerät z.B. Hubwagen bei Palettenregal		6,0	
C	Summe Zeitbedarf alt =			

II Ersparnisrechnung in Minuten bei Paternoster- bzw. Schüttelsystem

D	Anzahl Zugriffe / Jahr Kleinteilelager (Paternoster)		1,0	
E	Anzahl Zugriffe / Jahr Großteile (Shuttlesystem)		1,5	
F	Summe Zeitbedarf geplant neu =			

III Ersparnisrechnung Personal

G	Differenz Zeile **C** zu Zeile **F** in Minuten	
H	Zeile **G** x Minutenfaktor von z.B. 0,50 € / Min. = Einsparung in Euro / Jahr	

IV Berechnung der eingesparten Lagerfläche

I	Anzahl m² heute Kleinteile- / Großteilelager	
K	Mietkosten / Lagerflächenkosten pro m² in € / Jahr	
L	Zeile **I** x Zeile **K** = Lagerflächenkosten / Jahr	
M	Mögliche Flächeneinsparung durch optimalere Raumausnutzung ca. + 50 % von Zeile **L** = Summe eingesparte Lagerfläche in €	

V Berechnung Gesamteinsparung in Euro pro Jahr

N	Wert Zeile **H** + Wert Zeile **M** = Einsparung / Jahr in €	

VI Amortisationsrechnung

O	Kosten der Investition in €	
P	Wert Zeile **O** : Wert Zeile **N** = Amortisation in Jahren	

Sonstige, nicht rechenbare Vorteile beim Einsatz von Paternoster- / Shuttle- oder sonstiger automatischer Hochregalsysteme

- Genauigkeit - keine Kommissionsfehler (wenig Fehler)
- weniger Schwund
- permanente Inventur wird erleichtert
- keine unkontrollierten Entnahmen möglich
- Sauberkeit / Ordnung im Lager
- durch einfaches Auffinden der Teile wird der Einsatz von Hilfskräften möglich - weniger Anlernzeit
- attraktivere Arbeitsplätze
- Wechsel des Lagerpersonals problemlos möglich
- einfaches Handling
- Übersichtliche Organisation, höhere Sicherheit für die Lagerverantwortlichen
- First in - First out / Chargenverwaltung ist automatisch sichergestellt
- Geringere Bestände, da Bestände in Fach zu dem Bestand im PPS- / ERP-System stimmen, Sicherheitsdenken heruntergefahren werden kann
- kein Suchen da Ware zum Mann
- Sie werden Ihr Lager mit Stolz herzeigen

> Ein früherer Nachteil, *"Es kann nur eine Person an der Ausgabestation arbeiten"* (keine parallele Arbeit durch mehrere Personen möglich), ist bei so genannten Shuttlesystemen / Verteilerzentren behoben. Je nach System können die Anlagen mit mehreren Ausgabestationen geliefert werden, mit direkter Anbindung an das PPS-System (z.B. Anlagen der Firma Megamat GmbH, D-86476 Neuburg, oder Firma TGW, Wels, Österreich).

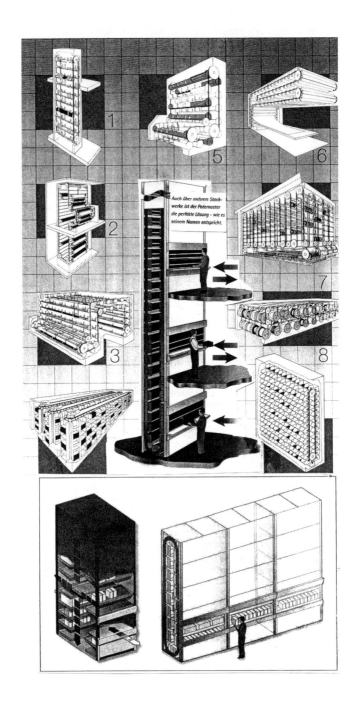

17. Prozesskostenrechnung in der Logistik / Logistik-Kennzahlen

Die Darstellung von prozessorientierten Abläufen, auch Prozesskostenrechnung genannt, kann als neuer Ansatz verstanden werden, die Kostentransparenz in den indirekten Leistungsbereichen zu erhöhen, einen effizienten Ressourcenverbrauch sicherzustellen, Blindleistungen zu vermeiden und mittels Kennzahlen die Kapazitätsauslastung aufzuzeigen, bzw. überflüssige Prozesse, sowie nicht wertschöpfende Tätigkeiten abzubauen, also die Personalauslastung / Personalplanung zu verbessern, oder anders ausgedrückt, überhaupt entsprechende Kennzahlen für qualifizierte Entscheidungen zu besitzen.

Sowohl in Industrie- als auch in Handels- und Dienstleistungsunternehmen wird somit mehr und mehr in prozessorientierten Abläufen gedacht und kalkuliert.

Darstellung der Arbeitsprozesse / Geschäftsvorgänge bei steigender Variantenvielfalt

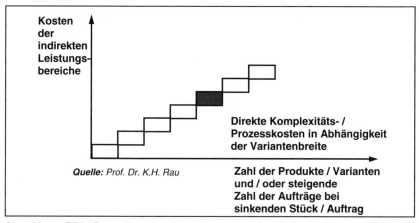

Quelle: Prof. Dr. K.H. Rau

Aus obigem Bild: „Darstellung der Arbeitsprozesse / Geschäftsvorgänge bei steigender Variantenvielfalt", in Verbindung mit nachfolgender Prozesskostendarstellung, was kostet z.B. eine Bestellung, ein Wareneingang, eine Ein- bzw. Auslagerung wird ersichtlich, welche Kosten durch das viele Lesen und neu in die Hände nehmen, entstehen.

Daher ist es wichtig, mittels

⇨ **Ablaufuntersuchungen (wer macht wann, wie, was, zu welchem Zweck), wo entsteht Doppelarbeit etc.**

und

⇨ **Prozesskostenrechnung (wie teuer ist z.B. eine Auftragsabwicklung / ein Wareneingang etc.)**

zu ermitteln, ob die Abläufe, die Tätigkeiten bezüglich des Warenwertes / der Durchlaufzeit noch in einer vertretbaren Relation stehen.

Beispiel: **Kostenentwicklung**

Dargestellt an der Personalkostenentwicklung / Kopf - zu Ø Verkaufspreisentwicklung / Stück

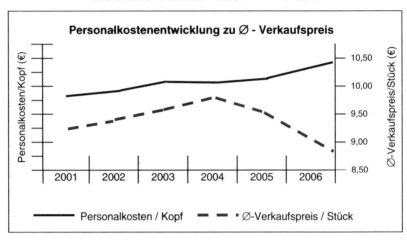

Beispiel: **Aufträge und Losgrößenentwicklung**

Dargestellt an einer einzelnen Warengruppe

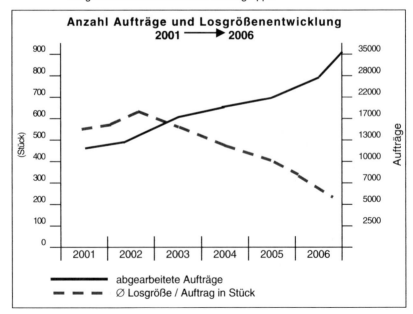

17.1 Prozesskostenanalyse in der Beschaffung

Was kostet ein(e)

Kostenaufstellung für eine durchschnittliche C-Teile-Bestellung:		
Siehe auch Musterberechnung „Einsparung von Geschäftsvorgängen bei Regalserviceverfahren"	Lieferantensuche und Anfragen	€ 51,--
	Auswertung und Bestellung	€ 26,-- bis € 77,--
	Wareneingang	€ 15,--
	Einlagerung	€ 8,--
	Auslagerung	€ 18,--

Kennen Sie die Zahlen:

Auch wenn Sie noch keine detaillierte Rechnung aufgestellt haben, Sie wissen es: Eine Lagerorganisation kostet viel Geld.
Das sind die Zahlen:

In einem nicht organisierten Lagersystem ergibt sich z.B. bei 30 Entnahmen pro Tag ein Zeitverlust von insgesamt ca. 10 Minuten. Bei 200 Arbeitstagen pro Jahr bedeutet das 33,3 Std. á 41,-- €   ca.   1.365,00 €

Kapitalbindung
Kosten durch unnötige Kapitalbindung:
Bei einem geschätzten Mehrbestand von
205,-- € und 10 % Verzinsung   20,50 €

Beschaffung
Die kurzfristige Beschaffung erfordert zehnmal im Jahr ca. 10 Arbeitsstunden á 41,-- € (Einzelhandelspreise und Kleinstmengenzuschläge nicht gerechnet)   410,00 €

Lager
Das Lager muss nicht aufgeräumt werden.
Ca. 12 Lehrlingsstunden á 23,-- € werden gespart   276,00 €

Materialverluste
Weniger Materialverluste im Betrieb und bei der Montage durch stabile Verpackungen. Schätzwert: 77,00 €

Ersparnis pro Jahr mindestens ca.	**2.148,50 €**	Bei Installation eines so genannten Regalservice- / Kanban - Verfahrens

Quelle: Fa. Würth, Künzelsau

Es muss also die Frage gestellt werden:

Machen wir heute, bei einer ständig steigenden Auftragseingangszahl, mit immer kleiner werdenden Losen (treibt die Bestände und die Anzahl Geschäftsvorgänge in allen fertigungsnahen Dienstleistungskostenstellen permanent nach oben), unsere Arbeit noch richtig, oder müssen wir uns einfachere und effektivere Abläufe einfallen lassen, bei gleichzeitig optimaler Nutzung der EDV- / IT- und E-Business-Möglichkeiten ?

Prozesskostenrechnung

Was kostet ein Warenzugang?, eine Entnahme?, eine Bestellung?, etc.

Bitte ermitteln Sie als Beispiel die direkten, also unmittelbaren, als auch mittelbaren Arbeitsvorgänge und Zeiten für alle Tätigkeiten, die die Kosten eines Wareneinganges, einer Entnahme, einer Bestellung, bestimmen, (minimal = einfaches Teil, maximal = aufwendiges Teil), incl. Bezahlung der Rechnung

Vorgang / Prozesse	Zeitaufwand in Min.	
	minimal	maximal
1.		
2.		
3.		
4.		
5.		
6.		
7.		
8.		
9.		
10.		
11.		
12.		
Gesamtzeit in Minuten	0	0
x Ø - Stundensatz, z.B. 35,-- € /h	0,00 €	0,00 €
Ergibt Kosten für diesen Arbeitsprozess / diese Tätigkeit		

Bild 17.1: Verteilung der Logistikkosten

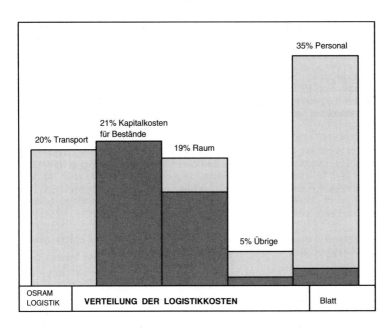

Quelle: „Planen und Steuern der Produktion im Wandel", von Werner Hartwig, Osram, München Handelsblatt GmbH, Kasernenstraße 67, Düsseldorf

Einen Überblick über Aufbau und Einführung eines Kennzahlensystems in der Logistik erhalten Sie:

- Wie gut ist Ihre Logistik
  Richtwerte / Kennzahlen für Produktionsunternehmen
  Verlag TÜV Köln-Rheinland GmbH, Viktoriastraße 24, 51149 Köln

- Logistik-Kostenrechnung
  Verlag: Springer-Verlag, Berlin, Heidelberg,
  New York, London, Paris, Tokyo 1987

17.2 Ziel des Logistik-Controlling / der Prozesskostenrechnung

Ziel des Logistik-Controlling / der Prozesskostenrechnung ist es also, diejenigen logistischen Prozesse im Unternehmen zu ermitteln, die eine optimale Kosten- / Leistungskombination gewährleisten - was kostet ein Geschäftsvorgang, eine Logistiktätigkeit.

Dabei ist zu beachten, dass diese Prozesse aus gesamtbetrieblicher Sicht zu optimieren sind. Deshalb sind Entscheidungen im Rahmen logistischer Prozesse nicht nur im Hinblick auf den Logistikbereich, sondern auch hinsichtlich der anderen betrieblichen Entscheidungsbereiche, wie z.B. Einkauf, Produktion, Absatz, Finanzierung usw. zu betrachten.

Es erfordert somit ein System aufeinander abgestimmter Planungs-, Steuerungs- und Kontrollinstrumente, die eine adäquate Berücksichtigung der vielfältigen Verknüpfungen, sowohl mit dem Beschaffungs-, Produktions- und Absatzbereich, als auch mit den unternehmensübergreifenden Controlling-Bereichen, wie dem Kosten- und Erfolgs-Controlling, dem Investitions-Controlling und dem Finanz-Controlling, gewährleistet (= Prozesskostenrechnung).

Für Planungs- und Kontrollzwecke, sowie für die Integration der Logistikkosten in der Kalkulation, sind diese in fixe und variable Bestandteile zu zerlegen.

17.2.1 Logistik - Kennzahlen

Für die Beurteilung der Wirtschaftlichkeit des Logistikbereiches und der Anpassungsmöglichkeiten an veränderte Beschäftigungslagen, bieten sich folgende Kennzahlen an:

$$\text{Lieferbereitschaftsgrad:} = \frac{\text{Anzahl termingerecht bereitgestellter Bedarfsanforderungen}}{\text{Gesamtzahl der Bedarfsanforderungen}}$$

$$\text{Lagerkennzahl:} = \frac{\text{Lagerumschlag (Stk. / kg)} \times \text{Anzahl bewegter Lagerpositionen (Entnahmebelege und Wareneingangsposition)}}{\text{Summe Anwesenheitszeit des Lagerpersonals im Lager}}$$

$$\text{Personalauslastung:} = \frac{\text{Anzahl Zugriffe / Bewegungen pro Monat} \times \text{Zeit / Zugriff / Bewegung}}{\text{Summe Anwesenheitszeit des Lagerpersonals im Lager}}$$

$$\text{Durchschnittliche Zugriffszeit pro Lagerzugriff / Palette:} = \frac{\text{Anzahl Mitarbeiter im Lager in Minuten / Monat }[1]}{\text{Anzahl Zugriffe pro Monat lt. EDV }[2]}$$

$$\text{Umschlagshäufigkeit / Drehzahl der Bestände }[3]\text{:} = \frac{\text{Verbrauch der letzten 12 Monate}}{\text{Bestand am Stichtag}}$$

[1] ohne Wareneingang
[2] Zugänge und Abgänge Ø pro Monat
[3] Eingeteilt in A / B / C, sowie Fertigware / Baugruppe / Einzelteile / Rohmaterial, getrennt nach Einkaufsteilen und Eigenfertigungsteilen / -komponenten

Durchschnittliche Zugriffszeiten im Lager / empirisch ermittelte Richtwerte mittels Prozesskostenanalyse (nicht nach REFA):

Branche	Lager- / Hilfsmittelart	Ø Zeit / Vorgang [1] bzw. Zugriff [1] in Min. ca. Werte
Industriebetrieb Teilelager	Handbedienungsregal Mann muss zu Ware - zu Fuß mittelgroße Teile: Zeit / Zugriff dito Kleinteile: Zeit / Zugriff	3,0 - 4,5 2,0 - 3,0
	Palettenregal Mann zu Ware - per Stapler Zeit / Palette	2,5 - 4,0
	Automatisches Hochregallager mit mannlosem Regalbediengerät Ware zu Mann Zeit / Entnahme	0,8 - 1,4
	Paternoster-[2] / Shuttlesysteme [2] Ware zu Mann je nach Teilegröße und Gewicht	1,0 - 1,6
Industriebetrieb Versandlager	Palettenlager in Reihenstapelung Mann zu Palette per Stapler Zeit / Palette	1,5 - 1,8

[1] Zeit / Zugriff pro Vorgang beinhaltet alle Tätigkeiten von Auftragserhalt, Weg zu Ware, entnehmen, ggf. abzählen, zurück an Ausgangspunkt, Entnahmebuchung durchführen als Einzel- oder Sammelvorgang

[2] Nachteil: Nur eine Person kann jeweils am System arbeiten

Bild 17.2: Logistik - Kennzahlen

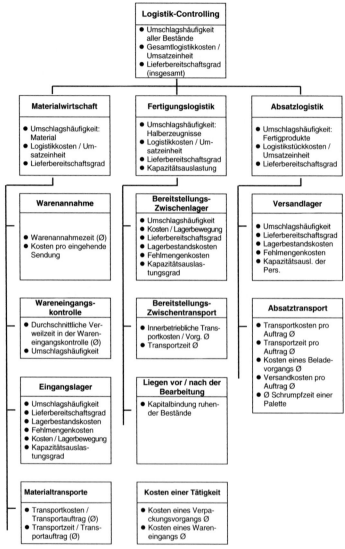

Quelle: Zeitschrift: Fortschrittliche Betriebsführung und Industrial-Engineering, REFA-Darmstadt, Verfasser: Monika Palloks und Thomas Reichmann

Diese Material-, Fertigungs- und Absatzlogistik-Kennzahlen lassen sich je nach Bedarf weiter ausbauen und zu einem Logistik-Kennzahlensystem zusammenfassen. Es dient als Führungs- und Schwachstellenkennzahlensystem. Mit ihm können ansonsten verborgene Logistikkosten sichtbar gemacht werden, Prozesskostenrechnung.

Verbesserung der Transparenz in Kosten - Leistung - Qualität durch Einsatz aussagekräftiger und ergebnisorientierter Leistungskennzahlen

A	Kennzahlen im Auftrags- / Logistikzentrum		
Pos.	**Bezeichnung**	**Formel**	**Ziel**
1	Anzahl Neukunden	Statistik je Stichtag	↗
2	Umsatz / Deckungsbeitrag pro Monat	Statistik je Stichtag	↗
3	∅ Zeit von Auftragseingang bis Lieferung in AT	Statistik je Stichtag	↘
4	Anzahl erfasste Aufträge / -Position je Anwesenheitsstunde	Summe Anzahl Aufträge / Position je Zeiteinheit / Summe Anwesenheitszeit je ZE	↘
5	Höhe der Versandkosten je Zeitraum, absolut und je Rechnung	Versandkosten / Zeiteinheit / Anzahl Rechnungen / ZE	↘
6	Reklamationen / Monat	Anzahl Reklamationen / Mo. x 100 / Anzahl Bestellungen / Mo.	↘
7	Anzahl Lieferanten	Statistik je Stichtag	↘
8	Anzahl Bestellungen bei Lieferanten	Statistik je Stichtag	↘
9	Anzahl Abrufe bei Lieferanten	Statistik je Stichtag	↗
10	Anzahl Lieferanten die für uns Vorräte halten	Statistik je Stichtag	↗
11	Anzahl Lieferanten die uns mit KANBAN beliefern	Statistik je Stichtag	↗
12	Kosten / Bestellung pro Lieferant	Summe Kosten / Zeiteinheit / Anzahl Lieferanten/Bestellungen/ZE	↘
13	Anzahl Lieferreklamationen, absolut und je Lieferung	Lieferreklamationen / ZE / Anzahl Lieferungen / ZE	↘
14	Anzahl Fehlteile je KANBAN - Lieferung	Anzahl Fehlteile / Zeiteinheit / Anzahl KANBAN - Lieferungen / ZE	↘

B Kennzahlen im Produktions- / Lagerbereich

Pos.	Bezeichnung	Formel	Ziel	
1	Produktivität des Betriebes	Anzahl verkaufter Stunden lt. Rechnungsausgang x 100 / Bezahlte Anwesenheitsstunden der Fertigung	Produktivität in % je Stichtag	↗
2	Anzahl gleichzeitig in der Fertigung befindliche Betriebsaufträge / Arbeitsgänge	Statistik Anzahl je Stichtag	Anzahl (Stück) je Stichtag	↘
3	Durchschnittlicher Umlaufbestand in der Fertigung (Working-Capital)	Statistik Wert je Stichtag	Wert (€) je Stichtag	↘
4	Lagerbestand in Euro je Lager- und Teileart	Statistik Wert je Stichtag	Wert (€) je Stichtag	↘
5	Lagerdrehzahl nach Lager- und Teileart	Verbrauch der letzten 12 Monate / Bestand am Stichtag	Drehzahl = Umschlagshäufigkeit pro Jahr	↗
6	Termintreue / Servicegrad	Anzahl termintreu gelieferter Aufträge x 100 / ges. Anzahl gel. Aufträge	Faktor in % je Stichtag	↗
7	Höhe der jährlichen Verschrottungskosten / Abwertungskosten	Statistik Wert je Stichtag	Wert (€) je Stichtag	↘
8	Anzahl Zugriffe, absolut und je Zeiteinheit	Summe Anwesenheitszeit im Lager / ZE / Anzahl Zugriffe / ZE	Zeit / Zugriff	↘
9	Anzahl Materialbewegungen (Aufnehmen / Ablegen / Heben / Senken)	Anzahl einzelner Arbeitsgänge x 2 x Anzahl Teile / Pakete x Anzahl Betriebsaufträge die so bewegt werden	Anzahl Bewegungen je Zeitraum	↘
10	Transportmeter von Wareneingang bis Versand	Gemessene Laufmeter x Anzahl Vorgänge	Laufmeter je Zeitraum	↘
11	Verhältnis Fertigungszeit zu Durchlaufzeit	Durchlaufzeit in Tagen eines Betriebsauftrages / Summe der Fertigungszeit dieses Betriebsauftrages	Durchlaufzeitenfaktor	↘
12	Anzahl Schnittstellen	Zählen	Anzahl in Stück je Rechnung / Auftrag	↘
13	Durchschnittliche Durchlaufzeit in Arbeitstagen	Σ Durchlaufzeit in Tagen aller Aufträge von Datum Auftragseingang bis Lieferung / Anzahl gelieferte Aufträge	Anzahl (AT) je Stichtag	↘
14	Durchschnittliche Lieferzeit in Tagen	Statistik Zahl je Stichtag	Anzahl (AT) je Stichtag	↘
15	Rückstände in Anzahl und Alter der Rückstände in Tagen	Tabelle / Statistik Anzahl + Alter Rückstände / Auftrag 1 Tag / 2 Tage / 3 Tage / 4 Tage / 5 älter Tg. 10 / 4 / 8 / 15 / 20 / 40	Anzahl in Stück und Tagen je Stichtag	↘
16	Ausschuss- / Reklamationshöhe in € pro Monat	Basis Statistik Fehlerberichte intern, plus Rücklieferungen von Kunden, entsteht über QL-Audit	Wert in € je Stichtag	↘

Folgende Lagerkennzahlen sollten Sie wissen, pflegen und positiv weiterentwickeln:

Kennzahl		Fortschreibung / Zeiteinheit, z.B. pro Jahr		
		2006	2007	2008
Anzahl Stellplätze				
Anzahl verschiedene Lagerorte				
Anzahl Teilenummern (Artikel) zu lagern				
Anzahl Mitarbeiter	Lager			
	Wareneingang			
	Versand			
Anzahl Fehltage Mitarbeiter				
Durchschnittliche Durchlaufzeit / Bereitstellzeit eines Auftrages in Arbeitstagen im Lager				
Genauigkeit des Lagerbestandes in %				
Anzahl Fehlteile ⌀ pro Woche				
Anzahl Zugriffe / Monat	Zugänge			
	Abgänge			
	Insgesamt			
Durchschnittliche Zugriffszeit in Minuten	Lager			
	Wareneingang			
	Versand			
Durchschnittliche Kosten eines Zugriffs in Euro in Teilelager				
Durchschnittliche Verweilzeit eines Wareneinganges im Wareneingang in Tagen				
Durchschnittliche Kosten eines Wareneinganges in Euro				
Durchschnittliche Zeit eines Versand- / Verpackungsvorganges in Minuten				
Durchschnittliche Kosten eines Versand- / Verpackungsvorganges in Euro				
Umschlagshäufigkeit der Teile in Lager nach Teileart (Drehzahl)	Halbzeug			
	Kaufteile			
	Fertigungsteile			
	Handelsware			
	Fertigware			
Durchschnittlicher Lagerbestand in Euro pro Stichtag				
Anzahl Reklamationen				
Durchschnittszeit eines Transportvorganges Teilelager → Fertigung				
Durchschnittliche Kosten eines Transportvorganges Teilelager → Fertigung				
Durchschnittliche Kosten eines Beladevorgangs				
Anzahl Null-Dreher im Lager (Bodensatz)				

A	Entwicklung Lagerbestand und Warenumlauf = Working Capital Erhebung an einem Stichtag								B	Gleiche Tabelle / Fortschreibung mit Entwicklung Lagerdrehzahl Ø - Verbrauch / Jahr Bestand am Stichtag		
	Lagerbestand nach Teileart											
Jahr	Fertigware		Teile / Komponenten		Rohmaterial		Umlauf-kapital im Be-trieb	Gesamt Working-Capital	Gesamt-umsatz	% Anteil Working-Capital zu Um-satz
	Han-dels-ware €	Eigen-ferti-gung €	Kauf-teile €	Ferti-gungs-teile €	Guss €	Stan-genma-terial €	€	€	€	
1	2	3	4	5	6	7	8	9 = Summe 2 - 8	10	9 : 10 x 100 = 11
2004/1. Qu.										
2004/2. Qu.										
2004/3. Qu.										
2004/4. Qu.										
2005/1. Qu.										
2005/2. Qu.										
2005/3. Qu.										
2005/4. Qu.										

Wobei die Ermittlung von Vorgängen sowie deren Darstellungen in Häufigkeiten (Mengen) und Zeiten nur der erste Schritt ist. Es müssen auch Managemententscheidungen getroffen werden, bei denen es am qualifiziertesten ist, wenn die Mitarbeiter selbst durch ihre Meinungsbildung mithelfen, dass richtige Entscheidungen getroffen werden, die auch von allen getragen werden.

1. **Nutzung von Prozesskosteninformationen zum Gemeinkostenmanagement / für zukünftige Steuerungsmodelle**
   - Aufdeckung von Einsparungspotenzial
   - Basis für langfristig wirksame Kostensenkungsmaßnahmen
     - Verminderung gemeinkostentreibender Faktoren
     - Kostensenkung oder Leerkosten?

2. **Vorgehensweise**
   - Festlegung von Cost-Driver des Analysebereiches
   - Ermittlung der Einflussgrößen / Bezugsgrößen
   - Ermittlung der Arbeits- / Tätigkeitsfolgen / des Zeitbedarfes
   - Ermittlung von Kostensätzen
   - Ermittlung der Kosten über die gesamte Prozessfolge

3. **Erkenntnisse**
   - Transparenz der Kostenelemente
   - Prozesskosten als Maß- und Steuerungsgröße für Entscheidungen
   - Einbeziehen der Prozessverantwortlichen, was kann geändert werden

4. **Prozesskostenrechnung und Managemententscheidungen**
   - Umdenkungsprozess / Maßnahmen
   - Rechnung ersetzt nicht notwendige Entscheidungen!

Sowie Einbindung der Logistikkosten in die Kalkulation und Preisfestlegung von Produkten. Siehe nachfolgendes Beispiel eines entsprechend eingerichteten Kalkulationsschemas mit der **Kalkulationsposition B** Prozesskosten für Materialbeschaffung / -lagerung und Bereitstellung

ODER

Als Verrechnungsgrundlage für eigenständige Logistikzentren, die die komplette Logistik für Unternehmen übernehmen, Lagern, Bereitstellen etc.

Schema: Kalkulation und Preisfestlegung für Industrie und Dienstleister mit Berücksichtigung von Vorgangskosten in den Dienstleistungsbereichen, z.B. Pos. B, D, E, G, M

Kalkulation und Preisfestlegung			
Pos.	Kalkulationsposition	Vollkosten	Grenzkosten
A	Materialkostenkalkulation (Menge x Preis)		
B	**Kalkulation der Kosten für Beschaffung, Lagerung und Bereitstellung von Material (Stüli - Positionen x Vorgangskosten)**		
C	Materialkosten ges. = A + B = C		
D	**Kalkulation der Kosten für betriebliche Auftragsabwicklung (Festwert / Auftrag)**		
E	**Kalkulation der Rüstkosten (Zeit x Std.-Satz) oder Zeit x Lohn plus Zuschlag in % für Fertigungsgemeinkosten**		
F	Kalkulation der Fertigungskosten (Zeit x Std-Satz) oder Zeit x Lohn plus Zuschlag in % für Fertigungsgemeinkosten		
G	**Kalkulation der Vorgangskosten für Konstruktion / QL-Wesen für Änderungen, Varianten Festwert x Anzahl Varianten / Neuteile**		
H	Fertigungskosten ges. = D + E + F + G = H		
I	Kalkulation der Herstellkosten = H + C = I		
K	Kalkulation der Sondereinzelkosten der Fertigung wie z.B. Modelle, Werkzeuge etc.		
L	Kalkulation der Verwaltungskosten als %-Zuschlag auf Pos. H oder I		
M	**Kalkulation der Vertriebskosten (Festwert / Auftrag)**		
N	Kalkulation der Sondereinzelkosten des Vertriebes z.B. Verpackung etc.		
O	Kalkulation der Selbstkosten = I + K + L + M + N = O		
P	Kalkulation von Gewinn und Risiko in % auf Pos. O		
Q	Kalkulation von Erlösschmälerungen, wie z.B. Skonto, Provision, Rabatte etc.		
R	Kalkulation des kalkulatorischen Preises = O + P + Q = R		
S	Festlegung des Angebotspreises gemäß Pos. R (Vollkosten- / Grenzkostenergebnis) sowie nach		

	Punkte				Angebotspreis
Auftragsgröße	1	5	8	10	
Auslastungssituation	1	5	8	10	
Lukrativitätsfaktor	1	5	8	10	
Fertigungsrisiko	1	5	8	10	
Folgegeschäft	1	5	8	10	

18. Methoden zur Reduzierung des Arbeitsaufwandes / der Belastung im Lager

Technische Maßnahmen verschiedenster Art können Abläufe erleichtern und den Zeitbedarf für Logistikvorgänge verkürzen.

Eine Erfassung der Wegstrecken, der durchschnittlichen Anzahl Zugriffe / Palettenbewegungen pro Zeiteinheit der mit Transport- und Lagerarbeit beschäftigten Mitarbeiter gibt Auskunft darüber, ob und welche Reserven vorhanden sind.

18.1 Allgemeine Hinweise für eine rationelle, innerbetriebliche Transport- / Bereitstellorganisation:

1. Einlagermenge = Auslagermenge, kein Umlagern / kein Abzählen

2. Durch Produkt- / Warenkenntnis können gleichzeitig mehrere Aufträge gemeinsam gesammelt werden (aber getrennt ablegen, siehe Pkt. 11)

3. Durch die Einrichtung von Kanban - Lagern in der Produktion (dezentralisierte Lagerung) wird Ein- und Auslagerung im Hauptlager, sowie abzählen eingespart, da nur feste Mengen / KANBAN - Mengen weitergegeben werden

4. Schnelldreher sollten extrem günstig zum Hauptfahrweg und zum kürzesten Weg liegen (A / B / C - Analyse). Die Lagerbelegung sollte sich nach der aufzuwendenden Lagerarbeit und weniger nach Warengruppen und Artikeln orientieren, also z.B. linkes Teil liegt in Fach neben rechtem Teil o.ä.

5. Durch Ausgabe von festen Mengen kann die Entnahmehäufigkeit und damit der Transportaufwand verringert werden, Lagereinheit = Transporteinheit

6. Nicht tragen, was man fahren kann / tragen, wo man zu Fuß schneller ist

7. Leichte und kleine Lasten am Sammelweg zuerst aufnehmen; große und schwere Lasten erst kurz vor Schluss aufnehmen!

8. Trennung von Einlager- und Kommissioniergängen

9. Reserven so anordnen, dass sie Lagerwege nicht verlängern

10. Einsatz von Paternosterregalen - durchschnittliche Zugriffszeit im Regelfalle ≤ 1 Minute

11. Reduzierung von Wegen durch mehrstufige Kommissionierung - 1 Wagen = 1 Auftrag mit allen Teilen / Baugruppen, evtl. in verschiedene Ebenen aufgeteilt

12. Einsatz von Barcode vermindert Buchungsfehler und das Verbuchen erfolgt zeitnah und automatisiert

18.2 Methoden zur Rationalisierung des Lagerwesens

0 Einführung Barcode-Systeme, Datenfunk, automatisches Verbuchen, Wegeoptimierung etc.

1 Bestimmen von Losgrößen nach Formeln, Reichweiten, Lagerplatzgrößen, Kistengrößen etc., Festlegen von Bestandsobergrenzen und Wiederbestellpunkten

2 Einführen eines **Gesamtoptimas** (Das Denken in Wellen), Einzeloptima gilt nur noch für C-Teile

3 Einführen einer Restmengenmeldung, Erhöhung der Bestandssicherheit auf 95 % (Kontenstand in EDV entspricht Bestand in Kiste). Dadurch kann Jahresinventur entfallen, nur noch Stichprobeninventur am Jahresende notwendig

4 Ordnung, Sauberkeit im Lager herstellen
Wer ist für was zuständig, das Patendenken einführen, z.b. nach Regalen oder Artikelnummern

5 Untersuchung von Einzelkriterien nach Einflussgrößen und entsprechend handeln
- Kosten von Lagerzugängen / Lagerentnahmen
- Statistiken anlegen nach dem 20% - 80%-Prinzip
 (die 20 % der Teile, die 80 % der Lagerbewegungen ausmachen, müssen in schnellem Zugriff sein)
- Bilden von ABC-Lagerzonen, Pflege dieser Lagerstruktur

6 Einrichten von geschlossenen Lägern, möglichst mit I-Punkt-Systematik. Schaffen von eindeutigen Verantwortlichkeiten in Wareneingang, Lager und innerbetrieblichem Transport

7 Systemfindung zur Lager- und Ausgabetechnik, z.B. in Form von
- Verpackungseinheiten → Einlagermenge = Auslagermenge
- Beim Wareneingang portionieren der Waren in Verpackungs- oder Entnahmeeinheiten (oder Umpacken bei geeigneten Institutionen, wie z.B. Heime aller Art)

8 ABC- und 1- / 2- / 3-Analysen
- ABC-Analyse = Festlegung der Teileart nach Wert und Wiederbeschaffungszeiten und einrichten von C-Teile-Läger, oder nach dem so genanntem Bauhaus-System
- 1- / 2- / 3-Analyse = Festlegung der Teileart nach Wiederholteil, Sonderteil mit Wiederholcharakter, reine Sonderteile

9 Einführen einer permanenten Inventur (wenn Stichprobeninventur scheitert)

10 Einführung eines Kanban - Bereitstellsystems nach dem 2-Kisten-Prinzip
Abschaffen der auftragsbezogenen Bereitstellung von zumindest C- und B- und eventuell A-Teilen

11 Einführung von Sammelentnahme-Stücklisten / sortenrein bereitstellen, bzw. Mehrfachkommissionen mittels mehrstufigen Wägen

12 Einführen eines Quittiersystems zur Selbstkontrolle (Qualität kann nur produziert nicht kontrolliert werden)

13 Einführung von Verhaltensregeln bei z.b., wie muss ich mich bei Mengenabweichungen verhalten

14 Multimomentaufnahmen[1)] als Rationalisierungsinstrument und zur Aufdeckung von Schwachstellen

MMH-Studien[1)] sind in erster Linie durch ihre Einsatzmöglichkeit bei Verteilzeitstudien bekannt. In der Materialwirtschaft, im Lagerwesen, kann man sie beispielsweise verwenden für:

- Personaleinsatzanalysen
- Durchlaufzeit-Studien
- Analysen zur Betriebsmittelnutzung
- Lagerfach-Auslastungsübersichten
- Ermittlung der Funktionsfähigkeit von ABC-Lagerzonen
- Schwerpunktermittlung für weitere Untersuchungen nach Einzelkriterien / -abläufen

15 Wertanalysen / Prozesskostenermittlung

Die Wertanalyse ist eine allgemeingültige Rationalisierungsmethode, die voraussetzt:

- Teamarbeit
- Systematisches Vorgehen
- prozessorientiert denken

} KVP - Prozesse, z.B. linkes Teil liegt neben rechtem Teil

Wertanalysen gibt es mit verschiedenen Zielrichtungen im Lager:

- Gemeinkosten-Wertanalyse
- Prozesskosten-Wertanalyse

} nicht schneller - sondern anders

16 Führen von Schwachstellendiagnoselisten, die als reine Checklisten über gewisse Zeiträume geführt werden (was könnte besser gemacht werden?), oder Verwenden von entsprechenden VDI-Richtlinien

17 Einführung von KVP-System im Lager- / Logistikbereich / Führen nach Kennzahlen und Zielen

18 Einführung von ziel- und ertragsorientierten Prämienlohnsystemen im Lager / Logistikbereich

19 Bessere Technik, also Ware zur Person, wie z.B. Shuttle- / Paternostersysteme, automatisierte Lager etc.

[1)] Eventuell auch Langzeit-Videoaufnahmen

18.3 Revision im Lager

**Verschwendung und Problematik finden /
Verbesserungsbereiche und -ziele definieren**

Die zu verbessernden Bereiche, Prozesse, Arbeitsgänge, Aktivitäten u.a. sind zunächst eindeutig zu bestimmen. Danach sind die erwarteten Zielgrößen vorzugeben und zu quantifizieren: Qualität, Fehlerarten, Produktivität, Abläufe u.a. Desgleichen sind die Ausgangsdaten zu ermitteln. Offenkundige Schwachstellen sind aus der Kenntnis des Tagesgeschäftes bzw. der Fachkompetenz des Teams ebenfalls anzugeben. Sämtliche gewonnenen Informationen sind mittels Kartentechnik darzustellen.

Danach werden die Zielgrößen / möglichen Verbesserungen in einer Aktivitätenliste eingetragen um sie betriebs-wirtschaftlich bewerten zu können.

- a) für Wirtschaftlichkeitsberechnungen der geplanten Maßnahmen
- b) um Zielvorgaben mit erreichten Veränderungen darstellen zu können.

Wobei zur Ermittlung von Verschwendung bzw. von Schwachstellen, sowohl herkömmliche Systeme, wie z.B.

- ➤ Durchführen von MMH - Studie
- ➤ Auswertungen aus BDE- / MDE - Daten
- ➤ Untersuchen der Abläufe mittels Videokamera

in Ansatz kommen können, oder die Lagermitarbeiter definieren, ermitteln die Verbesserungsbereiche selbst, mittels KVP - Prozesse und z.B. Schwachstellendiagnoselisten.

Nachfolgend ein Auszug aus einer Multimoment-Häufigkeitsstudie in einem Teilelager, mit Ziel, Ermittlung der Anteile:

- • wertschöpfende Tätigkeiten im Lager   = Haupttätigkeit
- • nicht wertschöpfende Tätigkeiten im Lager   = Nebentätigkeiten

sowie daraus, wie können die Anteile Nebentätigkeiten (sind Arbeiten die eigentlich nicht ins Lager gehören, dort aber z.Zt. gemacht werden müssen) in ihren %-Anteilen minimiert werden, wie z.B.:

- ➤ Umfüllen / Umpacken   = 5 % der Gesamtzeit
- ➤ Beschriften   = 7 % der Gesamtzeit
- ➤ etc.

mittels Brainstorming und Aktivitätenlisten / Maßnahmeplan.

MULTIMOMENT - HÄUFIGKEITSSTUDIE IM LAGERBEREICH ALS PROBLEMANALYSE

Tätigkeitsarten im Lager	Uhrzeiten lt. Zufallsgenerator			Gesamt Striche	Tätigkeiten in %
	Hr. Müller 8.05 / 9.28	Hr. Maier 8.05 / 9.28	Hr. xxxx 8.05 / 9.28		
Einlagern	| |	|	| |	100	8 %
Auslagern		| |	|	200	16 %
Telefonieren		|		51	4 %
Auspacken	|	|		52	4 %
Umfüllen / -packen		|		68	5 %
Belege ausfüllen	|		|	87	7 %
Beschriften		|		85	7 %
Sauber machen				28	2 %
EDV - Arbeit		|	|	70	6 %
Transportieren					
" mit Stapler beladen			|	80	6 %
" mit Stapler leer				62	5 %
" mit Hubwagen beladen				108	9 %
" mit Hubwagen leer				110	9 %
" zu Fuß beladen				59	5 %
" zu Fuß leer				42	3 %
nicht auffindbar				30	2 %
verlesen				28	2 %
Gesamtanzahl Striche				1.260	= 100 %

Für eine Aussagewahrscheinlichkeit von 95 %
und einer Genauigkeit von ca. 1 - 2 % der Studie,
reichen ca. 1.200 - 1.300 Beobachtungen,
für Schnellanalysen ca. 800 Beobachtungen

Fragen / Erkenntnisse die sich auf diesem Spiegelbild ergeben, müssen jetzt im Team gelöst werden müssen = Ergibt Projektschritte z.B. warum müssen 7 % der Zeit Belege ausgefüllt werden, 7 % der Zeit Beschriftungen vorgenommen werden, etc., siehe nachfolgende Darstellung „Hilfsmittel zur Aufgabenerfüllung".

Hilfsmittel zur Aufgabenerfüllung

Das Zusammenspiel der Hilfsmittel

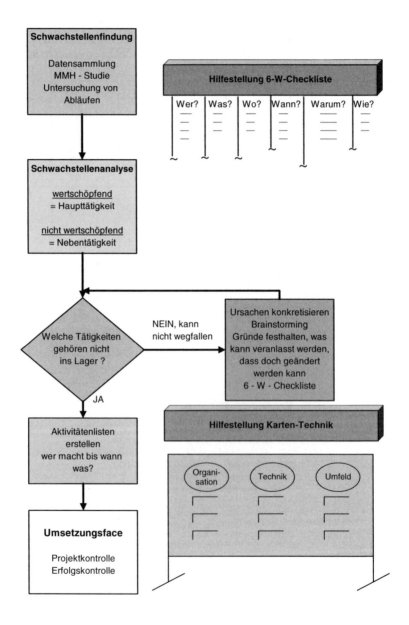

Maßnahmeplan

Projekt: **Bereich:** **Datum:** **Fa.**

Pos.	Maßnahme / Thema	Wer?	Bis wann?	Zu berichten an?	Erledigungsvermerk

Abstellmaßnahmen entwickeln und durchsetzen

Parallel aus dem Sachverstand und den Fähigkeiten, bzw. Kenntnissen der Teammitglieder gemachten Vorschlägen, läuft gleichzeitig die Identifikationsphase ab und erleichtert die Abstellmaßnahmen.

Für jede Maßnahme, die umzusetzen ist, wird eine dafür verantwortliche Person aus dem Team bestimmt. Gleichzeitig wird der Endtermin der Erledigung festgelegt. Sämtliche Informationen von Bedeutung sind dann in den Maßnahmeplan einzutragen. Die finanziellen bzw. wirtschaftlichen Auswirkungen der einzelnen Veränderungsmaßnahmen sind vorab abzuschätzen, um die erreichbaren Einsparungen zu kennen und um Prioritäten zu setzen.

Schema - Maßnahmeplan zur Umsetzung / Realisierung der als wirtschaftlich betrachteten Vorschläge des Teams, nach Prioritäten geordnet.

Maßnahmeplan:	Bedeutung (4)	Artikel / Teil: _____	Abteilung:	Tag:
		Arbeitsplatz: _____	Name:	Blatt:
			Aktuelle Tätigkeit:	

Nr.	Einzelmaßnahmen	Verantwortlich	Termin KW: 1	2	3	4	5	6	7	8	9
1	Abstell- und Transportflächen kennzeichnen	Maier			→						
2	Info + Org.-Anweisungen für Transport geben	Weber			→						
3	Vorproduktion von Baugruppen einstellen	Werner						→			
4	Regale für Ersatzteile beschaffen	Hofer					→				
5	Stapler generalüberholen	Müller									
6	Behälterinventur durchführen	Dörfer								→	

Datum / Bearbeiter:	Datei:	Zu berichten an:	Seite:	Von:

19. Bestandsverantwortung und Führen nach Zielvorgaben

Eine konsequente Weiterentwicklung des Lean - Gedankens / der KVP - Prozesse bzw. des Denkens in Tätigkeiten und Geschäftsprozessen ist, dass in den jeweiligen Arbeitsbereichen / Abteilungen bei den einzelnen Mitarbeitern / Führungskräften / Dienstleistern etc. ein beträchtliches Detailwissen vorhanden ist, das mittels Führen nach Zielvorgaben (Organisation von unten, also durch die Mitarbeiter selbst) genutzt werden kann.

Es gibt nichts, was man nicht verbessern kann!

Es sollten, für eine optimale Wirkungsweise / Zielerfüllungsgrad, Kennzahlen / Einflussgrößen gewählt werden, mit denen sich die Mitarbeiter identifizieren können, wie z.B.:

- Kosten für Geschäftsvorgänge / Arbeitsprozesse
- Produktivitätskennziffern / verkaufte Stunden
- Qualitätsmerkmale / Reklamationsquoten
- Terminkennziffern / Umsatzsteigerung
- Bestandssenkung
- Kostenreduzierung
- erwirtschaftete Wertschöpfung
- Zielerreichungsgrad gemäß festgelegter Ziele etc.
- Erfolgsquoten
- Durchlaufzeiten

Nachfolgend sollen beispielhafte Kennzahlen für das Führen nach Zielvorgaben, für einzelne Abteilungen / Bereiche dargestellt werden:

A) Kennzahlen im Auftrags- / Logistikzentrum

Die Vertriebsleitung führt die einzelnen Absatzbereiche nach Kennzahlen, z.B.

- Anzahl Neukunden
- Umsatzziel / Monat (DB / Monat)
- Auftragseingang / Monat
- abgegebene Angebote in € und Anzahl / Mo.
- Erfolgsquote Angebote zu Auftragseingang
- Durchlaufzeit Auftragseingang, Datum zu Datum, erfassen im System
- Durchschnittliche Zeit von Auftragseingang bis Lieferung an Kunde „Lagerware"
- Erfasste Aufträge (Anzahl) und erfasste Positionen (Anzahl) zu Anwesenheitsstunden des Auftragsbearbeitungsteams
- Höhe der Versandkosten insgesamt (Spediteure / Post / DPD / eigener Fuhrpark)

- In Verbindung mit dem jeweils zugehörigen Auftragsabwicklungszentrum, Wertschöpfung / Std. oder Tag
- Fehlerpunktetabelle nach Reklamationsstatistik, z.B.
  - gesamt gelieferte Anzahl Positionen zu reklamierte Positionen
  - Reklamationsstatistik
    siehe nachfolgende Musterdarstellung, wobei eine bestimmte Anzahl Positionen reklamiert, gewichtet nach Fehlerart, eine bestimmte Punktzahl ergibt, die monatlich addiert wird.

Beispiel:

Reklamationsstatistik: Gesamtreklamationen / Vertriebsbereich xx

Zeit-raum	Anzahl Positionen	Richtig gelieferte Positionen		Gesamt - Reklamationen		Anteil Kunde		Anteil Firma	
		Anz.	%	Anz.	%	Anz.	%	Anz.	%
Wo. 27	19852	19694	99,20%	158	0,80%	63	0,32%	96	0,48%
Wo. 28	18963	18855	99,43%	108	0,57%	47	0,25%	61	0,32%
Wo. 29	16814	16717	99,42%	96	0,57%	39	0,23%	57	0,34%
Wo. 30	14776	14695	99,45%	81	0,55%	35	0,24%	46	0,31%
Wo. 31	15620	15533	99,44%	87	0,56%	35	0,22%	52	0,33%
Wo. 32	17087	16983	99,39%	104	0,61%	40	0,23%	64	0,37%

Reklamationsstatistik: Analyse nach Fehlergründen / Vertriebsbereich xx

Fehlergründe	KZ	Kunde		AV 604		Vers. 605		Verk./Technik		Summe	
		Lfd. mo.	Kum. / J.	Lfd. mo.	Kum. / J.	Lfd. mo.	Kum. / J.	Lfd. mo.	Kum. / J.	Lfd. mo.	Kum. / J.
Falsch / fehlerhft. Artikel	0	35	373	1	70	14	125	1	21	51	589
zu viel / zu wenig geliefert	1			2	49	18	159	5	32	25	240
Falscher Preis / Rabatt	2			1	55	0	0	0	37	1	92
Falscher Kunde	3			0	34	0	2	0	2	0	38
Sendg. nicht angkommen	4								0	0	0
Falsche Versandart	6				2				0	0	2
Bestelldaten falsch	8			0	6	0	0	0	0	0	6
Falscher Termin	9				1			0	1	0	2
Summe		35	373	4	217	32	286	6	93	77	969

Die erreichten Ergebniszahlen werden an so genannten KVP - Tafeln visualisiert

B) Einkaufs- / Dispositionskennzahlen

Die Logistikleitung führt die einzelnen Verantwortungsbereiche nach z.b.:

- Bestandslistenveränderung in € je Disponent
- Fehlteile je Disponent
- Drehzahl / Warenumschlag je Disponent, z.b. 6 x / Jahr
- Anzahl termintreu gelieferter Aufträge - zu gesamt gelieferte Aufträge je Disponent = Termintreue je Disponent
- Bestandssicherheit, bezogen auf die Verfügbarkeit des körperlichen Bestandes je Disponent
- Bestellen von Bedarfen in gleichen Wellen und Mengen pro Produkt bzw. Produktgruppe
- Wöchentlicher Einkauf in € zu Umsatz von Vertrieb, oder in Prozent
- Wertschöpfung des jeweiligen AZ mit dem dazugehörigen Montagebereich
- Aufträge müssen innerhalb eines Tages in der Fertigung sein
- Standardprodukte / -varianten müssen innerhalb von 5 Tagen beim Versand sein
- Anzahl Teillieferungen zu Gesamtzahl gelieferter Auftragspositionen
- ∅ - Durchlaufzeit der Aufträge von Dispo - Lauf bis Lieferung des Auftrages

Vorgabe von Zielen für Einkauf

- die Anzahl Lieferanten jährlich zu reduzieren
- die Anzahl Einzelbestellungen zu reduzieren
- die Anzahl Abrufe zu erhöhen
- die Anzahl Lieferanten die Vorräte halten, jährlich zu erhöhen
- das Bauhausverfahren jährlich auszuweiten
- Lieferanten bei denen unsere Firma nur C- oder D-Kunde ist, völlig auszuscheiden (optimale QL und Termintreue ist ausschlaggebend)
- eine 100 % - Versorgung bei optimaler Umschlagshäufigkeit zu erreichen
- einen jährlichen Einkaufserfolg von X € erzielen (Einkaufserfolg zu theoretischem Warenkorb)
- Komponenten einkaufen
- Kosten pro Bestellung / pro Lieferant zu reduzieren
- Senken der durchschnittlichen Lieferzeit in Tagen

C) Kennzahlen Wareneingang / Versand

∅ DLZ der Ware im Wareneingang / Warenausgang

∅ Anzahl kontrollierte WE zu gesamter Anzahl WE

∅ Zeitaufwand pro Wareneingangskontrolle

∅ Kosten eines Wareneingangs / Warenausgangs / einer Kommissioniertätigkeit

∅ Anzahl Lieferanten mit Freipässen

∅ Anzahl kommissionierte Aufträge / Arbeitsstunde

∅ Anzahl kommissionierte Auftragszeilen / Arbeitsstunde

∅ Versandkosten eines Auftrages

∅ Fehlerquoten / Reklamationsstatistik z.B.
- gesamt gelieferte Anzahl Positionen zu reklamierte Positionen
- Reklamationsstatistik
siehe zuvor beschriebene Musterdarstellung, wobei eine bestimmte Anzahl Positionen reklamiert, gewichtet nach Fehlerart, eine bestimmte Punktzahl ergibt, die monatlich addiert wird.

D) Kennzahlen im Lager

∅ Zugriffszeit in Minuten je Vorgang

∅ Lagerumschlagshäufigkeit je Teil (Drehzahl)

∅ Lagerumschlagshäufigkeit in € (Umschlagshäufigkeit des Vorratsvermögens)

∅ Anzahl kommissionierte Aufträge pro Zeiteinheit

∅ Kosten eines Zugriffs

∅ Anzahl Fehlteile in der Fertigung

∅ Lagerverweildauer / Reichweite in Tagen

∅ Lagerbestand in Stück und €

sowie weitere Kennzahlen siehe Punkt A) bis C), die zweckmäßig und sinnvoll für ein Kennzahlensystem im Lager sind.

20. Prämienentlohnung im Lager- / Logistikbereich zur Steigerung der Produktivität / Bonussysteme

Auch im Lager- / Logistikbereich besteht die Notwendigkeit, Wege zur besseren Arbeitsproduktivität zu finden. Hier bietet sich die Prämienentlohnungs- / Bonussysteme aufgrund der universellen Anwendungsmöglichkeiten an. Durch die individuellen Gestaltungsmöglichkeiten kann maximaler Einfluss auf die einzelnen Arbeiten genommen werden. Durch den Einbau weiterer Leistungskomponenten, wie Qualität oder Fehlerpunkte, kann weiteren Forderungen Rechnung getragen werden.

Die Prämieneinflussfaktoren können sein:

> ➤ Zugriffszeit pro Vorgang   ➤ Anzahl Paletten, Kisten, Behälter usw.
> ➤ Gewicht in kg   ➤ Höhe des Warenwertes
> ➤ Anzahl Frachtstücke   ➤ Fehlerpunkte
> ➤ Anzahl der Zeilen (Aufträge) ➤ Umschlagskennzahlen

wobei, je nach Branchen- und Lagerorganisationen, es durchaus sein kann, mehrere Bewertungsgrundlagen in die Prämie einfließen zu lassen. Bei sehr unterschiedlichen Volumina z.B. ist es ratsam, zu der Komponente Anzahl Zeilen oder Frachtstücke, noch das Gewicht oder die Höhe des Warenwertes zu berücksichtigen.

Beispiel Zeittabelle für Kommissionierarbeiten

Richt-Zeitwerte nach Auftragsgröße

Aufträge	Zeilenzahl des Auftrages	Dauer des Kommissionierens in Minuten stat. Ø-Wert	Ø - Sammelzeit [1] pro Auftragszeile in Minuten
unter 50 Zeilen	7	12,00	1,71
	13	14,00	1,07
	22	22,00	1,00
	35	31,00	0,88
	49	38,00	0,79
zwischen 130 und 170 Zeilen	131	77,00	0,59
	137	81,00	0,59
	140	82,00	0,58
	156	88,00	0,56
	168	90,00	0,53
über 200 Zeilen	201	94,00	0,47
	210	97,00	0,46
	220	98,00	0,44
	235	100,00	0,42
	293	106,00	0,36

[1] Eventuell gewichtet nach Art des Gegenstandes oder Lagerart

wie z.B.	Flachlager	Hochregallager
Ø Zugriffszeit je Zeile in Sek.	39,6	29,3

Für die Einführung von Prämienentlohnung im Lager und zur Ermittlung der richtigen Bewertungsgrundlage hat sich die mathematische Statistik bestens bewährt, denn überall dort, wo eine Normalverteilung innerhalb eines Abrechnungszeitraumes nachgewiesen werden kann und dieselbe beeinflussbar ist, kann auch nach Leistungsprämie entlohnt werden.

Oder:

A) Produktivität

$$\frac{\sum \text{Lagerumschlag (Stck. oder kg)} \times \text{Anzahl bewegter Lagerpositionen (Entnahmebelege und Wareneingangsposition)}}{\sum \text{Anwesenheitszeit} - \text{Zeiten in Fremdkostenstelle} \times 1000} = \text{Punktzahl}$$

oder

B)

$$\frac{\sum \text{Anwesenheitszeit Lagerpersonal} - \text{Zeiten in Fremdkostenstelle / Mo.}}{\text{Anzahl Zugriffe lt. EDV / Mo.}} = \varnothing \text{ Zugriffszeit}$$

C) Lieferbereitschaftsgrad

$$\frac{\text{Anzahl termingerecht bereitgestellte Bedarfsanforderungen}}{\text{Gesamtzahl der Bedarfsanforderungen}}$$

Vorteile dieser Prämien sind, dass

    a) bei nicht genügender Auftragslage die flexible Arbeitszeit genutzt wird

    b) Krankheitstage / Auftragsspitzen durch Mehrleistung und Abbau von Gutzeiten abgefangen werden

    c) das atmende Lager, und dass weitere / andere Komponenten mit in die Entlohnung einfließen können

Wobei die Ermittlung der Prämienausgangs- und -endleistungen aus Vergangenheitswerten und mittels mathematischer Statistik (Gaussche Normalverteilung) unter Berücksichtigung der Streuung Epsilon - Wert festgelegt werden, sofern keine Zeitstudien gewollt sind.

20.1 Festlegung der personellen Besetzung bzw. Überprüfung des derzeitigen Auslastungsgrades (und ggf. Leistungsgrades) vor Übernahme der Lagermitarbeiter in ein Prämienlohnsystem

Als erster Schritt muss bei der Einführung von Prämienlohn in den genannten Bereichen zuerst einmal

→ die Auslastung und ggf.
→ der Leistungsgrad

der dort beschäftigten Mitarbeiter untersucht werden.

Dies ist deshalb äußert wichtig, um das Leistungsniveau der jeweiligen Abteilung kennen zu lernen.

Nichts kann auf Dauer schädlicher sein, als eine falsch angesetzte Leistungsausgangsbasis (meist zu nieder), da dann mit relativ wenig Mehraufwand maximaler Bonus- / Prämienverdienst erzielt werden kann, wobei auch hier gilt, dass ein KVP - System zur Fortschreibung der Leistungsobergrenzen als unabdingbare Voraussetzung bei Einsatz solcher Systeme eingebaut sein muss. Siehe auch Pkt. 9 *„Motivationssysteme"*.

Durchführen von Multimoment-Häufigkeitsstudien zur Feststellung der Auslastungsgrade und ggf. zur Feststellung des erbrachten Leistungsgrades Langzeitstudien bzw. Zeitstudien

A) Multimoment-Häufigkeitsstudien

Die Methodik wird nach REFA Band II Zeitwirtschaft durchgeführt, so soll an dieser Stelle nur noch auszugsweise, in Form einer Ergebnisdarstellung, eingegangen werden. Aus ihr sind die untersuchten Merkmale und die sich daraus ergebenden Konsequenzen ersichtlich.

B) Zeitstudien im Lagerbereich

Da es in der Arbeitswissenschaft abgelehnt wird, über MMH - Studien gleichzeitig auch Leistungsgradbeurteilungen vorzunehmen, müssen von Fall zu Fall zur Feststellung des Leistungsgrades der Mitarbeiter je Kostenstelle Langzeitaufnahmen getätigt werden. Maximale Zeitdauer 2 - 4 AT je 5 Mitarbeiter (siehe REFA-Buch, Band II). Und sofern die verschiedenen Tätigkeiten nach Richtwerten im Lager bewertet werden sollen, müssen ebenfalls Zeitstudien durchgeführt werden mit dem Ergebnis
    ein Palettenzugriff, z.B. 1,8 Minuten
    eine Kleinteileaufnahme, z.B. 1,0 Minuten
    etc.

Da die Methode B) sehr zeit- und pflegeaufwendig ist, bietet es sich an, ein Prämiensystem nach Kennzahlen auf der Basis der mathematischen Statistik aufzubauen

20.2 Festlegung von Prämienausgangs- und -endwerten mit Hilfe der mathematischen Statistik

Die Bedeutung der mathematischen Statistik im Bereich der Leistungsentlohnung gewinnt ständig an Bedeutung. Sie wird dort angewandt, wo herkömmliche Methoden, wie z.b. die REFA-Methodenlehre bzw. andere Verfahren der Vorgabezeitermittlung sich nicht mehr anbieten, da z.b. zu zeitaufwendig.

Voraussetzung ist hierbei, dass die Daten, die über mathematische Statistik in die Entlohnung einfließen, überhaupt verwendet werden können, und dass die wichtigsten Messzahlen, wie z.B.

1. Mittelwert $\overline{X}$
2. die Streubreite (Standardabweichung S)
3. die Genauigkeit der Stichprobe (ϵ-Wert),

eine der Entlohnungsform angemessene Genauigkeit haben.

Bild 20.1: *Darstellung der Normalverteilung von Daten mit Standardabweichungen vom ± 1s bis ± 4s*

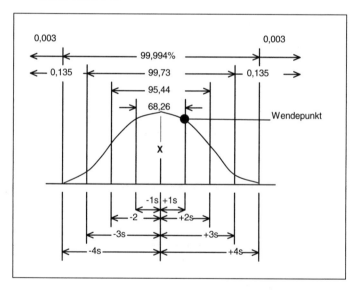

Sofern unterschiedliche Einflussgrößen, bzw. weitere Einflussgrößen vorhanden sind, also keine Normalverteilung erreicht wird, müssen Gewichtungsfaktoren, entweder mittels REFA-Methodenlehre, oder befragen / Selbstaufschreibung etc., ermittelt werden, damit alle relevanten Einflussgrößen in der Prämie sachgerecht berücksichtigt werden.

Beispiel:

Ermittlung von Gewichtungsfaktoren

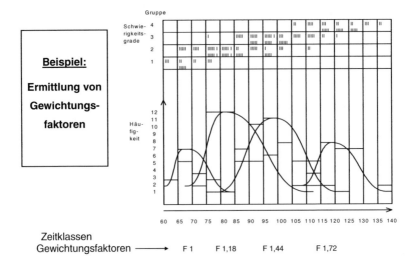

Zeitklassen
Gewichtungsfaktoren ⟶ F 1   F 1,18   F 1,44   F 1,72

Festlegung der Prämienausgangs- und -endwerte

1.) Ermittlung Mittelwert $\overline{X}$ und Standardabweichung S gemäß den Formeln der Statistik

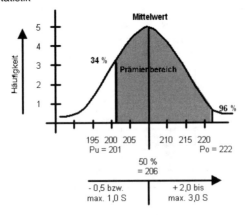

2.) Ermittlung der Prämienuntergrenze = Pu
Mittelwert $\overline{X}$ der Ergebnisse minus 0,5 bis max. 1 Standardabweichung
(je nach Streubreite)

3.) Ermittlung der Prämienobergrenze = Po
Mittelwert $\overline{X}$ der Ergebnisse plus 2 x Standardabweichung bzw.
max. 3 x Standardabweichung (je nach Streubreite)

Durch die zielgerichtete, statistische Vorgehensweise, kann der zeitliche Aufwand für

> ⇨ Aufbau
> ⇨ Erfassung
> ⇨ Abrechnung

in einer vertretbaren Größenordnung gehalten werden.

Statistisch heißt:

> ⇨ Es wird auf die täglichen / wöchentlichen Rechnungen / Lieferscheindaten aus EDV und BDE / Anwesenheitszeiterfassung zurückgegriffen und mittels Schattenrechnungen, über ca. 6 - 12 Monate, werden die Leistungsdaten, wie z.b.
>
> • Anzahl gelieferte Versandpositionen je Zeitraum
> • Anwesenheitszeit des Lagerpersonals / Zeitraum
>
> ausgewertet nach
>
> a) Summe gebrauchte Zeit / Versandposition
>
> b) Prüfen auf Verwendbarkeit für ein Prämiensystem über die Gaussche Normalverteilung (Mittelwert $\overline{X}$ sollte nicht größer schwanken als ϵ 10 % bis max. 15 %
>
> c) Wenn keine Normalverteilung gegeben, weitere Prüfungen mit anderen / ergänzenden Einflussgrößen durchführen, gegebenenfalls Gewichtungsfaktoren ermitteln, damit alle relevanten Einflussgrößen sachgerecht berücksichtigt werden
>
> d) Festlegen der Leistungsunter- und -obergrenzen, mittels Standardabweichungsberechnung und nach diesen Erkenntnissen Festlegen der Prämienbeträge

Siehe nachfolgendes Beispiel eines Bonussystems für Versand / Lagerbereich

20.3 Beschreibung eines auf statistischen Werten aufgebauten Bonussystems für Versand / Lagerbereiche

Ausgangsdaten

Im Versand sind lose Artikel und Verpackungseinheiten gelagert.

Verpackungseinheiten

    < 100 g   bis   > 20 kg
    1 Stück   bis   1000 Stück

Kommissionierbeleg von Lagerreihe 1 bis 9 aufsteigend sortiert

Kommissioniert wird bis 100 kg über Kommissionierband mit anschließender Verpackung

> 100 kg wird separat in Kübel kommissioniert. Die Kübel werden zur Verpackung gefahren

Ca. 850 Positionen werden pro Tag kommissioniert. Eine Position = eine Artikeleinheit.

Im Versand wird im Einschichtbetrieb mit 17 Mitarbeitern gearbeitet.
Davon arbeiten 10 Mitarbeiterinnen als Kommissioniererinnen und 7 Mitarbeiter als Packer.

99,54 % wurden korrekt ausgeliefert. Der Fehleranteil beträgt lt. Erhebungen 0,46 %.

Jeder Auftrag muss fortlaufend kommissioniert werden.

Ein Auftrag kann aus 1 Position bis > 400 bestehen.

Die wichtigsten Einflussgrößen sind:

    Verpackungsart: ≤ 100 g bis ≥ 20 kg

-     Lose Artikel   Zeit pro Position ca. 1,25 Min. Ø - Wert
-     Verpackungseinheiten   Zeit pro Position ca. 0,75 Min. Ø - Wert
-     Kundenspezifische Aufkleber anbringen
       pro Teil 1 Position,   Zeit pro Position ca. 1,50 Min. Ø - Wert

Anwesenheitszeiten in Gruppe

Anzahl Aufträge zu verpacken

Anzahl Zeilen je Auftrag zu verpacken

Gewicht je Artikel zu verpacken

Menge pro Zeile

Wobei in der EDV festgehalten sind:

- Verpackungsart
- Anzahl Aufträge
- Anzahl Zeilen je Auftrag und insgesamt
- Gewicht pro Auftrag

Eine logische und einfache Bonuskennzahl wäre z.B.:

→ gebrauchte Zeit pro Versandposition

oder

→ Versandkosten pro Auftragsposition

und / oder als weitere Kennzahl

→ Kosten pro Versandposition

und / oder

→ Budgetkosten pro Versandvorgang zu tatsächlichen Kosten je Versandvorgang bzw. zeitraumbezogen

Die Schrittfolge für Aufbau und Einführung statistischer Systeme lautet:

a) grobe Ermittlung der Einflussgrößen

b) Prüfen auf Verwendbarkeit für ein Bonussystem über die Gaussche Normalverteilung

c) Wenn keine Normalverteilung gegeben, weitere Prüfungen mit anderen/ ergänzenden Einflussgrößen durchführen, gegebenenfalls Gewichtungsfaktoren ermitteln.

d) Festlegen der Leistungsunter- und -obergrenzen, mittels Standardabweichungsberechnung

Versuchsrechnung

Für die Versuchskennzahl „Zeitaufwand pro Versandposition", ergibt sich somit:

1) Erfassen der verkauften Positionen je Monat über 12 Monate zurück

2) Erfassen der Anwesenheitszeiten des Versandpersonals je Monat, 12 Monate zurück

3) Prüfen auf Normalverteilung
Sofern der errechnete Mittelwert nicht größer als $\Sigma \pm 15\%$ streut, kann das Ergebnis ohne Bedenken für das Bonussystem verwendet werden

Die Berechnungen mit den notwendigen Basisdaten siehe nächste Seite.

Schemadarstellung: **Bonussystem Versand**

Analyse auf Normalverteilung der möglichen Bezahlungskomponente „Gebrauchte Zeit pro Versandposition"

Monat	Datensammelblatt / Monat			Monat:		
	Anwesenheitsstunden		Erfasste Aufträge / Positionen			
	Mitarbeiter / Kommissionierer / Verpacker		Anzahl Positionen fakturiert	Faktoren lose Teile = 1,25 VPE = 0,75 Kd. - Aufkleb. = 1,50		Ergebnis Zeit in Min. / Position
1	n-Personen		2	3		2 / 3 = 4
Okt.	17		1558,59	17871		5,23
Sept.	17		1755,58	15791		6,67
Aug.	19		1800,67	13074		8,26
Jul.	19		2104,58	16469		7,65
Jun.	17		1613,77	14959		6,47
Mai	18		1829,18	16994		6,46
Apr.	19		1824,90	16390		6,68
Mär.	19		2157,52	18704		6,92
Feb.	18		1886,31	19524		5,80
Jan.	18		2054,45	18742		6,58
Dez.	19		1640,31	13376		7,36
Nov.	19		2038,14	18154		6,74
					Summe	80,82
				($\overline{X}$)	Mittelwert	6,74
				(S)	Standardabweichung	0,79
				(ε)[1)]	Epsilon in %	0,40
				Diese Einflussgrößen können hier vernachlässigt werden, siehe Ergebnisse (S) Standardabweichung und (ε) Epsilon		
	Summe Stunden		Σ	Σ		Σ

[1)] Genauigkeit der Stichprobe

Σ erfasste Aufträge und Positionen gewichtet

Häufigkeitsverteilung gebrauchte Zeit pro Versandposition:

Basis = verkaufte Positionen / Monat zu Anwesenheitsstunden pro Monat Abteilung Versand

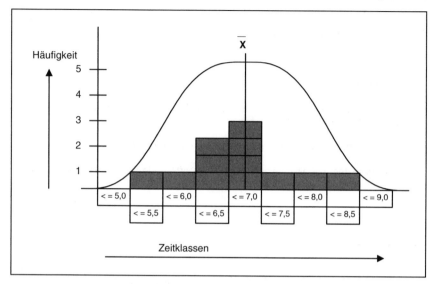

Aussage: $\overline{X}$ = 6,74 min. / Pos.   Mittelwert

s = 0,79 %   Standardabweichung

Epsilon = 0,40 %   Genauigkeit der Stichprobe

Daraus ist abzuleiten, dass die weiteren noch vorhandenen Einflussgrößen, lt. vorhergehender Beschreibung, für das Bonussystem bedeutungslos sind.

Ermittlung der Leistungsgrenzen - Zeit / Position:

A)   Ermittlung der Bonusuntergrenze BU =

$= \overline{X} + 0,5_S$,   also 6,74 + 0,40   =   7,14

gesetzt   =   **7,00**

B)   Ermittlung der Bonusobergrenze BO =

$= \overline{X} - 3_S$,   also 6,74 - (3 x 0,79)   =   4,37

gesetzt   =   **4,50**

Aussage:

Die Genauigkeit ε der Stichprobe liegt mit 0,40 % weit unter 15 %, der gewünschten Genauigkeit im Lagerbereich.

Die Kennzahl kann also verwendet werden.

QL - Komponente

Unter Berücksichtigung, dass der Versand auch fehlerlos arbeiten soll, ist es sinnvoll noch eine weitere Komponente

"Fehleranteil je Monat in Anzahl Positionen"

in das Bonussystem mit einzubeziehen, siehe nachfolgende Schemadarstellung „Reklamationsstatistik".

Reklamationsstatistik / Monat

Fehlergründe	Summe Vorgänge	
	Mon.	kum.
Falsch / fehlerhafte Artikel	51	589
Zu viel / zu wenig geliefert	25	240
Falsche Lieferadresse	0	38
Sendung nicht angekommen	0	0
Falsche Versandart	0	2
Summe	**76**	**869**

Bild 20.2: Schemadarstellung Versand-Bonus

A) Produktivität

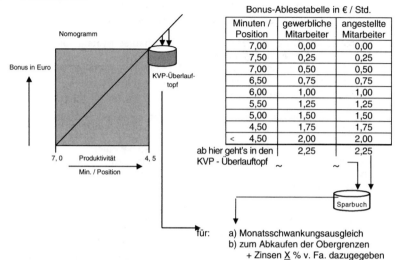

Bonus-Ablesetabelle in € / Std.

Minuten / Position	gewerbliche Mitarbeiter	angestellte Mitarbeiter
7,00	0,00	0,00
7,50	0,25	0,25
7,00	0,50	0,50
6,50	0,75	0,75
6,00	1,00	1,00
5,50	1,25	1,25
5,00	1,50	1,50
4,50	1,75	1,75
< 4,50	2,00	2,00
ab hier geht's in den KVP - Überlauftopf	2,25	2,25

Sparbuch

für: a) Monatsschwankungsausgleich
b) zum Abkaufen der Obergrenzen
+ Zinsen X % v. Fa. dazugegeben

B) Fehlerpunkte lt. Sammelliste

Datensammelblatt Kundenreklamationen/Fehleranteile in Positionen
lt Reklamationsbewertungsblatt

Monat: _____ Jahr: _____ Blatt: _____

Ablesetabelle QL-Bonus je Mitarbeiter in € / Monat

Punkte	≤ 2	≤ 4	≤ 6	≤ 8	≤ 10	≤ 15	≤ 20
€	+100	+ 66	+ 33	± 0	- 20	- 40	- 60
Punkte	≤ 25	≤ 30	≤ 35	≤ 40	≤ 45	≤ 50	> 50
€	- 80	- 100	- 120	- 140	- 160	keine Ausschüttung insgesamt	

QL Punktetabelle: Reklamationen / Fehleranteile

	Fehleranteil in Anz. Positionen pro Vorgang	Negativpunkte
≤	1	0
≤	2	1
≤	4	3
≤	6	6
≤	8	10
≤	10	20
≥	10	30

Name	Fehlerart	Anzahl	€	Punkte	Bemerkung

| | | Summe der Punkte je Monat = | ======= | | |
| QMB i.O. | Datum Unterschrift _____ | | Σ | ======= | für QL-Bonus |

C) Gesamtbonus / Zeitraum

$$= A \pm B = C$$

20.4 Voraussetzungen für die Einführung eines zeitgemäßen, auf Dauer funktionierenden / einfach abrechenbaren, ziel- und ertragsorientiert ausgerichteten Leistungslohnsystems

1.) Es sollte ein ziel- und ertragsorientiert aufgebautes System sein, auch Bonus- bzw. Wertelohn [1] **genannt, was bedeutet:**
Es kann nur das bezahlt werden / in das Lohnsystem einfließen, was auch verkauft wird,
➢ also wo Rechnungen geschrieben werden, oder
➢ Gutstück gemäß Fertigwarenlagereingang
also wo Wertschöpfung entsteht [1]
Zeitliche Abgrenzungsprobleme bleiben unberücksichtigt, da diese im Regelfall pro Abrechnungszeitraum in etwa gleich bleiben

2.) Das System darf nicht „akkordähnlich" sein, was bedeutet:
➢ Das Wort „Durchschnittsbezahlung", bzw. besondere Berücksichtigung von Gemeinkostenzeiten in der Berechnungsformel darf nicht vorkommen
➢ Als Verrechnungsgrundlage kann immer nur die Brutto-Arbeitszeit (Anwesenheitszeit) verwendet werden [1]
➢ Es soll Mitdenken - Vordenken, Abbau von nicht wertschöpfenden Tätigkeiten etc. entlohnt werden. Also nicht schneller, sondern *anders* arbeiten [1]
➢ Es muss ein statistisch abgesichertes System sein, das auf der Produktivität / den Ausbringungsergebnissen pro Zeiteinheit der Vergangenheit aufbaut und
➢ es kann nur mehr bezahlt werden, wenn das Unternehmen pro Tag / Woche / Monat etc. tatsächlich mehr produziert bzw. verkauft

3.) Das System muss team- bzw. prozessorientiert ausgerichtet und aufgebaut sein:
➢ Einzeloptimas pro Arbeitsplatz machen wenig Sinn, treiben das Umlaufkapital in die Höhe, verlängern die Durchlaufzeit - terminuntreue Lieferungen sind das Ergebnis
➢ Prozessorientiert ausgerichtete Teams, auch Röhrensystem genannt, haben über das Lohnsystem die gleiche Zielsetzung wie das Unternehmen
▶ schneller Durchlauf
▶ es wird nur das gefertigt, was auch benötigt wird
▶ Verschwendung an Zeit und Kapazität wird vermieden
▶ Das System unterstützt die heute notwendige, absolute Kundenorientierung

4.) Dienstleister, insbesondere solche aus den fertigungsnahen Randbereichen, sollten in das Wertelohnsystem mit eingebunden sein:
➢ Dieser Personenkreis hat ebenfalls großen Einfluss auf das Ausbringungsergebnis

5.) Das ziel- und ertragsorientiert ausgerichtete Lohnsystem muss nach oben offen sein:
Es darf sich nicht, wie bei akkordähnlichen Systemen üblich, an einer stillschweigenden Leistungsobergrenze festlaufen.
Der KVP - Gedanke, wie zuvor beschrieben, muss eingebaut sein, damit das Ziel:
Jedes Jahr *HÖHER - SCHNELLER - WEITER*, wie im Sport, erreicht wird.

6.) Der Pflegeaufwand für Betreuung und Abrechnung muss gegen Null laufen
Wenn wesentliche Punkte dieser Auflistung nicht erfüllt werden können, ist es auf Dauer besser, „Zeitlohn in Verbindung mit Führen nach Kennzahlen (KVP - Prinzip)" einzusetzen, denn konventionell aufgebaute Systeme laufen irgendwann an ihren Obergrenzen fest und können nur sehr schwer angepasst werden.

---
[1] Die Systeme sollten u.a. so aufgebaut werden, dass die Bonusbeträge nicht in die Urlaubs- / Feiertags- bzw. Lohnfortzahlung einfließen. Grund: In der Abwesenheitszeit entsteht keine Wertschöpfung durch den Mitarbeiter

20.5 Von der individuellen Leistungsmessung zur ganzheitlichen Leistungsmessung

Prozessorientiert ausgerichtete Teamarbeit / Linienfertigung und Individualentlohnung / Leistungsmessung eines einzelnen (wie z.b. Akkord oder akkordähnliche Prämiensysteme) lassen sich schon begrifflich nicht vereinbaren (im Sinne „Was ist Leistung?"). Leistung eines Einzelnen, bezogen auf eine manipulierbare Produktivzeit? Oder ist Leistung das, was an maximaler Gutstückzahl, bezogen auf die Anwesenheitszeit der Mitarbeiter hergestellt und verkauft werden kann? Es müssen also neue Anreize / Kennzahlen geschaffen werden, die sicherstellen, dass der Output an verkauften Gutstück jedes Jahr, bezogen auf eine Fertigungsstunde, steigt.

Wie im Sport:

Jedes Jahr „HÖHER - SCHNELLER - WEITER!"

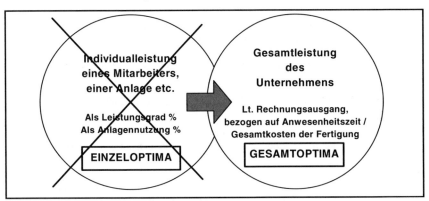

Schemabild: *Was ist Leistung?*

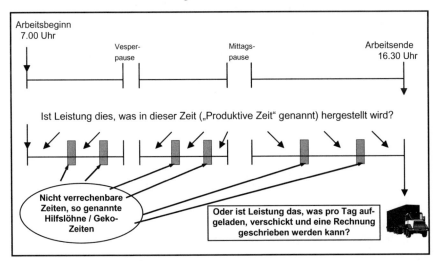

Überholte, falsch angewandte Leistungsmessung bei immer kleiner werdenden Losgrößen, führt zu Verschwendung an Zeit und Kapital

Beispiele:

Vorgabe:

Taktzeiten müssen 100 % eingehalten werden, z.B. 100 Hub / Min.

Ablauf in Abteilung:

Ein Einrichter richtet eine Presse ein

- Nach zwei Stunden soweit alles o.k., aber die Taktzeit, wo Gut-Teile erzeugt werden, beträgt erst 85 Hub / Min. (Material?)
- Um 100 Hub / Min. zu erreichen, muss Einrichter noch ca. eine Stunde Feinabstimmung durchführen

In dieser Zeit, wo weitere Feinabstimmung / Touning gemacht wird, gehen dem Unternehmen an Produktivität verloren:

A) Eine Stunde an dieser Maschine, also 85 Hub x 60 Min. = 5.100 Hub

und

B) Eine andere Maschine, die ausgelaufen ist und ebenfalls umgerüstet werden muss, steht eine Stunde länger, kann nicht gerüstet werden.

RESÜMEE:

Dem Unternehmen gehen zwei Stunden Produktivität verloren. Kann dies durch die schnellere Laufzeit von Maschine 1 (15 Hub / Min. schneller) wieder eingeholt werden?

Leistung ist das, was an Gut-Stück pro Tag insgesamt abgeliefert wird - sonst nichts.

O D E R .... Versteckte Verschwendung ist auch:

1 Mitarbeiter bedient 1 Maschine = 1 : 1 Zuordnung Mensch : Maschine
oder
1 Mitarbeiter bedient 2 Maschinen etc. = Mehrstellenarbeit mit fester
Mensch- → Maschinenzuordnung

Aufgrund der Zeitanteile

Prozesszeit [1] zu Nebenzeiten [2]

es könnten aber z.B.

3 Mitarbeiter 5 Maschinen bedienen
= Teamarbeit mit flexibler Maschinenzuordnung

---

[1] Prozesszeit = Späne fallen
[2] Nebenzeit = Einlegen, messen, überwachen etc.

Neues Denken und neue Organisationsformen benötigen neue Motivationsziele, insbesondere deshalb, weil die übergeordneten Ziele, wie z.b. Termineinhaltung / Produktivität / Qualität, sowie ein weiter steigender Automatisierungsgrad die Beeinflussung des einzelnen Mitarbeiters in Bezug auf Vorgabezeiten zwangsläufig einschränkt.

Geistige Leistungen, qualifizierte Mitarbeiter, Selbstkontrolle, Abbau von Gemeinkostenzeiten, Erhöhung der Präsenzzeit, Mit- und Vorausdenken, werden dagegen immer wichtiger, denn *„Leistung ist nur das, was auch verkauft werden kann - nicht was an Lager geht"*.

Ziel- und ertragsorientiert aufgebaute Kennzahlen bzw. Bonus- / Wertelohnsysteme unterstützten dies, denn Menschen machen den Erfolg:

> ➢ Es wird nur das gefertigt, was auch gebraucht wird, Verschwendung an Zeit und Kapazität wird vermieden
>
> ➢ Mehrausbringung bei verbesserter Qualität und Termintreue von über 25 % wird nicht durch *schneller*, sondern **anders** arbeiten erreicht, und
>
> ➢ die Systeme sorgen dafür, dass, wie im Sport, die Jahresziele **SCHNELLER - HÖHER - WEITER**, erreicht werden.

Kennzahlen die die wirkliche Produktivität des Unternehmens widerspiegeln, sind somit mit ein Teil des Erfolges insgesamt, bzw. der Faden der das System zusammenhält.

Dies können sein:

    A) So genannte KVP-Systeme (**K**ontinuierlicher **V**erbesserungs**p**rozess) Einmalprämie nach überschreiten eines vorgegebenen Zieles innerhalb des kontinuierlichen Verbesserungsprozesses

    B) Zukunftsorientiert aufgebaute Prämien- / Bonuslohnsysteme die auf anderen quantifizierbaren Bezugsgrößen als ausschließlich der Zeit aufbauen. Durch die individuelle Gestaltungsmöglichkeit eines Prämiensystems kann maximaler Einfluss auf die einzelne Arbeit bzw. die Gruppe genommen werden. Durch den Einbau bestimmter Komponenten, wie z.B. Termintreue, Qualität / Produktivität, errechnete Wertschöpfung zu Mehrkomponenten-Prämien kann dieser Forderung Rechnung getragen werden

und

Negativprobleme von herkömmlich, akkordähnlich aufgebauten Systemen müssen umgekehrt werden in Motivationsziele durch Lohnsysteme mit Schwerpunkt
„Menschen machen den Erfolg"

Also Honorierung von Know-how und Organisation von unten, mittels Motivations- / Beteiligungssysteme für die Mitarbeiter in den Führungs- / Fertigungszellen an der möglichen Produktivitätssteigerung und durch deren konkrete Einbeziehung in Findung - Aufbau - Abrechnung - Anpassung - Verbesserung des Systems als konsequente Fortsetzung des Lean Gedankens. Niemand kennt seinen Arbeitsplatz besser, incl. des Umfeldes, als die Mitarbeiter selbst, die dort arbeiten.

Zielorientierte Kennzahlen als Grundlagen für eine bestandsminimierte Fertigungsorganisation nach marktorientierten Produktionsregeln - schnellem Auftragsdurchlauf

Die Einführung von Gruppenarbeit bewirkt nicht nur eine Vergrößerung des Handlungsspielraumes der Mitarbeiter, sondern soll auch eine optimale Vernetzung durch das Kunden - Lieferantenprinzip mitbringen.

Außerdem sollen diese Kennzahlen die Verantwortung der Gruppe stärken. Wenn keine Kennzahlen vorhanden sind, bzw. wenn die Informations- und Kommunikationskanäle der Gruppen untereinander nicht funktionieren, besteht die Gefahr, dass die Gruppenarbeit degeneriert, also ein Rückfall in die ursprüngliche Arbeitsorganisation erfolgt.

Damit Gruppenarbeit auf Dauer funktioniert, muss ein so genanntes Aufgaben-/ Verantwortungsquadrat, aufbauend auf den Unternehmenszielen, eingerichtet werden, das die Gruppenziele widerspiegelt.

1. **Termintreue**
Verhältnis gesamt gelieferte Aufträge zu termintreu gelieferten Aufträgen (eventuell noch separiert nach Alter der Rückstände in Tagen / Wochen)

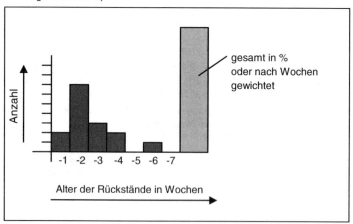

$$\text{Termintreue} = \frac{\text{Termintreue Aufträge geliefert je Zeiteinheit lt. Auftragsbestätigung}}{\text{Insgesamt gelieferte Aufträge je Zeiteinheit}} \times 100 = \underline{\qquad} \%$$

2. **Servicegrad**

$$\text{Servicegrad} = \frac{\text{Termintreue Aufträge geliefert je Zeiteinheit lt. Kundenwunschtermin}}{\text{Insgesamt gelieferte Aufträge je Zeiteinheit}} \times 100 = \underline{\qquad}$$

3. **Durchlaufzeit in Tagen**

Wobei die Kennzahl grafisch so aufgebaut sein sollte, dass eine Häufigkeit dargestellt werden kann, mit Ziel die Durchlaufzeit zu verkürzen.

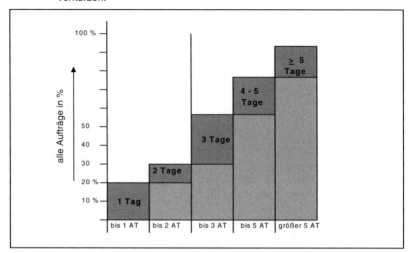

4. **Reklamationsquote in EURO**

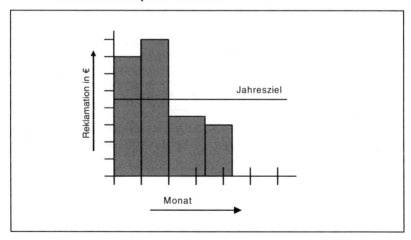

Basis hierfür sind die Fehlerberichte die für alle Schadensfälle bzw. Rücklieferungen intern über das Qualitätsaudit erstellt werden, siehe auch Abschnitt „Entlohnung QL-Komponente".

5. Produktivität

Dargestellt als Verhältniszahl Anwesenheitsstunden zu verkauften Stunden lt. Arbeitsplan bzw. Kalkulation, rückgerechnet auf Basis ausgelieferter Aufträge, bzw. Zugang Fertigwarenlager.

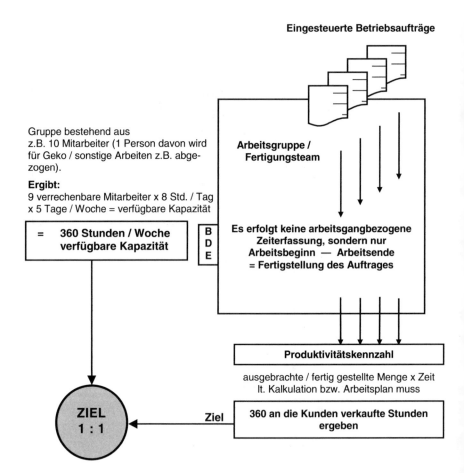

20.5.1 Das Konzept einer ganzheitlichen Leistungsabrechnung für Fertigungs- und Lagerbereiche, auf Basis Rechnungsausgang

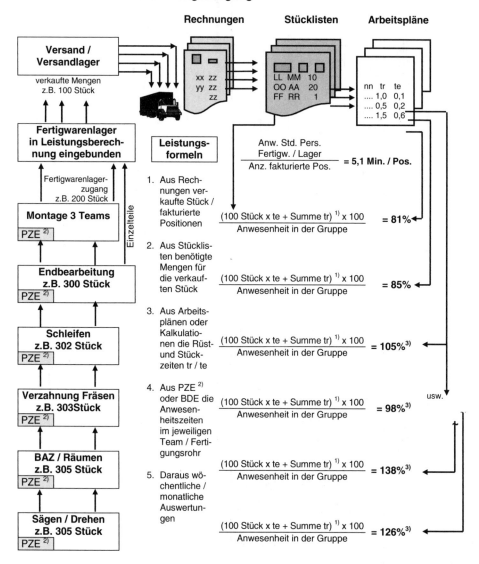

[1] Arbeitspläne müssen für Abrechnung mit den Stücklistenpositionen verkettet werden
[2] Anwesenheitszeit im Team lt. Personalzeiterfassung PZE oder BDE
[3] Mehrstellenarbeit im Team

Segment PR 01   Monatsauswertung

P_A = Ausbringung in % = Summe verkaufte Stunden pro Monat / Summe Anwesenheitszeit in der Gruppe / Monat

Monat	Summe ver-kaufte Stunden	Summe Anwesenheitszeit	Produktivität in %
Nov.	2.489,00	2.543,50	97,86
Dez.	1.624,00	1.870,30	86,83
Jan.	2.476,00	2.546,75	97,22
Febr.	2.902,00	2.558,30	113,43
März	2.724,00	2.800,20	97,28
April	2.661,00	2.654,90	100,23
Mai	2.715,00	2.504,65	108,40
Juni	2.589,00	2.535,10	102,13
Juli	3.658,00	3.256,25	112,34
Aug.	2.567,00	2.440,10	105,20
Sept.	2.847,00	2.931,00	97,13
Okt.	3.172,00	3.096,85	102,43
Nov.	3.001,00	2.810,30	106,79
Dez.	2.550,00	2.242,45	113,71

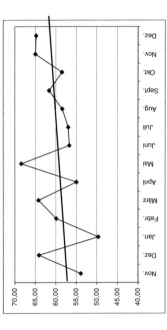

Leistungskurve "nur Kennzahl" keine Prämierungen

Segment PR 02   Monatsauswertung

P_A = Ausbringung in % = Summe verkaufte Stunden pro Monat / Summe Anwesenheitszeit in der Gruppe / Monat

Monat	Summe ver-kaufte Stunden	Summe Anwesenheitszeit	Produktivität in %
Nov.	1.424,00	2.642,85	53,88
Dez.	974,00	1.519,40	64,10
Jan.	1.398,00	2.816,60	49,63
Febr.	1.477,00	2.466,75	59,88
März	1.611,00	2.507,40	64,25
April	1.286,00	2.339,85	54,96
Mai	1.534,00	2.241,55	68,43
Juni	1.481,00	2.612,20	56,70
Juli	1.930,00	3.389,45	56,94
Aug.	1.481,00	2.535,50	58,41
Sept.	1.669,00	2.707,95	61,63
Okt.	1.621,00	2.771,75	58,48
Nov.	1.656,00	2.547,30	65,01
Dez.	1.343,00	2.071,85	64,82

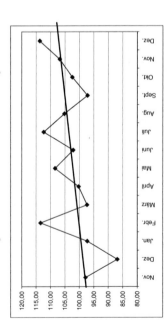

Leistungskurve "nur Kennzahl" keine Prämierungen

21. Schlusswort

1. Die genannten Techniken der Materialwirtschaft, Lagerhaltung und Produktionslogistik, sind die Mittel und Möglichkeiten zur Senkung der Bestände und Verkürzung der Durchlaufzeiten. In Verbindung mit den aufgezeigten Wegen einer verbesserten Fertigungsplanung und Steuerung sind das die Chancen für eine tief greifende Verbesserung in Kapitalbindung und Liquidität, sowie zur Verbesserung der Liefermöglichkeiten und Termintreue.

2. Allerdings ist es dazu erforderlich, die Organisation zu bessern und mit Mut zum Risiko, sowie einem anderen Denken und Handeln neue Wege zu beschreiten (Just in time / Kanban- / Bauhaus- / Regalserviceverfahren etc.), unter Einsatz von E-Business-Abläufen.

3. **Merke:**
Niedere Bestände bringen automatisch und unausweichlich eventuell vorhandene Organisationsmängel als Störungen in der Fertigung und Lieferverzögerungen an den Tag.

4. Mit Hilfe der vorgestellten Regelwerke und Organisationswerkzeuge als ganzheitliches Logistiknetzwerk, über alle Prozesse und Strukturen, vom Lieferant bis zum Kunden, und dessen Umsetzung mittels:

Schlanken Unternehmensstrukturen und optimierten Geschäftsprozessen, sowie besserer Kundenorientierung durch
- Reorganisation der Auftragsabwicklung / Auftrags- / Logistikzentren
- Teambildung in der Auftragsabwicklung – wer macht was – und Mehrfachqualifizierung
- Abbau von Blindleistungen im PPS-System und Fertigungssteuerung

KANBAN-Organisation / Fertigungssegmentierung
- Teambildung in der Fertigung / Gestaltungsprinzipien für Linienfertigung
- Reorganisation der Fertigungsabläufe, KANBAN - Organisation, Qualifizierungsmaßnahmen
- KANBAN - Steuerungsprinzipien, es wird nur noch das produziert, was auch benötigt wird (Kunde steuert Fertigung)

Neue Wege in der Materialversorgung / -Logistik / E - Business-System

- Dezentralisierung von Dispositionsbefugnissen / Disponent wird auch Beschaffer
- Partnerschaftliche Zusammenarbeit mit Lieferanten
- KANBAN - Steuerung / Regalserviceverfahren
- Abbau von unnötigen Geschäftsprozessen
- Neue Aufgaben des Einkaufs in einer Just in time - Welt
- Einsatz von E-Businesslösungen in der Beschaffung, durch durchgängige Logistiklösungen von Kunde, Produktionsfirma, bis Lieferant

Das Konzept einer ganzheitlichen Leistungsabrechnung für Fertigungs- und Lagerbereiche

- Grundlagen für eine bestandsminimierte Fertigungsorganisation / marktorientierte Produktion
- Mit den richtigen Kennzahlen als Führungsinstrument zum Erfolg
- Ziel- und ertragsorientiert aufgebaute Entlohnungssysteme unterstützen dies
- durch ergebnisorientiertes, unternehmerisches Denken und Handeln auf allen Ebenen

werden, je nach Stand der Organisation im Unternehmen, folgende Verbesserungen erzielt:

Ergebniszahlen aus Projekten:
- Bestandssenkung 50 % und mehr [1]
- Durchlaufzeitreduzierung 70 % und mehr [1]
- Fehler- / Reklamationsquotenahe nach Null [1]
- Kostenreduzierung 25 % und mehr [1]
- Produktivitätssteigerung 20 % und mehr [1]
- Termintreue / Servicegrad nahe 100 % [1]
- Umsatzsteigerung im zweistelligen Bereich [1]

[1] je nach Organisationsgrad ALT

Betrachten Sie eine Umstrukturierung in
Produktion - Logistik und Materialwirtschaft
über die gesamte Wertschöpfungskette wie eine Investition,
die mittels Cashflow-Rechnung abgesichert werden kann
U N D
U N D   D E N K E N   S I E   A N   G O E T H E :

Es ist nicht genug zu wissen, man muss es auch anwenden!
Es ist nicht genug zu wollen, man muss es auch tun!

MIT DEN RICHTIGEN INSTRUMENTEN ZUR SPITZENLEISTUNG
Unternehmensentwicklung seit Einführung der neuen
Denk-, Organisations- und Fertigungsgrundsätze

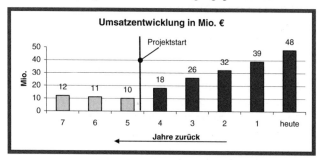

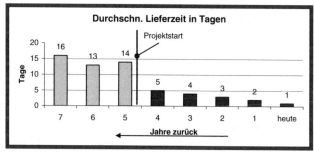

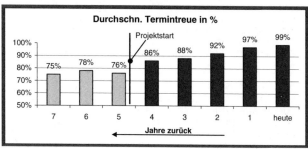

ZUM AUTOR

RAINER WEBER REFA-ING. / EUR-ING.

Zu seinen Arbeitsschwerpunkten als Referent und Coach bei namhaften Weiterbildungsinstitutionen und Industrieunternehmen im gesamt deutschsprachigen Raum zählen
- *Produktions- und Logistikmanagement*
- *Planung und Implementierung von JIT - Konzepten*
- *Reengineering / Optimierung von Geschäftsprozessen*
- *Technisch-organisatorische Fertigungsoptimierung*
- *Kostenmanagement / Controlling*

RAINER WEBER
REFA-ING., EUR-ING.
Unternehmensberatung

Im Hasenacker 12
D -75181 Pforzheim-Hohenwart
Telefon (07234) 59 92 · Fax (07234) 78 45

TÄTIGKEITSGEBIETE
- WEITERBILDUNG
- BERATUNG
- COACHING VON PROJEKTEN

Seit 1974 haben wir über 1000 Projekte erfolgreich abgeschlossen

SCHWERPUNKTE
- MANAGEMENTBERATUNG
- ORGANISATIONSENTWICKLUNG
- PRODUKTIONS- / LOGISTIKMANAGEMENT
- JIT- / KANBAN- / E-BUSINESS-KONZEPTE
- NEUE PRODUKTIONSTECHNIKEN
- ARBEITSORGANISATION - PROZESSOPTIMIERUNG
- ZEITWIRTSCHAFT / EDV-GESTÜTZTE PLANZEITEN
- ZIEL- UND ERTRAGSORIENTIERTE LOHNSYSTEME
- KOSTENMANAGEMENT - CONTROLLING

Der Cashflow / Projektnutzen liegt im 3 - 9 Monatsbereich

UNSERE STÄRKEN
- KONSTRUKTIVE LÖSUNGEN
- MASSGESCHNEIDERTE KONZEPTE
- WIR PRODUZIEREN KEIN PAPIER, WIR SETZEN UM
- MITARBEITERSCHULUNG / COACHING
- INTERNATIONALE KOMPETENZ
- GROSSE PRAKTISCHE ERFAHRUNG
- EFFIZIENZSTEIGERUNG IN KÜRZESTER ZEIT

Branche
- Industrie
- Gewerbe
- Dienstleister
- Handel

UNSERE STÄRKEN
- EFFIZIENZSTEIGERUNG ÜBER 30 %
- DURCHLAUFZEITVERKÜRZUNG 75 %
- BESTANDSREDUZIERUNG ÜBER 50 %
- TERMINTREUE NAHE 100 %
- LIQUIDITÄTSVERBESSERUNG ÜBER 100 %

Literaturverzeichnis

Grupp, Bruno, Materialwirtschaft mit EDV im Mittel- und Kleinbetrieb,
Expert Verlag, 71268 Renningen

Carl Hanser Verlag, München, REFA-Methodenlehre des Arbeitsstudiums

Carl Hanser Verlag, Postfach 860420, D - 81631 München
- Lieferanten Management ISBN 3-446-21904-8
- Afler-Sales Management ISBN 3-446-21902-1
- Einkaufsverhandlungen ISBN 3-446-21773-8

Binner, H.F., Handbuch der prozessorientierten Arbeitsorganisation,
Carl Hanser Verlag, München, Wien 2004

Engel, K.H., Verlag Moderne Industrie, Landsberg,
Handbuch der neuen Techniken des Industrial-Engineering

Weber, Rainer, Bestandssenkung
Expert Verlag, 71268 Renningen, Band 176

Monsberger, J., Materialfluss, Transport- und Lagertechnik,
aus Schriftenreihe Verpackungspraxis, Herausgeber: Österreichisches
Wirtschaftsförderungsinstitut der gewerblichen Wirtschaft, Wien

Röper, C., Lagergestaltung und Lagerhäuser, VDI-Verlag, Düsseldorf

AWF, Planung, Steuerung, Kontrolle von Flurförderzeugen, Behältern, Verpackung
und Lagerwesen in Schriftenreihe AV, Heft 5, Herausgeber: Ausschuss für
wirtschaftliche Fertigung e.V., Berlin

Frey, S., SRT-Arbeitsunterlagen, Die Materialwirtschaft und Lagerhaltung,
REFA e.V., Darmstadt

Ringes, G., SIE-Arbeitsunterlagen, Planung und Einrichtung von Produktionsstätten,
REFA e.V., Darmstadt

Bock, H., Rationelle Materialwirtschaft im Maschinenbau,
Verlag: Moderne Industrie, München

John, B., Organisationsleiter-Handbuch, Verlag: Moderne Industrie, München

Eversheim, W., Röpke M., Weber, P., Variantengerechte Produkt- und
Prozessgestaltung
In: Neue Organisationsformen im Unternehmen, Handbuch für das moderne
Management, Springer-Verlag, Berlin, Heidelberg 2002

Weber, Rainer, KANBAN - Einführung
Expert Verlag, 71268 Renningen, Band 628

Grunewald H., Erfolgreicher einkaufen und disponieren
Haufe-Verlag, Postfach 740, D-79007 Freiburg, ISBN 3-448-02805-3

VDI, Materialflussuntersuchungen, VDI 3300 - VDI 2689

Pichl, E., Materialwirtschaft, Beuth-Vertrieb, Berlin, Köln, Frankfurt

Kaessler, W., Zeitgemäße Materialwirtschaft, Girardet-Verlag, Essen

Weber, Rainer, Gestern bestellt - heute geliefert
Expert Verlag, 71268 Renningen, Band 604

Lehrunterlagen Seminare für Betriebsleitung und Arbeitskunde, Seminare für IE, REAF Darmstadt

Gruppenarbeit „Leitfaden zur Einführung von Gruppenarbeit"
Autor: Univ. Prof. Dr. Horst Wildemann, zu beziehen bei
TWC - Transfer-Centrum GmbH, Leopoldstraße 146, D-80804 München

Wildemann, Horst, Leitfaden *Durchlaufzeit-Halbe*
München 1998, ISBN 3-929918-15-3

Wildemann, Horst, Leitfaden *Fertigungssegmentierung*
München 1998, ISBN 3-931511-07-3

Wildemann, Horst, *Auftragsabwicklungssegmente*
München 1999, TCW Transfer-Centrum GmbH, ISBN 3-931511-57-x

Wildemann, Horst, *Geschäftsprozessorganisation*
München 1997, ISBN 3-931511-05-7

Wildemann, Horst, Komplexitätsmanagement - Leitfaden zur Einführung eines durchgängigen Komplexitätsmanagement
TCW Verlag, München 2004

Zahn, E., Bullinger, H.-J., Gatsch, B., Führungskonzepte im Wandel
In: Neue Organisationsformen im Unternehmen, Handbuch für das moderne Management, Springer-Verlag, Berlin, Heidelberg 2002

RKW, Düsseldorfer Straße 40, 65760 Eschborn
Verfahren der Materialdisposition in der Fertigung und im Einkauf

Roschmann, Karlheinz, Prof. Dr. Ing., „Betriebsdatenerfassung",
Zeitschrift Fortschrittliche Betriebsführung und Industrial Engineering,
Herausgeber REFA Darmstadt

LOGMA Logistics & Industrieplanung GmbH
44227 Dortmund, Kleine logistische Datensammlung

Zeitschriften:

IT - Industrielle Informationstechnik, Carl Hanser Verlag, München
Werkstatt und Betrieb, Carl Hanser Verlag, München
REFA-Nachrichten, REFA Darmstadt
Industrial Engineering, REFA-Darmstadt
ZWF, Carl Hanser Verlag, München

Sammelwerke:

Sammelwerk: Praxis des Rechnungswesens, Haufe-Verlag, Freiburg
Sammelwerk: Kostenrechnung und Kalkulation von A - Z, Haufe-Verlag, Freiburg

Lehrunterlagen:

Schulungsunterlagen der Unternehmensberatung Rainer Weber, 75181 Pforzheim-Hohenwart

Fachlehrgang:	Effektive Arbeitsvorbereitung
Fachlehrgang:	Fertigungscontrolling
Fachlehrgang:	Materialwirtschaft
Fachlehrgang:	Schneller Auftragsdurchlauf
Fachlehrgang:	Produktionslogistik - Modern und effizient
Fachlehrgang:	Aktives Produktivitätsmanagement

Neue Wege in Werkstattorganisation und Werkstattsteuerung

Optimale Materialwirtschaft und Lagerhaltung

Kostenoptimierung durch Arbeits- und Prozessorganisation

Ziel- und ertragsorientiert ausgerichtete Lohnsysteme

Reduzierung von Durchlaufzeiten und Beständen durch KANBAN - Systeme

Durch Organisationsverbesserungen zu mehr Eigenkapital und Liquidität

Gestern bestellt - heute geliefert

Kundenorientierte Produktionssteuerung mit KANBAN

Die betriebliche Leistung auf einfachste Weise messen und steuern

Fa. Schäfer GmbH, Neunkrichen

Fa. C + A Dick GmbH, Bergneustadt

Siemens, Statistische Qualitätsprüfung, Zentralbereich
  Technik - Technische Verbände und Normung (ZT TUN)

RKW, Wege zur Wirtschaftlichkeit, Beuth-Vertrieb

Stichwortverzeichnis

ABC-Analyse 57
Abrufaufträge 60
Abrufe 61
Abstellmaßnahmen entwickeln und
 durchsetzen 347
Abwertungen 103
Ähnlichkeitskonstruktion 56
Aktivitätenliste 344
Aktivitätenplan 18
Aktualisierung der Bestände 197
A-Lieferant 161
Amortisationsdauer 323
Amortisationsrechnung 323, 324
Amortisationszeit 323
Anzahl Geschäftsvorgänge 2
Anzahl Kanbans 149
Anzahl Lieferanten 175
AQL-Normen 185
Arbeits- und Organisationsstrukturen
 121
Arbeitsfortschrittskontrolle 213
Arbeitsfortschrittsüberwachung 253
Arbeitspapiere 240
Arbeitspläne 204
Arbeitsplanerstellung 54, 227
Arbeitsplan-Organisation 225
Arbeitsplanstrukturierung 233
Arbeitsplatz- / Kapazitäts-Belegungsplan
 235
Arbeitsprozesse 327
Arbeitsverteilung 205, 243
Arbeitsverteilungslisten 246
Arbeitsvorbereitung 202
Arbeitsvorrat 239
Artikelkonto 80
Artikelvielfalt 1
A-Teile 60, 161
Atmende Fabrik 247
Atmende Rohre 266
Auditierte Lieferanten 191
Aufbauorganisation 12, 34
Auftrags- / Logistikzentren 25
Auftrags- und Terminplanung 235
Auftragsabwicklung 25, 202
Auftragsabwicklungszentren 25
Auftragsdurchlauf 24
Auftragsflut 117
Auftrags-Nummernschlüssel 215

Auftragsseil 262
Auftragszentren 23, 27
Ausgereifte Produkte 286
Auslastung 102
Auslastungsprofil 234
Auslastungsübersicht 104, 150, 234
Ausschussmenge 192
Auswirkung von hohen Losgrößen 101
Automatische Arbeitsplanerstellung 231
AV-Ablauf 244
AV-Konzeption 204

Barcode 297
Baugruppen 43
Bauhaus- / Regalserviceverfahren 69
BDE-Anbieter 256
BDE-Geräte 256
BDE-Report 163, 256
BDE-Systeme 253, 255
Beamer 251
Bedarfsanalyse 62
Bedarfsanforderung 65
Bedarfsgerechte Bestandsführung 157
Bedarfsgesteuerte Disposition 113, 114
Bedarfslawine 117
Bedarfsschwankungen 86
Bedarfsübersicht 64, 68
Bedarfszusammenfassung 110
Behälterinventur 142
Belegloses Erfassungsterminal 241
Belegungszeiten 234
Bereitstellbestand 81
Bereitstellungsprüfung 242
Berührungslose Datenerfassung 301
Beschaffen 35
Beschaffungsaufwand 73
Beschaffungswerkzeuge 161
Beschreibung einer dezentralen
 Organisation 259
Beschreibung einer zentralen
 Organisation 259
Bestand pro Lagerfach / -ort 81
Bestände im Sperrlager 81
Bestandsabweichungen 92
Bestandsarme Produktion 123
Bestandsdifferenzen 91, 197
Bestandshöhe 67
Bestandsreduzierung 73

Bestandsreichweitendaten 36
Bestandsrisiko 64
Bestandsverantwortung 34, 348
Bestell- / Bedarfsanalyse 63, 64
Bestellbestand 80, 82
Bestellkosten 99
Bestellmenge 82, 98
Bestellobligos 177
Bestellpunkt 82, 83
Bestellpunktverfahren 82
Bestellvorschlagsliste 112
Bestellwert 36
Betriebsaufträge 120
Bildschirmübersichten 246
Bonuskennzahl 359
Bonussystem für Versand 357, 360
Bonussysteme 352
Bringsystem 121, 252
Brutto- / Netto-Bedarfsrechnung 47
B-Teile 65, 161
Buchungsarten 194

Cashflow-Formel 323
Chaotische Lagerbestandsführung 311
C-Teile 69, 161

Datenfunk 304
Deckungsbeiträge 106
Dezentrale Fertigungssteuerung 243
Dezentrale Werkstattsteuerung 246, 247
Dezentralisiertes Lager 308
Dispo-Kennzeichen 77
Disponent 35
Disponenten-Kennnummer 36
Disponieren nach Wellen 43
Disposition 34, 35, 78
Disposition, bedarfsgesteuert 113, 114
Disposition, verbrauchsgesteuert 113, 115
Dispositionsqualität 34, 77
Dispositionsregeln 39, 160
Dispositionsstückliste 42
Dispositionsstufen 43
Dispositionsverantwortlichkeiten 118
Dispositionsverfahren 34
Dispositionsvorgänge 41
Dispositionszyklen 287
Dispo-Stammdaten 82
Dispo-Stammdaten je Teileart 158
Dispo-Vorgaben 77
Drehzahl der Bestände 332
Dringlichkeit 249
Durchlaufreduzierung 73

Durchlaufterminierung 237
Durchlaufzeit 40, 117, 233, 260, 261, 270, 271
Durchlaufzeit in Tagen 369
Durchschnittliche Zugriffszeit pro Lagerzugriff / Palette 332
Durchschnittsbestand 84

E-Business 180
EDV-gestützte Leitstandsysteme 255
EDV-Kontenstand 69
EDV-Leitstände 256
EDV-System 162
Eigenbetriebe 273
Eilaufträge 265, 272
Einkauf 166, 168
Einkaufsarbeit 168
Einkaufsaufgaben 166, 168
Einkaufsberichtswesen 177
Einkaufsbestellungen 120
Einkaufskennzahlen 178
Einkaufspolitik 168
Einkaufsziele 177
Einsatz von Fremdpersonal 236
Einzelfertigung 209
Einzeloptima 66, 99, 103
Einzelteilaufträge 120
Eiserner Bestand 117
Elektronische Leitstände 275
Elektronische Plantafeln 255
Endmontageauftrag 120
Engpässe 117
Entnahmebelege 192
Entnahmebuchungsarten 194
Entnahmepapiere 194
Entnahmescheine 192
Entnahmestückliste 192
Entnahmeverpackung 306
Entwicklung des Lagerbestandes 1
Erhöhung der Lieferbereitschaft 122
ERP-Konzept 162
Ersatzteile 88
Ersatzteilmanagement 88
Ersatzteilstrategie 286
Erstellen von Produktionsplänen 239
Erstinventur 197
Fehlbestände 91
Fehleile 254
Fehlerpunkte 363
Fehlteilelisten 254
Feinplanung 205, 239
Feinplanungsprogramme 239, 255
Fertigungsaufträge 237, 239, 240
Fertigungsinsel 32, 264

Fertigungs-Kanban 123, 124, 138
Fertigungslose 104
Fertigungsphilosophie 19
Fertigungsprogramme 239
Fertigungsqualität 185
Fertigungsrohre 266, 268
Fertigungssegmente 264, 266, 268
Fertigungssegmentierung 263
Fertigungssteuerung 247
Fertigungsstücklisten 43
Fertigungsteams 23
Fertigungszeit 261
Fertigungszellen 263
Feste Lagerordnung 311, 312
Fiktive Baugruppen 184, 193
First in - First out 314
Fixkosten 106, 107
Fixe Übergangszeiten 272
Fixkostenanteil 107
Fixkostendegression 107
Flache Stückliste 44, 48
Flächenbedarf 317
Flächennutzungsgrad 315
Flexibilität 40, 102
Flexible Arbeitszeit 236
Flexible Fertigungszellen 263
Flexible Lagerordnung 312
Flexible Lagerplatzzuweisung 311
Fließlager 309
Fließprinzip 123, 263, 264, 269
Folgeinventuren 200
Freilager 308
Freipässe 184
Fremdpersonal 236
Führen nach Zielvorgaben 348
Funktions- / Tätigkeitsmatrix 38
Funktionsfähige Materialwirtschaft 13

Ganzheitliche Leistungsabrechnung 371
Ganzheitliche Leistungsmessung 365
Gemeinkostenmanagement 339
Genauigkeit der Bestandszahlen 10
Geplante Entnahmen 192
Gesamtbestand 81
Gesamtkosten 107
Gesamtoptima 66, 99, 103
Geschäftsprozess 20
Geschäftsvorgänge 327
Glättungskonstante 96
Gleitende wirtschaftliche Losgröße 110
Gliederung, horizontal 23
Gliederung, vertikal 25
Grenzkosten 106

Grenzkostenrechnung 108
Grob-Kapazitätsplanung 211
Grobkapazitätsplanung 215
Grobplanung 205, 209
Große Lose 40, 102
Gründe einer schlechten Materialwirtschaft 11
Gruppenleiter 247
Gutstückzahl 192

Hard- und Software 162
Hausgemachte Konjunktur 117
Hochregalsysteme 322
Holsystem 121, 252
Horizontale Gliederung 23

Identifikationssysteme 93, 297
Informationskreis 125
Innerbetrieblicher Materialfluss 295
Intercitysystem 135, 142
Inventur 197
Inventuraufnahme 197
Investitionsrechnung 321
Investitionsrisiko 323
ISIS-Report 163
IT-Abwicklung 162

Just in time 123
Just in time - Fertigung 205
Just in time - Lieferung 73

Kalkulation 227
Kalkulationsanforderung 227
Kanban 116, 122
Kanban-Philosophie 122
Kanban-Regelkreise 122
Kanban-Abrufe 129
Kanban-Behälter 125
Kanban-Behälteranzahl 142
Kanban-Beleg 129
Kanban-Bewegung 127, 129
Kanban-Einstellungen 149
Kanban-Fertigungs- und Auslastungstafel 151
Kanban-Karte 125, 147
Kanban-Kreislauf 125, 132
Kanban-Läger 308
Kanban-Menge 127, 141
Kanban-Modell 128
Kanban-Organisation 113, 150
Kanban-Organisationsmittel 132
Kanban-Pate 135
Kanban-Rahmenvereinbarung 143
Kanban-Regelkreis 136, 137

Kanban-Regeln 136
Kanban-Spielregeln 133
Kanban-Stammdatenblatt 134
Kanban-Stammdatenkarte 149
Kanban-Steuertafel 144, 154
Kanban-Steuerung 127, 132
Kanban-System 69, 125
Kanban-Teile 127
Kanban-Vertrag 145
Kapazitätsabgleich 238
Kapazitätsbelastung 237
Kapazitätsengpässe 234, 265
Kapazitätsgrenze 224, 236
Kapazitätsgruppen 222, 223
Kapazitätsplanung 221, 223, 233, 234
Kapazitätsterminierung 239
Kapazitätswirtschaft 221
Kennzahlen im Auftrags- / Logistikzentrum 335, 348
Kennzahlen im Einkauf / Disposition 350
Kennzahlen im Lager 351
Kennzahlen im Produktions- / Lagerbereich 336
Kennzahlen im Wareneingang / Versand 351
Kleine Lose 39, 102
Konstruktions- / Dispositionsstückliste 44
Kontenauskünfte 91
Kontinuierlicher Verbesserungsprozess 367
Kontrollaufwand 184
Konzept-Wertanalyse 285
Körperlicher Bestand 79
Kosten einer AV 203
Kosten, fix 107
Kosten, variabel 107
Kostenmanagement 20
Kunden-Kanban 124
Kunden-Lieferantenprinzip 122, 138
Kundenorientierung 3
Kurze Lieferzeiten 40
Kurzfristige Steuerung 239, 243
Kurzfristige Umsteuerung 251
KVP-System 367

Ladeeinheiten 206
Lager 290
Lageraufbau 319
Lagerbestand 69
Lagerbestandsprofil 48, 49
Lagerdisposition 82
Lagerfläche 315

Lagergestaltung 309
Lagerhaltungskosten 99
Lagerhaltungsstrategie 88
Lagerhüter 314, 320
Lagerkennzahlen 332, 337
Lagerkonzeption 310
Lagerkosten 74, 117, 320
Lagernutzung 315
Lagernutzungsgrad 315
Lagerordnung 312, 314
Lagerorganisation 291
Lagerplanung 308, 310, 319
Lagerplatzverwaltung 311
Lagerservice 86
Lager-Sollmenge 92
Lagerstufe 43
Lagertechniken 294
Lagerverwalter 292
Lagerverwaltungsbausteine 293
Lagerzonen 314
Lagerzugang 192
Lange Lieferzeiten 40, 102
Langfristplanung 209
Lastenhefterstellung 165
Lastenheftvorlage 164
Leihkräfte 236
Leistung 102
Leistungskennzahlen 335
Leistungskomponenten 352
Leistungsmessung 365, 366
Leitstand 246, 256
Leitstand-Anbieter 256
Leitstandlösungen 256
Liefer- und Betreuungsmatrix 283
Lieferanten mit Freipässen 184
Lieferanten-Anforderungsprofil 176
Lieferantenauswahl 171
Lieferantenbeurteilung 146
Lieferantenbewertung 172
Lieferanten-Kanban 124, 134; 143
Lieferantenmanagement 170, 177
Lieferbereitschaft 73
Lieferbereitschaftsgrad 332, 353
Liefereinteilungen 61, 64
Lieferplanabstimmung 60
Lieferqualität 185
Lieferset 184
Lieferzeit-Anfrage 89
Lieferzeiten 17
Lieferzeiten, kurz 40
Lieferzeiten, lang 40
Liegezeiten 184, 260, 264
Linienfertigung 264
Liquidität 1

Logistik-Controlling 332
Logistik-Kennzahlen 327, 332
Logistikkosten 73, 74, 331
Logistikkosten in der Kalkulation 339
Logistikzentrum 27
Lose, groß 40
Lose, klein 39
Losgrößenberechnung 106
Losgrößenfestlegung 109
Losgrößenformel 98, 109
Losgrößenoptimierung 106

Make or buy 181
Marktspiegel 164
Marktspiegel PPS- / ERP-Systeme 164
Marktspiegel-Warenwirtschaft 164
Maßnahmeplan 347
Material- und Lagerwirtschaftssoftware 162
Materialbedarfsplanung 221
Materialflussbilder 295
Materialflussgestaltung 295
Materialprüfung 242
Materialumschlagshäufigkeit 12
Materialwirtschaftsprogramm 163
Mathematische Statistik 355
Matrixorganisation 35
Maximale Reichweite 87
Maximaler Bestand 87
Mehrfachqualifikation 272
Mengenänderungen 17
Mengenplanung 78
Mengenschwankungen 86
Mindestbestand 82
Mittelfristige Planung 205, 221
Mittlerer Bedarf 83
Montage - Produktionslinien 33
Montageaufträge 120
Multimedia-Tafel 251
Multimomentaufnahmen 343
Multimoment-Häufigkeitsstudien 354
Multimoment-Häufigkeitsstudien im Lagerbereich 345

Nachschubautomatik 71, 113
Netto-Bedarfsermittlung 112
Nicht wertschöpfende Arbeit 119
Nicht wertschöpfende Tätigkeiten 123
Nicht wertschöpfende Tätigkeiten im Lager 344
Niedrige Bestände 6
Nummernschlüssel 54
Nummernsystem 53

Operative Tätigkeit 168
Optimale Bestellmenge 98
Optimale Lagernutzung 319
Optimale Losgröße 99
Optimierung von Geschäftsprozessen 20
Optimierungsrechnungen 106
Optisch / elektronische Warenerfassungssysteme 297
Organisationsformen 28, 113
Organisationsmängel 10

Patendenken 266
Paternoster 322
Permanente Inventur 199
Personalauslastung 332
Personalpuffer 236
Pflege von Wiederbeschaffungszeiten 89
Pickliste 192
Plantafel 275
Planungsbereich 205
Planungsebenen 205
Planungsfaktoren 224
Planungshorizont 209
Planungszeitraum 205, 239
Planungszyklus 60, 205
Planzahlen 63
Positionsspiegel 215
PPR- / ERP-Organisation 113
PPS- / ERP-Softwarepakete 163
PPS- / ERP-Systeme 163
PPS-Bildschirme 275
PPS-System 162
Prämien- / Bonuslohnsysteme 367
Prämienausgangs- und -endwerte 355, 356
Prämienentlohnung im Lager 352
Prämienobergrenze 356
Prämienuntergrenze 356
Prioritätenkennzeichnung 250
Prioritätennummer 237, 250
Prioritätenplanung 249
Prioritätenregelung 249
Produktion auf Abruf 123
Produktionspläne 239, 249
Produktionsprozess 263
Produktionsteams 23
Produktivität 353, 363, 370
Produktmanager 247, 264
Produktnormung 52
Produktstrukturanalyse 120
Produktvarianten 120
Produkt-Wertanalyse 285

Prognosequalität 60
Projektabwicklung 212, 214
Projektbewertung 212
Projektcontrolling 212
Projektdurchführung 212
Projektplan 209, 210
Projektsteuerung 212
Projektstrukturplan 212
Prozesskettenvergleich 131
Prozesskosten 76, 327
Prozesskostenanalyse 329
Prozesskostenrechnung 22, 327
Prozessorientiert ausgerichtete Kapazitätsgruppen 268
Prozessorientierte Abläufe 26
Prozessorientierte Ausrichtung 32
Prüfzeitaufwand 191
Pull-Prinzip 136
Pull-System 113
Push-System 113

Qualitätssicherungsaufgaben 185

Radio Frequenz Identifikationssystem 301
Rahmenvereinbarungen 61
Rahmenverträge 180
Rahmenvertragsspezifikation 145
Rationalisierung des Lagerwesens 342
Rationelle, innerbetriebliche Transport- / Bereitstellorganisation 341
Raumausnutzungsgrad 315
Reduzieren von Dispositionsebenen 48
Reduzierung der Bestände 122
Reduzierung der Teilevielfalt 52
Reduzierung des Arbeitsaufwandes / der Belastung im Lager 341
Reduzierung von Rüstzeiten 276
Regalserviceverfahren 70
Regressions- und Korrelationsrechnung 230
Regressionsrechnungen 229
Reichweite 66, 82
Reichweitenberechnung 65, 66, 250
Reichweitenkorridor 66
Reichweitenvorgabe 65, 109
Reihenfolgeoptimierung 239
Reklamationsquote in Euro 369
Reklamationsstatistik 349
Reklamationsstatistik / Monat 362
Restmengenmeldungen 91
Retrograde Abbuchung 140
Retrogrades Buchen 195
Rezepturen 41

RFID-Label 301
RFID-Lösung 134
RFID-Tags 302
RFID-Technologie 302
Richtwerte 227
Riesenaufträge 126, 134
Röhrenorganisation 266
Röhrensystem 25
Rollierende Planung 61, 63
Rückgabe an Lager 192
Rückmeldung 192, 247
Rückstandsliste 112, 253, 254
Rückwärtsterminierung 237
Rüst- und Stückzeit 225
Rüstablauf 280
Rüstdauer 103
Rüstfamilien 54, 104
Rüstkosten 99
Rüstlogbuch 278
Rüstvorgänge 103
Rüstzeitanalysen 278
Rüstzeitanteil 102
Rüstzeiten 104, 276
Rüstzeitminimierung 277
Rüstzeitprozesse 279

Sammelentnahme-Stücklisten 193
Saugprinzip 265
Schattenrechnungen 357
Schätzzeitkatalog 215
Schiebeprinzip 121
Schilderkennzeichnung 251
Schnellläufer 314
Schnittstellen 23
Schwachstellendiagnoselisten 343
Sechs Gebote für eine rationelle Fertigung 289
Selbststeuerung 122
Selbststeuerung der Fertigungssegmente 275
Senkung der Bestände 123
Serienfertigung 209
Servicegrad 82, 86 368
Servicegradfaktor 86, 87
Servicegrad-Festlegung 82
Shuttlesystem 322, 325
Sicherheitsbestand 81, 82, 83, 84, 85
Sofortgesellschaft 4
Softwarebeschreibungen 163
Softwarekatalog 163
Stammdaten 81
Starre Lager 308
Starttermin 239
Startterminierung 239

Statistische Qualitätskontrolle 188
Statistische Qualitätsprüfung 185, 187
Steuerung des Teilenachschubs 123
Steuerungsinstrument 243
Steuerungssystem 123
Steuerungstafel 150
Stichprobeninventur 201
Stichprobenkontrolle 191
Stichprobensystem 188
Stichprobensystem für Einzelteile 189
Stichprobensystem für Geräte und Baugruppen 189
Stichtagsinventur 200
Strategische Tätigkeit 168
Strichcode 297
Strichcode-System 134
Strukturstückliste 44
Stück- und Rüstzeiten 228
Stückliste (flach) 48
Stückliste (temporär) 46
Stücklisten 41, 39, 204
Stücklistenauflösung 44
Supermarktprinzip 69
Systemlieferanten 73

Tätigkeitsanalyse 22, 26
Tätigkeitsart 216
Tätigkeitsschlüssel 216
Tatsächlicher Verbrauch 84
Taylorismus 121
Teambildung 263
Teamleiter 264
Teilchaotische Lagerorganisation 312
Teilchaotisches Lagern 312
Teileart 161
Teilebedarfsermittlung 41
Teilevielfalt 282
Teilkosten 106
Temporäre Stückliste 46
Termin- und Kapazitätsrechnung 237
Termine 233
Terminplanung 233
Terminquittier- und Infoblatt 213
Termintreue 73, 368
Terminverschiebungen 17
Theoretische Kapazität 224
Top-Lieferanten 170
Transponder 302
Transportlogistik 295
Trendberechnung 96
Trendentwicklung 95
Trendermittlung 82
Trendprogramme 95

Übergangszeiten 233, 265
Umbuchen 140, 196
Umrüsten 103
Umschlagshäufigkeit 109, 332
Ungeplante Entnahmen 192
Ungeplante Läger 287
Ungeplante Rüstvorgänge 103
Unteraufträge 213
Unterdeckung 79, 84
Untermontageaufträge 120

Variable Kosten 107
Variantenfertiger 46
Varianten-Stückliste 44, 46
Variantenvielfalt 2, 282
Verantwortungsquadrat 37
Verbesserung der Liquidität 109
Verbesserungsbereiche und -ziele definieren 344
Verbrauch 82
Verbrauchsgesteuerte Disposition 113, 115
Verbrauchsstatistik 79
Vereinfachung der Arbeitspläne 271
Vereinfachung der Dispositions- und Beschaffungsvorgänge 161
Verfügbare Kapazität 224
Verfügbare Menge 79, 82
Verfügbarer Bestand 79
Verketten von kleinen Losen 102
Verkettungsnummer 54, 104, 240
Verkürzung der Durchlaufzeiten 260
Verpackungsgestaltung 305
Verpackungsvorschrift 305
Verrichtungsprinzip 119, 123, 263, 264
Verschrottungskosten 103
Verschwendung 101, 117
Verschwendung an Zeit und Kapital 366
Versteckte Verschwendung 366
Verteilerzentren 325
Vertikale Gliederung 25
Vertriebsprognosen 60
Vollkostenrechnung 108
Vorhersage 95
Vorwärtsterminierung 237

Wareneingang 182
Wareneingangsbestand 81
Wareneingangsbuchung 182
Wareneingangserfassung 190
Wareneingangskontrolle 182
Wareneingangslabel 310
Wareneingangsprüfung 182

Wareneingangssoftware 191
Warenerfassungssysteme 297
Warenlieferung 182
Warenwirtschaftssysteme 164
Warteschlangenproblem 1
Warteschlangenprobleme 264
Was ist Leistung 365
Was kostet ein Warenzugang 330
Was kostet eine Bestellung 329
Wegeoptimierung 193
Werker-Selbskontrolle 191
Werkstattbestand 80
Werkstattpuffer 287
Werkstattsteuerung 205, 239, 246
Werkstattsteuerungssysteme 246
Werkstücksystematisierung 52
Wertanalyse 285
Wertelohnsystem 367
Wertestromdessin 21, 26
Wertigkeit der Lagerung 50
Wertschöpfende Tätigkeiten im Lager 344
Wertschöpfung 26
Wertschöpfungskette 180
Wertstromoptimierung 22
Wiederbeschaffungszeiten 73, 82, 83, 89
Wiederbestellpunkt 65, 82

Wilde Läger 288
Wirtschaftlichkeitsbetrachtungen 106
Wirtschaftlichkeitsrechnungen 321
Working-Capital 40

Zeit pro Versandposition 361
Zeit- und Kostenberechnungssysteme 227
Zeit- und Kostenerfassung 215, 216
Zeiterfassung 216
Zeitformeln 228
Zeitkalkulation 219, 228
Zeitraster 78
Zeitstudien im Lagerbereich 354
Zeittabellen für Kommissionierarbeiten 352
Zentrale Fertigungssteuerung 243
Zentrale Werkstattsteuerung 246
Zentrale Werkstattsteuerung 255
Zentrallager 308
Ziehsystem 121
Zielkonflikte 6
Zielorientierte Kennzahlen 368
Zugangsbuchung 192
Zugriffszeiten 333
Zusatz-Dispo-Kennzeichen 77, 160
Zusatzpersonal 236
Zwei-Kisten-System 69

Erlesene Weiterbildung®

Refa-Ing. Rainer Weber

Bestandssenkung

Methodische Ansätze – Systematische Vorgehensweise

3., neu bearb. u. erw. Aufl. 2003, 161 S., € 28,00, CHF 49,00
(Kontakt & Studium, 176)
ISBN 3-8169-2081-0

Permanent steigende Teile- und Variantenvielfalt, sowie der Zwang zu noch kürzeren Lieferzeiten, führt zu wachsenden Lagerbeständen. Die Liquidität wird knapp. In Verbindung mit der sinkenden Risikobereitschaft der Kunden bzw. Abnehmer, eine eigene Vorratshaltung zu betreiben, stellt dies in der Verbindung mit der Forderung nach Reduzierung der eigenen Lagerbestände bei gleichzeitiger Erhöhung der Flexibilität die Unternehmen vor eine große Herausforderung an Anpassungsfähigkeit und Wirtschaftlichkeit.

Sie erfahren in diesem Buch, was Sie tun müssen, um Ihre Bestände entscheidend zu senken, die Liquidität zu verbessern und um schneller, flexibler und effizienter als die Konkurrenz reagieren zu können. Ein 26-Punkte-Katalog mit praktischen Realisierungshilfen und direkten Anwendungsbeispielen erleichtert die Umsetzung im eigenen Unternehmen.

Inhalt:
Zielkonflikte in der Materialwirtschaft – Strategien und Maßnahmen zur Bestandssenkung – Das Supermarktprinzip für C-Teile – Schwachstellendarstellung von traditionellen PPS-Systemen und Neuausrichtung der Fertigung nach Kanban-Gesichtspunkten – Reduzierung der Bestände durch Einführung von Kanban – Die Bedeutung des Einkaufs in einer flexiblen, termintreuen Just-in-time-Fertigung – Instrumente und Maßnahmen zur Durchlaufzeitverkürzung – Motivationsziele und passende Entlohnungssysteme für eine ziel- und ertragsorientierte Fertigung – Sonstige Einzelmaßnahmen zur Verkürzung der Durchlaufzeit und Senkung der Bestände

Die Interessenten:
Geschäftsführer, kaufmännische und technische Leiter, Führungs- und Fachkräfte der Bereiche Vertrieb, Produktionsplanung, -steuerung, Materialwirtschaft, Logistik, Einkauf, Fertigung – Alle, die ihr Unternehmen schnell und zielorientiert an die Notwendigkeit der Zukunft anpassen wollen

Fordern Sie unsere Fachverzeichnisse an!
Telefon: (0 71 59) 92 65-0, Telefax: (0 71 59) 92 65-20
E-Mail: expert@expertverlag.de
Internet: www.expertverlag.de

expert verlag GmbH · Postfach 2020 · D-71268 Renningen